もくじ

【第50号記念特別企画】
著作権判例研究会を顧みて ………………………… 斉　藤　　　博・3

【シンポジウム】
生成AIと著作権法の現在地
　　　　　　　　　　　　　　（司会）谷　川　和　幸・15
　企画趣旨 …………………………………………… 谷　川　和　幸・16
　　　──生成AIをめぐる著作権法上の課題
　機械学習段階の諸問題 …………………………… 柿　沼　太　一・25
　生成AIの生成・利用段階における著作権法上の
　　諸問題 …………………………………………… 髙　野　慧　太・52
　AI生成物の著作物性 ……………………………… 平　嶋　竜　太・77
　生成AIをめぐる諸外国の動向 …………………… 張　　　睿　暎・104
　討　論 …………………………………………………………………・122

【論　説】
著作物の原作品と著作者人格権 …………………… 澤　田　悠　紀・143
　　──作者と作品との紐帯についての史的検討──
著作者人格権の再構成 ……………………………… 鈴　木　敬　史・160
　　──侵害要件の実質的解釈の試み──

【判例研究】
市所有の美術館建築・庭園と著作者人格権 ……… 澤　田　悠　紀・211
他人の投稿のスクショ添付ツイートと適法引用の成否 … 山　根　崇　邦・230

ドキュメンタリー映画とノンフィクション小説における創作的表現の共通性
　　──「捜す人」事件──
　　……………………………………………………小　嶋　崇　弘・255
バンドスコアの模倣が不法行為に該当するとされた事例
　　……………………………………………………伊　藤　雅　浩・291

【惜　別】
斉藤博先生の死を悼んで ………………………………野　村　豊　弘・323

著作権法学会活動（2024）
著作権法学会規約

本書のコピー，スキャン，デジタル化等の無断複製は著作権法上での例外を除き禁じられています。本書を代行業者等の第三者に依頼してスキャンやデジタル化することは，たとえ個人や家庭内での利用でも著作権法違反です。（有斐閣）

【第 50 号記念特別企画】

著作権判例研究会を顧みて[*]

新潟大学名誉教授・弁護士 斉 藤 博

斉藤でございます。長年関わってきました著作権判例研究会ですが，そろそろ引退ということを考えまして，本日この機会に一言，ご挨拶方々お話をさせていただきます。

著作権判例研究会について

活気に満ちた研究会

この会は，なかなかユニークで貴重なんです。なんと申しましょうか積極的にご発言される。いくつか例を申し上げますと，報告者がここで報告をしますと，直後に，そちらの辺りで，いつも非常に大きな声で発言をする方がいらっしゃいます。マイクがいらない声でございました。いつもそちらの辺りに座っていらっしゃる。

それから飯村（敏明）先生が，いつもその辺に座っていらっしゃって，そして，三村（量一）先生があちらの辺に座っていらっしゃる。そのように参加者が積極的にご発言されるというのがこの会の特徴でありました。

特にユニークなのは飯村先生で，いつも変化球で，角度を変えながら質問されるわけです。裁判官でありましても，黙って聞いていらっしゃるというんじゃないんです。もう報告者がたじろぐような質問もなさるわけなんですが，飯村先生は，質問の仕方として，変化球なんですね。かたや，三村先生の質問は剛速球なんです。将棋で言えば飛車みたいな発言をなさいます。

前田（哲男）先生は，いつもそちらの辺りにおいでで，議論が白熱しますと一息ついてクールな発言をされます。同様に，山本（隆司）先生は大体そちらの遠くの方に座っておられて，司会者からは時々見えないんですけれども，や

はりクールな発言をなさいます。また伊藤（真）先生はその辺におられて，要所要所にきちっと発言をされます。それから日向（尚）さん。今日も同じ場所に座っておられますが，これはまた独自の理論を展開するわけなんです。私は司会者として賛成だという場合もあってほっとすることもあるわけなんですけど，そうでない場合もあります。しかし，議論の活性化には非常に貢献なさいました。あと大渕（哲也）先生もその辺におられて当然活発にご発言をされました。

　このようにいろいろ思い出深いことが切りなくございますけれども，非常に有意義な会でした。報告者そっちのけで議論してしまって，司会者としては，ほとんど出番がないくらいでした。そのときには報告者も影が薄くなるんです。ですので，報告者にはいつも事前に伝えております。あまり窮屈に考えなくていい，まあ一通り報告をすれば，あとはもう適当に議論になるので，最後のところで報告者が適宜発言すればいい，と。そのようなことで，報告者にとってもリラックスした場でもあったかもしれません。ただ，さきほども申し上げましたようにそれぞれの質問の内容は，なかなかに厳しいものでございまして，報告者に限らず他の参加者にとりましても有意義な時間でございました。

100 名を超える参加者

　そんな判例研究会でございますが，徐々に参加者の人数が増えてまいりました。かつて私が勤めておりました筑波大学の教室，あるいは，今日の専修大学の教室で開催してまいりましたが，いつの間にか大教室でないと収まらないという時代を迎えることになりました。ある時期から実際の参加者が 100 名を超えるということが普通になってまいりました。もちろんコロナ禍にはこういう会場での開催ができなかったわけです。

　そうこうするうちに，第 100 回記念（2009 年 1 月 30 日）を迎えました。これは特別な節目でございますので，飯村先生にご講演をいただいたところでございます。その際，「ありし良き時代の著作権紛争とその解決を探る」という非常に刺激的なテーマでご講演をなさったわけでございます。これも思い出深い

ことであります。もちろん個々のご報告もご紹介しなければならないんですけれども，特に 100 回記念ということで記念すべき時でございました。

172 回に及ぶ報告と討論

それで，前回まで 172 回にわたる報告と討論がありました。その成果は著作権法学会の学会誌にも適宜掲載されているわけでございます。この間には様々なご貢献ご助力がございました。

開催の案内も一苦労でありまして，往復葉書を出したりしているわけですが，返事がかえってくる場合も少なく，労力の割にはリターンも少ない。それからネット社会になりましたものですから，今度はネットでご案内する方と使い分けをするということで，何せ準備が大変でございました。これは峯村（まり子）さんにとか，戸波（美代）先生が担ってくださいました。実際の開催に当たりましては，会場でのお世話にもご尽力くださいました。これもまあ夜遅くまでになりますから大変なことでございますけれども，暑い時も寒い時もやってくださいました。そして，コロナ禍になりますとリモート送信への対応という新しい問題になりました。これは長所短所がございまして，長所は九州とか関西の方々も通常に参加できるという環境でございますので，その意味では広がりがあって良かったんでございます。その裏では上野（達弘）先生が技術面でもご尽力なさいました。

今後の問題として，やはりお考えいただきたいのは，地域を広げて自由に参加できるという方式と同時に，このような教室でも議論ができると，こういうふうに両方併用していくのがよいのではないかなと思います。これは田村（善之）先生にもお考えいただきたいと思います。リモートだけというと，先ほど来申し上げていますような，顔を見ればご発言があるかどうかだいたい分かるというのが，判断できません。そういうお顔をなさってるのに私が指さないと後でクレームがくる，そういうのが対面ですと全部分かるわけですね。そういう対面の良さというものも貴重でございますから，やっぱり併用型がいいのかなと，このように思っております。

そして何より，会場の貸与については，私が勤めておりました筑波大学と，ここ専修大学で会場を借りてきたわけですが，通常ですと会場費がかかるものが，そういうものが不要でした。早稲田大学もその後使わせていただいておりました。無償でお借りして，機材も使わせていただいておりましたので，財政面では非常にプラスになりました。ですから，今後は判例研究会のために特別な会費をいただくのはやめる方向を検討中と聞いております。値下げというのでもいいんじゃないかと思ったりもしましたけど，まあちびちびいただくよりも，無償にするということを含めて，今後お考えいただきたいということでございます。

法学方法論と裁判官による法創造

裁判官・法学方法論への期待

　この会は判例の研究会でございますので，それとの関わりにおきまして，裁判官への期待といいましょうか，判決という成果に至る筋道と言いましょうか，そうしたことについて私の考えをご紹介したいと思います。

　そこで関わってきますのは，法学方法論であります。1972年から74年までドイツに留学しておりまして，ドイツの法学教育の様子も見てきましたが，法学方法論にはかなり力を入れておりました。多分入学直後からそういう授業がございます。ちょうど私がドイツに行っておりました頃，法学方法論では大御所のラーレンツ（Karl Larenz）教授がゼミをやって，そしてその弟子のカナーリス（Claus-Wilhelm Canaris）が普通の授業をするという体制でございました。カナーリスの授業に出ましたとき，立法者の意思というようなものに言及するわけですが，前の方へ座っていた学生がパッと質問をするわけです。ドイツの場合，学生は厳かに聴講しているのかと思いますと，そうではなくて，もう気がついたらすぐに発言するわけです。まあ，ミュンヘンというリベラルな土地柄の影響かもしれませんが，とにかく立法者の意思とはどの時点のものを言うのか，というわけですね。立法者意思というのは，概念として整理するには便利なんですけども，具体的にどの時点の何を立法者の意思とするのかという点

に，学生なりに率直な疑問を持ったのでしょう。

　本日は，そうした法学方法論を絡めて，そしてそのことがもともと私の問題意識の一端にあるものですから，その辺も含めて少しのお時間をいただいて，お話させていただきたいと思います。

裁判官による法の継続形成

　キーワードとしましては，「裁判官による法の継続形成」（Richterliche Rechtsfortbildung）ということで，ドイツ語で恐縮ですが，Richter（裁判官）による法形成（Rechtsbildung）というところに，継続を意味する前綴り「Fort」が付いています。ですから，裁判官の手法としては常にその辺りを意識して，法の形成に関わってるというところです。

　法形成と言いますけれども，それは法創造でもあるわけです。単語の意味からしても同じであります。もちろん，法創造となると，三権分立との関係はどうなるのかという観点からいろいろ形式的な異論が出るかもしれませんけれども，やはり裁判官の法創造も非常に重要な面がございます。特定の法概念の内包外延を確定する作業，これもある意味では裁判官の法創造なんですね。個々の法概念に限らず法命題についても，広い意味では法創造が重要でございます。

　そして，具体的には，制定法（Gesetz）と事実とのずれというのは常に出てくるわけです。立法当時におきましては，両者がある程度一致しているはずでございますけれども，事実の方がずれてくるわけであります。ずれるというのは若干ネガティブな言葉でございますけれども，動いていくわけですね。新たなテクノロジーの開発と普及というのは，特に著作権法の領域におきましては顕著でございます。ですから歴史的立法者が書いた命題とか概念というものについて，事実の関係でずれが生じてまいります。こういう時にすぐ法改正をすればすむという考えもあるかも知れませんけれども，なかなかそう小まめには立法できませんので，柔軟な対応というものが裁判官に求められるわけであります。

　さらに申しますと，新たな侵害態様です。私のライフワークは人格権ですけ

著作権判例研究会を顧みて　　7

れども，人格価値の侵害態様について様々な形が出現してまいりました。こういう時に，制定法の方が追いついてないという場合がありまして，その調整をするのが裁判官の役割だと思います。これは結論から申しますと，やはり法創造の一形態と申してよろしいのではないかと思います。

一般的人格権の承認

　ドイツの最高裁である連邦通常裁判所（BGH）も積極的な判断を繰り返してきました。一般的人格権（Allgemeines Persönlichkeitsrecht）の承認というものにつきましては，たしかに学説の関与もあったわけでございますけれども，現実には，最高裁の裁判官が積極的に法創造したものと言えます。

　ドイツ民法典 823 条 1 項には，「生命，身体，健康，自由，所有権またはその他の権利を違法に侵害する者」に対して賠償請求できると定められておりまして，日本民法 709 条に近いわけでございますけども，ドイツ法では対象が「生命，身体，健康，自由，所有権またはその他の権利」という形で列挙されているんですね。裁判所が注目しましたのは，「その他の権利」（ein sonstiges Recht）です。その内容は具体的には書かれていないわけですので，裁判所はここに目をつけまして，この「その他の権利」の中に一般的人格権を包摂したわけです。本来，歴史的立法者の意図としては，「所有権その他の権利」というのは，所有権とそれに類する財産権という意図で書いたはずなんです。しかし，そういうことではなく，「その他の権利」の中にこの一般的人格権を包摂する。つまり，これは憲法上の要請ではなくして，すでに直接に民法上の権利として位置づけようとしたわけでございます。これなどは，なかなか思い切ったことでございました。

　この不確定概念の具体化については，今お話しした「その他の権利」もそうでございますけども，さらに具体的な話としましては，一般条項ですとか，もっとすごいのが一般的人格権の具体化（Konkretisierung）という作業があります。これもまた裁判官の果たした役割というのが大きかったわけです。

　伝統的には，氏名権とか肖像権とか名誉権，そして著作者人格権，こういう

のは個々には認識できるわけでございますけれど，一般的人格権の内容としまして，さらにその後具体化して，伝統的な権利に加えていくわけですね。重要なのは，この一般的人格権を承認する手法として，学説の中にも対立がありました。一般的人格権というのは，氏名権などの諸権利を包括した概念に過ぎないという考え方がありまして，それは矢印が反対なんですね。つまり，こういう出来上がった権利をまとめるのが一般的人格権であるという考えです。名称あるいは言葉からするとこのような考えも矛盾はしないんでございますけれども，法創造という発想からしますと，この一般的人格権というのは，「母権」（Mutterrecht）なんですね。したがって，一般的人格権という権利の中から，裁判官が具体的な内容を発見すると言いましょうか，具体化していくという作業が連綿と続けられて，多くの最高裁の判決が蓄積されているわけであります。

慰謝料請求

　さらなる例としましては，ドイツ民法典 253 条がございます。これは財産的損害にあらざる損害を理由とする金銭による賠償は，法律に定めがある場合にのみ請求できるという規定です。この「法律に定められた場合に限り」というのは，ドイツ民法典の立法者としては，非常に厳しく考えていたわけです。1900 年に施行された立法当初におきましては，将来の裁判官に裁量の余地を残すということは適当でないという，サヴィニー（Friedrich Carl von Savigny）などの見解でございましょうか，とにかく，ふわっとしたものは残さないという厳しい対応をするわけです。

　慰謝料というのも，かなり裁量の余地が大きいもんですから，立法者としては避けたいということで，このような規定が設けられたわけです。「法律に定められた場合」というのは，非常に限られた場合で，非常に狭い範囲に限って認めるということで，こういう規定になってございました。ですから，その後に「発見」あるいは「創造」されました一般的人格権というものの侵害に対する救済措置として慰謝料の請求ができるというような規定はないわけですので，慰謝料請求に関しては障害になりまして，色々と苦労することになるわけであ

ります。

　にもかかわらず，最高裁は，こういう中でも工夫をいたしまして，一般的人格権の侵害に対しましても慰謝料請求を積極的に認めるということをするわけです。これなども，kontra Regel というのでしょうかね，とにかく法に反してもというか，独立の法創造をしているわけですね。

　もちろん，民法を改正する草案というものも出されるわけで，立法面で対応しようという工夫努力もあるわけでありますけれども，なかなかその方法はうまくいかないということもありまして，裁判官が自らの判断として，新たな規範とまで言ってはいけないですけれども，法創造をしていくわけでございます。

事物の本性

　次に，人格権とは関係ないんでありますけども，法創造をする際に一つの尺度となりますのが，「事物の本性」（Natur der Sache）でございます。本来の事物の本質は何なのかというもので，先ほど来，お話がございました音楽教室における「演奏」ですか，こういうものを含めましても，その一つの尺度としてこういうものがよく使われます。

制定法の欠缺

　それから，法創造という時に，当然出てまいりますのが制定法の欠缺（Lücke）の問題であります。つまり制定法のある部分が欠けているというような場合に，欠缺ということになるわけでございます。前提として，欠缺があるということをどのように認めるのかという作業もございますけれども，これは確かに欠缺があるということになりますと，具体的な事案に際しまして，それを補充するという作業を考えなければなりません。これがまたやはり裁判官の役割ということになります。

　これは法学方法論の中では重要な作業であります。欠缺と言いましても，いくかの種類がございます。今日は具体的な話には深入りいたしませんけれども，法の欠缺とか，それから制定法の欠缺，規範の欠缺とか色々ありますけれども，

10　著作権研究　No. 50（2024）

具体の話として制定法の欠缺という点でお話をしますと，規定の構想というか意図は何であったのか，こういうことを探ることもありましょうし，それから歴史的立法者の意図はどうであったか，こういう作業も必要になります。

　重要なのは，歴史的立法者の意図がオールマイティではないということでございます。立法当初からかなり時間が経過している場合におきましては，その主観的な立法者の意図を超えて，その規定の本来求めている構想や意図は何であったのか，そのあたりを探る作業がございます。これもかなり大変な作業でありますけれども，この欠缺補充という法創造も大いに議論すべきところでございましょう。

目的論的解釈

　さらに別の手法といたしましては，目的論的解釈（teleologische Auslegung）があります。これは規定の目的をどう把握するのか，どう認識するのかという問題でありまして，そのような目的に従って目の前の規定を解釈していくわけであります。

　これも人格権とは関係ございませんけれども，最高裁である BGH の判決としてご紹介いたします（ドイツ連邦通常裁判所 1955 年 5 月 18 日判決）。まあ古いものではありますけれど，著作物の私的複製あるいは個人的使用目的のための複製に関する判例でございます。これがかつてかなりホットな問題であったというのは，ちょうどテープレコーダーが出現した時の話だからでございます。当時，複製は認められないという一般的な規定（LUG15条）があるのに対しまして，その 2 項としまして私的複製，個人的使用のための複製はセーフだと，こういう規定が同時に設けられていました。日本にも同じような状況がありますけれども，そういうとにかく私的複製は OK だということでございます。

　それで，録音機器が出てきますと，その規定がテープレコーダーへの録音にも適用できるのかどうかということが，当時としては議論になるわけです。今から考えるともう気が抜けたような話でございますけれども，当時のドイツの著作権法（LUG）15条 2 項によれば，自己使用のための複製は営利を目的と

しない限りできると定められておりますところ，テープレコーダーのような新しい機器への録音というものは，1901年の立法時にも，それから1910年の法改正時にも，立法者の知るところではなかったのです。ですから，これは立法者が意図していなかった問題であるにもかかわらず，この規定を新しい機器であるテープレコーダーへの録音につきましても適用できるかどうかが問題になったということで，かなり素朴なケースでもございます。

　ここで用いられるのが目的論的解釈であります。私的複製は自由だという制限規定があるとしますと，それを字句通り適用していくのかというとそうではなくして，その規定を，またそれなりに位置づけ直す解釈をしていくわけです。そうすると，その制限規定をさらに制限する解釈という手法が出てくるわけであります。そうなりますと，新しい機器による複製というのは，決して自由ではないという命題が出てくるわけです。ですから，目的論的解釈というんですが，学説では目的論的な制限と言われるような手法が用いられるわけでございます。

　これは欠缺補充の時にも使える解釈手法でございます。規定の意図というか目的は何であったのか，こういうことでございます。

私の問題意識

　人格権に限らないケースを入れてしまいましたけれども，私の問題意識としましては，ドイツの場合でございますと，ナチスの厳しい時代を経た結果出てきました基本法がその1条に人間の尊厳の尊重を書いております。そこを起点としまして，民法上の新しい人格権というものを承認すると。そして，その救済方法はどうなのか，こういうことを地道に判断していくわけであります。これは，かなり驚異的な内容かも知れませんけれども，ドイツ民法の改正とか立法による対応を経ずに，裁判官が独自の判断をしてくるわけです。

　このような風土と申しましょうか，これが特殊なのかどうか，というのはさらに検証する必要があるかと思いますが，画期的なことと言えますので，私もライフワークとして，そのあたりを考えてきたところでございます。

その途中で，著作権法に関する問題が多々出てきましたものですから，民法から著作権の問題に関心が移って，それから長い時間がたちましたけれども，近年，やはり本籍に戻りまして，その種の法創造というもの，これにまた改めて新しい認識を持ったわけでございます。

著作権判例研究会　末永くいつまでも

本日は詳しい話をできませんので，この程度にさせていただきまして，著作権判例研究会，末永くいつまでも，どうか元気にやっていただきたいと思います。特にこの研究会は，冒頭に申し上げましたように，自由に発言できるわけです。不十分でもいいから発言してみる，そうすると大体，例えば，さきほども触れましたように前田先生がクールにそこを整理してくださる。ですから遠慮なく主張をぶつけてみるのもいいと思います。そういう中から新しい考えが出てまいりますし，新たな解決方法が出てくるかもしれません。そういう種類の雰囲気を是非保持していただきたい，このように思うわけであります。

個々の判例研究会の後に，一通り議論が終わった段階で，司会はあまり喋らない方がいいというセオリーもあるようでございますけれども，にもかかわらず私は最後に締めくくりとして勝手なことを申し上げて，それに反論しようとしたとしても，もう時間，ということで，ずいぶんご迷惑をおかけしたんじゃないかと，このように思っております。それは反省材料でございますし，申し訳ないと思っております。ただ，これはある意味では，会場に参加されました方々のリベラルな発想に触発されている面もありまして，人に押し付けるわけじゃありませんけれども，まあついつい触発されまして，私も勝手なことを申してきました。それを忍耐強く我慢してくださいました皆様方に感謝をさせていただきたいと思います。

どうも簡単ではございますけども，ご挨拶方々報告を終わらせていただきます。以上でございます。

＊　本講演録は，2023 年 12 月 16 日に専修大学神田校舎 7 号館 731 教室で開催された第 173

回著作権判例研究会(記念大会)において行われた斉藤博先生のご講演の記録に基づき、同先生のご了解を得て上野達弘がまとめたものである。

―― シンポジウム ――

生成AIと著作権法の現在地

司　会
　谷　川　和　幸（関西学院大学教授）
パネリスト
　谷　川　和　幸（関西学院大学教授）
　柿　沼　太　一（弁護士）
　髙　野　慧　太（中京大学准教授）
　平　嶋　竜　太（青山学院大学教授）
　張　　　睿　暎（獨協大学教授）

（2024 年 6 月 8 日　場所：一橋記念講堂（学術総合センター 2 階））

企画趣旨
　――生成 AI をめぐる著作権法上の課題　　谷　川　和　幸
機械学習段階の諸問題　　　　　　　　　　柿　沼　太　一
生成 AI の生成・利用段階における著作権
　法上の諸問題　　　　　　　　　　　　　髙　野　慧　太
AI 生成物の著作物性　　　　　　　　　　　平　嶋　竜　太
生成 AI をめぐる諸外国の動向　　　　　　　張　　　睿　暎
討　論

企画趣旨——生成 AI をめぐる著作権法上の課題	谷 川 和 幸

I はじめに

2022 年夏の Midjourney 及び Stable Diffusion, 同年秋の ChatGPT のサービス開始に伴い, 画像生成 AI や大規模言語モデルといった「生成 AI（Generative AI）」に対して社会的に大きな注目が集まっている。新技術や新サービスの発表, 開発企業の巨額の資金調達, 関係者のノーベル賞受賞など, AI に関連するニュースを見かけない日はない。もちろん良いニュースばかりではなく, 選挙や政策形成などに悪影響を及ぼすディープフェイク動画の蔓延, 実在の人物の肖像を用いたディープフェイクポルノによる人格権侵害,「声の模倣」等が容易になったことによる声優等の失業の危機など, 早急に取り組むべき社会問題も多数報道されている。

そのような社会問題の一つとして, 著作権法に規定された諸権利との抵触という課題がある。生成 AI のモデルをトレーニング（機械学習）する段階では大量の著作物や実演・レコード等の保護対象物をデータセットとして収集・複製し, それらを対象とする情報解析が行われるが, その多くは著作権者等の許諾を得ていない。また生成 AI は何らかの情報を生成する点に特徴があるが, そこで生成された情報（例えば画像や文章）が既存の著作物と類似性を有することが考えられる。さらには, そうやって生成された情報が著作権や著作隣接権による保護の対象となるのかという問題もある。

AI と著作権等との関係をめぐっては平成の時代から一定の議論の蓄積があったものの[1], 当時は実際に生成 AI が普及・実用化して問題が顕在化するまでには至っておらず, まだ少し将来の課題として認識されていたように思われる。しかし冒頭に述べたように 2022 年夏以降, 急速に現実の問題として上記の課題に取り組む必要が生じ, 研究も盛んにされるようになっている[2]。2023 年 6 月に取りまとめられた「知的財産推進計画 2023」でも,「知財戦略の重点 10 施策」の第 3 に「急速に発展する生成 AI 時代における知財の在り方」が挙げられ,「生成 AI と著作権との関係について, AI 技術の進歩の促進とクリエイターの権利保護等の観点に留意しながら, 具体的な事例の把握・分析, 法的考え方の整理を進め, 必要な方策等を検討する」こととされた。これを受けて文化

庁は生成 AI と著作権に関する考え方を整理し，2024 年 3 月，「AI と著作権に関する考え方について」と題する文書（以下「考え方」と呼ぶ）を公表した。[3]

このような流れの中で，2024 年著作権法学会研究大会シンポジウムでこの問題を取り上げることになったのは必然であったと言えよう。本稿では，このシンポジウムの企画趣旨説明を兼ねて，生成 AI をめぐる著作権法上の課題を概観する。

II　論点①：機械学習段階の諸問題

1　著作権法 30 条の 4

機械学習の過程では，通常，データセットに含まれる著作物等の複製が行われる。もっともわが国の著作権法は 30 条の 4 という権利制限規定を設けることで，一定の条件の下での複製その他の利用を許容している（著作隣接権についても 102 条 1 項で準用。以下，著作権法の条文は条数のみ記す）。この規定をもって日本は「機械学習パラダイス」だと言われることがある。[4] 30 条の 4 にはいくつかの要件があるが，そのうち主要なものは，非享受目的（「当該著作物に表現された思想又は感情を自ら享受し又は他人に享受させることを目的としない場合」）と，ただし書き（「著作権者の利益を不当に害しないこと」）である。そこでどの範囲の機械学習がこれらの要件を満たすかが問題となる。

2　非享受目的

非享受目的要件との関係では，享受目的の併存という問題が指摘されている。[5] この点に関連する出来事として，「mimic」をめぐる騒動がある。Stable Diffusion が提供された直後の 2022 年 8 月，日本の RADIUS5 社が「mimic」というサービスの開始をアナウンスした。これは同一のイラストレーターの画像を数十枚学習することで，その画風を再現したイラストを生成できるというものであった。サービスの意図は，イラストレーター本人が自分の描いたイラストを学習させて活用することでイラスト制作を支援するというものであった。利用規約でも，自分の描いたイラストのみアップロード可能と記載していた。しかしイラストレーター本人であることの確認措置が十分に講じられておらず，第三者が無断で学習させることを防げないのではないかとの批判が集まり，サービス開始前にサービス内容の大幅な見直しを余儀なくされた。[6] 2022 年 8 月当時には数十枚の画像の追加学習により画風を再現することは一般人にとっては容易ではなかったが，その後，Dreambooth や LoRA といったファインチューニングや追加学習の手法が発表され，いまでは一般人にとってもこの種の画風の再現が容易となっている。

（シンポジウム）生成 AI と著作権法の現在地　*17*

この場合に，特定のイラストレーター等を「狙い撃ち」にして，そのイラスト等を集中的に追加学習する行為は，それによって作成された LoRA 等を利用することで後に元イラストの画風[7]を再現して享受することを目的としているのではないか（つまり学習の時点で享受目的が併存するのではないか）ということが問題となっている。[8]

3　ただし書き

次に，ただし書きの「当該著作物の種類及び用途並びに当該利用の態様に照らし著作権者の利益を不当に害することとなる場合」に該当するかどうかが問題となっているケースとしては，さしあたり以下の 3 つがある。

第 1 に，情報解析用データベースを対象とする複製等の場合である。もともと 30 条の 4 に統合される以前に存在していた平成 30 年改正前 47 条の 7 ただし書きで「情報解析を行う者の用に供するために作成されたデータベースの著作物」が挙げられていたところであり，このようにまさに情報解析が本来的な利用目的であるデータベースの著作物については，これを情報解析のために自由に複製等することは 30 条の 4 の下でも認められないとの解釈が示されている。[9]

第 2 に，特定のクリエイターの作風や画風を模倣した AI 生成物を大量に生成・利用する場合である。作風や画風は従来はアイディアだと考えられてきたところ，アイディアの類似性があるにすぎない場合には，そのような AI 生成物の生成・利用は著作権侵害にならない。[10]しかし，人間クリエイターの創作物への需要を代替するような AI 生成物が大量に生成・利用されるようになれば，当該クリエイターの生活基盤が損なわれるだけでなく，創造のサイクル自体が破壊されるおそれがある。[11]そこでこの事態を未然に防ぐべく，30 条の 4 ただし書きの「著作権者の利益を不当に害することとなる場合」に該当すると解釈して機械学習を禁止できるかが問題となる。文化庁の「考え方」はこの点について消極的な見解を示しつつも，「本ただし書に規定する『著作権者の利益』と，著作権侵害が生じることによる損害とは必ずしも同一ではなく別個に検討し得るといった見解から，特定のクリエイター又は著作物に対する需要が，AI 生成物によって代替されてしまうような事態が生じる場合，『著作権者の利益を不当に害することとなる場合』に該当し得ると考える余地があるとする意見が一定数みられた」と両論併記をしている。[12]

第 3 に，海賊版サイトから著作物等をダウンロードする場合である。[13]実際に一部の画像生成 AI が，Danbooru という海外のイラスト投稿サイト（その実態はイラストを無断転載した海賊版サイトだと言われている）の画像とそこに付されたタグ付けをデータ

セットとして機械学習したことが知られている。文化庁の「考え方」は「厳にこれを慎むべきものである」と指摘し，AI 開発事業者や AI サービス提供事業者が責任を負う場合があることを長々と注意喚起しているが，30 条の 4 ただし書きの問題として捉え得るのかどうかは判然としない。

Ⅲ　論点②：生成及び利用段階での著作権侵害の成否

1　類　似　性

　第 2 の論点として，生成 AI が生成した情報が既存の著作物と一定程度の共通性を有する場合に，その生成や利用行為が著作権侵害となるかという問題がある。

　著作権侵害の一般的要件として依拠性と類似性が必要となるところ，類似性については従来人間同士の紛争に適用されてきた基準，すなわち既存の著作物の表現上の本質的特徴の同一性を維持しているかを検討すれば足り，AI に特有の問題はないと考えられている。[14] アイディア表現二分論の下，単なるアイディアの共通性にすぎないのか，具体的な創作的表現の共通性があるとまで言えるのかが問題となる。

　わが国にはこの点が争われた裁判はまだ存在しないようであるが，インターネット上で問題提起された事例としては，桜色の髪の少女を正面から描き，その周囲に桜の枝や花などを配置したイラストについて，元イラストと AI 生成イラストとの類似性が指摘されたケースがある。[15] アメリカでは，映画「ブレードランナー 2049」の象徴的なシーンを連想させる映像をテスラ社が AI を用いて作成してインターネット配信したことが，同映画の著作権等の侵害に当たるかが訴訟で争われている。[16] いずれの事案も，仮に日本で裁判になったとすれば，従来通り，アイディアと表現を区別した上で，創作的表現が共通すると言えるかという基準に従って類似性判断が行われることとなろう。

2　依　拠　性

　上記のテスラ社の事案では，意図的に映画のシーンに類似する映像を作成したと考えられるため，AI 利用者における依拠性が認められるであろう。[17] これに対し，桜色の髪の少女のイラストのケースでは，生成者が Midjourney に入力したプロンプトは特定の個人名や作品名を含まない一般的な単語ばかりで構成されていたようであり，[18] 生成者が既存のイラストを認識していたとも，あえてそれに似せようとしていたとも考えづらい。そこで，仮に創作的表現の共通性が認められるとして，次に依拠性が認められるかが問題となる。

　この問題は，類似性が指摘されている既存の著作物が当該生成 AI のモデルの機械学

習時に情報解析の対象として含まれていた場合と含まれていなかった場合とに分けて考察されている。前者の場合，学習時にアクセスがあることをもって通常は依拠性が認められると考えられる[19]。したがって，AI 利用者が認識していないとしても，客観的には著作権侵害が生じることとなる。複数の先行研究によって，学習元著作物とかなり共通性の高い文章や画像が生成される場合があることが示されているところであり[20]，このような場合に意図せず侵害が生じることは生成 AI サービスを利用するうえでのリスクとなる。2024 年 4 月には，海上保安庁が生成 AI を用いてパンフレット用イラストを作成したところ，「著作権侵害ではないか」との批判が相次いだ。特定の画像を示して具体的に侵害の可能性が指摘されたわけではないものの，同庁は著作権侵害のおそれがないとは言えないと判断し，その配布を中止することとなった[21]。また松江市は生成 AI を用いて市の「ゆるキャラ」をデザインする予定であったが，著作権の問題などを考慮してこれを断念した[22]。いずれのケースでも，侵害のリスクを踏まえた判断がなされたものと推測される。

　他方，既存の著作物が学習対象に含まれていなかった後者の場合には，外形上は類似性が認められるとしてもそれは偶然の暗合であって，著作権侵害は成立しないとの解釈が示されている[23]。

　依拠性の立証責任は原則として原告が負うと考えられるところ，自らの著作物が特定の AI モデルの学習時に情報解析の対象として利用されていたのかどうかを外部から知る手段はない。これは依拠性が推認される場合に[24]，被告が反対の事実を証明する場面でも同様である。AI 開発事業者にデータセットの公開を義務付けるなど，機械学習過程の透明性確保が課題となろう。

3　侵害主体

　ある生成 AI サービスを用いて著作権侵害画像等が生成された場合に，AI 開発事業者や AI サービス提供事業者が侵害責任を負うかということも問題となる。これは規範的行為主体論として長年議論されてきた問題であるが，事案ごとに諸般の事情を考慮して規範的な観点から判断されるものであるため，結論には不明確性が残る。文化庁の「考え方」では，侵害物が生成される頻度や類似物の生成を抑止する措置を講じたかといった事情が結論に影響するとの考えが示されている[25]。

Ⅳ　論点③：生成物の著作物性

　第 3 の論点として，AI 生成物が著作物として保護されるかが問題となる[26]。この点に

ついては既に平成5年の時点で，人間による創作意図と創作的寄与が認められる場合には「人がコンピュータ・システムを道具として用いて著作物を創作したものと認められる」との見解が示されていたところである。[27] これを受けて文化庁の「考え方」では，指示・入力（プロンプト等）の分量・内容，生成の試行回数，複数の生成物からの選択という3つの要素を挙げて，これらが創作的寄与の認定に影響を及ぼす可能性に言及している。

このうち第1の要素であるプロンプト等の分量・内容については，「創作的表現といえるものを具体的に示す詳細な指示は，創作的寄与があると評価される可能性を高めると考えられる」と指摘される一方で，「長大な指示であったとしても，創作的表現に至らないアイデアを示すにとどまる指示は，創作的寄与の判断に影響しないと考えられる」とも述べられており，[28] ここでもアイディア・表現二分論が顔をのぞかせている。

プロンプト等による指示を具体的表現とみるかアイディアとみるかは具体的事案によって異なりうると考えられるが，わが国にはこの点が争われた公表裁判例は未だ存在しない。[29] 参考になる諸外国の事例としては，アメリカ著作権局が「Zarya of the Dawn」というコミック作品の著作権登録の再審査手続きにおいて，Midjourney を用いて生成された個別のイラストは人間による著作物とは言えないとの見解を示した事例がある。[30] そこでは，同一のプロンプトであっても無数のバリエーションの画像が生成される可能性があることから，特定のプロンプトが特定の画像を生成する保証はなく，「Midjourney がどのような画像を生成するかを事前に予測することは不可能なので，このプロセスはユーザによってコントロールされているとはいえない」と述べられた。これはちょうど，人間（発注者）が他の人間（受注者）に抽象的な指示をし，具体的な表現は受注者が創作したという場合に，発注者は著作者とはならないと考えられているのと同様である。他方，北京インターネット裁判所の 2023 年 11 月 27 日の判決（京 0491 民初 11279 号）では，Stable Diffusion（の派生モデル）を用いて生成された写真風の画像につき著作物性が認められた。そこではプロンプトの長大さに加えて，生成者がパラメータやプロンプトの調整など複数回にわたる試行錯誤を繰り返して最終的な生成物を得たというプロセスにおける知的投資や美的選択が重視されている。

仮に AI 生成物が著作物と認められないとしても，その無断利用に対して一切の法的保護が与えられなくてよいのかということは別途問題となる。一般不法行為による保護[31]や特別の立法を要するかなどが検討課題となる。

（シンポジウム）生成 AI と著作権法の現在地　*21*

V　シンポジウムの構成

　以上のような諸問題について，このシンポジウムでは 4 名の登壇者に報告をお願いしている。論点①は柿沼太一氏（弁護士）[32]，論点②は髙野慧太氏（中京大学）[33]，論点③は平嶋竜太氏（青山学院大学）[34]にそれぞれご報告いただく。最後に張睿暎氏（獨協大学）[35]から，これらの論点及び著作隣接権に関連する諸外国の事例や立法の動向について包括的にご紹介をいただく。

　このシンポジウムには「生成 AI と著作権法の現在地」というタイトルを付した。生成 AI が普及し始めてまだ 2 年程度しか経っていない。著作権法制が AI とどのように向き合っていくかという問題は，まだ本格的な検討の緒に就いたばかりといえる。技術は引き続き驚異的な速度で進展するであろうし，それに伴って様々な新たな課題が出現するであろう。現行法の内容やその解釈も固定的なものではありえない。

　このシンポジウムは 2024 年現在の議論状況（現在地）を明らかにして，諸外国の動向も参照しつつ，今後さらにあるべき法制度について議論を深めていくための素地を提供することを目的とするものである。

---

1)　例えば文化庁「著作権審議会第 9 小委員会（コンピュータ創作物関係）報告書」（平成 5 年）はコンピュータ創作物の著作物性や著作者について検討していた。また文化審議会著作権分科会「文化審議会著作権分科会報告書」（平成 21 年 1 月）は，平成 21 年著作権法改正による情報解析のための複製等の権利制限規定（47 条の 7）の導入につながった。

2)　筆者は 2022 年 9 月に依頼を受けて有斐閣 Online の特集「テクノロジーと法理論」に「画像生成 AI と著作権法」と題する論稿を寄稿したが（有斐閣 Online 記事 ID：L2212010。2023 年 1 月公開），これは Stable Diffusion 等が提供されて以降にこの種の問題を扱った最初期の文献の一つである。その後，コピライト等の専門誌においては毎号のように AI 関連の論稿が掲載されるようになっているし，専門家の手になる書籍としては上野達弘＝奥邨弘司編著『AI と著作権』（勁草書房，2024 年）などが出版されている。

3)　文化審議会著作権分科会法制度小委員会「AI と著作権に関する考え方について」（令和 6 年 3 月 15 日）。

4)　上野達弘「情報解析と著作権――『機械学習パラダイス』としての日本」人工知能学会誌 36 巻 6 号（2021 年）745 頁。あわせて上野達弘「AI 規制の論点（上）『生成』と『学習』区別し対応を」（日本経済新聞，2024 年 2 月 26 日）及び上野達弘「時代のスナップショット」法とコンピュータ 42 号（2024 年）1 頁も参照。

5)　考え方 19 頁。

6)　「画風を学ぶ AI イラストメーカー『mimic』が物議　他人の絵を学習させる悪用を懸念」（KAI-YOU，2022 年 8 月 29 日）〈https://kai-you.net/article/84595〉及び「『mimic ベータ版 2.0』がついに公開　事前審査制や透かしなどで不正利用を対策」（ねとらぼ，2022 年 11 月 4 日）〈https://nlab.itmedia.co.jp/nl/articles/2211/04/news129.html〉参照。

7) ここでいう画風については，「表現に至らないアイデアのレベルにおいて，当該クリエイターのいわゆる『作風』を共通して有しているにとどまらず，創作的表現が共通する作品群となっている場合」が念頭に置かれている（考え方 21 頁）。もっとも，同一人が描いた複数の人物イラストに共通して表現されている特徴について，「当該人物イラストから離れた抽象的概念ないし画風というべきものであって，具体的表現そのものではなく，それ自体が思想又は感情を創作的に表現したものということができない」と判示した裁判例（東京地判平成 11 年 6 月 14 日 LEX/DB28042796．控訴審である東京高判平成 12 年 2 月 23 日裁判所 Web（平成 11 年（ネ）第 3886 号）も同旨を述べて原判決を維持した）があるように，複数のイラストに共通する特徴がアイディアではなく具体的表現であると認められることは必ずしも容易ではないように思われる。

8) なお筆者は，学習の時点では非享受目的であったとしても，その後に学習済モデルを享受目的で用いた時点で目的外使用（49 条 1 項 2 号）としてみなし複製に問えるのであるから，ことさらに学習時点での目的の併存という議論をする必要はないのではないかと考えている（上野＝奥邨編著・前掲注 2) 213 頁〔座談会谷川発言〕）。

9) 考え方 24 頁。一般社団法人日本新聞協会「生成 AI における報道コンテンツの無断利用等に関する声明」（2024 年 7 月 17 日）〈https://www.pressnet.or.jp/statement/broadcasting/240717_15523.html〉も参照。

10) 大判昭和 12 年 9 月 16 日刑集 16 巻 1265 頁〔書風〕，最判平成 13 年 6 月 28 日民集 55 巻 4 号 837 頁〔江差追分〕。

11) 一般社団法人日本音楽著作権協会「生成 AI と著作権の問題に関する基本的な考え方」（2023 年 7 月 24 日）〈https://www.jasrac.or.jp/information/release/23/07_3.html〉。

12) 考え方 23 頁。

13) 考え方 27 頁。

14) 考え方 32 頁。

15) 2024 年 10 月に X（旧 Twitter）上で話題となった。もっとも当事者による関連する投稿はその後全て削除された。

16) Alcon Entm't, LLC v. Tesla, Inc., No. 2: 24-cv-09033（C.D. Cal. filed Oct. 21, 2024).

17) 考え方 33 頁。

18) 類似性を指摘された生成者は，当該生成イラストは Midjourney において「The ultimate masterpiece, highest quality, 8k, one person, female, cute, beautiful, perfect composition, anime style, cherry blossom, rays, face only」というプロンプトを用いて生成したものであると説明していた。

19) 考え方 34 頁。

20) Lee, Jooyoung, et al. "Do Language Models Plagiarize?" *arXiv*（2022）. https://doi.org/10.48550/arXiv.2203.07618; Somepalli, Gowthami, et al. "Diffusion Art or Digital Forgery? Investigating Data Replication in Diffusion Models." *arXiv*（2022）. https://doi.org/10.48550/arXiv.2212.03860; Carlini, Nicholas, et al. "Extracting Training Data from Diffusion Models." *arXiv*（2023）. https://doi.org/10.48550/arXiv.2301.13188; Somepalli, Gowthami, et al. "Understanding and Mitigating Copying in Diffusion Models." *arXiv*（2023）. https://doi.org/10.48550/arXiv.2305.20086.

21) 「生成 AI でパンフ　海保が配布を中止　イラストに『著作権侵害』批判」（読売新聞，2024 年 4 月 3 日）。

22) 「松江市，ゆるキャラのデザイン募集　AI 作成断念」（日本経済新聞，2024 年 11 月 13 日）。

23) 考え方 34 頁。

24) 考え方 35 頁。

25) 考え方 37 頁。

26) 考え方 39 頁。

27) 文化庁「著作権審議会第 9 小委員会（コンピュータ創作物関係）報告書」・前掲注 1)。

28) 考え方 40 頁。

29) ただし刑事裁判例には，既存の映像に対して AI を用いて改変を加えて制作されたディープフェイクポルノ動画の作成とそのインターネット配信について，罰条として 27 条（翻案権等），28 条（二次的著作物の原著作者の権利）及び 23 条 1 項（公衆送信権）を挙げて有罪としたものがある（東京地判令和 2 年 12 月 18 日 D1-Law28290352 及び東京地判令和 3 年 9 月 2 日 D1-Law28293253）。翻案というためには改変部分に新たな創作性が認められなければならないから（前掲注 10）江差追分事件上告審判決参照），この裁判所は AI を用いた改変に創作性があると判断したことを意味する。この意味で，AI 生成物の著作物性を肯定した裁判例と位置づけることが一応は可能である。もっとも，知的財産法を専門とするわけではない刑事裁判官による判断であるし，翻案の成否について争われているわけでもないので，この罰条記載をどこまで真に受けるべきかは検討の余地があろう。

30) U.S. Copyright Office, Letter Re: Zarya of the Dawn (Registration # VAu001480196) (Feb. 21, 2023), https://copyright.gov/docs/zarya-of-the-dawn.pdf.

31) 考え方 40 頁。

32) 柿沼太一「画像生成 AI をめぐる著作権法上の論点」法律のひろば 76 巻 2 号（2023 年）19 頁ほか。

33) 髙野慧太「依拠性について——依拠性要件の正当化根拠と AI 生成コンテンツ」神戸法學雑誌 72 巻 1＝2 号（2022 年）45 頁ほか。

34) 平嶋竜太「Generative AI による生成物をめぐる知的財産法の課題」Law & Technology 別冊 9 号（2023 年）61 頁ほか。

35) 張睿暎「生成 AI と著作者及び実演家の権利」獨協法学 122 号（2023 年）147 頁ほか。

機械学習段階の諸問題　　　　　　柿　沼　太　一

I　AIと著作権法に関する分析の視点

　生成 AI と著作権に関する論点は，大きく分けて「開発・学習段階における諸問題」
「生成・利用段階における諸問題」「AI 生成物と著作物性」の 3 点に分かれる。

　本稿ではまず AI と著作権法に関する分析の視点を示した上で，「開発・学習段階に
おける諸問題」のうち，「情報解析に活用できる形で整理したデータベースの著作物
（情報解析用 DB 著作物）と著作権法 30 条の 4 柱書但書」「ライセンスビジネスが展開
されている場合と著作権法 30 条の 4 柱書但書」について検討する。

　AI と著作権法に関する論点の全体像については，以下の 3 つの視点で整理をすると
わかりやすい。

①　主体（「AI 開発者」「AI サービス提供者」「AI 利用者」）
②　フェーズ（「開発・学習段階」「生成・利用段階」）
③　システム・サービスの内容（「クラウド」「ローカル」）

　AI の開発から利用までを時系列順に並べると，「AI（機械学習技術を利用して作成
された学習済みモデルのこと。以下同じ）の開発・提供」「開発された AI を利用した
AI サービスの開発・提供」「提供された AI サービスの利用」という順になるが，本稿
では，それぞれの行為を行う主体を「AI 開発者」「AI サービス提供者」「AI 利用者」
と呼ぶこととする（①主体）。もちろん，ある事業者が複数の役割（たとえば「AI 開発
者」と「AI サービス提供者」を兼ねることもある。

　そして，それぞれの主体によって「AI の開発・学習」段階の行為と「AI 生成物の生
成・利用」段階の行為の一方，あるいは双方が行われる（②フェーズ）。

　さらに，AI サービスは，AI 利用者に対するクラウドサービスとして提供される場合
もあるし，AI 利用者自身がローカル環境で AI 生成物を生成・利用することもある
（③システム・サービスの内容）。

（シンポジウム）生成 AI と著作権法の現在地　　*25*

最もシンプルなパターンとして「AI 開発者」と「AI 利用者」のみが登場し，「AI 開発者」は「AI の開発・学習」のみを，「AI 利用者」は「AI 生成物の生成・利用」のみを行うパターンを図示してみよう（**図 1**）。

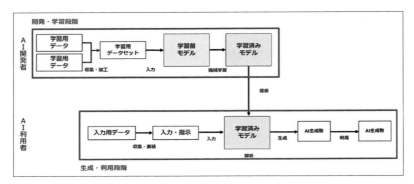

図 1

図 1 は，「AI 開発者」が開発した AI を「AI 利用者」に提供し，AI 利用者が自らの手元で（ローカルで）当該 AI を利用して「AI 生成物の生成・利用」を行うパターンである。

ただし，「主体」と「フェーズ」は必ずしも一対一対応ではない。すなわち，「AI 開発者は開発・学習段階における著作物利用行為のみを行い，AI 利用者は生成・利用段階における著作物利用行為のみを行う」という対応関係には「ない」ということである。

たとえば，以下のようなパターンである（**図 2**）。

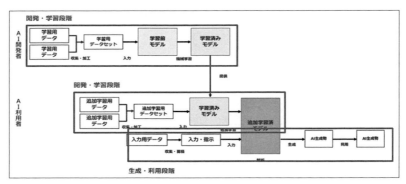

図 2

このパターンの場合は，「AI開発者」は「AIの開発・学習」のみを行っているが，「AI利用者」は「AIの開発・学習」と「AI生成物の生成・利用」の両方を行っている。

　開発・学習段階における著作物利用行為については，原則として著作権法30条の4が適用され適法となるが，例外的に，既存の学習済みモデルに対する追加的な学習（そのために行う学習データの収集・加工を含む）のうち，意図的に，学習データに含まれる著作物の創作的表現の全部又は一部を出力させることを目的とした追加的な学習を行うため，著作物の複製等を行う場合は30条の4が適用されない（文化審議会著作権分科会法制度小委員会「AIと著作権に関する考え方について」（2024年3月15日）（以下「考え方」という）20頁）。

　このような，学習対象著作物の表現享受目的の学習は，AI開発者が行う大規模な学習において行われることはほぼなく，実際には，AI利用者やAIサービス提供者が行う小規模なデータによる追加学習においておこなわれることが多い。

　さらに「AI開発者」「AIサービス提供者」が「AIの開発・（追加）学習」を，「AI利用者」が「AIの開発・学習」と「AI生成物の生成・利用」をそれぞれ行う場合は以下の図3のとおりとなる。

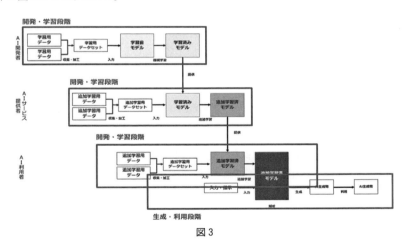

図3

　AIと著作権の問題について検討する際には，このように基本的には「主体」×「フェーズ」の組み合わせで分析することになる。

　図2や図3のように，それぞれの主体において，フェーズとして「開発・学習段階」や「生成・利用段階」が複数組み合わさることもあるが，その場合であっても，基本的

（シンポジウム）生成AIと著作権法の現在地　27

に各フェーズにおける著作権侵害の有無の考え方は同一である。

　また，図1〜図3では，「AI開発者」が開発したAIを「AI利用者」に提供し，AI利用者が自らの手元で当該AIを利用して「AI生成物の生成・利用」を行うパターンであったが，実際には，AIがクラウド上のサービスとして提供されている場合もある（図4）。

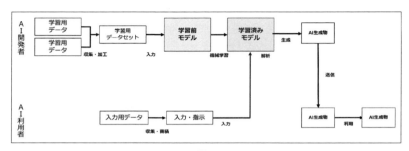

図4

　先ほどの図1〜3との違いは，AI生成物の「生成・利用」を物理的に誰が行っているのか，という点である。

　先ほどの図1〜3では，「生成・利用」を物理的に行っているのはAI利用者だが，図4では，物理的に見ると，「生成・利用」における各行為のうち「入力」はAI利用者，「生成」及び生成したAI生成物の「送信」はAI開発者，送信されたAI生成物の「利用」はAI利用者が行っている。

　このことは，「生成・利用」段階における既存著作物の利用行為について，AI開発者が行為主体として責任を負うかを考えるに際して重要なポイントとなる。

II　情報解析に活用できる形で整理したデータベースの著作物（情報解析用DB著作物）と著作権法30条の4柱書但書

1　問題の所在

　著作権法30条の4第2号は，情報解析の用に供する場合は，その必要と認められる限度において著作物を利用することを許容しているが，その柱書但書において「当該著作物の種類及び用途並びに当該利用の態様に照らし著作権者の利益を不当に害することとなる場合」は「この限りではない」とする。

　そして，同柱書但書に該当するか否かは，同様のただし書を置いている他の権利制限規定（法第35条第1項等）と同様に，著作権者の著作物の利用市場と衝突するか，あ

るいは将来における著作物の潜在的市場を阻害するかという観点から判断されることとされている[2]。

但書該当行為の具体例としては、「<u>大量の情報を容易に情報解析に活用できる形で整理したデータベースの著作物が販売されている場合</u>に，当該データベースを情報解析目的で複製等する行為」が既に示されている[3]（下線部筆者）。

そして，「考え方」は，この「<u>大量の情報を容易に情報解析に活用できる形で整理したデータベースの著作物が販売されている場合</u>」としての柱書但書に該当する具体例をいくつか例示している。

本稿では，「考え方」で例示されている具体例が柱書但書に該当するかについて検討する。以下，大量の情報を容易に情報解析に活用できる形で整理したデータベースの著作物を「情報解析用 DB 著作物」という。

2 データベース，データベース著作物（DB 著作物），情報解析用 DB 著作物とは

① データベース（DB）

データベース（DB）とは，単体データを収集して構造化したり，組み合わせたりして作られたものであり，AI 生成に用いられる学習用データセットもデータベースである。著作権法における「データベース」の定義は「論文，数値，図形その他の情報の集合物であって，それらの情報を電子計算機を用いて検索することができるように体系的に構成したもの」（著作権法 2 条 1 項 10 の 3）である。

② データベース著作物

もっとも，著作権法上は全ての DB が著作物に該当するのではなく，DB のうち「その情報の選択又は体系的な構成によって創作性を有するもの」のみが著作物（データベースの著作物）に該当する（同法 12 条の 2 第 1 項）。

③ 情報解析用 DB 著作物

著作権法上は，データベースは著作物に該当しないデータベースと著作物に該当するデータベース（DB 著作物）しか存在しないが，著作権法 30 条の 4 柱書但書の解釈においては「情報解析用 DB 著作物」という概念が出てくる。

前述のように 30 条の 4 柱書但書に該当する例として，同条制定当時から，「大量の情報を容易に情報解析に活用できる形で整理したデータベースの著作物（情報解析用 DB 著作物）が販売されている場合に，当該データベースを情報解析目的で複製等する行為」が示されている[4]。

したがって，情報解析用 DB 著作物が販売されている場合において，それを AI の開

発・学習段階でAI学習（情報解析）目的で利用したり，AI生成物の生成・利用段階で，AIによる解析（情報解析）目的で入力したりする行為は，30条の4柱書但書に該当し，他の権利制限規定の適用がなければ著作権侵害に該当する。

一方，写真やイラストのDBなど，享受目的を本来的目的として作成されたデータにより構成されているデータベースは，DB著作物に該当することはあっても，「情報解析用DB著作物」には該当しない[5]。

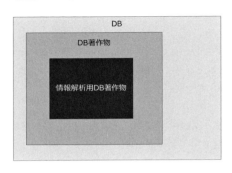

AI開発に利用される学習用データセットは，個々の単体データを一定の方針のもと収集してタグ付やアノテーションなどの処理を施したデータベースであるが，全ての学習用データセットが，DB著作物や情報解析用DB著作物に該当するわけではない。

学習用データセットが情報解析用DB著作物に該当するためには，まずDB著作物に該当すること，すなわち「情報の選択」か「体系的な構成」に創作性がなければならない。

したがって，散在したデータを網羅的に収集・集積して前処理を行っただけの学習用データセットはデータベース著作物に該当しない（当然情報解析用DB著作物にも該当しない）[6]。あくまで，データの収集・蓄積の過程において，その「情報の選択」や「体系的な構成」に創作性がある学習用データセットのみがDB著作物や情報解析用DB著作物に該当しうるということである。

この観点からすると，たとえば，大規模言語モデル（LLM）を生成するためのデータセットは，できるだけ偏りのない，かつできるだけ大量の文章で構成される必要があるため，当該データセットに「情報の選択」における創作性があることは通常考えがたい。

また，データの選択にどの程度の工夫があれば「情報の選択」に創作性があるといえるかは難問である。

判断基準としては「当該情報の選択が通常なされるべき選択であって，当該データベースに特有のものと言えない」場合や「他にも同様の選択行為を行っているデータベースが存在する」場合には「情報の選択」の創作性が否定されることになるだろう。

　また，学習用データセットは，AIを生成するために利用されるものであるから，学習用データセットを作成するためにデータを収集・選別する際には，「当該学習用データセットを利用して生成するAIの性能向上に結びつくか」という観点からデータの選定行為を行うこととなる。

　ここでいう「AIの性能」というのは当該AIの利用目的によって様々であり，たとえば認識・予測用のAIであれば「高い認識・予測精度」が「性能」であるし，生成AIであれば通常は「多様な表現力」が「性能」である。

　そして，「どのようなデータセットを作成すれば（どのような方針でデータを選別・収集すれば）AIの性能向上に結びつくか」という「情報収集の方針」は技術的なアイデアであり，同じ「情報収集の方針」に基づいてデータ収集をすれば，誰がデータ収集を行っても，ある程度データに重複が生じることになる。そのような場合に，元のデータベースにおける「情報の選択」に創作性があると解釈すると，結局「情報収集の方針」というアイデアを保護することにつながりかねず妥当ではない[7]。

　たとえば，アメリカ国内で利用される顔認識用のAIを開発するために，人物肖像写真で構成される学習用データセットを生成することを考えてみる。

　このような学習用データセットの生成に際して，たとえば「WEB上で『アメリカ人顔写真』というキーワードで画像検索を行い，検索結果として表示された顔写真画像からランダムに1万枚選択する」という選択行為が行われたとする。

　この場合，当該選択行為においては「アメリカ国内で利用される顔認識用AI開発に適した顔画像写真を選択する」という創作的な行為が行われているとは言えないことから，「情報の選択」に創作性があるとは言えず，当該手法で生成された学習用データセットはDB著作物には該当しないだろう。

　では，次にたとえば「アメリカの総人口における人種の割合と同じ割合で，各人種に属する人物の顔写真を収集して構成する」という選択行為をなした場合はどうだろうか。

　この選択は，先ほどの例とは異なり「アメリカ国内で利用される顔認識AI開発に適した顔画像写真を選択する」ために行われているとは言える。もっとも，このように「データ全体における個々のデータの割合と同じ割合で構成されたデータセット」という基準で情報を選択した場合は，通常なされるべき選択に該当し，その選択に創作性はないように思われる。

（シンポジウム）生成AIと著作権法の現在地　　*31*

3 「考え方」内の記載について

先述のように，30条の4柱書但書に該当する例として，同条制定当時から，「大量の情報を容易に情報解析に活用できる形で整理したデータベースの著作物（情報解析用DB著作物）が販売されている場合に，当該データベースを情報解析目的で複製等する行為」が示され，「考え方」においても，その点について詳細な記載がある。

「考え方」24頁〜27頁で示されている，情報解析用DB著作物を情報解析目的で複製する態様の具体例は以下の3つである（以下「具体例1」〜「具体例3」と呼ぶ）。

▼　具体例1

情報解析用DB著作物がDVD等の記録媒体に記録して提供されている場合に，当該記録媒体から同DB著作物全体を情報解析目的で複製する行為（考え方24頁）

▼　具体例2

インターネット上のウェブサイトで，ユーザーの閲覧に供するため記事等が提供されているのに加え，情報解析用DB著作物がAPIを通じて有償で提供されている場合において，当該APIを有償で利用することなく，当該ウェブサイトに閲覧用に掲載された記事等のデータから，当該データベースの著作物の創作的表現が認められる一定の情報のまとまりを情報解析目的で複製する行為（考え方25頁）

▼　具体例3

AI学習のための著作物の複製等を防止する技術的な措置が講じられており，かつ，このような措置が講じられていることや，過去の実績（情報解析に活用できる形で整理したデータベースの著作物の作成実績や，そのライセンス取引に関する実績等）といった事実から，当該ウェブサイト内のデータを含み，情報解析に活用できる形で整理したデータベースの著作物が将来販売される予定があることが推認される場合に，この措置を回避して，クローラにより当該ウェブサイト内に掲載されている多数のデータを収集することにより，AI学習のために当該データベースの著作物の複製等をする行為（考え方26頁）

---

(1) 前　　提

言うまでもなく，著作権侵害が成立するためには，①被侵害著作物との関係での類似性②依拠性③権利制限規定の不適用が必要である。

 たとえば，ウェブ上に掲載されている個々の新聞記事（著作物）をクローリングして複製し，AI学習のための学習用データセットを作成する行為は，当該個々の新聞記事との関係では，著作権侵害要件としての類似性・依拠性を満たすが，そのような複製行為は情報解析のために必要な行為であるため，権利制限規定である30条の4が適用されて著作権侵害には該当しないことになる（③を満たさないケース）。

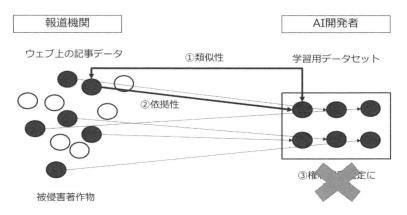

 この結論は，仮に当該ウェブ上の記事データについてrobots.txtによるアクセス制限がなされていても同様である。後述のように，そのようなアクセス制限されているという事実が，将来的な情報解析用DB著作物の販売予定があることを推認させる一事情にはなるが，そのようなアクセス制限の存在自体によって30条の4該当性が肯定されるわけではない。

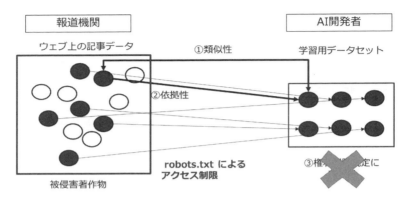

以上を前提に具体例1〜3までを見ていこう。

(2) 具体例1

具体例1は、「情報解析用DB著作物がDVD等の記録媒体に記録して提供されている場合に、当該記録媒体から同DB著作物全体を情報解析目的で複製する行為」であるから、下図のように、類似性・依拠性は当然満たし、かつ30条の4柱書但書に該当する（その結果権利制限規定に非該当）ことは明らかである。

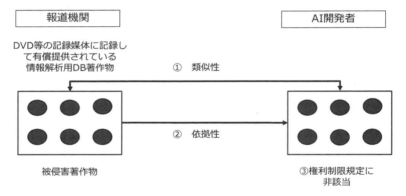

ただし、DB著作物の著作権侵害における類似性とは、被侵害著作物であるDB著作物における創作性（情報の選択・体系的構成における創作性）が利用されることを意味している[8]。

したがってDVD等の記録媒体に記録して有償提供されている情報解析用DB著作物に含まれているデータの一部のみを抽出して利用した場合、被侵害著作物であるDB著作物の「創作性」が利用されていないため類似性はなく著作権侵害は否定されることに

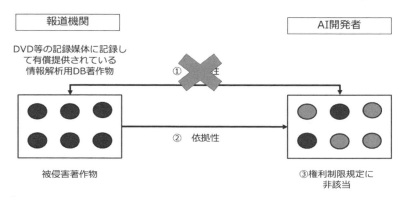

なる。[9]

(3) 具体例2

具体例2は，かなりわかりにくいケースである。

ここでのポイントは「被侵害著作物は何か」である。つまり，どの著作物の著作権侵害が問題になっているのか，ということである。

具体例2を図解すると以下のとおりとなる。

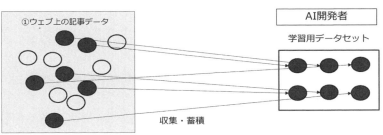

ア　被侵害対象著作物は何か

　まず，具体例2においては，権利者（報道機関）が，①インターネット上のウェブサイトで，ユーザーの閲覧に供するため記事等を提供しているのに加えて，②情報解析用DB著作物をAPIを通じて有償で提供していることが前提となっている。

　つまり，著作権侵害が問題となる（被侵害著作物になり得る）著作物は，①ウェブサイト上の記事と，②情報解析用DB著作物の2つがあることになる。

　そして，具体例2，3で被侵害著作物として検討対象となっているのは，「①ウェブサイト上の記事」ではなく「②情報解析用DB著作物」である。

　この点は特に誤解しやすい点である。

　これは「考え方」26頁の「○　そのため，AI学習のための著作物の複製等を防止する技術的な措置が講じられて……」の部分において，「この措置（注：複製防止のための技術的措置）を回避して，クローラにより当該ウェブサイト内に掲載されている多数のデータを収集することにより，AI学習のために<u>当該データベースの著作物の複製等をする行為</u>」とされていることからも明らかである（下線部筆者）。

　また，小委員会での議論で上野委員ら複数の委員からこの点について指摘があり，事務局から明確に以下のような回答があったところである（第6回小委員会議事録・上野委員，澤田委員・中川委員発言参照。下線部筆者）。

　【三輪著作権課調査官】事務局でございます。ただいま委員の先生方からいただきました意見を踏まえまして少し補足させていただきますと，今おっしゃっていただきましたように，この点，記載の趣旨としては，先ほど事務局から御説明申し上げたとおり，<u>対象の著作物として考えておりますのは，情報解析用のデータベースの著作物であり，</u>問題にする行為としても，情報解析用のデータベースの著作物の複製と言えるような行為については，30条の4ただし書に該当し，権利制限の対象とはならない場合があると，そういう趣旨の記載をしているというところでございます。

　以上をまとめると，具体例2は，APIを有償で利用することなく（②のAPIを利用することなく），①のウェブサイトに閲覧用に掲載された記事等をクローリング（収集・蓄積）することで，結果的に②の情報解析用DB著作物を複製することについて述べているということになる。

　したがって，具体例2における被侵害著作物は②の「APIで提供されている情報解析用DB著作物」であるから，著作権侵害に該当するのは，当該情報解析用DB著作物

と，クローリングした結果としての学習用データセットとの間に「類似性」「依拠性」「権利制限規定に非該当」という要件がある場合のみ，ということになる。

イ　情報解析用 DB 著作物該当性

まず前提として，被侵害著作物である，報道機関が API で有償提供している記事 DB が「情報解析用 DB 著作物」に該当することが必要である。

この点については，記事 DB が DB 著作物に該当しない場合はもちろん，単なる DB 著作物（単なる縮刷版記事 DB など享受目的を本来的目的として作成されたデータにより構成されている DB 著作物）が API 提供されていても，著作権侵害には該当しない。

「情報解析用 DB 著作物」でなければ，情報解析目的利用による「著作権者の著作物の利用市場との衝突」や「将来における著作物の潜在的販路の阻害」が起こらないためである。

ウ　類　似　性

AI 開発者が個別の記事を集積して学習用データセットを作成したとしても，当該データセットにおいて，権利者が API を通じて有償で提供している情報解析用 DB 著作物の創作的表現部分を利用していなければ，類似性は否定されることになる。[10]

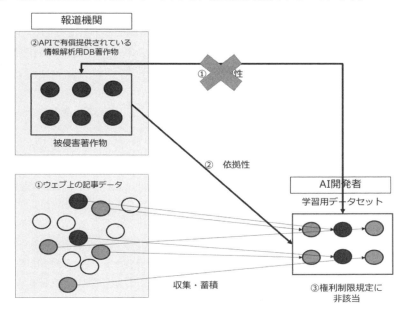

ここで問題となる「情報解析用 DB 著作物の創作的表現部分」というのは，要するに

被侵害著作物である②「API で提供されている情報解析用 DB 著作物」における創作的表現部分」のことであるが，報道機関の提供している記事 DB が情報解析用 DB 著作物に該当する可能性があるとすると，「取材により得た事実の中から，記事化に値する事実を選択した」という点に「情報の選択」における創作性が認められる場合ではないかと思われる。

ただし，本当にそのような点に「情報の選択」における創作性が認められる場合があるかと考えると，かなり疑問である。

まず，他の新聞社も同様の事実を報道していれば，そのような「情報の選択」についての創作性はないであろう。

また，記事の掲載は「①世の中のありとあらゆる事実の中から取材すべき事実の選択→②取材による多数の事実の収集→③取材により収集した多数の事実の中から記事として掲載するかの選択→④記事化」という流れによって行われるところ，記事 DB の DB著作物性が認められるのは，「③ 取材により収集した事実の中から記事として掲載するかの選択」に創作性がある場合のみであると考える。

これは，①の「世の中のありとあらゆる事実の中から取材すべき事実の選択」における創作性は，「世の中のありとあらゆる事実」を認識するのは不可能であるからそもそも「選択」が行われていないとも言いうるし，①の作業の後に②③④が行われて初めて情報選択の創作性が具体化するのであるから，①における選択の創作性は，侵害が問題となっている著作物としての DB 著作物の著作物性（情報選択の創作性）と直接結びついていないからである。

そして，「③ 取材により収集した事実の中から記事として掲載するかの選択」に創作性がある場合はかなり限定的であろう。これは「取材された多数の事実を前提として，ニュースバリューのある記事を選択して記事化する」場合，ほとんどの報道機関において同様の選択が行われるだろうからである。

また，どの程度の記事 DB（情報解析用 DB 著作物）の利用があれば「情報解析用DB 著作物の情報の選択における創作的表現部分を利用」したと言えるか（類似性があると言えるか）は非常に難問である。[11]

そもそも，AI 開発者は，AI 開発のために複数の報道機関のニュース記事や他のWEB 上の文章をまとめて大規模に収集するのが通常であるから，1 つの報道機関だけの，かつ当該報道機関のみが報道しているニュースのみをあえて対象にして収集して学習に用いることは非常に考えにくい。

そして，AI 開発者が，複数の報道機関のニュース記事や他の WEB 上の文章をまと

めて大規模に収集して学習用データセットを作成して学習に用いた場合，その中に含まれている報道機関の一部が公開している情報解析用 DB 著作物において，記事の選択に創作性が認められるとしても，当該創作的表現は利用されていない（類似性がない）ことになるのではないかと考える。

エ　依　拠　性

著作権侵害の要件として，当然「依拠性」が必要となるが，この場合の依拠性とは，被侵害対象著作物である情報解析用 DB 著作物への依拠のことを指す。

しかし，具体例2においては，AI 学習者は，情報解析用 DB 著作物には一切アクセスしておらず，被侵害対象著作物である情報解析用 DB 著作物とは異なる著作物であるウェブ上の個別記事にアクセスして集積し，結果的に情報解析用 DB 著作物と同一・類似の DB 著作物を作成しているに過ぎない。

また，この場合，AI 学習者は，被侵害対象著作物である情報解析用 DB 著作物の内容（どのような点に「情報の選択」における創作性があるか）を知らないのが通常である。もちろん，ウェブ上の個別記事のクローラーによる収集が robots.txt で制限されている場合，当該個別記事を収集しようとする者は，当該制限の存在から，権利者が情報解析用 DB 著作物を販売していることや，その内容を調査して知ろうと思えば知ることは可能である。

したがって，当該調査を怠ること（過失）が「依拠性」につながるのかが問題となるが，判例（最判昭 53・9・7 民集 32 巻 6 号 1145 頁—ワン・レイニー・ナイト・イン・トーキョー事件）上は，「（前略）既存の著作物と同一性のある作品が作成されても，それが既存の著作物に依拠して再製されたものでないときは，その複製をしたことにはあたらず，著作権侵害の問題を生ずる余地はないところ，既存の著作物に接する機会がなく，従って，その存在，内容を知らなかった者は，これを知らなかったことにつき過失があると否とにかかわらず，既存の著作物に依拠した作品を再製するに由ないものであるから，既存の著作物と同一性のある作品を作成しても，これにより著作権侵害の責に任じなければならないものではない」としてその点を否定している。

したがって，具体例2においては，客観的にも主観的にも，被侵害著作物である情報解析用 DB 著作物への依拠性は認められないのではないかと考える。

オ　ま　と　め

以上をまとめると，具体例2において著作権侵害が生じるのは，①権利者が API を通じて有償で提供している DB が情報解析用 DB 著作物に該当すること，及び②ウェブ上の記事データを収集することで，「偶然」情報解析用 DB 著作物と創作的部分におい

て同一・類似学習用データセットを作成すること（「類似性」）が前提となっているが，そのような「偶然」が生じる可能性は極めて低いだろう。

また，仮にそのような「偶然」が生じたとしても，情報解析用 DB 著作物への依拠性が認められがたいことから，具体例 2 が著作権侵害に該当する可能性は非常に低いのではないかと考える。

「考え方」では，具体例 2 は，30 条の 4 柱書但書に該当する例として紹介されているが，そもそも 30 条の 4 柱書但書の問題（権利制限規定適用可否の問題）に行く前の，被侵害著作物の著作物性，類似性，依拠性が認められないことがほとどではないかと考える。

(4) 具体例 3

具体例 3 を図示すると以下のとおりとなる。

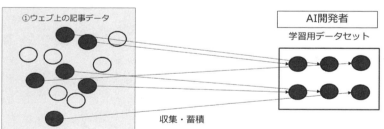

具体例 2 と具体例 3 の相違点は，具体例 3 においては被侵害対象著作物としての情報解析用 DB 著作物が，まだこの世に存在していない点である。

具体例 3 についても，具体例 2 と同様，著作権侵害に該当するのは，被侵害著作物である「将来販売される予定がある情報解析用 DB 著作物」と，クローリングした結果としての学習用データセットとの間に「類似性」「依拠性」「権利制限規定に非該当」とい

う要件がある場合のみ，ということになる。

具体例3についても「類似性」「依拠性」については，具体例2で述べたことがそのまま当てはまるので，いずれの要件も認められがたい（著作権侵害が成立する可能性は低い）ことはすでに説明したとおりである。

さらに，具体例3については，更に「被侵害対象著作物としての情報解析用DB著作物が，まだこの世に存在していない」という点が，権利者がクリアすべき高いハードルとして立ちはだかる。

ア 「考え方」の記載

「考え方」26頁は，具体例3について「当該ウェブサイト内のデータを含み，情報解析に活用できる形で整理したデータベースの著作物が将来販売される予定があることが推認される場合」であれば，当該「将来販売される予定がある情報解析用DB著作物」との関係で著作権侵害の要件を満たす（30条の4柱書但書に該当する）としている。

イ 「将来販売される予定の被侵害著作物」に関する著作権侵害がありうるのか

まず，素朴な疑問として，AI開発者による個々のWeb記事の収集によって，当該収集時点においては未だ存在していない「将来販売される予定の情報解析用DB著作物」の著作権侵害（類似性・依拠性）が認められるのかという点が大きな疑問である。

このように「将来販売される可能性がある情報解析用DB著作物」の将来販路が阻害されることを理由に個々のウェブ記事の収集行為が30条の4柱書但書に該当するという「考え方」の解釈は，実質的には，現時点では存在しない，将来発生する可能性のある被侵害著作物についての著作権侵害を認める解釈である。

まだ存在していない被侵害著作物であるから，著作権侵害の有無を判断しようにも，そもそも，当該被侵害著作物が「情報解析用DB著作物」に該当するかや著作権侵害の要件である「類似性」や「依拠性」を判断しようがない。

確かに，著作物自体が未だに発生しておらず，かつ侵害行為も行われていない段階での予防請求を認めた裁判例は存在する（東京地判平5・8・30知的裁集25巻2号380頁（ウォール・ストリート・ジャーナル事件））。

この決定は，米国において日刊新聞The WallStreet Journal（「本件新聞」）を継続して発行するX（債権者・被控訴人）が，わが国において本件新聞の記事を抄訳して紙面構成に対応して配列した文書（以下「本件文書」という）を募集した会員に作成・頒布するY（債務者・控訴人）に対し，本件文書の作成・頒布は，債権者の本件新聞について有する編集著作権を侵害するとして申し立てた本件文書の作成・頒布の差止仮処分が認められた事案である。

（シンポジウム）生成AIと著作権法の現在地　　41

同事件では，将来作成される著作物の編集著作権に基づく差止めの可否等が問題となり，差し止めが認められた。

しかし，同事件は，過去に具体的な編集著作権侵害行為が継続して行われていたことを根拠として，将来的に同様の著作権侵害が発生する可能性が相当高度であることを認め，その結果差止請求を認めたものにすぎず，一般化することはできない。

現に同裁判例については，「被侵害著作物が未だ存在しない場合の差止請求は極めて例外的であり，同判決は一般化できないであろう」とされている[12]。

したがって，同裁判例を根拠として「将来発生する可能性のある著作物についての潜在的販路の阻害」行為が30条の4柱書但書に該当するとすることはできないと考える。

ウ　どのような場合に「将来販売される予定」が推認されるのか

次の問題は，「どのような場合に「将来販売される予定」が推認されるのか」である。当然のことだが，単に権利者が「自分はこのウェブ上の記事を将来情報解析用DB著作物として販売する予定である」と宣言すればそのような推認が得られるわけではない。

この点について，考え方26頁は「当該ウェブサイト内のデータを含み，情報解析に活用できる形で整理したデータベースの著作物が将来販売される予定があることを推認させる事実」として，「AI学習のための著作物の複製等を防止する技術的な措置（"robots.txt"への記述など）が講じられており，かつ，このような措置が講じられていることや，過去の実績（情報解析に活用できる形で整理したデータベースの著作物の作成実績や，そのライセンス取引に関する実績等）といった事実」があるとしている。

すなわち，robots.txtによるアクセス制限がなされているという事実によって30条の4柱書但書に該当するとしているのではなく，あくまでそのような事実によって「情報解析用DB著作物が将来販売されることが推認される」ということを述べているに過ぎない。

しかし，「考え方」が示す「当該ウェブサイト内のデータを含み，情報解析に活用できる形で整理したデータベースの著作物が将来販売される予定があることを推認させる事実」のうち「「AI学習のための著作物の複製等を防止する技術的な措置が講じられていること」は，単に「学習を防止したいという意思が著作権者にある」ことを推認させるだけであり[13]，「情報解析用DB著作物の販売予定があること」を推認させる事実にはならないと考える。

また，過去の販売実績が仮にあるケースであっても，どの程度直近の「実績」があれば「情報解析用DB著作物の販売予定があること」が推認されるのか，その「推認」はどの程度の期間続くのかが全く明らかではない。

ある行為が 30 条の 4 柱書但書に該当する（権利制限規定の対象から除外する）ということは，当該行為が刑事罰もある著作権侵害行為に該当する可能性があることを意味しているため，その解釈が曖昧であってはならない。

　そのような観点からすると「考え方」26 頁に記載されているような「推認」を認めるべきではないと考える。

Ⅲ　ライセンスビジネスが展開されている場合と著作権法 30 条の 4 柱書但書

　現行法下で 30 条の 4 柱書但書に該当する具体例として争いがないのは，Ⅱで説明した「大量の情報を容易に情報解析に活用できる形で整理されたデータベースの著作物が販売されている場合に，当該データベースを情報解析目的で複製等する行為」のみである。

　もっとも，情報解析用 DB 著作物以外の著作物でも，現実にライセンスや販売されているものは多数存在する。たとえば，情報解析用 DB 著作物に該当しない，新聞社の過去記事 DB や，印刷用やウェブサイトに利用するためのイラストや画像で構成される DB 著作物などもその一例である。

　そのような，「情報解析用 DB 著作物」には該当しないが，ライセンス市場が形成されている（すでにライセンス・販売されている）著作物の学習についても，30 条の 4 柱書但書に該当する可能性があるのだろうか。

　ここでは，以下の設例を通じてその点について検討をする。

【設例】
　①　フォトストックサービス A 社は，創業以来，大量の写真素材を Web で公開しつつ，同素材をライセンス販売していた。ライセンス契約の内容は，利用枚数に応じた従量課金制で，写真素材の利用目的の制限は特になかった。
　②　当時，写真素材のライセンスを購入した利用者は，当該 DB を専ら自社のコンテンツ（ウェブ記事等）の作成のためにのみ利用していた。
　③　2015 年頃から，写真素材のライセンスを購入した利用者が，当該写真素材を，AI の学習用データセットに加工して機械学習に使う例が増え始めた。
　④　それを知った A 社は，よい収益機会だと考え，ライセンス内容を変更して，通常のライセンスでは写真素材を機械学習目的に利用することを禁止し，写真素材を機械学習目的に利用する場合には追加ライセンス契約と追加料金の支払が必要とした。
　⑤　その後，機械学習目的のための追加ライセンス申込が順調に相次ぎ，追加ライセンス収入は A 社にとって重要な収益源となった。また，A 社の成功を見た同業他社も

（シンポジウム）生成 AI と著作権法の現在地　　*43*

A 社に追随し，機械学習目的のための写真素材販売が行われる取引事例が増加した。

⑥　第三者 Y が，A 社が Web で公開している写真素材を機械学習に用いる目的でクローリングにより大量に無断収集し，機械学習に利用した。

⑦　Y の行為は 30 条の 4 柱書但書に該当するか。

⑧　A 社は，自社が保有する写真素材を利用した学習用データセット（情報解析用 DB 著作物）は販売しておらず，将来的に販売する予定もないものとする。

1　問題の所在

設例においては，写真素材について，コンテンツ利用についてのライセンスビジネスに加えて，機械学習利用についてのライセンスビジネスを行っている A が存在していた場合に，当該ライセンス対象である写真素材を機械学習目的で収集・利用することが 30 条の 4 柱書但書に該当するかが問題となっている。

ここでの問題を一般化すると，「非享受目的が本来的な利用目的ではない著作物（＝享受目的が本来的な利用目的である著作物。設例における写真素材のこと）について，権利者が非享受目的の利用についてのライセンスビジネス（機械学習利用についてのライセンスビジネス）を展開している場合に，当該著作物を非享受目的（機械学習目的）で利用することは 30 条の 4 柱書但書に該当するか」という問題である。

もともと，非享受目的が本来的な利用目的ではない著作物（＝享受目的が本来的な利用目的である著作物について，非享受目的利用をすることは 30 条の 4 で権利制限の対象となっているが，権利制限の対象となっている行為についてライセンスビジネスが行われている場合において，ライセンスを受けずに無断で行う著作物利用行為が 30 条の 4 柱書但書に該当するかが問題となる。

なお，本設例においては「⑧　A 社は，自社が保有する写真素材を利用した学習用データセットは販売しておらず，将来的に販売する予定もないものとする」としたが，仮に A 社が，自社が保有する写真素材を利用した学習用データセットを販売していたり，将来的に販売する予定がある場合は，A 社としては当該学習用データセットを被侵害著作物とした著作権侵害の主張も可能である。

その場合は本稿Ⅱで述べたことが当てはまる。そして，その場合，A 社としては「機械学習目的でのライセンスを行っている個々の写真素材」を被侵害著作物とした著作権侵害の主張（これが本稿Ⅲの対象である）と「機械学習目的でのライセンスを行っている学習用データセット」を被侵害著作物とした著作権侵害の主張（これは本稿Ⅱの対象である）の双方を主張可能ということになる。

2 学説の状況

この問題について，学説においては以下のように限定的に肯定する説と否定する説がある。

(1) 限定的に肯定する説（限定肯定説）[14]

同説は「非享受目的が当該著作物の本来的な利用目的ではないものの，非享受目的の利用についてのライセンスが提供されている場合に，ただし書に該当するかが問題となる。この点については，非享受目的の利用は権利制限の対象とされた利用態様であり，当該利用について著作権を及ぼして対価回収の機会を与える必要はないのであるから，ライセンスが提供されていることをもって，直ちにただし書に該当する著作権を及ぼすと考えることは妥当ではないと考えられる。もっとも，非享受目的のライセンス市場が発展し当該著作物について非享受目的の利用が本来的な利用と客観的に評価できるに至った場合には，そのライセンス市場と衝突するような利用については，ただし書に該当することもあり得るものと考える。この点については，提供されているライセンスの内容の合理性やライセンスの利用状況等も総合的に考慮して判断がなされるものと考える」とする（下線部筆者）。

(2) 否 定 説

一方で，この点について否定する説もある。

たとえば，愛知靖之「日本法における権利制限規定～著作権法 30 条の 4 を中心に」（上野達弘・奥邨弘司（編）『AI と著作権』勁草書房，2024 年，27 頁）は「著作権侵害を構成しない行為について，余計な紛争・訴訟リスクや手間を避けるという理由などのために，本来は不要なはずのライセンスに応じるという取引慣行が一般化した既成事実それ自体が，非侵害行為を侵害行為に転化させる理由とはならない。」とし，前田健「柔軟な権利制限規定の設計思想と著作権者の利益の意義」（田村善之編著『知財とパブリックドメイン 第 2 巻 著作権法篇』勁草書房，2023 年，208 頁）は「何が対価を収受すべき本来的利用に該当するかは，個々の著作権者の意図によって左右されるべきではなく，著作物の性質や一般的な取引の実情によって定まると考えるべきであろう。したがって，著作権者が非享受利用にかかるライセンスを事実上行っていたとしても（たとえば，音楽の著作権者がデータ解析をライセンスしていた場合），ただし書適用の根拠にはならないと考える。」とする。

3 検　　討

(1)　著作物の「市場」とは

先述のように，30条の4但書の解釈にあたっては，35条の第1項等と同様に，著作権者の著作物の利用市場と衝突するか，あるいは将来における著作物の潜在的市場を阻害するかという観点から判断すべしとされている。

この点については筆者も特に反対するものではない。

しかし，ここでいう「著作権者の著作物の利用市場（将来における著作物の潜在的市場を含む，以下同じ）」における「市場」とは具体的に何を意味するのであろうか。

ある著作物について何らかの取引があると言うことは，当該著作物に関する何らかの市場があるということを意味する。そのため，「著作権者の著作物の利用市場を害するか」を論じる際に「市場」の意味について具体的に検討しなければ，あらゆる取引行為が，少なくとも潜在的市場を害することになり，その結果，但書の適用範囲が無限的になる可能性がある。

そのため「著作権者の著作物の利用市場（将来における著作物の潜在的市場を含む，以下同じ）」における「市場」の意味を特定・明確化する必要がある。

通常，著作物はその本来的利用行為である視聴等（＝享受利用）されることを目的として制作され，享受利用が行われることを前提とした市場で取引される。一方，例外的に，それ以外の目的，すなわち非享受利用されることを目的として制作され，非享受利用されることを前提とした市場で取引がされることもある。後者の例としては，改正前47条7但書該当行為が該当する。

そして「享受利用が行われることを前提とした市場（以下「享受利用市場」という）」と「非享受利用が行われることを前提とした市場（以下「非享受利用市場」という）」とでは，需要者・供給者の層や規模，取引メカニズム等が全く異なる。前者はいわゆるコンテンツ市場であるのに対し，後者は主に技術開発や情報解析等技術的な財についての技術開発等を目的として取引が行われる市場である。

したがって，ある著作物の利用行為が，「著作権者の著作物の利用市場」と衝突・阻害するかを検討するに際しては，この2種類の市場を区別して検討する必要があろう。[15]

これを整理したのが以下の表である。

		無許諾での享受目的利用	無許諾での非享受目的利用
著作物	享受利用されることを本来目的として制作された著作物	①享受目的利用市場と**衝突** ②非享受目的利用市場と**非衝突**	①享受目的利用市場と**非衝突** ②非享受目的利用市場と**非衝突**
	非享受利用されることを本来目的として制作された著作物	（想定できない）	①享受目的利用市場と**非衝突** ②非享受目的利用市場と**衝突**

（2）　30条の4の基本的な構造

　このうち，「享受利用されることを本来目的として制作された著作物」について「無許諾での享受目的利用」を行うことは当然享受目的市場と衝突する。その結果，当該行為には30条の4は適用されず，他の権利制限規定の適用がなければ著作権侵害に該当する。

> 30条の4非該当行為
> ＝他の権利制限規定の適用がなければ、著作権侵害

		無許諾での享受目的利用	無許諾での非享受目的利用
著作物	享受利用されることを本来目的として制作された著作物	①享受目的利用市場と**衝突** ②非享受目的利用市場と**非衝突**	①享受目的利用市場と**非衝突** ②非享受目的利用市場と**非衝突**
	非享受利用されることを本来目的として制作された著作物	（想定できない）	①享受目的利用市場と**非衝突** ②非享受目的利用市場と**衝突**

　次に，著作物について無許諾での非享受目的利用を行うことは，30条の4柱書が適用される行為である。

		無許諾での享受目的利用	無許諾での非享受目的利用
著作物	享受利用されることを本来目的として制作された著作物	①享受目的利用市場と**衝突** ②非享受目的利用市場と**非衝突**	①享受目的利用市場と**非衝突** ②非享受目的利用市場と**非衝突**
	非享受利用されることを本来目的として制作された著作物	（想定できない）	①享受目的利用市場と**非衝突** ②非享受目的利用市場と**衝突**

（30条の4柱書該当行為）

　もっとも，当該行為の中で「非享受利用されることを本来目的として制作された著作物」について無許諾での非享受目的利用を行うことは，非享受目的利用市場と衝突するため，30条の4柱書但書が適用され，他の権利制限規定の適用がなければ著作権侵害に該当する。

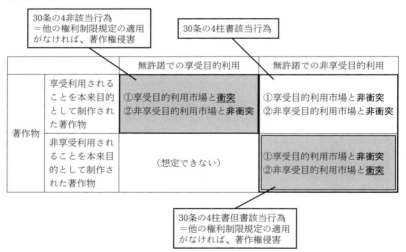

　以上が30条の4の基本的な構造である。
　一方，限定肯定説は，「非享受目的のライセンス市場が発展し当該著作物について非享受目的の利用が本来的な利用と客観的に評価できるに至った場合には，そのライセンス市場と衝突するような利用については，ただし書に該当することもあり得る」とする。
　これを図示すると以下のように30条4但書該当行為を「拡大」することを意味する。

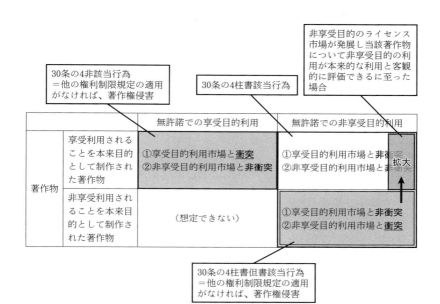

(3) 私　　見

　私見としては，否定説が妥当と考える。

　その理由は否定説が述べるとおりであるが，さらに限定肯定説が主張する基準である「非享受目的のライセンス市場が発展し当該著作物について非享受目的の利用が本来的な利用と客観的に評価できるに至った場合」のような曖昧な基準で，30条の4が適用され本来適法である行為が，将来的な事情の変化により違法に転じるとなると，AI学習に際して著作物の利用行為に過度な萎縮効果をもたらすという点が挙げられる。

　また，著作権者が独占すべき著作物市場のうち，「非享受利用市場」を独占するためには，非享受利用されることを本来目的として制作された著作物についての非享受利用が（30条の4の但書で）著作権侵害に該当するとすれば足りる。

　限定肯定説は，一定の条件を満たした場合は，この「非享受利用市場」自体を拡大することを説くものであるが，そのような解釈は著作物の保護と利用のバランスを欠くものとなるのではないだろうか。

　たとえば，設例におけるA社としては，写真素材を使って情報解析用のDB著作物を制作して販売（ライセンス）すれば，当該DB著作物の無断利用については権利行使できるし，かつそれに加えて，写真素材の享受目的の無断利用についても当然権利行使

（シンポジウム）生成AIと著作権法の現在地　　49

できるのであるから，A社の保護としては十分であろう。

　以上のとおりであるから，設例についても30条の4柱書但書は適用されずYの行為は適法と考える。

1)　ここでいう「ローカル」には，AI利用者自身が管理するクラウド環境も含む。
2)　文化庁著作権課「デジタル化・ネットワーク化の進展に対応した柔軟な権利制限規定に関する基本的な考え方（著作権法第30条の4，第47条の4及び第47条の5関係）」（令和元年10月24日）9頁。
3)　前掲注2）9頁。著作権法30条の4が新設された平成30年改正前の旧法第47条の7においては，権利制限の対象から除かれるものについて，同条ただし書が「情報解析を行う者の用に供するために作成されたデータベースの著作物については，この限りでない。」と規定していた。
4)　ただし，「大量の情報を容易に情報解析に活用できる形で整理したデータベースの著作物が販売されている場合に，当該データベースを情報解析目的で複製等する行為」については，30条の4柱書但書の問題ではなく，当該データベース著作物の本来的利用であるとして享受目的併存により30条の4が適用されない，という説もある（前田健「生成AIの利用が著作権侵害となる場合」（法学教室523号30頁），上野達弘・奥邨弘司編著『AIと著作権』（勁草書房）座談会232頁）。
5)　上野・奥邨編著『AIと著作権』231頁・奥邨発言「一方で，例えば，一般的な印刷用とかウェブサイトの挿絵用とかでライセンスされているフォトストックのデータベースだと著作物の種類はデータベースでも，用途は観賞用，利用態様は，情報解析用機器で全部複製する，という当てはめになりますこれは，元々，柱書本文（執筆者注：著作権法30条の4柱書本文のこと）がやってもいいよと書いてあることをやっているだけなので，不当に害する余地はない，大丈夫じゃないかなと私は思います。」
6)　東京地中間判平13・5・25判時1774号132頁（自動車データベース事件）では，実在の自動車を選択し，自動車検査証の作成を支援する目的で限定した情報をデータ項目とした点は自動車整備用の車両データベースにおいて通常されるべき選択であり，情報の選択において創作性は認められないとされた。
7)　中山信弘『著作権法（第4版）』（有斐閣）174頁は「またデータベース作成に際しては，情報をランダムに収集するのではなく，一定の情報収集方針に従って行われるが，当該業界において重要度の高い情報は，その方針が決まれば誰が選んでも重複する部分があることは避けがたく，重要度の高い情報になればなるほど重複することになる。データベースの場合，ある方針が決まればある程度の情報の重複は必然であって，その重複をもって侵害であるとすると，「情報収集の方針」自体が保護されるに等しいことになり，それは著作権法では保護されないアイディアを保護することに繋がる。従って，データベースにおける情報の選択とは，小説・音楽等の著作物とは異なり，他人のデータベースのかなりの部分が同一であっても，それだけで侵害を認めると，より良い後発のデータベースの参入障壁となり，却ってデータベースの発展を妨げることになりかねない。技術の場合と同様に，データベースには積み上げ的要素があるという点を忘れてはならない。どの程度の重複まで許されるのか，という点は一概には決定できないが，小説や音楽の場合と比して，重複が許される範囲は各段に広いということは言えよう。その結果，多くの情報が同一であるとしても，誰が行っても類似のものにならざるを得ないのか，あるいは類似のものが既に存在しているのか，という点を注意深く検討する必要が

ある。」とする。

8）「考え方」24頁。

9）　中山・前掲注7）・179頁は「他人のデータベースから，体系的な構成を模倣することはせず，相当量のデータだけを抽出し，自己の体系を構築したような場合には，利用した情報のひとかたまりには「情報の選択」という観点から，データベース作成者の創作性がないであろう」とする。

10）　考え方25頁の具体例2についての説明においても「これを踏まえると，例えば，インターネット上のウェブサイトで，ユーザーの閲覧に供するため記事等が提供されているのに加え，データベースの著作物から容易に情報解析に活用できる形で整理されたデータを取得できるAPIが有償で提供されている場合において，当該APIを有償で利用することなく，当該ウェブサイトに閲覧用に掲載された記事等のデータから，<u>当該データベースの著作物の創作的表現が認められる一定の情報のまとまりを</u>情報解析目的で複製する行為は，本ただし書に該当し，同条による権利制限の対象とはならない場合があり得ると考えられる」と記載されている（下線部筆者）。

11）　中山・前掲注7）174頁は「データベースの場合，ある方針が決まればある程度の情報の重複は必然であって，その重複をもって侵害であるとすると，「情報収集の方針」自体が保護されるに等しいことになり，それは著作権法では保護されないアイディアを保護することに繋がる。従って，データベースにおける情報の選択とは，小説・音楽等の著作物とは異なり，他人のデータベースのかなりの部分が同一であっても，それだけで侵害を認めると，より良い後発のデータベースの参入障壁となり，却ってデータベースの発展を妨げることになりかねない。技術の場合と同様に，データベースには積み上げ的要素があるという点を忘れてはならない。どの程度の重複まで許されるのか，という点は一概には決定できないが，小説や音楽の場合と比して，重複が許される範囲は各段に広いということは言えよう。その結果，多くの情報が同一であるとしても，誰が行っても類似のものにならざるを得ないのか，あるいは類似のものが既に存在しているのか，という点を注意深く検討する必要がある。」とする。

12）　中山・前掲注7）756頁。

13）　そして著作権者がそのような反対の意思を示していることをもって権利制限規定の対象から除外されることにはならない点は「考え方」26頁に明記されている。

14）　松田政行編『著作権法コンメンタール別冊　平成30年・令和2年改正解説』（勁草書房）32頁。

15）　柿沼太一「生成AIと著作権」知財・ぷりずむ21巻248号17頁。

生成 AI の生成・利用段階における 著作権法上の諸問題

髙　野　慧　太

I　は じ め に

　画像生成 AI モデルは，テキストによる抽象的なプロンプト（指示）を与えるだけで，（そのプロンプトに沿った）高精細な画像を大量に出力することが可能である。このような画像生成 AI は，拡散モデルを前提とした AI 技術である。人間の手によるルールの集積であるルールベースを前提としていた第二次 AI ブームの人工知能とは異なり，ディープラーニング技術を契機に発展した第三次 AI ブーム以降の人工知能は，特徴量の抽出自体が AI の学習にまかされており，特徴量の内容は人間にとってはいまのところブラックボックスである。[1]

　この生成 AI 技術と著作権法に関する問題は，文化審議会の小委員会によってまとめられた「AI と著作権に関する考え方について[2]」によれば，（1）開発・学習段階，（2）生成・利用段階，（3）生成物の著作物性の問題のおおよそ 3 つに分けることができる。本稿は，このうちの（2）生成・利用段階にかかる問題を検討するものである。この生成・利用段階は，生成 AI が生成物を出力する段階と，出力された生成物を利用する段階を指すが，この段階での著作権法上の問題は，学習元画像たる著作物との関係における著作権侵害の成否の問題である。[3]

　また，一般に著作権侵害が成立する条件は，①支分権該当行為，②類似性，③依拠性，④権利制限規定に該当しないことと説明される。著作権侵害の前提問題又は救済の問題として利用主体も問題となる。本稿では，類似性（II），依拠性（III），利用主体論（IV）について従来の議論を整理した上で，（上述のブラックボックス性などの点で従来の利用態様とは異なる）生成 AI の生成・利用段階に適用してどのような結論が導かれるか検討する。

II　類　似　性

1　類似性要件とアイデア表現二分論

　まず生成・利用段階における類似性の問題について検討する。最高裁は，類似性の判

断枠組みについて次のように示している。[4]

> 判旨1:「言語の著作物の翻案（……）とは，……表現上の本質的な特徴の同一性を維持しつつ，具体的表現に修正，増減，変更等を加えて，新たに思想又は感情を創作的に表現することにより，これに接する者が既存の著作物の表現上の本質的な特徴を直接感得することのできる別の著作物を創作する行為をいう。」
> 判旨2:「著作権法は，思想又は感情の創作的な表現を保護するものであるから（同法2条1項1号参照），……思想，感情若しくはアイデア，事実若しくは事件など表現それ自体でない部分又は表現上の創作性がない部分において，既存の著作物と同一性を有するにすぎない場合には，翻案には当たらない……。」

この判断枠組みの理解には，創作的表現一元説と直接感得性独自基準説の対立が従来見られてきた。いずれの立場においても，先行作品と後行作品の共通点として「創作的表現」が必要であること，逆に言えば，アイデアが共通するにすぎなければ類似性が否定されることについて争いはない（上記判旨2）。[5] そのため問題は，どのような特徴が「アイデア」かということになるが，筆者は，この問題は，「代替選択肢が十分に残されているか」という形でしか定式化できないと考えており，[6] 裁判例においてどのような特徴がアイデアとして理解されてきたかを整理するほかない。[7]

2　裁判例における「画風」の（不）保護

これまで学説において，「画風」はアイデアの典型例だとされてきた。[8]

裁判例ではどのように判断されてきただろうか。まず，イラストに関する事案で問題なく類似性が肯定されている例として，例えば，[民家の暖簾] 事件，[世界名所旧跡イラスト] 事件[9][10]がある。これらは，画風だけでなく，描写された対象や，その描写の細部まで酷似している例だといってよいだろう。

他方，具体的な描写や描写対象が共通しておらず，「画風」のみが共通する事案はこれまで見られない。[11] そのような事案に近いものとして，次の2件を挙げることができる。「画風」よりも具体的な描写が共通している [エルミア・ド・ホーリィ] 事件と，「画風」よりも抽象的な特徴しか共通していない [坂井真紀] 事件である。まず，[エルミア・ド・ホーリィ] 事件は，有名画家の贋作の事案であり，問題となった3件（ボナール，ブラマンク，ピカソ）とも類似性が肯定されている。[12] この事案で，ボナールの作品，ブラマンクの作品については，先行作品（真筆作品）の画風に加え，細かい描写対象やその細部が再現されており，画風にとどまらず創作的表現が再現されている。他方，ピカソの作品については，全体としてピカソ風であることは否めないが，配色や顔の印影，

（シンポジウム）生成AIと著作権法の現在地　　*53*

顔周囲の造形物の描写が異なっており，細部にはかなり違いがある。異なる描写対象についてピカソ風の画風で描写したものであり，画風の共通性しかなく類似性を否定するという議論もあり得る[13]。他方，［坂井真紀］事件は，平面的なイラストで，顔のパーツの書き方に一定の類似性があるといえるが，全体として異なる描写対象であり，画風の共通性も大きくない。判決も類似性を否定している[14]。

なお，画風と描写対象のいずれも一定程度共通しており，類似性判断が微妙な例として，［博士イラスト］事件[15]と［マンション読本］事件[16]がある。判決はいずれも類似性を否定しているが，いずれの事案も描写の全体的なスタイルが共通しつつ，描写対象や全体的なポーズも共通しているが，細部に微妙な差異がある場合であり，学説では類似性を肯定するべきとするものもみられるところである[17]。

このように，裁判例においては，描写された対象と，その描写の細部が共通している場合でなければ類似性が肯定されていないといえる。「画風」が共通するのみでは類似性を肯定することはできないという前提がとられていると思われる。

3　AI生成画像と画風保護の必要性？

(1)　画像生成AIによる画像の出力と画風

AI生成画像は，学習元画像との関係では様々なものが出力され得る。例えば，ある種の生成AIモデルは，学習元画像がそのまま出力されると指摘される[18]。このような場合は，当然類似性が肯定される（依拠性も基本的には肯定されるだろうから，利用主体や権利制限規定が問題となるだろう）。

特に議論があり得るとすれば，学習元画像の「画風」がほぼ忠実に再現された新たな画像を，AIが出力する場合だろう[19]。具体的には，次のような事例が想定される。

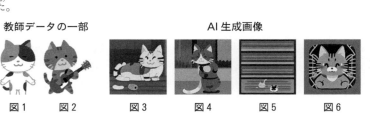

設例1：既存の画像生成AIモデルを，「いらすとや」の全22891枚の画像及びキャプションのセットで追加学習し，追加学習後のAIモデルに「cat」と指示して出力させた[20]。

教師データの一部　　　　　AI生成画像

図1　図2　　図3　図4　図5　図6

例えば，学習元画像が特定のイラストレーター A の全画像であり，A の画風におい
てのみ共通する画像が出力される場合に，これを著作権侵害に問えないかが問題となり
得る。しかし，上述の，「画風」はアイデアであるという議論を前提にすれば，このよ
うな場合には著作権侵害とならないという結論が導かれる。

　このことを前提に，以下では，画風の模倣に責任を認める 2 つの解釈論を検討する。
すなわち，①「表現」とする領域を広げる（著作権侵害領域を広げる）議論と，②アイ
デア／表現の区別は維持しつつ，一般不法行為で対応する議論の 2 つである。

　(2)　①「表現」とする領域を広げる議論

　①の議論として，例えば，「作品に接した者に容易にその作者を同定可能とするよう
な当該作者固有の画風・作風」[21]はアイデアでなくて表現とするという解釈が考えられる。
なおこのような画風の定義は，あくまで 30 条の 4 但書の解釈の問題として示されてい
るもので，論者は類似性における表現の概念をこのように解すべきとまでは主張してい
ない[22]ことに注意が必要である。そのため，（管見の限り提唱されていない）仮想的な議
論について検討していることになる。

　このような見解は，従来のアイデアの概念とは異なるものではあるが，アイデア表現
二分論の基準に照らして背理なものではない。まず，アイデア表現二分論の線引きは，
上述のように代替選択肢の十分性によって判断されるべきであるが，この線引きは多分
に規範的であり，上記のように定義される画風は見方によっては「アイデア」とも「表
現」とも言い得る。例えば，「いらすとや」の画風はかなり広範であり，もし「いらす
とや」の画風に独占を及ぼした場合には，「いらすとや」の画風を回避して画像を作成
しなければならず，代替選択肢は十分ではないと考えられる。他方で，ネコを描くとし
ても「いらすとや」風のネコを回避して他の画風でネコを描くこともできるという見方
に立てば，代替選択肢は「十分だ」とも言い得るのである。

　また，アイデア表現二分論の線引きは，アプリオリに存在するものではなく，歴史的
に変遷があるものである。例えば，アイデア表現二分論の出所である米国においては，
1909 年までは，（外面的な文字のみが「表現」であり）翻訳は著作権侵害ではないとい
う裁判例[23]が妥当していた。他方で，現在において翻訳は著作権侵害だと解され，そのよ
うに規定されている（著作権法 27 条）。このことは，翻訳時に利用される物語の筋や，
言語が指示する意味内容も一定程度は「表現」であると評価[24]されていることになる。す
なわち，アイデアと表現の区別は客観的な真理として存在しているわけではなく，歴史
的文化的な情勢によって変動しうることを示している[25]と言えるのである。

　このように，現在共有されている「画風はアイデアである」という議論以外を採るこ

と（「一定の画風は表現となり得る」という議論）は背理ではない。ただし，筆者としては，以下の3つの理由から，なお「画風はアイデアである」という考え方は維持されるべきと考える。すなわち，(1) 著作権の存続期間が長期であること，(2) 画風は抽象的な特徴であり，画風の特定は場合によっては困難となると想定されること（特に多数の作家のイラストを学習している場合），(3) 金銭的な利益であれば②の構成による損害賠償請求で足りると考えられることが理由である。アイデア表現二分論は，著作権の保護範囲を画する一般的な原理であり，AI による模倣だけではなく，（AI 登場後も）人間による模倣も規律する原理となる。AI による模倣と人間による模倣を区別することが適切であるならば別論，両者を同じ保護範囲画定基準で判断するのであれば，上記[26] (1) ～ (3) の理由から，まだなおアイデアと理解しておくことが適切であるように思われる。

(3) ②一般不法行為で構成する議論

画風の模倣がアイデアの利用にすぎず，著作権侵害とならないことを前提とするならば，それでも模倣行為について救済を求める手段として一般不法行為による救済が考えられる[27]。

周知のとおり，著作権法による保護が否定された著作物の利用行為を一般不法行為責任に問うことは，［北朝鮮映画上告審］判決[28]により次のように限定的に解釈されている。

> 「著作権法は，著作物の利用について，一定の範囲の者に対し，一定の要件の下に独占的な権利を認めるとともに，その独占的な権利と国民の文化的生活の自由との調和を図る趣旨で，著作権の発生原因，内容，範囲，消滅原因等を定め，独占的な権利の及ぶ範囲，限界を明らかにしている。同法により保護を受ける著作物の範囲を定める同法6条もその趣旨の規定であると解されるのであって，ある著作物が同条各号所定の著作物に該当しないものである場合，当該著作物を独占的に利用する権利は，法的保護の対象とはならないものと解される。したがって，同条各号所定の著作物に該当しない著作物の利用行為は，同法が規律の対象とする著作物の利用による利益とは異なる法的に保護された利益を侵害するなどの特段の事情がない限り，不法行為を構成するものではないと解するのが相当である。」

そして，同判決の当てはめにおいては「これらの事情を考慮すれば，本件放送が，自由競争の範囲を逸脱し，1審原告カナリオ企画の営業を妨害するものであるとは到底いえないのであって，1審原告カナリオ企画の上記利益を違法に侵害するとみる余地はない」とされ，「営業を妨害するもの」（営業妨害）といえればなお一般不法行為に該当し得ることが示唆されていた。

その後の裁判例においては，知的財産権侵害が否定された模倣行為について一般不法

行為の成立を認めたものは1件も見られなかったが，近時［バンドスコア控訴審］[30)]判決[29)]がこれを認めたものとして注目されている。同判決も，前掲［北朝鮮映画上告審］判決を前提に「他人が制作したバンドスコアを利用してバンドスコアを制作し販売等（……）をする行為について不法行為が成立するためには，当該行為について著作物の利用による利益とは異なる法的に保護された利益を侵害するなどの特段の事情が認められることが必要である」とし，バンドスコアの制作における採譜を取り巻く事情に鑑みて，「他人が販売等の目的で採譜したバンドスコアを同人に無断で模倣してバンドスコアを制作し販売等する行為」はフリーライドにほかならず，「営利の目的をもって，公正かつ自由な競争秩序を害する手段・態様を用いて市場における競合行為に及ぶものであると同時に，害意をもって顧客を奪取するという営業妨害により他人の営業上の利益を損なう行為であって，著作物の利用による利益とは異なる法的に保護された利益を侵害するものということができる」という一般論を立てている（問題となった全てのバンドスコアについて，被告が原告スコアを「模倣した」と認め，不法行為の成立を認めた）。このような［バンドスコア控訴審］判決の判断は，前掲［北朝鮮映画上告審］が示唆していた，「営業妨害」であれば「特段の事情」に該当し一般不法行為を構成するという理解を，具体的に適用したものと考えられる。

　このような理解を，AIによる画風の模倣の事案について検討すれば，画風の集中的な模倣により，イラストレーター等の作家の営業妨害に該当すると言えれば，一般不法行為を構成し得ると考えられる。ただし，どのようなAIモデルを学習し，どのようにAI生成画像を生成する場合に営業妨害となるかは必ずしも明らかではなく，（［バンドスコア控訴審］判決が出されたとはいえ）今後の裁判例の集積によって明確化されていくほかないと思われる。

III　依　拠　性

1　依拠性の概念と実質的根拠

(1)　依拠性の概念

　次に，生成・利用段階における依拠性の問題について検討する。周知のとおり，依拠性要件は，［ワン・レイニー・ナイト・イン・トーキョー上告審］判決において，次のような説示により著作権侵害の要件として必要であることが示されている。[31)]

> 「著作物の複製とは，既存の著作物に依拠し，その内容及び形式を覚知させるに足りるものを再製することをいうと解すべきであるから，既存の著作物と同一性のある作品が作成されても，それが既存の著作物に依拠して再製されたものでないときは，その複製

（シンポジウム）生成AIと著作権法の現在地　　*57*

をしたことにはあたらず，著作権侵害の問題を生ずる余地はないところ，既存の著作物に接する機会がなく，従って，その存在，内容を知らなかった者は，これを知らなかったことにつき過失があると否とにかかわらず，既存の著作物に依拠して作品を再製するに由ないものであるから，既存の著作物との同一性のある作品を作成しても，これにより著作権侵害の責に任じなければならないものではない。」

すなわち，著作権侵害の条件として，依拠性と類似性（ここでは，「内容及び形式を覚知させるに足りるもの」であること）が必要であるという一般論を立てた上で，「既存の著作物に接する機会がなく，従って，その存在，内容を知らなかった」場合には依拠性が否定されるとしているのである。

それでは，この「依拠」という概念はどのような状態を指す要件なのだろうか。この点について，①「依拠」の概念を積極的に定義する立場と，②依拠性は「独自創作」ではないことであるとして消極的に定義する立場がある。前者の立場には，①-1 被疑侵害者の認識の問題だと捉え，「a 既存の著作物の表現内容の認識」と「b その自己の作品への利用の意思」を要するとする主観説と，①-2 依拠を「既存の著作物を自己の作品へ利用する事実」と捉える客観説がある。②の独自創作説の議論は本章の末尾で触れるとして，差し当たり，依拠の概念を積極的に定義する議論（①）を前提に検討を進める。

なお，上記最高裁判決の説示は，「既存の著作物……の存在，内容を知らなかった」ために依拠性が否定されるとして主観説的に理解することも，「既存の著作物に接する機会がな」かったために依拠性が否定されるとして客観説的に理解することもいずれも不合理ではない。

(2)　依拠性要件の実質的根拠

このような依拠性要件が要求される実質的根拠はどこに求められるだろうか。依拠性要件の実質的根拠は，調査費用による説明と創作費用による説明の2つが考えられる。

調査費用による説明は，⑦依拠性要件がなければ独自創作でも著作権侵害となり，①そのような状況下では，後行作品の創作者としては，類似しないように十分な調査をしてから創作しなければならないことになる。⑨このような調査費用が酷であるために，著作権侵害を否定すべきと考えるのである。依拠性要件の根拠として，従来の学説は独自創作の保護を挙げてきたが，この説明は調査費用による説明と通底するものだと解される。

これに対し，創作費用による説明は，⑦著作物の固定費用（創作費用）は，その複製の限界費用（複製費用）に比して高い。①著作権がない状態を考えたとき著作者と複製

者で価格競争が生じると，価格の低い複製者の製品が売れることになり，著作者は固定費用を回収することができなくなる。㋱この状態は，著作者の創作インセンティヴを削ぐ結果となる。㋲先行作品に依拠して創作された後行作品は，先行作品に比して創作費用が節約されている。㋳したがって，創作費用の節約が販売価格に差をもたらす原因となる以上，依拠している作品に対して権利を及ぼさなければならない，と考えるものである[39]。これは著作権の正当化理論から導出されるものであり[40]，従来の学説でも暗に前提とされていたのではないかと思われる[41]。

本稿では，この調査費用による説明と創作費用による説明のいずれも依拠性要件の実質的根拠となると理解して論を進める。その結果，筆者の立場としては客観説が適切であると考えることになる[42]。しかし，本章の目的は，従来の依拠性の議論を生成 AI に係る事案に適用した帰結を検討することにある。後述 3 においては，基本的には主観説と客観説の双方の立場から検討を行う。2 においては，3 を検討する前提として 3 つの議論を紹介する。

2 生成 AI の事案を検討する前提の議論

AI の生成・利用段階における依拠性の事案は，（後述 3 (2) の通り）AI モデル中に保持された特徴量をアイデアと評価するかが侵害の成否にかかわるとする議論がありうるため，アイデアへの依拠との関係が問題となる。このような事案を考えるためには，間接依拠の事案について依拠性が肯定されることが前提となる。ここでは，間接依拠（下記 (1)）及びアイデアへの依拠の問題（下記 (2)）に関する議論を整理する。

また，（後述 3 (3) の通り）いずれのルートにも由来しない類似生成物の利用の場面においては，創作段階と利用段階のいずれを依拠性評価の単位とすべきかが問題となるため，これについても整理する（下記 (3)）。

(1) 間 接 依 拠

> 設例 2：X は絵画 α を作成し，M は α に依拠して絵画 β を作成した。Y は絵画 α を見ることなく絵画 β を参照して絵画 γ を作成した（図 7 参照）。

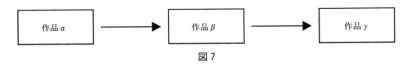

図 7

まず，間接依拠とは，先行作品に依拠して作成された中間作品があるときに，先行作品には依拠せず，中間作品に対してのみ依拠して後行作品が作成された場合をいう[43]。こ

のとき，先行作品を α，中間作品を β，後行作品を γ とし，α について著作権を有する著作権者が，γ の利用が著作権侵害だと主張している場合を想定する（設例2を参照）。

このような間接依拠の事例において，これまで学説・裁判例は依拠性を肯定してきた[44]。また，上記の依拠性の実質的根拠との関係でも，このような場合には一般的には創作費用の削減があるとして依拠性を肯定してよいと思われる[45]。

（2） アイデア依拠テーゼ

> 設例3：Xは絵画 α を作成し，Mは α に依拠して絵画 β を作成した。ただし，この絵画 β について，Mは α から画風のみを学習・模倣し，表現としては異なるものを創作している。
> 　　Yは絵画 β に依拠して絵画 γ を作成した。この絵画 γ は，Yが β から画風のみを学習・模倣し，表現としては β と異なるものを創作したが，たまたま α と類似するものが創作されたとする（図8参照）。

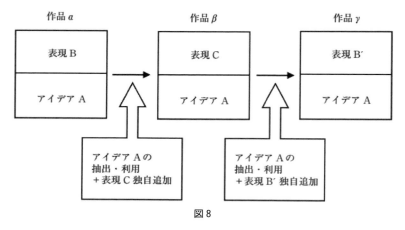

図8

次に，アイデアにのみ依拠した場合に依拠性が否定されるかについて検討する。「アイデアに依拠した場合には依拠性は否定される」という議論を，以下では「アイデア依拠テーゼ」と呼びたい（「アイデア依拠「否定」テーゼ」の方が正確ではあるが，縮めて「アイデア依拠テーゼ」とする）。このような「アイデア依拠テーゼ」が認められるか問題となるのは，設例3のように中間作品が介在する場合に限られる。中間作品が介在せず，後行作品 γ が先行作品 α に直接依拠した場合，表現である先行作品 α に依拠している以上，アイデアにのみ依拠していることはあり得ないからである[46]。

従来の学説・裁判例は，このような「アイデア依拠テーゼ」を認めてきた（アイデア

のみに依拠した場合，依拠性を否定してきた[47]）。また，上記の依拠性の実質的根拠との関係でいえば，設例3のような場合には，①アイデア依拠を侵害とした場合，アイデア利用の場合もすべて調査対象となり，調査費用が酷であることから，調査費用の観点から依拠性を肯定すべきでないとか，②アイデアから表現への創作費用が高いことに著作権を及ぼす正当化根拠が認められており，アイデア利用は問題視されないことから，創作費用の観点から依拠性を肯定すべきでないという説明が考えられる[48]。

　このような「アイデア依拠テーゼ」の結果として，ソフトウェア開発の場面におけるクリーン・ルームという方策が考えられる。すなわち，ソフトウェアにおける「機能」や「アルゴリズム」がアイデアであることを前提に，既存ソフトの解析及び機能・アルゴリズムの抽出を行う部署と，機能・アルゴリズムから新規ソフトの開発を行う部署を分け，後者の部署が既存ソフトの「表現」にアクセスしていないことを担保するというスキームが考えられるのである。このような場合について，アイデア依拠テーゼを素直に当てはめれば，クリーン・ルームを経て作成されたソフトウェアは依拠性が否定されることになろう[49]。これに対し，当該会社自体は既存ソフトに接しており，クリーン・ルームを経ていても依拠性は肯定され得るという理解も示されているところである[50]。

（3）　依拠性の評価は作品単位か，行為単位か

　依拠性を作品単位で理解するのか，行為単位で理解するのかも問題となり得る。このことは，独立に創作された作品を，先行作品を別途認識している者が利用する場合において問題となる。例えば次のような場合である。

設例4：Yは独自創作により（既存著作物に接することなく）小説βを執筆したが，β
　　　　中の文章表現の数ヶ所において，既存著作物αとの類似性が認められた。しかし，Z
　　　　は，その類似性を認識しながら，小説βを自社において出版した。

　この設例4において，創作段階では，Yは既存著作物に接することなく創作したので（主観説でも客観説でも）小説βの創作について依拠性は認められない。問題は，その後の利用段階である。Zは小説β中に既存作品との類似性を認識しながら，小説βの出版＝利用を行っているが，そのことをもって依拠性が肯定されるのかが問題なのである。主観説と客観説の依拠概念の差異がここに現れているように思われる。すなわち，主観説によれば，既存著作物を認識し，利用する意思があることによって依拠性が肯定されるため，Zにおいてそのような主観的状況があることをもって依拠性が肯定されると考えることができる。主観説は，行為単位で依拠性を捉えることに親和的だといえよう。他方，客観説においては，後行作品が先行作品に由来しているかが問題であるため，利用段階でZが認識していたとしても後行作品が先行作品に由来せずに作成された事

（シンポジウム）生成 AI と著作権法の現在地　　*61*

実は動かず，依拠性は否定されたと考えることができる。[51] 客観説は，作品単位で依拠性を捉えることに親和的だといえよう。[52]

3 生成 AI における生成・利用段階と依拠性

(1) AI モデル・ルートとユーザー・ルート

生成 AI によって画像を生成する場合，その画像はどこから入力された情報をもとにしているだろうか。これには，AI モデル・ルートとユーザー・ルートの 2 つがあると思われる。AI モデル・ルートとは，画像を出力する生成 AI が学習した特徴量に由来する場合であり，ユーザー・ルートとは，生成 AI を利用するユーザーがプロンプト等の形で AI に指示を与えた情報に由来する場合をいう。2 つのルートがあり得るということは，「考え方」においても前提とされていると思われる。[53][54]

具体的に示すならば，AI モデル・ルートにより生成物に影響を与えたといえる場合として，「「黄色いネズミ」というプロンプトを入力したところ，ポケットモンスターの「ピカチュウ」に類似の画像が生成された」という場合が挙げられる。この場合には，プロンプトが相当程度抽象的であることから，「ピカチュウ」類似の画像が生成される原因となったのは AI モデル中の特徴量であると考えられるからである。他方，ユーザー・ルートにより生成物に影響を与えたといえる場合として，「「黄色いネズミのかわいいキャラクターで，耳の先は黒く，頬に赤い円があり，尾は雷の形で……」というプロンプトを入力したところ，ポケットモンスターの「ピカチュウ」に類似の画像が生成された」という場合が挙げられる。この場合には，詳細かつ長大なプロンプトを入力することで，（仮に AI モデル中にピカチュウの特徴量が含まれていなくとも）AI がその指示に従って画像を出力した結果ピカチュウに類似する画像が出力され，ピカチュウ類似の画像が生成される原因となったのはユーザーのプロンプト（指示）であると考えられる（ユーザーが画像を入力する i2i も考えられる）。

なお，生成 AI が画像を生成する際には，AI モデル中のデータ（特徴量）とユーザーが入力したプロンプト等がそれぞれ影響を与えると考えられるため，実際には二者択一的なものではなく，2 つのルートがあると整理すること自体に意味がある。

このような事案類型の整理を前提に，依拠性要件の解釈が問題となる 2 つの場合，すなわち，AI モデル・ルートの事案におけるアイデア依拠テーゼとの関係の問題（下記(2)），及び，いずれのルートにも由来しない類似生成物の利用の問題（下記（3））について検討する。

（2）　AI モデル・ルートとアイデア依拠テーゼ

　AI モデル・ルートにより AI モデルが生成物に影響を与えた場合の依拠性の考え方について検討する。すなわち，AI モデル中の特徴量に基づいて，著作物である学習元画像と類似した AI 生成物が出力された場合，依拠性が肯定されて著作権侵害が成立するのだろうか，という問題である。この問題を検討するためには，① AI モデル中の特徴量はアイデアか，それとも表現か，②①を前提に依拠性が肯定されるか，の 2 つの問題を順にみていく必要がある。[55]

　まず，① AI モデル中の特徴量について，従来の学説では，原則表現に該当するという立場[56]と，その評価は AI モデルや学習態様によるとする立場[57]が見られる。[58] AI モデルには多様なものがありえ，また，AI 技術は現在日進月歩で発展しているため，一般的には後者の立場のように，AI モデルや学習態様によって異なるということになると考えられる。

　この点について，著作権法上の問題が生じ始めた生成 AI モデルを念頭に敷衍すると，生成 AI モデル中の特徴量は次のようなものと理解される。すなわち，⑦生成 AI モデルは，（あたかも正規分布にある 25000 個のデータを「平均」と「分散」という 2 つのパラメータで表現するかのように）学習元データを VAE（変分オートエンコーダ）という手法により統計的（確率的）な特徴量を用いて表現するものであり，⑦ディープラーニング技術により学習元データからその特徴量を抽出するものである。[59]そのため，AI モデル中の特徴量というものは，学習元画像全体を説明するためのパラメータが格納されているものであり，例えば「ポケットモンスターのイラストであれば，……という特徴を備えている」ということを数値的に表現したものが格納されているものといえる。そうであれば，基本的には，従来アイデア表現二分論において「表現」と理解されてきたデータよりも，かなり抽象的なものが格納されていると考えられる。そのため，AI モデル中の特徴量は基本的にはアイデアであると解される。ただし，学習態様によっては，「（ポケットモンスターの中でも）ピカチュウのイラストであれば，……という特徴を備えている」という形で特徴量が抽出されていることもあるし，過学習により「画像 A であれば，……という特徴を備えている」という特徴量≒画像 A そのもののデータが格納されることもあり得るだろう。[60]そのような AI モデル中の特徴量は「表現」と評価されるだろう。（AI モデル中の特徴量がアイデアか表現かを評価する必要があるとすれば）その区別は，既に指摘されているように，特定の AI モデルにおいて，あるプロンプトに対してどのような画像が出力されるのかを試行することにより，AI モデル中の特徴量の状況を評価・推認するほかないと思われる。[61]

次に，上述の，②依拠性をどのように評価するかという問題である。この問題は，いま①として検討した AI モデル中の特徴量に対する理解を前提に，上述（2（2））のアイデア依拠テーゼを直接的に適用するか否かで見解が分かれることになる。すなわち，アイデア依拠テーゼを AI 生成物に直接的に適用すれば，AI モデル中の特徴量の保持状況が，アイデアか表現かにより，依拠性の成否が異なることになる（アイデア依拠テーゼ適用説[62]）。この立場によれば，依拠性の成否の判断において，①の問題こそ重要だということになる。

これに対し，AI モデル中の特徴量が仮にアイデアであっても依拠性を肯定するべきではないかという議論（全面肯定説[63]）も示されている。この議論によれば，AI モデル中の特徴量がアイデアである場合にも依拠性を肯定することから，アイデア依拠テーゼを直接的に適用していない議論だと整理できる。問題は，そのような議論をどのように説明するかである。例えば谷川は，依拠性要件を独自創作の保護と理解した上で，AI の創作の自由を保障する必要はないことから，依拠性を肯定する議論を提示している[64]。筆者はこの点について，依拠性要件の実質的根拠に鑑みて，AI が学習時に学習元画像にアクセスしていることをもって，依拠性を肯定し得るのではないかとしたことがある[65]。

（3）　いずれのルートにも由来しない類似生成物の利用

AI モデル・ルートにも，ユーザー・ルートにも由来せずに，たまたま（著作物である）学習元画像に類似した画像が出力された場合に，学習元画像を知っている者がその類似生成物を利用する行為について，依拠性を認めるべきだろうか。具体的には，AI が学習時に当該著作物を学習しておらず，プロンプトが抽象的であるという前提で，100 万枚画像を生成したところ，たまたま当該著作物に類似した画像が生成され，それを企業の広告に用いる等で利用したという場合が想定できる。

主観説及び客観説の定義を形式的に当てはめれば，依拠性の判断が分かれることになる。すなわち，主観説によれば，学習元画像を知っている者が利用する以上，既存著作物を知り，これを利用する意思がある以上，依拠性が認められるという結論になる[66]。他方，客観説によれば，当該類似生成物は，その出力に際し AI モデル・ルートにもユーザー・ルートにも由来していないため，依拠性が肯定されず，その利用においても依拠性は肯定されないという結論になる[67]。

このように，客観説によれば依拠性が否定されるという結論を導きやすいと思われる。依拠性が否定されるという結論に対しては，AI がたまたま出力してきたからという理由で営利的利用が継続されるのは問題だという指摘がある[68]一方で，独立に生成したのであれば，仮に認識しながらであっても利用を認めることが独自創作の保護になるとも一

応考えられる。[69]

　このような解釈の対立は，上述（2（3））で整理した，依拠性の評価単位の問題に帰着するように思われる。主観説によるならば，依拠性の評価を行為単位で行う議論と親和的であり，依拠性を評価することと利用者・利用行為を特定することの議論が近接することになる。他方，客観説によるならば，依拠性の評価を作品単位で行う議論と親和的であり，後行作品が先行作品にどのように由来しているかという作品間の問題であると捉えられることになる。[70] 客観説的な議論を採用しつつ，上記の事例で依拠性を肯定するとすれば，このような意味で論理的には困難を伴うため，例えば，依拠性を「独自創作でないこと」と消極的に定義し，総合考慮的に依拠性を判断するという議論（（1）②独自創作説）に進むことも考えられるだろう。

Ⅳ　利用主体論

　最後に，生成・利用段階における利用主体論の問題について検討する。[71]

　この「利用主体論」は，端的には，「誰が利用行為の主体であるか」を問題とするものである。この論点がどのような法的効果につながっているかは，必ずしも一致した理解があるわけではないように思われる。一方では，「主体」の問題は著作権法112条1項にいう「著作権……を侵害する者又は侵害するおそれがある者」の解釈の問題であり，単に差止請求権の相手方に関する問題だという理解がある。[72] 他方では，「主体」の問題は（公衆性や権利制限規定の適用に係る判断の前提となる）支分権該当行為の主体の問題と，直接侵害の実現に関与した侵害関与者の法的責任の問題を包含するという指摘もある。[73] 両者は，「主体」の問題が著作権侵害性判断の前提で（も）あることを認めるか否かに関する論争であるが，本稿では，このような論争があることを前提にしつつ，下記［ロクラクⅡ上告審］最判の判断基準を解釈する形で，生成AIによる画像の出力において複製の主体をどのように考えるべきかを論ずることとする。[74]

1　判例における利用主体論と学説の議論

（1）　ロクラクⅡ最判

　利用主体について判断を示した最高裁判例はいくつかある。生成AIの利用に係る事案は，生成AIという機器によって自動で複製が行われる事案といえることから，利用主体を論ずるにあたってまず参照するべきは，自動機器による複製の利用主体を論じた［ロクラクⅡ上告審］最高裁判決である。[75]

　同最高裁判決は，テレビ放送に係る自動の録画機器での複製の主体について，親機の

（シンポジウム）生成AIと著作権法の現在地　　*65*

管理者を主体であると判断した。同判決では，「複製の主体の判断」に関する一般論として，「複製の対象，方法，複製への関与の内容，程度等の諸要素を考慮」するという総合考慮による判断方法が示され，このような一般論のもとに，「放送番組等の複製物を取得することを可能にするサービスにおいて，サービス提供者が，その管理，支配下において，テレビアンテナで受信した放送を複製機器に入力していて，当該複製機器に録画の指示がされると放送番組等の複製が自動的に行われる場合」においてはサービス提供者が複製の主体であると判断したものである。その理由付けとして，サービス提供者は，単に複製を容易にするための環境等を整備しているにとどまらず，「その管理，支配下において，放送を受信して複製機器に対して放送番組等に係る情報を入力する」という「枢要な行為」をしていることが挙げられている。

　この事案におけるどの要素が，サービス提供者を複製主体とする評価に結びついているのだろうか。例えば，ユーザーが複製の対象となる情報を選択していることが重視されるべき，と批判されることがある[76]。しかし，サービス提供者を主体とした［ロクラクⅡ上告審］最判の結論は，（ユーザーの）複製の対象となる情報の選択は，複製の主体の認定においては（少なくとも）重視しないことを示しているといえる。それでは，サービス提供者にはどのような特徴があったかというと，㋐入力される著作物の取得と複製が複製機器＝ハードウェアによって行われること，㋑そのハードウェアをサービス提供者が管理支配していることの2つを指摘できる。㋐の要素は複製される著作物を調達していること，㋑の要素はその複製過程を担う複製機器を管理支配していることである。（判決の理由付けから直接読み取ることができるとはいえないが，事案と結論の関係を説明するとすれば）㋐㋑の両方をサービス提供者＝被告が行っているため，サービス提供者＝被告が複製主体であるとされたものと理解できるのである[77]。

（2）　学説における議論

　このような［ロクラクⅡ上告審］最判の事案における㋐㋑の考慮要素のいずれが重要なのか。これについては，学説が，「利用主体」の判断においてどのような考慮要素こそ重要だと理解しているかを整理することが肝要である。

　まず，利用主体論を（差止請求の相手方の問題と異なり）侵害の成否を決する直接行為者の問題と理解する立場の中には，直接行為者は「その者が複製・送信等の対象となるコンテンツを選択・調達しその利用行為に供した者」だとするものがある[78]。コンテンツの選択・調達・提供した者こそが直接行為者であるという理解によれば，上述の［ロクラクⅡ上告審］最判の結論においては，㋐の考慮要素こそが直接行為者を決する重要な要素だと理解することになる[79]。また，この立場の論者によれば，間接行為者が差止

請求の対象となり得るのは直接行為者による著作権侵害行為に関与しているからであり，そのような間接行為者かはその「危険の支配」の有無により判断される[80]。これによれば，㋑の考慮要素は，（直接行為者の判断要素ではなく）差止請求の対象となる間接行為者の判断において意義があると解することになろう。

　他方，利用主体論を差止請求の相手方の問題だと理解する立場からは，利用主体は「危険の支配」という観点を重視して判断することになるため，㋑の考慮要素こそ重要だということになりそうである[81]。

　このような整理は，㋐と㋑が異なる主体によって担われるハードケースの理解において重要である。㋐と㋑が異なる主体となる場合として，次のような場合が想定できる。

> 設例 5 ： Y は，ユーザーがインターネット回線を介して送信してきた音楽ファイルを，特殊なファイル形式に変更するサービスを提供している。どのような音楽ファイルを送信するかの決定や，音楽ファイルの調達はユーザーが行い，Y が提供するシステムでは，あくまでファイル形式の変更だけを提供している。

　このような場合について，学説では，持ち込んだユーザーこそが，複製対象の著作物を調達・提供している（㋐の要素）として，ユーザーが複製の主体であると理解している[82]。他方，（詳しくは後述するが），裁判例においては，㋑の要素を重視して，システム提供者を侵害主体であるとするものがある[83]。（後述するように，このような裁判例に対しても批判があるが）このように，㋐と㋑のいずれを重視するかによって，ハードケースにおける主体の判断が分かれることになる。

2　生成 AI 事案における利用主体

（1）　ハードウェアの管理支配と複製過程による事案の分類

　自動機器による複製の事案における利用主体に関するこのような議論を，生成 AI による複製の事案に適用して，具体的に検討する[84]。本稿では，まず，利用される AI を，画像の生成処理を担うハードウェアの管理に着目して，クラウド型の事案とローカル型の事案に分類したい。

　クラウド型というのは，インターネットに接続されサービス提供者が管理するハードウェアに，ユーザーが外部から指示を与えて演算させることで生成を行うものを指す。具体的には，Midjourney や，ChatGPT 上で駆動する DALL-E などがこれに当たる。これに対しローカル型というのは，ユーザーが AI モデルを自分のコンピューターにダウンロードし，ユーザー管理支配下のハードウェアの演算によって生成を行うものである。例えば，Stable Diffusion 等の画像生成 AI モデルの多くが「Hugging Face Hub」

（シンポジウム）生成 AI と著作権法の現在地　　*67*

という Web サイトにて配布されており，ユーザーはそこから AI モデルをダウンロードできる。AI モデルに画像を生成させる際には，自己の管理支配下のコンピューター上で，「Stable Diffusion web UI」や「ComfyUI」等のソフトウェアを用いて AI モデルに指示を与える。画像生成 AI モデルを利用するには演算装置の一種である GPU が（場合によっては複数）必要であるが，（個別の生成を行う）ユーザー管理支配下の GPU を用いるのか（＝ローカル型），サービス提供者がサーバー上で提供している GPU を用いるのか（＝クラウド型）という区別である。ハードウェアの管理支配の主体が（自動機器による）利用主体の判断において重要であるとすれば，このような AI サービスの提供形態の違いが重要な要素となると考えられるのである。

　また，複製過程が（Ⅲで言及した）AI モデル・ルートなのかユーザー・ルートなのかという事案類型の違いも重要である。上述のように，コンテンツの調達・提供主体こそが利用主体の判断で重視されるべきという立場が有力であり，AI により出力された AI 生成物に対する入力がいずれからなされたものかが重要であり得るからである。また，（情報の入力元が変わることにより）複製過程が変わるため，その複製過程を誰が管理支配しているかにおいても重要な要素となろう。

（2）　クラウド型の事案

　まず，クラウド型の事案について検討する。

設例 6：Y₁ は AI サービス α を提供する事業者である。ユーザー Y₂ は，α を用いて画像を生成するために，「黄色いネズミ」というプロンプトを入力して画像生成を指示し，その結果，「ピカチュウ」に類似の画像が出力された。

　AI モデル・ルートでクラウド型の事案として，設例 6 のような場合を想定できる。㋐コンテンツの調達・提供の観点からは，著作物のデータを AI モデルに用意している主体が事業者 Y₁ であるといえることからサービス提供者が利用主体であると理解することになるし，㋑の複製過程の管理・支配の観点からも AI モデルの取得から画像生成の出力という複製過程の主要な過程をサービス提供者が管理支配しているとして，サービス提供者 Y₁ が侵害主体となると考えられる。

設例 7：Y₁ は AI サービス α を提供する事業者である。ユーザー Y₂ は，α を用いて画像を生成するために，「添付の画像に類似の画像をゴッホ風に加工してください」というプロンプトを入力するとともにポケットモンスターの「ピカチュウ」の画像を送信した。その結果，ピカチュウに類似のキャラクターがゴッホ風に加工された画像が出力された。

68　著作権研究　No. 50（2024）

これに対して，設例7のような，クラウド型でユーザー・ルートの場合を考えるとハードウェアの管理支配とコンテンツの取得の主体が異なることになる。これに近い事案について判断を示したといえるのが，［MYUTA］事件判決である。この判決は，「楽曲の音源データを携帯電話で利用できるファイル形式に変換して本件サーバにアップロードし，これを携帯電話にダウンロードする」サービスを提供しているサービス提供者について，いくつかの考慮要素を挙げつつ「その複製行為は，専ら，原告管理下にある本件サーバにおいて行われる」として，サービス提供者を複製の主体と認め，ユーザーの主体性を否定した。［MYUTA］事件判決によれば，著作物の取得がユーザーであってもサービス提供者に主体性を認めたものと評価できる。しかし，学説の大半は，この結論に否定的である。複製の意思決定を行った者が主体であるという批判や，コンテンツの提供こそが主体性を決すること，ユーザーの技術的困難性の重視は不適切であることから，ユーザーが主体だと解すべきという批判が呈されている。ハードウェアの管理支配とコンテンツの取得提供の主体が分かれた場合，後者こそが枢要な行為だという立場によるならば，設例7でもユーザーが主体だと解することになろう。

（3）　ローカル型の事案

次に，ローカル型の事案について検討する。

> 設例8：Y_2は，Y_1が Hugging Face Hub で配布する AI モデル α を自身のコンピューターにダウンロードした。Y_2は，α をダウンロードしたコンピューターを用いて，「添付の画像に類似の画像をゴッホ風に加工してください」というプロンプトを入力するとともにポケットモンスターの「ピカチュウ」の画像を入力し，その結果，ピカチュウに類似のキャラクターがゴッホ風に加工された画像が出力された。

設例8のように，ローカル型でユーザー・ルートの場合においては，④の複製過程の管理支配という観点から考えれば，ユーザー Y_2 が自己の管理支配下のハードウェアを用いて画像生成していることになるため，ユーザー Y_2 が複製主体となる。また，⑦のコンテンツの調達提供という観点から考えても，ユーザー Y_2 がピカチュウの画像を入力している以上，ユーザー Y_2 が複製の主体となると考えられる。

> 設例9：Y_2は，Y_1が Hugging Face Hub で配布する AI モデル α を自身のコンピューターにダウンロードした。Y_2は，α をダウンロードしたコンピューターを用いて，「黄色いネズミ」というプロンプトを入力して画像生成を依頼し，その結果，「ピカチュウ」に類似の画像が出力された。

設例9のようなローカル型で AI モデル・ルートの場合においては，ハードウェアの管理支配とコンテンツの取得提供の主体が異なると考えられ，そうであれば複製の主体

（シンポジウム）生成 AI と著作権法の現在地　*69*

をどちらと捉えるべきかが問題となる。これに近い事案について判断を示したといえるのが，[ヒットワン]事件判決[89]である。この判決は，各カラオケ店で演奏・上映行為が行われる前提で，カラオケ装置をリースし，カラオケ装置内の楽曲データを提供していたリース業者に対して差止めが請求されたという事案において，次のように判断してリース業者の主体性を否定しつつ，差止請求を認容した。

> 「管理著作物に係る歌詞・楽曲の演奏・上映行為は，本件各店舗において，その従業員ないし客が楽曲を選択し，カラオケ装置を操作して演奏させ，従業員ないし客が歌唱することによって行われるものであって，被告は，カラオケ装置及び同装置に蓄積された楽曲データをリース契約及び通信サービス提供契約に基づいて提供しているものの，それ以上に，本件各店舗における演奏行為に関与するものではなく，いつ，どの楽曲を演奏するかについて個々のカラオケ楽曲の演奏行為に直接的な関わりを有するものではないから，被告が管理著作物に係る歌詞・楽曲の演奏・上映行為の直接的な行為主体であるということはできない。」

この[ヒットワン]事件判決におけるリース業者が幇助者であり，利用主体でないことについてはあまり異論がなく，むしろ，幇助者に差止請求を認めることが許されるかについて議論がなされている[90]。上記設例9について，[ヒットワン]事件判決の利用主体の判断が参考になるとすると，ユーザーY_2が複製の主体であると考えることになろう。しかし，この結論は，㋐㋑の評価次第で正当化できるとも，できないとも言える。まず，㋐コンテンツの調達提供の要素については，AIモデルの提供者（Y_1）がコンテンツの調達提供主体とも考えられるが，ユーザーがインターネットからAIモデルをダウンロードしているということをもって「調達」していると評価できる可能性があり，そうであれば，この立場からもユーザーが複製の主体であるという結論をとることができるように思われる。また，㋑複製過程の管理支配という要素については，[ヒットワン]事件判決が個々のカラオケ楽曲の演奏行為を捉えて利用主体であるとしたこと，及び，Y_2の管理支配下のコンピュータによって出力されていることから，Y_2が複製主体だということができる。他方，[ヒットワン]事件判決が，幇助者と評価してもなおリース業者に対する差止請求を認めた点を重視すれば，モデル提供者Y_1も複製過程に対する管理支配があると評価する余地があるとも考え得る。

　＊　本稿の基礎となった，同志社大学知的財産法研究会での報告及び著作権法学会研究大会での報告では，多くの先生方から貴重なご意見・ご教示を賜った。また，本稿の初校段階で鈴木敬史氏から貴重なアドバイスをいただいた。この場をお借りして感謝

申し上げたい。

* 本研究は，JSPS 科研費 20H00056，23K12400 による研究成果の一部である。

1) 総務省『平成 28 年版情報通信白書』235 頁参照。
2) 文化審議会著作権分科会法制度小委員会「AI と著作権に関する考え方について」（2024 年）（以下「考え方」とする。）
3) 「考え方」32 頁参照。
4) 最判平成 13 年 6 月 28 日民集 55 巻 4 号 837 頁［江差追分上告審］。
5) 髙野慧太『著作権の保護範囲と正当化理論』（弘文堂，2024 年）65-67 頁。
6) 髙野・前掲注 5) 236-237 頁。
7) 田村善之「著作権の保護範囲」コピライト 728 号（2021 年）2 頁（15 頁）参照。
8) 半田正夫『著作権法概説』（法学書院，第 16 版，2015 年）89 頁，中山信弘『著作権法』（有斐閣，第 4 版，2024 年）62 頁，高林龍『標準著作権法』（有斐閣，第 5 版，2022 年）29 頁，髙部眞規子『実務詳説 著作権訴訟』（金融財政事情研究会，第 2 版，2019 年）110 頁，愛知靖之ほか『LEGAL QUEST 知的財産法』（有斐閣，第 2 版，2023 年）193 頁〔金子敏哉執筆部分〕，荒竹純一『新版 ビジネス著作権法〈侵害論編〉』（中央経済社，2014 年）25 頁。「作風」や「画法」を挙げるものとして，駒田泰土ほか『知的財産法 II 著作権法』（有斐閣，2016 年）21 頁〔駒田執筆部分〕，島並良ほか『著作権法入門』（有斐閣，第 4 版，2024 年）24-25 頁〔横山久芳執筆部分〕。
9) 東京地判平成 4 年 11 月 25 日知財集 24 巻 3 号 854 頁［民家の暖簾］。両作品の画像は，上野達弘＝前田哲男『〈ケース研究〉著作物の類似性判断 ビジュアルアート編』（勁草書房，2021 年）135 頁参照。
10) 東京地判平成 15 年 11 月 12 日判時 1856 号 142 頁［世界名所旧跡イラスト］。両作品の画像は，上野＝前田・前掲注 9) 76 頁参照。
11) 一般論として，「表現形式上の本質的特徴」は「作風」に及ばないとした京都地判平成 7 年 10 月 19 日知財集 27 巻 4 号 721 頁［アンコウ行灯］，著作物性を判断する文脈で「画風」が「思想又は感情を創作的に表現したもの」ということはできないとした東京地判平成 11 年 6 月 14 日平成 10 年（ワ）第 29543 号［アイクイラスト第一審］，東京高判平成 12 年 2 月 23 日平成 11 年（ネ）第 3886 号［アイクイラスト控訴審］がある。
12) 大阪地判平成 8 年 1 月 31 日知財集 28 巻 1 号 37 頁［エルミア・ド・ホーリィ第一審］，大阪高判平成 9 年 5 月 28 日知財集 29 巻 2 号 481 頁［エルミア・ド・ホーリィ控訴審］。両作品の画像は，上野＝前田・前掲注 9) 140 頁参照。
13) 上野＝前田・前掲注 9) 180-183 頁。
14) 東京地判平成 11 年 7 月 23 日平成 10 年（ワ）第 29546 号［坂井真紀］。両作品の画像は，上野＝前田・前掲注 9) 61 頁参照。
15) 東京地判平成 20 年 7 月 4 日平成 18 年（ワ）第 16899 号［博士イラスト］。両作品の画像は，上野＝前田・前掲注 9) 67 頁参照。
16) 大阪地判平成 21 年 3 月 26 日判タ 1313 号 231 頁［マンション読本］。両作品の画像は，上野＝前田・前掲注 9) 64 頁参照。
17) ［博士イラスト］事件判決について，津幡笑「判批」知的財産法政策学研究 24 号（2009 年）97 頁（115 頁），［博士イラスト］事件判決及び［マンション読本］事件判決について，伊藤真＝前田哲男「似ている？似ていない？」高林龍編集代表『著作権ビジネスの理論と実践

III』（成文堂，2013 年）93 頁（102-104 頁〔伊藤発言，前田発言〕）。

18) 「Midjourney v6」について，Matthias Bastian, "Midjourney will 'find you and collect that money' if you infringe any IP with v6", https://the-decoder.com/midjourney-will-find-you-and-collect-that-money-if-you-infringe-any-ip-with-v6/（2023 年）（2024 年 12 月 6 日最終閲覧。本稿の URL は以下同じ）。

19) 学習元音声の特徴を再現した新たな音声を出力する場合も問題となる。この場合は実演家の権利の侵害となるため，本稿では取り扱わない。この点について差し当たり，張睿暎「生成 AI と著作者及び実演家の権利」独協法学 122 号（2023 年）147 頁，安藤和宏「音声の法的保護に関する一考察」高部眞規子＝森義之編集代表『切り拓く──知財法の未来：三村量一先生古稀記念論集』（日本評論社，2024 年）701 頁，唐津真美「メタバース・生成 AI の時代における実演家の権利と法的課題」コピライト 761 号（2024 年）2 頁を参照。

20) 図 1・図 2 は，「いらすとや」から取得（https://www.irasutoya.com/2017/09/blog-post_763.html, https://www.irasutoya.com/2018/05/blog-post_911.html）。図 3〜図 6 は，「AI いらすとや」（https://aisozai.com/irasutoya）で「ねこ」と入力して画像を生成させたもの。

21) 愛知靖之「日本法における権利制限──著作権法 30 条の 4 を中心に」上野達弘＝奥邨弘司編著『AI と著作権』（勁草書房，2024 年）12 頁（33 頁）。

22) 愛知・前掲注 21）36 頁。

23) Stowe v. Thomas, 23 F. Cas. 201 (C.C.E.D. Pa. 1853).

24) 高野・前掲注 5）117-118 頁。

25) また，とりわけ画風のような「表現の要素としてのアイデア」は，アイデアと表現の境界が連続的であることも指摘される。金子敏哉「著作権法上のアイデアに関する一考察──アイデア・表現二分論におけるアイデア二分論の試み──」L&T 別冊 7 号（2021 年）70 頁（73 頁，75-76 頁）。愛知・前掲注 21）33 頁注 45，三浦正広「著作権法によるアイデアの保護──アイデア・表現二分論の批判的考察」半田正夫先生古稀記念論文集『著作権法と民法の現代的課題』（法学書院，2003 年）88 頁も参照。なお，アイデア二分論に対する筆者の理解については，高野・前掲注 5）235-236 頁を参照。

26) 「考え方」33 頁。

27) 田村善之『著作権法概説』（有斐閣，第 2 版，2001 年）62 頁参照。

28) 最判平成 23 年 12 月 8 日民集 65 巻 9 号 3275 頁〔北朝鮮映画上告審〕。

29) 前田健「知的財産法と不法行為」窪田充見ほか編『事件類型別　不法行為法』（弘文堂，2021 年）368 頁（374 頁），上野達弘「民法不法行為による不正競争の補完性：「知的財産法と不法行為法」をめぐる議論の到達点」別冊パテント 29 号（2023 年）15 頁（24-36 頁）。

30) 東京高判令和 6 年 6 月 19 日 LEX/DB25620933〔バンドスコア控訴審〕。

31) 最判昭和 53 年 9 月 7 日民集 32 巻 6 号 1145 頁〔ワン・レイニー・ナイト・イン・トーキョー上告審〕。

32) 下級審裁判例の整理については，高野慧太「依拠性について──依拠性要件の正当化根拠と AI 生成コンテンツ」神戸法学雑誌 72 巻 1 ＝ 2 号（2022 年）45 頁（49-51 頁）。

33) 田村・前掲注 27）49 頁。

34) 西田美昭「複製権侵害の判断の基本的考え方」斉藤博＝牧野利秋編『裁判実務体系 27 知的財産関係訴訟法』（青林書院，1997 年）117 頁（127 頁）ほか。ただし，主観説の定義は必ずしも一様ではない（高野・前掲注 32）52 頁注 18 参照）。例えば，機械的複製の場合には別途主観を考慮しなくてもよいという基準を含めるなど，中間的な議論を採用する立場もある（高林・前掲注 8）77 頁，前田哲男「『依拠』について」紋谷暢男教授古稀記念論文集刊行会編『知的財産権法と競争法の現代的展開：紋谷暢男教授古稀記念』（発明協会，2006 年）767 頁

（778-779 頁））。

35) 山本隆司「複製権侵害の成否」牧野利秋＝飯村敏明編『新・裁判実務大系 22 著作権関係訴訟法』（青林書院，2004 年）308 頁（320 頁）ほか。

36) 髙野・前掲注 32) 49 頁。

37) 髙野・前掲注 32) 55-57 頁。

38) 上野達弘「著作権侵害訴訟における依拠性に係る要件事実」伊藤滋夫編『知的財産法の要件事実』（日本評論社，2016 年）131 頁（135-136 頁），愛知ほか・前掲注 8) 290 頁〔愛知執筆部分〕，平嶋竜太ほか『入門知的財産法』（有斐閣，第 3 版，2023 年）211 頁〔蘆立順美執筆部分〕ほか。

39) 髙野・前掲注 32) 56-57 頁。*See*, e.g. William M. Landes & Richard A. Posner, The Economic Structure of Intellectual Property Law, 87-88 (2003).

40) 髙野・前掲注 5) 108-110 頁。

41) 髙野・前掲注 32) 56-57 頁。愛知靖之「知的財産法における『過失の推定』と『依拠』」法学論叢 194 巻 4 ＝ 5 ＝ 6 号（2024 年）99 頁（100-102 頁）も参照。

42) 髙野・前掲注 32) 57 頁。

43) 髙野・前掲注 32) 72 頁。

44) 田村・前掲注 27) 56 頁ほか。裁判例として，大阪地判平成 11 年 7 月 8 日判時 1731 号 116 頁［パンシロントリム］，前掲大阪地判平成 21 年 3 月 26 日［マンション読本］。髙野・前掲注 32) 73 頁参照。

45) 髙野・前掲注 32) 73-74 頁参照。

46) 人間が先行作品に直接接し，類似する後行作品を創作した場合には，本文のように，アイデアに依拠した可能性は問題とならない（奥邨弘司「依拠・類似」上野達弘＝奥邨弘司編著『AI と著作権』（勁草書房，2024 年）108 頁（121 頁）参照）。これに対し，10 年前に作品 α に接し，人間の脳内の記憶においてその画風の特徴のみ残っており，その後その記憶のみに基づいて作品 γ を創作した場合には，純理論的に考えればアイデアの依拠にすぎず，依拠性は否定されるとも考えられる。無意識の依拠との関係も問題となろう。髙野・前掲注 32) 80-82 頁参照。

47) 田村・前掲注 27) 54 頁ほか。裁判例として，東京地八王子支判昭和 59 年 2 月 10 日無体集 16 巻 1 号 78 頁［ゲートボール規則書］。

48) 髙野・前掲注 32) 77-79 頁。

49) 中山信弘『ソフトウェアの法的保護』（有斐閣，新版，1988 年）124-126 頁，奥邨弘司「生成 AI と著作権に関する米国の動き〜AI 生成表現の著作物性に関する著作権局の考え方と生成 AI に関する訴訟の概要〜」コピライト 747 号（2023 年）30 頁（45 頁），奥邨・前掲注 46) 121-123 頁。

50) 田村・前掲注 27) 55-56 頁，今村哲也ほか「座談会：II AI による生成の侵害成否」上野達弘＝奥邨弘司編著『AI と著作権』（勁草書房，2024 年）268 頁（276-277 頁）〔愛知靖之発言〕（以下，「座談会（2024）」とする）。

51) 独自創作説の立場から，田村・前掲注 27) 49 頁。また，上野・前掲注 38) 138-139 頁も同旨。

52) 髙野・前掲注 32) 74 頁注 96。

53) 「考え方」33-35 頁。

54) 奥邨・前掲注 46) 117-119 頁（とりわけ注 24）は，「操作者による依拠」と「AI による依拠」を区別した上で，（訴訟経済の観点から）前者の問題を先に検討すると整理している。本稿は，AI モデル・ルートかユーザー・ルートは，単に情報の経路という事実の問題であり，

（シンポジウム）生成 AI と著作権法の現在地　　73

事案に応じて証明が容易な方を選択すればよい（先決関係はない）と考える。

55）　平嶋竜太「Generative AI による生成物をめぐる知的財産法の課題」L&T 別冊 9 号（2023 年）61 頁（68-69 頁）は，（本稿に言う）AI モデル・ルートによっては，AI における処理が「自然人の脳による精神活動と同質」とはいえないことから，依拠性は肯定できないとする。他方，「入力の内容において特定の他人の著作物を基にした生成物を出力することについてあらかじめ明確に指示している」場合，すなわち（本稿に言うユーザー・ルートに厳密に対応しないが）ユーザーに意図がある場合には依拠性は否定され得ないという。論者は明示的に主観説を採用しているわけではないが，自然人であるユーザーにおける精神活動や意図が重視されている点で主観説に近い立場と思われる。

56）　横山久芳「AI に関する著作権法・特許法上の問題」法律時報 91 巻 8 号（2019 年）50 頁（53 頁），愛知靖之「AI 生成物・機械学習と著作権法」別冊パテント 23 号（2020 年）131 頁（144 頁）。

57）　奥邨弘司「技術革新と著作権法制のメビウスの輪（∞）」コピライト 702 号（2019 年）2 頁（10 頁），奥邨・前掲注 46）120 頁，柿沼太一「自然言語系 AI サービスと著作権侵害」https://storialaw.jp/blog/8267（2021 年）ほか。

58）　AI モデル中のパラメータを常にアイデアだと評価すべきという議論は管見の限り見当たらなかった。知的財産戦略本部検証・評価・企画委員会新たな情報財検討委員会『新たな情報財検討委員会報告書──データ・人工知能（AI）の利活用促進による産業競争力強化の基盤となる知財システムの構築に向けて──』（2017 年 3 月）37 頁においては，「アイデアを利用しているにすぎず依拠を認めるべきではないのではないか」という記述があるが，（議事録を確認した限り）これは「アイデアである場合には依拠性を否定すべき」という趣旨と理解した。

59）　斎藤康毅『ゼロから作る Deep Learning ⑤──生成モデル編』（オライリー・ジャパン，2024 年）23-41 頁，147-207 頁参照。

60）　前掲注 18）を参照。

61）　奥邨・前掲注 46）124-125 頁，座談会（2024）269-270 頁〔奥邨弘司発言〕参照。

62）　奥邨・前掲注 46）120-121 頁，柿沼・前掲注 57），柿沼太一「【連載】生成 AI と著作権～文化審議会著作権分科会法制度小委員会「考え方」を踏まえて～第 5 回」https://storialaw.jp/blog/10822（2024 年）。

63）　座談会（2024）272-273 頁〔谷川和幸発言，前田健発言〕。愛知・前掲注 56）144 頁は，AI モデル中の特徴量を「表現」と評価する帰結として全面肯定説と同じ結論となっているが，「表現」と評価しているがゆえにその結論となっており，論理的にはアイデア依拠テーゼ適用説である。ただし，座談会（2024）・276 頁〔愛知靖之発言〕においては，（アイデアであっても）全面肯定説である旨が述べられている。

64）　座談会（2024）272 頁〔谷川発言〕。

65）　髙野・前掲注 32）79-82 頁。この議論は，AI が学習時に学習元画像に接していることを根拠に依拠性を肯定するものであり，上述（2（2））で整理したクリーン・ルームに関する議論において，会社がソフトウェアに接していることを理由に依拠性を否定できないとする議論に対応する。なお，奥邨・前掲注 46）123 頁注 33 は，この議論に対して反対。

66）　座談会（2024）278 頁〔奥邨発言〕。ただし，論者は（上述のとおり）基本的には客観説をとっていることには注意が必要である。

67）　座談会（2024）277-278〔愛知発言〕，281 頁〔横山久芳発言〕。

68）　座談会（2024）282 頁〔上野達弘発言〕。

69）　東京オリンピック・パラリンピックロゴデザインの盗作問題において，佐野氏のロゴデザイン案が国立リエージュ劇場のロゴに類似していることが指摘されていたが（事案について，

水野祐「デザインの法的保護とその限界——五輪エンブレム問題を通して」法学教室422号（2015年）47頁参照），仮に佐野氏がリエージュ劇場のロゴを知らなかったのだとすればオリンピック・エンブレムとして利用することそれ自体は問題なかったとも考えられる。ただし，人間の創作においてはそのように独自創作の保護の考慮が妥当しても，AIには妥当しないという議論はあり得る。座談会（2024）281頁〔横山久芳発言〕も参照。

70) 髙野・前掲注32）74-75頁参照。

71) 「侵害主体論」とされることも多いが，差し当たり，最判令和4年10月24日民集76巻6号1348頁〔音楽教室上告審〕の用語法に則り「利用主体論」とする。

72) 塩月秀平「著作権侵害主体の事例分析——柔軟な認識に向けて」ジュリスト1316号（2006年）140頁（146頁）。

73) 大渕哲也「著作権侵害に対する救済（1）——著作権の間接侵害（1）」法学教室356号（2010年）142頁（144頁），大渕哲也「著作権間接侵害の基本的枠組み（前編）」著作権研究38号（2011年号，2013年刊行）2頁（11頁）（以下，「大渕（2013）」とする。），前田健「著作権の間接侵害論と私的な利用に関する権利制限の意義についての考察」知的財産法政策学研究40号（2012年）179頁（186-187頁）（以下，「前田（2012）」とする。），前田健「侵害主体論」論究ジュリスト34号（2020年）84頁（84-85頁）。大渕哲也「現実利用主体論序説」大鷹一郎＝田村善之編集代表『清水節先生古稀記念論文集：多様化する知的財産権訴訟の未来へ』（日本加除出版，2023年）711頁（711-712頁）も参照。

74) 生成AIによる画像の出力は，入力された情報（学習元画像，プロンプト等）に一定程度手が加えられた形で出力されることを特徴とする。本稿ではそのような特徴が，利用主体の判断にどのように位置付けられるか検討することはできなかった。この点の検討は他日を期したい。

75) 最判平成23年1月20日民集65巻1号399頁。

76) 三村量一「カラオケ法理の考え方と最高裁判決」著作権研究38号（2011年号，2013年刊行）89頁（103頁），鈴木將文「［ロクラクII上告審］判批」知財管理61巻10号（2011年）1563頁（1568頁）。

77) ［ロクラクII上告審］最判の結論を肯定する議論として，いわゆる「ジュークボックス法理」がある。ジュークボックス法理とは，「①ユーザーからの個別のリクエストを受けて，その都度，業者による手作業でのコンテンツ提供行為をなす代わりに，②上記①の手作業と同内容のコンテンツ提供行為を，当該業者の設置管理に係る自動化機器をもって自動的になさしめる状況」において「それを行っている業者が直接行為者」であると認めるものである。そこでは「コンテンツ源提供」と「機器設置管理」が重視されている。大渕哲也「著作権間接侵害の基本的枠組（後編）」著作権研究40号（2013年号，2014年刊行）229頁（233-234頁）。

78) 前田（健）（2012）188頁。

79) 前田（健）（2012）188頁注32。

80) 前田（健）（2012）193頁。大渕哲也「著作権侵害に対する救済（2）——著作権の間接侵害（2）」法学教室360号（2010年）137頁（142-143頁）も参照。

81) 塩月・前掲注72）146頁。潮見佳男「著作権侵害における『間接侵害』の法理」コピライト557号（2007年）2頁（14頁）は，「危険責任の原理」と「意思責任の原理」の二元的なシステムにより評価すべきとする。

82) 柴田義明「著作権侵害の主体」牧野利秋ほか編『知的財産訴訟実務大系III——著作権法，その他，全体問題』（青林書院，2014年）154頁（162頁）。

83) 東京地判平成19年5月25日判時1979号100頁〔MYUTA〕。

84) なお，AI生成物の出力後の利用（AIによって出力した画像を製品として販売する等）の

行為主体は，別途判断する必要があるが，基本的には製品としての複製や販売を行っている者が主体となると考えて差し支えない。この場合には，出力時の依拠性＝侵害品としての評価が維持されるか，それとも，行為時の主体の認識によって判断されるかについて，上述Ⅲ 3 (3) の議論の対立があることになる。

85) 横山久芳「行為主体と準拠法」上野達弘＝奥邨弘司編著『AI と著作権』（勁草書房，2024 年）128 頁（132 頁）。愛知・前掲注 56）145-146 頁も参照。

86) 前掲東京地判平成 19 年 5 月 25 日［MYUTA］。

87) 北村行夫「［MYUTA］判批」コピライト 559 号（2007 年）28 頁（34-35 頁）。

88) 奥邨弘司「ロッカー・サービスと著作権〜MYUTA 事件再考」高林龍ほか編『年報知的財産法 2012』（日本評論社，2012 年）11 頁（12-14 頁），大渕・前掲注 77）264-265 頁，271-272 頁，276-277 頁。

89) 大阪地判平成 15 年 2 月 13 日判タ 1124 号 285 頁［ヒットワン］。

90) 否定説として，髙部眞規子「著作権侵害の主体について」ジュリスト 1306 号（2006 年）114 頁（126 頁），東京高判平成 17・3・3 判時 1893 号 126 頁［2 ちゃんねる］ほか。肯定説として，大渕（2013）17 頁ほか。

AI 生成物の著作物性[1]

平　嶋　竜　太

I　はじめに——問題の所在整理

　機械学習（machine learning）及びニューラルネットワークを基礎とした深層学習から派生した AI（Artificial Intelligence）関連技術[2]が過去 10 年程度のうちに急激に進歩し，その実装形態や実用化についても多様な展開がみられるところであるが，その活用形態として，以前は中心的位置にあった予測系 AI に対して，生成 AI（Generative[3] AI）の社会的利用・普及が急激に拡大しつつある。近時の生成 AI の利用形態としては，自然人[4]による一定の指示入力（プロンプト）に対応して，画像・テキスト・音声・動画といった形[5]で生成・出力をほぼ「自動的に」行うことが注目され，このような AI 技術が API（Application Programming Interface）を通じインターネットを介したサービスとして，従前のインターネット上の検索サービスに近いような形態で提供されるに至っている。

　著作権法と生成 AI をめぐり現状で認識されている主要な法的課題としては，生成 AI の学習モデル構築のための事前学習の段階で，データセットとして既存の他人の著作物の利用を行う際の権利侵害問題，生成 AI によって作り出された情報（以下，AI 生成物）は，著作権法の下で法的に保護されうる「著作物」と評価できるか否かという問題，AI 生成物が既存の他人の著作物と類似する場合に，その生成行為や生成物の行為について著作権法上どのように評価されるのかという問題，等が挙げられており，国際的にも活発な議論や法的対応へ向けた提案がみられる状況にある。

　本稿では，AI 生成物，すなわち生成 AI によって生成された表現が文章・音楽・絵画，動画像等の様々な表現形式をとる場合について，著作権法の下での「著作物」と評価できるか否か[6]，換言すれば著作物性の評価に係る問題について，これまでの国内における議論状況の概観，生成 AI における処理過程の理解を踏まえて検討を試みるものである[7]。また，AI によって生成された「表現」が広く社会に浸透してゆくことに伴って，派生的にどのような法的課題が生じ，対応策としていかなるものが考えられるのか，という点についても併せて簡潔な展望を行うものである。

（シンポジウム）生成 AI と著作権法の現在地　　77

II 現状における生成 AI のプロセス——概観と特徴

　法的検討を行う前提として，現状における生成 AI によるプロセスについて，その特徴について概略を確認しておくこととする。これは，著作物性の評価を行うに際して把握しておくべき前提事実としての意義を有するものといえるであろう。

　まず，近時の AI 技術における基本的構成について，その特徴を極めて大雑把に捉えるとすれば，「あらゆる事象を入力と出力の間の関係性を規定した関数として近似的に捉えたうえで，多数のパラメータより形成された関数を『モデル』として構築・設定した上で，任意の入力に対応して，（確率過程としての処理を踏まえて推論する過程を経た結果として）『モデル』の下での最適な出力が得られることを目指して構成されたもの」という表現をもってまとめられるかもしれない。[8] もっとも，実装された形態としてみれば，あくまでもコンピュータ・プログラムの一類型に過ぎないといえるのであって，その処理という面で，従前のコンピュータ・プログラムに比べて上記のような特徴を挙げることができるということになる。上記の『モデル』とは，最適な出力を推論できるような構成を目指して（「学習」によって）構築されており，事前に想定されるあらゆる処理に対応して（自然人によって）作り込まれているわけではなく，帰納的な処理であるといえるのであって，得られる出力としては当然ながらバラつきが生じうる。他方，従前のプログラムでは，ルールベースとも呼ばれるように，一意の出力が得られるべく，処理の流れを基本的には事前にすべて定義して作り込むことが前提となっており，AIにおけるプログラムに比すると演繹的な処理であるといえる。そして，AI におけるプログラムの実現のためには，処理を行う基礎となる最適な『モデル』を構築するための一連の形成過程（訓練過程）としての「学習」が不可欠となるのであって，「学習」によってより優れたモデル構築を行うために膨大かつ良質なデータが極めて重要な要素となる。

　生成 AI を構築するための『モデル』となる生成モデルについても，例えば「与えられたデータセットから，それらのデータを生成している確率分布を推定し，そして，その確率分布に従ってデータを生成できるようなモデル」[9] とされているところであるが，これは，既存の絵画，音楽，動画等々すべてデータセットとして捉えて，それらが作り出された基となる何らかの確率分布があるものとして，それに近似する確率分布を（ある意味，力ずくで）推定して，得られた確率分布を基に，新たなデータを生成するようなモデルと捉えることができるものと考えられる。例えば，バンクシーの絵画作品「風船と少女（Girl with Balloon）」を前提としたときに，それが世の中に生み出されるま

でにいたる（あらゆる事象を踏まえた）確率分布というものが「存在しているもの」として捉えて，そのような確率分布にできるだけ近いと推定される確率分布を推定して，さらに，その推定された確率分布を基に，個別の入力に対応して，（画像）データを生成，出力できるような『モデル』の構築を目指すことになるものと考えられる。その上で，（一応）最適と考えられる『モデル』が構築された以降は，任意に入力された内容（値）に対応して，その『モデル』を基に「風船と少女」風の画像データの表現のような新たな表現を生成・出力することになるものといえるであろう。

　生成 AI のプロセスにおける重要な構成要素として，まず生成処理の中心となる関数モデル（これは学習によって構築される）があり，現状でこれを実現するために用いられている技術は，ニューラルネットワークを用いた深層学習（ディープラーニング）が中心となろう。さらに，ニューラルネットワークの各層におけるデータの流し方や処理をどのような仕組みとするのかを定めるアーキテクチャ[10]が挙げられる。そして，これらを現実に動作するシステムとするためのソフトウエア実装，さらにソフトウエアを動作させるベースとなるハードウエア（GPU 等）が必要となる。

　生成モデルについては，いかなる手法で「学習」を行ってモデルの構築を行うのかという方法について，様々なものが研究開発されてきており，代表的なモデルとしては，VAE（変分自己符号化器），GANs（敵対的生成ネットワーク），LLM（大規模言語モデル），さらに近時では diffusion model（拡散モデル）[11]が目覚ましい発展を呈しているようである。

　このような生成モデルに対しては，多種多様な種類の情報について入力に適応した出力を生成することが原理的には可能であって，自然人が認識する段階では異なる種類のものとして識別される情報（音声，画像，テキスト，等々）であっても，入力に対する推論，出力の生成が行われる処理レベルでは，適宜の粒度を有するトークン（token）と呼ばれる単位にまで分解して抽象化された上で処理されることになる。したがって，学習段階で用いられた表現については，もはや元の表現形態が維持されることなく分解されたうえで，推論を行うためのモデル構築の資源として用いられることになるものと理解できる。

Ⅲ　AI 生成物の著作物性――議論状況

　上記のような特徴やプロセスを有する生成 AI による生成物の著作物性について検討を行う上で基礎となる従前の議論として，もっとも先見的なものとして，コンピュータ創作物の著作物性について展開されてきた議論が参考になる。AI 生成物もコンピュー

（シンポジウム）生成 AI と著作権法の現在地　　*79*

タ創作物の一種であることには本質的には変わらないことから，以下に検討するような従前の議論で前提とされた実現技術と比べて大きく異なるとしても，その議論経過は非常に参考になるものといえる。

初期のコンピュータ創作物に係る議論では，「楽曲は，作曲ルールを具体化したプログラムの実施により，その結果として必然的に得られるものであるが，楽曲は，<u>プログラムの作成者が意図した知的体系内にとどまるものであり，プログラムの作成者がコンピューターをいわば道具として使用し，その思想感情を具体化したもの</u>といいうる。また，<u>楽曲の表現の創作性についてはアウトプットされる結果を素材としてこれに修正増減を加えた場合はもちろん，結果に変化を加えない場合といえども，プログラムの実際上の仕上げ，データの選択等に個性が発揮されるため，楽曲の表現自体に個性が現われる可能性が強い。</u>すなわち，作曲を目的とするプログラムが既存の楽曲から作曲ルールを帰納して使用するものであるか，新しい作曲ルールを試みるものであるかどうかを問わず，その実施によって得られる楽曲には創作性があるといえる。したがって，<u>コンピューターを用いて作曲された楽曲について，その著作物性を否定すべき理由はない。</u>」（下線部は筆者による）としており，プログラムを媒介として楽曲制作に用いられるツールであるシンセサイザーを人が楽曲制作に用いることに伴って，制作された楽曲の著作物性に影響が生じるのか否かという論点に対して，コンピュータは道具として使用されている点，アウトプットを素材とした修正やプログラムやデータ選択によっても個性が現出しうる点を根拠として楽曲の著作物性が肯定されうることを導き出している。

また，その後のコンピュータ創作物の著作物性に係る議論[13]では，以下のような考え方がみられる。「コンピュータ創作物についても，人が思想感情を創作的に表現するための「道具」としてコンピュータ・システムを使用したものと認められれば，その著作物性は肯定されることになる。」「<u>思想感情をコンピュータ・システムを使用してある結果物として表現しようとする創作意図が必要である。</u>」「……当初の段階では「コンピュータを使用して自らの個性の表れとみられる何らかの表現を有する結果物を作る」という程度の意図があれば足りる……」「創作過程において，<u>人が具体的な結果物を得るための創作的寄与と認めるに足る行為を行ったことが必要である。</u>」「どのような行為を創作的寄与と認めるに足る行為と評価するかについては，個々の事例に応じて判断せざるを得ないが，<u>創作物の種類，行為の主体，態様等が主な判断基準になると考えられる。</u>」「結果物が客観的に思想感情の<u>創作的表現</u>と評価されるに足る外形を備えていることが必要である」「……コンピュータ創作物については，<u>創作過程におけるコンピュータ・システムの介在という特性を踏まえて，人の創作意図及び創作的行為の有無を吟味する</u>

必要がある……」（下線部は筆者による）

　このように，先のシンセサイザーを用いて制作された楽曲の著作物性に関する報告書と同様，コンピュータ・システムを人が道具として使用している点をもって著作物性を肯定する考え方が示されている一方で，人の創作意図と創作的行為あるいは創作的寄与の有無が著作物性の判断に際して評価されるべき事項とされており，得られた結果物へ向けた創作意図や創作的寄与が存していることを中心として評価し，その際には創作物の種類や行為主体，行為態様に着目するという方向性が示されている。

　AI生成物の著作物性に係る検討としては，近時のAIの発展が顕になり始めた比較的早い時期の政府知的財産戦略本部による報告書（以下，情報財報告書とする）においては，上記のコンピュータ創作物の著作物性に係る議論を基に，「AI生成物を生み出す過程において，学習済みモデルの利用者に創作意図があり，同時に，具体的な出力であるAI生成物を得るための創作的寄与があれば，利用者が思想感情を創作的に表現するための「道具」としてAIを使用して当該AI生成物を生み出したものと考えられることから，当該AI生成物には著作物性が認められその著作者は利用者となる。[14]」との方向性が示されている。さらに，現状の生成AIを念頭においたものとして，2024年3月に文化審議会著作権分科会法制度小委員会から公表された見解（以下，法制小委ペーパーとする）[15]が極めて注目される。

　まず，「以下で検討するAI生成物の著作物性が問題となるのは，当該AI生成物が用いられた一部分についてであり，仮に当該一部分について著作物性が否定されたとしても，当該作品中の他の部分，すなわち人間が創作した部分についてまで著作物性が否定されるものではない。」という指摘を行っており，これはAI生成物の著作物性について検討する上での重要な前提論といえるのであって，AIによって生成された部分の法的評価という点こそが従前からのコンピュータ創作物では生じていなかった新たな問題といえる（下線部は筆者による）。

　この点を踏まえて，「生成AIに対する指示の具体性とAI生成物の著作物性との関係については，著作権法上の従来の解釈における著作者の認定と同様に考えられ，（共同著作物に関する既存の裁判例等に照らせば，）生成AIに対する指示が表現に至らないアイデアにとどまるような場合には，当該AI生成物に著作物性は認められない」「AI生成物の著作物性は，個々のAI生成物について個別具体的な事例に応じて判断されるものであり，単なる労力にとどまらず，創作的寄与があるといえるものがどの程度積み重なっているか等を総合的に考慮して判断されるものと考えられる。」（下線部は筆者による）という基本的な考え方を提示している。

（シンポジウム）生成AIと著作権法の現在地　*81*

さらに，著作物性を判断する具体的な要素として，指示・入力（プロンプト等）の分量・内容，生成の試行回数，複数の生成物からの選択を挙げており，それぞれについて以下のような補足を行っている。

指示・入力（プロンプト等）の分量・内容については，「AI生成物を生成するに当たって，創作的表現といえるものを具体的に示す詳細な指示は，創作的寄与があると評価される可能性を高めると考えられる。他方で，長大な指示であったとしても，創作的表現に至らないアイデアを示すにとどまる指示は，創作的寄与の判断に影響しないと考えられる。」（下線部は筆者による）とする。

生成の試行回数については，「試行回数が多いこと自体は，創作的寄与の判断に影響しないと考えられる。他方で，①（筆者注. 指示・入力（プロンプト等）の分量・内容）と組み合わせた試行，すなわち生成物を確認し指示・入力を修正しつつ試行を繰り返すといった場合には，著作物性が認められることも考えられる。」（下線部は筆者による）とする。

複数の生成物からの選択については，「単なる選択行為自体は創作的寄与の判断に影響しないと考えられる。他方で，通常創作性があると考えられる行為であっても，その要素として選択行為があるものもあることから，そうした行為との関係についても考慮する必要がある。」（下線部は筆者による）としている。

また，AI生成物以外についても，「人間が，AI生成物に，創作的表現といえる加筆・修正を加えた部分については，通常，著作物性が認められると考えられる。もっとも，それ以外の部分についての著作物性には影響しないと考えられる。」（下線部は筆者による）という見解を明らかにしている。

以上のように，法制小委ペーパーでは，AI生成物の著作物性の評価は個別具体的な判断によるとしながらも，基本的には自然人による創作的寄与の集積度を中心とした総合判断とする考え方を示している。評価に際して着眼すべき要素として，指示・入力（プロンプト等）の分量・内容，生成の試行回数，複数の生成物からの選択，といった要素を提示しているが，その補足説明を検討すると，いずれの要素についても，その質的内容として自然人による創作的な関わりがあることをもって著作物性の評価に積極的な影響を及ぼしうるものと捉えているものと理解される。また，AI生成物を基に自然人が加筆・修正といった表現の添加を行った部分に係る著作物性については通常認められるとしているが，これは従前からの著作物性の評価手法をもって足りるという趣旨であると解されよう。

次に，AIによる生成物に対する著作物性を巡る近時の学説上の議論を概観する。

AI 生成物の著作物性を巡っては，学説上も創作性要件の充足が主たる課題であるものとして捉える立場が中心的であって，判断枠組みとしても，先に検討したコンピュータ創作物に係る従前の議論と同様に創作意図と創作的寄与を基に「道具」として創作したといえるかを判断する立場，創作意図と創作的寄与について検討を行った上で著作者と評価しうるかという観点から判断しようとする立場などがみられる。AI に対する入力内容や生成物出力後の過程を含めた著作物性評価としては，プロンプト等の指示の内容，生成物の取捨選択・修正，を実質的に評価して，著作物性を肯定しうる余地があることが指摘されている。このように，学説の現状としては，先に検討した法制小委ペーパーの提示する方向性と概ね近い考え方を採るものが多いと考えられる。なお，AI によって自律的に生成された表現というものを仮に念頭に置いた場合については，その著作物性について，少なくとも現行法の下ではほぼ否定する立場を採っているものと考えられる。

IV　AI 生成物の著作物性──検討と私見

以上のような議論状況を踏まえて，AI 生成物の著作物性の評価について検討を行い，私見を提示する。具体的には，前半段階として，生成 AI への指示・選択（プロンプト等）といった入力を基に処理がなされて AI 生成物が出力されるという過程を念頭において，後半段階としては，得られた AI 生成物を基に，自然人による修正・添加や選択・配列といった過程を経て，何らかの表現が最終的に完成するものとして，各段階における生成物の著作物性についての評価を行う。

前半段階では，生成 AI によって処理・出力された AI 生成物自体の著作物性が問題となる。解釈論としては，著作権法で規定される「著作物」概念に係る各要件，すなわち，「思想又は感情の創作的表現」を構成している各要件につき，それぞれ検討を行う。

思想・感情への該当性に関しては，生成 AI の挙動をもって，「思想又は感情」に係るものと解することができるのか，という点について検討を要するであろう。著作権法では，自然人の場合には脳を中心とした精神活動の結果として，思想・感情というものが顕出していることを従前では前提としてきたと考えられる以上，自然人以外の存在によって現出される挙動をもって条文上の「思想又は感情」に含まれるべきか否か，について議論をする必要性自体すら従前はほとんどなかったといえる。それでは，大規模言語モデル（LLM）等を基に成り立つ生成 AI において，膨大なデータセットを基に事前学習を行うことで訓練された状態（個別の生成物の出力を求める入力がなされる前の状態を意味する）や生成 AI 内部における推論処理の挙動をもって，「思想又は感情」

に該当するものと法的に評価できるだろうか。近時のAIにおける情報処理における重要な基礎概念となっているニューラルネットワークにおいても自然人の脳における神経系の構造についての知見が情報処理の特徴へと反映されていることは否定できないことから，理論としては自然人の思想又は感情に近似する対象までも「思想又は感情」に包含しうるという解釈論自体を提示すること自体は全く不可能とまではいえないのかもしれない。しかし，「創作」概念と同様，著作権法における「思想又は感情」とは，立法の本来的な趣旨としても，自然人によって発現される「思想又は感情」であることに限られることを前提としているものと解する方に合理性があるものと考えられる[22]。そのような理解を基にすると，現状の生成AIによってなされる生成過程については，たとえ，その実質的な意味での自然人の「思想又は感情」との近似性が今後さらに一層高まっていくとしても，少なくとも現行法の解釈論の枠組みとしては「思想又は感情」に含まれるものと解することはやはり困難であるものと考えられる[23]。

「表現」該当性について，表現概念とは，基本的には自然人を受容主体として，自然人の備える感覚情報（視覚情報，聴覚情報を中心とした）の取得機能を通じて，脳を中心として構成されると考えられる知覚・認知機能により受容・処理される情報を広汎に意味するものと理解できるのであって，自然人が本来的に備えている知覚能力によって，一般的に文章や絵画，音楽と同質の情報として認知しうる情報であれば，生成AIによって生成されたものであるか否かにかかわらず，「表現」該当性自体について否定することは困難であるものと解される。このことから，AI生成物であっても，著作権法上の「表現」該当性については肯定的に評価せざるをえないものと考えられる。

「創作性」の充足については，先にみたように，学説上も，著作物性評価に際して最も問題となる事柄として認識されているといえる。現状の生成AIにおける技術状況を踏まえて理解する限りの私見としての結論を先述すれば，生成AIによる生成過程自体に対する創作性要件の充足については，基本的には，否定的な結論とならざるを得ないものが少なくないと考える。その根拠として，さしあたり挙げることができる5つの観点について，以下詳しく検討を行う[24]。

第一に条文の趣旨の観点である。AI生成物とは，先に概観したように，学習によって構築された関数モデルに対する入力に対する最適化と推論の結果として生成されたデータに過ぎない，と捉えることができよう[25]。他方で，少なくとも日本の著作権法では自然人による精神的活動としての「創作」行為を介して生成されることを前提として「創作」性概念が構築されてきたものと解せざるを得ない[26]。すなわち，自然人以外の「何らかの存在」による振る舞いによって「表現」が生成されたことをもって著作権法上の

「創作」と直ちに法的評価をすることは条文の趣旨からはできないように考えられる。

　第二に，創作性要件を構成しているものと考えられる実質的要素の観点である。まず，先に確認したような生成 AI における処理過程の下で生成されているという理解だけを基にするのであれば，確率過程を伴った推論の結果たる生成情報については，著作権法における「創作」概念を構成する典型的な要素といえる「個性」の発揮・発露が生じているものと評価することは困難なものと考えられる[27]。

　他方で，コンピュータ創作物を巡る従前の議論あるいは AI 生成物を巡るこれまでの学説の概ね一致する方向性と解される，創作意図と創作的寄与という枠組みを基礎として創作性要件の評価を行うという考え方の妥当性自体については，私見としても否定するものではなく，むしろ一般論として十分に合理性があって肯定できるものと考えられる。このため，純粋に生成 AI による処理過程だけではなく，自然人による指示入力や試行過程といったものを含めて評価するのであれば，創作性要件の充足については自ずと肯定的評価の方向へ変化しうることもありうるであろう。

　もっとも，生成 AI に対する指示入力の態様の実情を踏まえる限り，入力に際しての自然人による何らかの創作意図の存在は肯定されうるとしても，創作的寄与については希薄化している状況の方が強いのではないか[28]と考えられ，上記のような創作性評価の枠組みをもってしても，個別事案の「当てはめ」レベルの結論としては否定的な方向に帰着せざるを得ない場合が少なくないように考えられる。理論的に捉えると，自然人による創作意図は存するとしても創作的寄与がほとんどゼロという状況とは，結局のところ，自然人による著作物についての創作過程の場面における，表現の創作行為に対する単なるアイデア出しや一般的な指示を提示しているに過ぎない場合とほぼ近似している状況であると理解できるのであって，そのような行為を行っているに過ぎない自然人をもって，著作権法上の著作者と評価することは困難であるように考えられる。

　このようなことから，入力者において創作的寄与として十分なものが存すると評価できるかという事項は，生成 AI による生成物における創作性評価に際して重要な点であると考えられ，情報財報告書や法制小委ペーパーのこの点に係る見解については首肯できる。併せて，生成 AI に対する指示が単に長大であること自体をもって創作的寄与の評価に影響し得ないとの同ペーパーによる指摘も妥当性のあるものといえる。

　とはいえ，現状の生成 AI における典型的な入力形式となっているプロンプトや画像選択といった態様のものを念頭に置く限りは，創作的寄与という観点から十分なものがあるとして創作性を肯定しうるようなものはかなり限られてくるものと考えられる[29]。

　他方，同ペーパーでは「創作的表現といえるものを具体的に示す詳細な指示」[30]の場合

（シンポジウム）生成 AI と著作権法の現在地　　*85*

については，創作的寄与に肯定的に作用すると解される余地を認めている。しかしながら，仮に，生成 AI に対する指示が微にわたり細にわたる詳細な指示となっていたとしても，それを受けて出力された（生成物における）表現（とりわけ特徴的な部分）が生成される過程自体に対して何らかの固有の（因果的な，といえるかもしれない）影響を及ぼしていることについて肯定的な評価ができない限り，創作的寄与を肯定することには慎重であるべきといえ，（それに連動して，）入力を行った自然人による創作的寄与性についても慎重な評価をせざるを得ないように考えられる。また，以下の第三，第四の検討でも触れるように生成 AI における処理過程を踏まえて考えると，指示入力自体に単に創作的表現が存することをもって生成物に対する創作的寄与があることを直ちに肯定して創作性評価に直結できるものと解することができるとは必ずしも断じ得ないと考えられる[31]。[32]

　関連して，指示入力と試行を組み合わせて繰り返す場合について創作性（著作物性）が認められる余地についても同ペーパーでは挙げているところであるが，これについても単に単純な指示入力と修正試行の反復回数の量だけで判断するのでは，単なる労力の集積をもって創作性を肯定することに繋がりかねないものと考えられる。したがって，指示入力と反復試行という一連のアクションについての量的多寡ではなく，生成過程に対して一定の特有の影響をもたらすことによって[33]，出力たる生成物の表現にそれが反映されていること（あるいは，実務的には，そのようなものを裏付けるものが存することについての適示・立証がなされていることになるのかもしれない）をもって，創作的寄与を積極的に肯定する方向へ作用するものと評価する必要があるのではないかと考える。

　第三に，「選択の幅」からの創作性評価の観点が挙げられる。創作性概念について「表現の選択の幅」と捉える学説上の立場については[34]，著作物としての表現の多様性と自然人による創作過程における不確定性いわば自然人の創作力の振れ幅，の両者をうまく関連付けた考え方といえるのであって，これを前提として創作性要件を捉えた場合，どのような評価ができるのかという点について検討する。この場合も，現状で多く用いられている生成 AI を利用する際に自然人がもっぱら選択しているのは，入力時点でのプロンプトの記述や選択等による指示入力といった簡潔な内容を中心としたものが多いと考えられる。そして，このような自然人による指示入力を基点として生成 AI の処理過程における「表現」生成に際して生じる選択の幅と[35]，入力者たる自然人自身が行っている指示入力における選択の幅との関連性は必ずしも直接的な対応関係にあるものではなく，むしろかなり離隔しているものであるように考えられる。生成 AI における処理過程とは，先に概観したように入力に対する最適化と推論という，大局的に見れば，あ

る意味で「確立」した方針の下でなされているという理解を基にするのであれば，生成AIの処理過程における「表現の選択の幅」自体は，入力を行う自然人の指示入力が行われる際に存在している選択の幅と比べれば相当に限定されているとも評価しうるのではないだろうか。そうすると，自然人による入力段階としては一見すると選択の幅が相応にあるようにみえるとしても，生成AIによる処理過程を介する限り，出力たる生成物が作り出される段階で与えられる選択の幅とはむしろ限定的なものであると評価されざるを得ないように考えられ，創作性要件を充足するものと評価しうる場合は限られてくるようにも考えられる。

　第四に，生成AIにおける処理過程に着目した現象論を中心とした評価の観点が挙げられる。これは既に概観・検討したように，生成AIの実装形態（ハードウエアとソフトウエアによる情報処理）を自然人（の脳）による「創作」行為を比較した際に，現象論の観点から両者を同質の行為と評価することは困難であるという特徴をあらためて指摘するものである。既に確認したように，生成AIにおける生成過程自体については，大局的には確立した処理方針の下での推論過程により粛々と「自動的に」生成処理が行われている過程であるとも理解できる反面，その処理方針の下にある個別的かつ詳細な処理内容自体については，生成AIに対して指示入力を行う単なるユーザとしては積極的に認識する余地が与えられていることはおそらくほとんどないものと考えられ，指示入力に際してそのような詳細な処理内容を知る必要性も逆にほとんどないものと考えられる。さらに，学習モデルを用いた推論における挙動をコントロールすることに至っては，開発やチューニングを行う立場でさえも任意にコントロールしうるものではないと考えられる。

　この点に関連して，AI生成物についても，写真著作物を作り出す場面との比較から，自然人がコントロールしえないからといって創作性を否定し得ないのではないのかということを示唆する立場もみられる。すなわち，自然人がコントロールを完全にできずに偶然性を利用する場合であっても，得られた表現における創作性を肯定できる余地は存在しうるのではないかという議論である。確かに，偶然性の利用やコントロールし得ない要素を用いて表現を作出するという一事をもって，その表現における創作性充足を直ちに否定するという解釈をすることはできないであろう。しかし，一般論として偶然性に左右される度合いが大きい場合に創作性充足について消極的な立場も学説上みられるように，私見としても，基本的には表現を作出する過程において，その表現作出に関わる自然人がコントロールし得ない偶然性に左右される要素が増加してゆくことは創作性要件の充足性を減じる方向へ影響しうるように考える。例えば，ある表現が作出される

過程におけるほとんどの部分が偶然性に委ねられている場合があるとすれば，自然人が（コントロール可能な形で）当該表現の「創作」に際して関与しうる要素とは，結局のところ，何らかの表現を作出しようとする創作意図のみに近接してゆくように理解できるのであって，表現を作出することに係る創作的寄与（に相当する部分）はほぼ消失してしまうように捉えられる。このような状況下では，得られた表現について創作性が充たされているものと評価することは困難であるように解される[42]。

　もっとも，偶然性を利用するような状況であっても，写真著作物を作り出すような場合については，偶然性を利用しようとする段階に至る前までの「状況」自体の事前の設定，具体的には，カメラを置く場所の選定やレンズの配置等々といった事項について自然人による選択がなされていることを前提としている場合がほとんどであるものと考えられることから，そのような「大きな状況設定」がなされていることをもって創作意図のみならず創作的寄与が既にある程度なされているものと捉えられ，偶然性に左右される過程が部分的に存在しているとしても，表現の作出過程全体からみれば自然人による創作性要件を充足すると評価しうる場合も少なくないのではないかと考えられる[43]。

　生成 AI を用いた生成物の場合についても，上記のような意味での「大きな状況設定」[44]に相当する部分について，自然人によってなされるものと評価しうる場合は生じるものと解され，そのように評価できるのであれば，生成 AI による処理過程自体について自然人による直接的なコントロールがなされないことを前提としても，入力者たる自然人による創作的寄与も相応にあるものと評価できる余地は生じるのであって，結果的には創作性を肯定できる場合もありうると考えられる。そこで問題となるのは，生成 AI を用いる場合に，上記のような「大きな状況設定」とは具体的にはいかなる内容であると理解すべきなのかということになるであろう。

　第五に，インセンティブ論を前提とした正当化根拠の観点が挙げられる。これまでの検討の帰結として，AI 生成物について著作物性を肯定しにくいものは少なくないと解されるとしても，インセンティブ論を中心とした法政策の観点から AI 生成物に対して著作権法の下での保護をより積極的に認めるべき根拠が特段見いだせるか否かという方向からの検討も要するということである。

　仮にも，立法論による可能性も含めて，AI 生成物に対して著作権法による保護を積極的に付与しようとする考え方を前提とした場合，AI 生成物を作り出そうとするインセンティブ付与を自然人に対してもたらす可能性が高くなることは当然想定できる反面，AI 生成物に対して特定の者による長期間に及ぶ排他的利用を法的にも認めることを同時に意味するのであって，新たな社会的コストが少なからず発生することについて併せ

て認識する必要があろう。[45]このため，インセンティブ付与とコスト発生という両者のバランスについても慎重に考慮することが必要となってくる。また，この場合，何者に対して著作権を付与するのかという権利主体の捉え方によっても変化しうることにも注意を要する。例えば，指示入力を行う者を安易に著作者と評価するのであれば，AI生成物のための指示入力のインセンティブ付与をもって文化の発展に寄与することについての合理性な裏付けを殊更に見出すことができるのかという点で大いに疑問が生じるところであるし，生成AIシステムや学習モデルの開発者あるいはそれに関連する行為者をもって著作者と評価するのであれば，新たな生成AI構築へ向けたインセンティブ付与となることは予測できるとしても，AI開発者による独占的な事業環境の獲得を後押ししうることにもなって社会的にはむしろ多大なコストを新たに課する結果を招来することが大いに懸念される。

　このような点から，私見としては，生成AIを活用した新たな創作活動自体を活性化する意義自体は認識できるとしても，AI生成物に対して，これまで検討した解釈論の下で肯定しうる水準以上に著作物性を緩和的に解することについて積極的な根拠を見いだせないものと考える。AI生成物について著作権法の下で保護対象とならないと解されるものが少なからず存在する結果となること自体は，多様なAI生成物が社会において自由に利用可能となる（パブリックドメインに置かれる）ことを意味するのであって，むしろ，その意義の方こそが大きいものといえるのではないだろうか。

　他方で，著作物利用やライセンス許諾をビジネスモデルの基盤としている産業分野等の市場では，自然人による著作物とAI生成物が「競合」関係を生じることによって，既存の著作物に係る権利者の利益状態に大きな（おそらくは負の方向での）変化をもたらすことは容易に認識できるし，生成AIと著作権法について現状で生じている法的紛争・議論はこの点を淵源とするものが少なからずあるものと推察される。しかしながら，このような現象自体は，AI生成物の著作物性に関する評価の帰趨によって左右されるものではなく，著作物性の評価水準をもって，法政策上の調整弁として用いることで，このような現象に対する解決策として活用できる余地はあまりないようにも考える。[46]

　以上の各観点からの検討を根拠として，AI生成物における「表現」とは，自然人が一般的に具えている知覚作用によれば，「著作物」として法的には評価される表現と遜色ない程度の表現となることは非常に多いとしても，少なくとも定型的なプロンプトや所定の画像選択といった指示入力によって生成されるような態様を前提とする限り，創作性要件の充足の観点から著作物性を肯定することは困難（≒著作物としての保護を認めることは困難）と評価されるべきものが少なくないものと考えられる。

（シンポジウム）生成AIと著作権法の現在地　　89

とはいえ，これまでも検討したように，AI 生成物の「表現」について，生成 AI の処理過程に対する入力に係る行為を行った自然人による「創作的表現」として評価される余地が類型的に全否定されるべきということではなく，一定の場合には肯定できる場合があるといえる。すなわち，以前からあったコンピュータ創作物に係る議論と同質の問題に近いものと考えられ，自然人があくまでも「道具」として生成 AI を自らの思想・感情を表現する手段として活用して，創作したと評価できる程度に生成 AI における処理過程に対して自然人が「（積極的に）関与しているのか否か」という問題として捉えることもできるであろう。そして，このような「生成 AI における処理過程に対する自然人による関与」について，より具体的に，どのような要素についてどの程度であることをもって創作的寄与として肯定的に評価することができるのか，という問題を明確にする作業が今後の解釈論における当面の課題となってくるものと考えられるであろう。[48]

　従前のコンピュータ創作物における議論の場合，シンセサイザーやコンピュータ等々の「道具」を用いた表現を作り出すに際して，その「道具」をどのように用いることによって何らかの表現を作出しようとするのかという「大きな状況」自体について自然人が予め「設定」したうえで，その後は部分的に偶然性を活用することも含めて表現が作出されるような場合が想定できるのであって，このような場合は，自然人が「道具」を用いて表現の創作行為を行っているものに近似するものとして評価され，当該自然人による「創作的寄与」も存在しているものと捉えることに合理性がみいだせよう。したがってこのような状況下では，創作性要件の充足について肯定的評価をなしうる場合もあるものと考えられる。

　例えば，自然人による指示入力の段階で，当該自然人がツールとして用いようとしている生成 AI の処理過程における挙動についてある程度認識・把握し[49]，それを踏まえた上での指示入力内容の作成や試行の繰り返しによって得られた（当該自然人の）知見の指示入力へのフィードバックといったものがなされており，それらの一連のアクションが（AI による推論過程に何らかの影響をもたらして）出力としての生成物にある程度反映されることを推察できるものとして評価できるということであれば，出力たる生成物の生成処理過程に対する固有の影響の程度を相応に肯定することができるのであって，先のシンセサイザーやコンピュータ等々の「道具」を用いた著作物の創作過程における相応の創作的寄与がなされているものに相当すると評価しうる余地は生じるものと考えられる。そして，このような場合には創作性要件を充足しうるものと評価できる場合が生じてくるものと考えられる。

他方で，生成 AI の場合，自ら生成 AI モデルを構築したうえで自ら入力を行っているといった限られた状況を除いて，生成 AI に対して何らかの指示入力をすること以外に，自然人たる入力者として先に述べたような「大きな状況設定」に相当する行為を行う必要が生じることは，近時の生成 AI におけるサービスを踏まえる限り，むしろ多くはなく，指示入力を受けて生成 AI を構成するモデルの下での推論は一方的に処理されて出力がなされることがむしろ多いとさえいえるであろう。このような関与の程度にとどまる限りは，表現の作出過程における自然人の創作的寄与は一般的には極めて低いものと解さざるを得ない場合が多いものと考えられる。

　このようなことから，私見としては，上記の「生成 AI における処理過程に対する関与」については，生成 AI を構成するモデルに対する入力に係る一連の行為が（出力たる）生成物における表現を生成する処理過程に対して及ぼしている影響度のような概念をもって測定・評価せざるを得ないのではないかと考える。[50] もちろん，生成 AI の処理過程は基本的に未だブラックボックスであって，推論過程の詳細な流れを自然人が完全に把握することはできない以上，上記のような影響度をどのように把握するのかということは，今後さらに探求されるべき大きな課題といえる。さらに，そのような影響自体が，入力を行った自然人自体の創作的な精神活動に基因してもたらされたものとは必ずしも評価できないという可能性も生じるであろうし，現象論として把握される影響度と法的評価としての創作的寄与を直接的に関連付ける必然性があるとも言い切れないであろう。さしあたり，上記の具体例のように，少なくとも，用いられている生成 AI に対する様々な指示入力に対する出力の内容との対応関係を中心にして，当該生成 AI における一般的な挙動について，指示入力する自然人がある程度認識・把握していること，当該自然人における上記の理解状況を基に出力たる生成物の表現をある程度念頭においた指示入力がなされてきたのか（生成 AI による推論の特徴について逆に自然人がどの程度「推論」した上で指示入力や試行を行っているのかという言い方もできるかもしれない），といった要素を基にして，個別の指示入力行為の有する内容について評価した上で創作的寄与を判断せざるを得ないように考えられる。このため，生成 AI による生成物についての創作性要件のハードル自体としては，おそらくこれまでのコンピュータ創作物における創作性要件の評価と比べると，一見するとかなり高い水準であるような外観をとらざるを得ないことになるのかもしれないが，生成 AI における生成処理過程の特徴と創作性要件の果たすべき本来的な役割機能からすれば，やむを得ないものであるようにも考えられる。

　次に後半段階については，AI 生成物に対する修正や選択等の自然人による過程によ

って得られた表現の著作物性評価が問題となる。前半問題についての検討結果として，AI 生成物自体について著作物性を肯定しうる場合は一般的には多くないものと考えられるところであるが，出力として得られた AI 生成物に対して，複数の生成物からの選択や修正といった行為がさらに自然人によって添加されることによって作出された表現については，創作性要件を充足するものとして著作物性を肯定しうることは一般論としては否定できないものと考えられる。AI 生成物たる表現に対する直接的な表現形式の改変や加工といった場合は一般的な著作物の創作あるいは翻案と同質な行為と評価しうるであろうし，複数の AI 生成物からの選択や構成といった場合は，編集著作物の創作や改変に近いものとなることも想定できるであろう。そして，この点については，生成 AI 固有に生じうる問題ではなく，仮に AI 生成物自体についての著作物性が肯定されないような場合であっても，著作物性のない素材や要素を用いて自然人によって作り出された表現に対して著作物性を肯定しうるのか否かという問題と本質的に同一の問題であるものと考えられる[51]。このことから，AI 生成物としては著作物性が肯定されえないような表現であっても，その後に自然人が修正や添加，選択・組み合わせ等を行うことによって，実質的には，生成 AI 由来の著作物が極めて多く作り出されるような状況となることは否定できないであろう。

V　AI 生成物の「表現」の扱いと法的課題──概観

　以上の検討から，AI 生成物についての著作物性は全否定されるものではなく，さらに生成 AI からの出力された表現に対して自然人による選択・修正等を添加することで著作物性が肯定されうるものも存するといえるものの，AI 生成物自体としてみれば，著作物性を肯定しうるものは，典型的には，指示入力を行う自然人が生成 AI における処理過程に対して固有の影響を及ぼしているものと評価されるような場合に限られるのではないのかという見解を得るに至った[52]。

　このような理解を前提とするのであれば，見かけ上は自然人により創作された「著作物」に限りなく近似する表現であっても，法的には著作物として保護されないような表現が，生成 AI の利用・普及に伴って社会に氾濫してくることはおそらく避けられないのであって，「著作物」と「著作物でない AI 生成表現」がほとんどの自然人には識別困難な混在状態が一般的に生じることが予想される[53]。そして，このような状況は様々な形で新たな社会問題を生じさせる可能性がある[54]。具体的には，AI 生成物であって，なおかつ（これまで検討した評価の観点からは）著作物性をおよそ肯定し得ないものであるにもかかわらず，自然人によって創作された著作物であることを自称するものが多く

現れ，これらの表現について自らが著作者あるいは著作権者であるとして偽る者による
トロール的な権利行使がなされるといった社会的混乱を招来する可能性が高まることも
否定できないかもしれない。このような場合，仮に AI 生成物が見かけ上は著作物性を
否定し得ないような表現である場合には，権利行使の根拠となる権利がそもそも存在し
ないにもかかわらず，排他性が維持される可能性が高まることとなる。他方では，AI
生成物に対する著作物性評価に消極的な状況を前提とすれば，著作権法以外の何らかの
異なる手段によって，生成 AI を用いた新たな創作活動を進めることに対するインセン
ティブ付与を行う必要性も認識できるかもしれない。このような課題への対応策として
は，現行法の解釈論でカバーしうる領域を越えており，いずれも立法論を前提とせざる
を得ないものとも考えられるが，様々なものが提案されている。

　AI 生成物に対して，僭称コンテンツ問題と捉えられる課題を念頭において，著作権
法の下での保護を積極的に与えつつ，既存の著作権法にアレンジを加えた権利構成とし
て工夫をする考え方によれば[55]，AI 生成物に対する法的保護を付与することで僭称する
ことのインセンティブを減退させ，生成 AI を用いた「創作」へのインセンティブ付与
も併せて期待できることを示唆する。これに対して，そもそも著作物性を充足し得ない
対象に排他権を付与すること自体に違和感を拭えないという趣旨の学説上の指摘がみら
れる[56]。私見としても，仮に AI 生成物に積極的に法的保護を付与することを肯定的に捉
えるのであれば，むしろ自然人の創作たる著作物とは別途の権利構成とした異なる法制
度の可能性を探求する考え方が望ましいようにも考える。

　また，僭称コンテンツ問題に対する対応策としては，著作権法 121 条及びその拡大に
よる対応も学説上指摘されている[57]。現行法 121 条では，著作物であることを前提として
その著作者名を偽る行為に対する法規制を設けており，AI 生成物についてこのような
形（あるいはそれに近い形）での法規制の意義については見いだせるものと考える。た
だし，本稿における検討結果のように，AI 生成物について著作物性を充足しないもの
が少なくないと解されることを前提に解するのであれば，著作物性が肯定される表現が
存在していることを所与として「著作者であることを偽る」という状況よりも，「著作
物であることを偽る」行為を規制することの必要性の方がむしろ高いようにも考えられ
る。このため，特許法 188 条の虚偽表示規制に近い趣旨のもの[58]，あるいは不正競争防止
法の下での品質誤認表示規制のような規制を行うことの意義も認識できる[59]。もっとも，
登録主義を基礎としている特許法と異なって，著作権法では無方式主義を前提としてい
る以上，著作物であることの虚偽表示を法規制することが正当化されるためには，権利
行使段階で当該表現について著作物性が充足されているのか否かについての合理的認識

（シンポジウム）生成 AI と著作権法の現在地　　*93*

を権利者とされる者が有しているべきことについて当然の前提とされない限りは，著作物であることを「偽る」行為について，上記のような積極的な法的規制を課することについての合理的根拠を担保し得るのかという疑問が生じるところである。このため，このような法規制を立法論として取り入れることは現実的には困難である可能性も高いかもしれない[60]。いずれにせよ，現行規定を基礎とした立法論として，さらに理論的な検討が必要となるものといえる。

その他の対応策としては，立証の厳格化による対応も挙げられている。すなわち，自然人の創作的寄与による表現であることにつき立証の厳格化を行うことで，僭称者による権利行使を抑制するという考え方である[61]。確かに著作権を行使するレベルでの対応としては立証負担を調整することはあり得るかもしれないが，今後，生成 AI の利用・普及が拡大するに伴って，部分的に生成 AI を取り入れて創作活動が行われるような局面については，逆に AI 生成物でないことについての立証負担が過度の負担になってくる場合は生じないのか，ということが懸念されるところである。例えば，純粋に自然人による創作がなされる場合，あるいは部分的に生成 AI を利用して自然人による創作のサポートとするような場合については，創作過程のログ記録保存のようなものを常に行っておいて，生成 AI を全く利用していないこと，あるいは，部分的に生成 AI を用いているような場合であっても自然人による創作的寄与が十分にあることを立証しうるような準備を事前に整えておくことが必要となるとすれば，却って伝統的な創作過程を中心に表現創作を行う者にとっての負担が大きくなることは否めないであろう[62]。

より大局的に現状及び今後の状況を捉えるのであれば，AI 生成物の「表現」について，見かけ上は「著作物」と峻別できない以上，「著作物」であるかのような振る舞いがなされることに対して法制度の下での規制を行うことには限界が生じるように考えられる。

幸いにも，AI 生成物は必然的にコンピュータを用いた生成に由来せざるを得ないことから，自然人による創作物であるのか，生成 AI が関わっているのかという事項について技術的手段をもって峻別する手法を活用することには極めて大きな期待ができるであろう。このため，生成段階から技術的な手段によって対応することも大きく期待される。既に現状でも技術的な認識手法の活用が進められており，例えば，AI 生成コンテンツへの電子透かしの導入やデジタルコンテンツへのメタデータ埋め込みによる真正性[63]確保（C2PA（Coalition for Content Provenance and Authenticity））も取り入れられており[64]，後者については生成 AI に係る主要な事業者，技術導入への機運がみられる。さらに，このような技術的手段を業界標準のような形で導入することに留まらず，これ

らの技術的手段を踏まえて，法制度としても一定の技術的手段の回避行為等に対する法規制を設けることで，技術的手段の利用について法的にサポートあるいはオーソライズするような態様をとる対応策も考えられるであろう。もっとも，いかなる技術的手段を用いることによって自然人の創作的寄与が希薄な AI 生成物とそうでないものを峻別するのかということを念頭において，回避行為等のどのような行為に対して法的規制をかけるのかといった点を明確にする必要が生じるとともに，今日における生成 AI の利用は一国内で到底完結するものではないことから，国際的に統一性のある法規制の枠組みとすることが，その実効性を確保する上では不可欠であるものと考えられる。

　さらに，異なる視点からの対応可能性としては，包括的な AI 法規制[65]の一環として，生成 AI モデルのプラットフォーム事業者に対して一定のコントロールを行う仕組みを取り入れることも挙げられるであろう。例えば，生成プロセスにおけるコントロール，生成物へのメタデータ埋込みによる来歴確認の確保等の履行されるべき施策を明確化して，生成 AI モデルのプラットフォーム提供事業者によるサービス提供に際して一定のコントロールの履行を確保させることが考えられる。少なくとも現状では，大規模な生成 AI モデルを構築・提供しうる事業者のプレーヤー数が比較的限定された状況にあることから，このような仕組みによる有効性は高いものが期待できるかもしれない。ただ，大規模な生成 AI モデルに接続して活用することを前提とした応用的なアプリケーションによるサービス提供者が急激に増大する状況が既に生じつつあるといえるのであって，このような形での法規制を進めるには適用の対象範囲を画定することが不可欠となるであろう。このような法規制についても，一国内や地域的な経済圏内で完結するに留まるような仕組みである限り，その実効性も十分に発揮されないものとなることが懸念されることから，国際的な統一性がある程度確保された法規制の枠組みとすることが必須となるであろう。

VI 展　　望

　以上，AI 生成物の「表現」について，著作権法の下での「著作物」と評価しうるのかという著作物性の問題について，現状の生成 AI の挙動を踏まえた現行法の解釈論を中心として検討を行ってきた。この問題については，各国でも実務的・理論的に課題[66]として認識されており，生成 AI と従前の著作権法における概念の不整合性の指摘[67]もされているところであるが，私見としては，自然人による創作だけを前提として設計されている著作権法の世界に生成 AI をそのまま包含させようとするのであれば，不整合が生じること自体はむしろやむを得ないようにも考えられ，既存の著作権法の下での概念の

うち，具体的にどのような概念について，既存の解釈論による「適応」をもって足りるのか，既存の解釈論を超えた理論的な「進化」が必要であるのかという見極めを慎重かつ的確に行うことこそが重要であると考える[68]。

そして，そのような見極めに際して，もっとも基本となる課題とは，（従前の著作権法が当然の前提としていた）自然人の脳を中心とした精神的な活動による生成物に対して，AI による生成物の法的取扱いをいかにして截然と分けることができるのか，という点にあって[69]，その分水嶺となる概念とは，やはり「創作」概念にあるといえよう。生成 AI の普及・展開に伴う著作権法における「創作」概念の意義と変容可能性[70]を深く探求する必要性が高まっていると考えられる。

現状の生成 AI の水準下では，その「使い方」，具体的には指示入力を中心に着目することで，何とか既存の判断枠組みの下での「創作的寄与」に相当する要素を見出すことは可能といえる状況であるのかもしれないが，今後の生成 AI における発展の方向性からすれば，自然人の「創作的寄与」と評価しうる要素との接点は益々曖昧になって捉えにくく，さらに，少なくなってゆくことすら予想されるのであって，そのような状況に至って，もはや既存の著作権法の下で著作物性を評価しうることは完全に困難となってしまうのかもしれない。

そこで，解釈論を越えた立法論レベルでの議論となると，端的には，「創作」概念について，従前の著作権法が所与としてきたように，あくまで原則「自然人」によってなされるものに留めるべきであるのか，あるいは，例えば「生成 AI 等によって知覚・認知能力について empower された自然人[71]」によってなされるものまで積極的に拡大して捉える方向性を採るべきか，という切り口から課題を考えることも挙げられるであろう。近時の脳科学・神経科学で注目されている理論[72]によれば，自然人による多種多様な知覚―行動についても，その基本原理とは，一定の「法則性」に沿っているものと統一的に理解できるとする考え方もみられるのであって，推論という点でみれば，実は自然人の学習や行動自体も，現状の AI の基礎となるメカニズムとかなり近接しているものと理解する考え方も成り立ちうるのかもしれない[73]。そうすると，自然人による「創作」という概念自体が，生成 AI のような自然人以外の情報処理の機構によって実現される過程と完全に異質なものであるとして峻別するという理解だけが圧倒的な合理性を有するものと捉えることが妥当であるのか，ということも視野に入れた探求もさらに必要となってくるものと考えられるのである。

　1）　本稿は，2024 年 6 月 8 日に行われた著作権法学会シンポジウム「生成 AI と著作権法の現在

地」における筆者報告及びその後のパネルディスカッション，質疑応答を基にしている。当日の報告者，参加者による多大なご教示・ご示唆に深謝申し上げる。本稿で，その内容理解に係る齟齬があるとすれば筆者の責に帰すものである。

2) いわゆる人工知能については，それを実現する技術は多様であって，研究の歴史も古く，何度も隆盛と衰退を繰り返した状況にある。近時，注目を受けることになったニューラルネットワークをベースとした深層学習（deep learning）についても，各構成要素についての考え方自体は，以前から研究が蓄積されてきたものであるが，深層学習に不可欠な膨大なデータの入手可能性がインターネットの発展普及によって初めて現実になったこと，膨大な演算量を実現可能な時間で処理能とするに必要な計算機のパフォーマンスの向上したことがその発展に極めて大きな寄与をしていることになる。

3) 当初は生成系 AI という用語も多くみられ，AI の役割機能を分類する語法としては妥当であるようにも思われるが，昨今では，生成 AI の語が一般的に用いられる状況に概ね収束してきたと捉えることができるため，本稿でもこの語を用いる。

4) AI による生成物を巡る議論では，その操作主体・指示者という位置付けにある存在として，人，人間，自然人といった様々な言葉が用いられているところであり，その意味するところは，いずれも現在の人間社会を構成する主体と理解される生物学上の人間であることに相違はないものと理解される。本稿では法的な権利義務主体たる自然人という語を統一的に用いることとする。

5) すでに広く利用されている生成 AI モデル及び，それを基にしたサービスの例として，画像生成系では Midjourney，Stable Diffusion，DallE3 等，文書テキスト等の生成系では，大規模言語モデル GPT をベースとした ChatGPT（OpenAI），大規模言語モデル Gemini をベースとした Bard（現在では Google Gemini に統一），大規模言語モデル GPT をベースとした Microsoft Copilot，音楽生成系では Jukebox，MuccLM 等，動画生成系では，Sora といったものがみられる。

6) 近時の生成 AI による出力とは，事前学習によって構築されたモデルを前提として，入力に対する最適化された推論結果としての出力たる生成物であることを基本として，生成物の表現形式についての質が著しく向上し，平均的な人間の知覚・認知能力の下では，自然人によって創作された著作物の呈する表現と遜色ないものとして認識され，あるいは区別することが困難な場合が多くなっていることは明らかである。

とはいえ，元来，それは，（自然人による）一定の指示に基因した情報処理の結果として生成されたデータであることには違いないのであって，他方，知覚・認知する側の人間（自然人）の能力の限界として「自然人によって作出される（伝統的な）著作物」と峻別ができなくなってきたという現象が生じていることが，このような一連の議論のキホンであり出発点であることをあらためて踏まえておくことが重要であると考えられる。換言すれば，その検討に際しては，生成 AI から出力されたデータを自然人が「表現」であるかのように認識しているに過ぎないのであって，生成 AI が当初から何らかの表現を生成しているかのようなバイアスに陥らないように注意する必要がある。

7) なお，筆者は本稿より先，この問題について概観的な検討（平嶋竜太・Generative AI による生成物をめぐる知的財産法の課題・知的財産紛争の最前線 9 巻（別冊 L & T）61-75 頁）を行っており，結論としては，本稿でもほぼ同じ方向性の見解に至ったものといえるが，本稿では，著作物性の検討，とりわけ創作性要件についての分析検討を中心において，より詳細な検討考察を行うものである。

8) このような捉え方は，あくまでも当該技術分野を専門としない筆者が関連文献を基に理解した限りでの内容をまとめたものに過ぎず，加えて，簡潔のため，関数におけるパラメータ，損

失関数等の概念を大幅に省略した上で，極力単純化させた記述としていることに留意されたい。

9) 岡野原大輔・ディープラーニングを支える技術 2・85 頁

10) アーキテクチャの代表例としては，CNN（畳み込みニューラルネットワーク），RNN（リカレントニューラルネットワーク），Transformer 等があり，近時の生成 AI ではこれらによってもたらされた影響が大きい。とりわけ，トランスフォーマー（Transformer）については，機械学習・深層学習を処理・実現するアーキテクチャとして革新的な仕組み（2017 年・Google）であるとされ，生成物の質的な観点で飛躍的な上昇をもたらしたとされている。ニューラルネットワークの下では，事前学習された深層生成モデル内に過去の学習によって蓄積された情報が残存（「記憶」）されていくことから，汎用性が高くなっており，特定のタスクに係る入力に対応して推論された出力が得られる。もっとも，必ずしも『モデル』自体が各入力のたび大きく変容して出力がされるわけではなく，その内容自体が大きくアップデートされないことに伴って生じる現象（hallucination 等）も生じうるが，これについては LLM への入力段階で，補足的な情報を併せて入力する技術手法（例えば，RAG や追加学習等）を併せて用いることによって解消することが期されている。

11) 観測データ→ノイズを添加→完全なノイズのみの状態（拡散過程）及び観測データ←ノイズを除去←完全なノイズのみの状態（逆拡散過程）という一連の過程を学習することにより，少しずつ加えられた（除去された）ノイズそのものを予測し，完全なノイズから膨大な数のステップを踏んで徐々に除いていくことで元の観測データに至るまでの確率分布を学習させることによって，新たなデータを推論・生成するモデルを構築するものといえる。（岡野原・前掲注 9）139 頁も参照。）

12) 著作権審議会第 2 小委員会（コンピューター関係）報告書（昭和 48 年）

13) 著作権審議会第 9 小委員会（コンピュータ創作物関係）報告書（平成 5 年）

14) 知的財産戦略本部検証・評価・企画委員会「新たな情報財検討委員会報告書―データ・人工知能（AI）の利活用促進による産業競争力強化の基盤となる知財システムの構築に向けて―」（平成 29 年 3 月）36 頁

15) 文化審議会著作権分科会法制度小委員会「AI と著作権に関する考え方について」（令和 6 年 3 月 15 日）

16) 上野達弘・人工知能と機械学習をめぐる著作権法上の課題・別冊 L & T 3 号 58 頁以下，等。

17) 愛知靖之・AI 生成物・機械学習と著作権法・パテント 73 巻 8 号 131 頁以下，等多数。

18) 前田健・AI 生成物の著作物性・「AI と著作権」150 頁以下

19) 前田・前掲注 18）162–170 頁ほか，多くの学説も基本的にはこのような方向性の理解をしているものと考えられる。

20) アメリカではサルの自撮り写真について，自然人以外の存在が著作者となりうるのかという点に関連して訴訟上の当事者適格（Standing）を否定した判断が話題となった。（NARUTO v. Slater, 888 F.3d 418 (9th Cir. 2018)）

21) ニューラルネットワーク自体が，人間の脳を中心とした神経系を構成しているニューロン（細胞体，樹状突起，軸索，終末ボタンから成る）の情報伝達における特徴を模しているものである。

22) では，ここでいう「合理性」とは，一体いかなる理（ことわり）を基準として合理となるのか？という問いもさらに生じるかもしれないが，おそらく著作権法という法によって実現される著作権制度とは自然人たる人間の創作活動（もちろん人間による人工物利用も含めた創作活動）だけを対象として一定の法政策目的を実現すべく構築された制度上の仕組みという理解を基とするということになろう。その意味では，トートロジーの感は拭えないという批判も逃れられないのかもしれない。

23) 他方では，法律そのものの考え方を変えるべきかどうか？という立法論の問題としては，例えば，「思想又は感情等の」といった構成のように，それが妥当であるか否かの問題は別としても，ありうることも否定できない。

24) これらの検討は，コンピュータ創作物を巡る既往の考え方を生成 AI における処理過程に適用することに焦点を当てた評価である。異なった観点からの著作物性評価の手法もあり得るであろう。

25) ただし，自然人には画像や文章等として認識できるような表現態様を備えている情報となる。

26) 加戸守行・著作権法逐条解説（7訂新版）23頁は，人間がクリエートしていることを要するとしている。他方で，創作概念については，自然人に限定する必然性がないとする見解として，上野達弘・奥邨弘司・金子敏哉・齋藤浩貴「大激論！AI と著作権法」・年報知的財産法2024-2025・64頁（齋藤浩貴発言）。

27) そもそも，生成 AI の処理過程自体に「個性」が存するのかという問題も認識できるところであるが，この点は，「思想・感情」についての検討からも否定的結論となると考えられるため，敢えて検討の俎上に置かないこととする。もし検討を行うとするのであれば，そもそも「個性」とは何かという問いについてもある程度，踏み込まざるを得ないであろう。

28) 異なる言い回しをするのであれば，創作的寄与が入り込む余地があまりない場合が多いのではないのかともいえよう。このことは逆に，生成 AI についての指示入力による「介在度」の相対的増加をもって，生成過程における処理に全面的に委ねられる部分が少なくなるのであれば，逆に「創作的寄与」が肯定されるものも生じる可能性も否定できないことは注意すべきであろう。

29) 筆者が，この問題について先に検討した平嶋・前掲注7）では，創作性を充足する AI 生成物の存在については，かなり消極的な姿勢とも読みとれる記述をしているが，もちろん全否定されるという趣旨ではない。創作的寄与を肯定することに躊躇がないと考えられる典型例として，入力者自らが独自に記述した文章や描いたイラストを入力内容として準備した上で，それに対する更なる加工・処理を行うことを生成 AI に対して指示入力することによって新たな生成物を得ようとするような場合には，出力に対する入力者の創作的寄与は肯定される方向へ解されるべきものであろう。しかし，このような状況とは，そもそも指示入力段階で入力者による著作物を基に生成 AI を介して手を加えているに過ぎないとみることもできるのであって，AI 生成物を巡る検討例として適示すること自体の意味が希薄な事例であるように考えられる。（別の見方をすれば，例えば，単に自らの著作物を音声入力等の従前の情報処理ツールを用いて加工処理をしていることと本質的に何も変わらないと捉えることもできるかもしれない。）

30) この意味について，まさに前掲注29）で例示したような状況を念頭に置いていると理解するのであれば，同ペーパーの趣旨の妥当性は首肯できる。他方で，本文でも述べるように，単に細かな処理手順の羅列を微にわたり細にわたり詳細に行っているようなプロンプトであったとしても，それが生成物に対する創作的寄与には資するものと直ちに評価することは困難であろう。

31) この場合は，入力者とは異なる者による創作的表現が指示入力に含まれる場合も含めて意味する。

32) AI 生成物の著作物性について，本稿の校正期間中である 2025年1月29日にアメリカ著作権局から新たな報告書（U.S. Copyright Office, Report on Copyright and Artificial Intelligence Part2: Copyrightability, https://www.copyright.gov/ai/Copyright-and-Artificial-Intelligence-Part-2-Copyrightability-Report.pdf（Jan.29,2025））が公表された。同報告書の内容についての詳細な検討考察は別の機会に行わざるを得ないが，本稿で検討対象とした事

項そのものに関わる文献であるため，極めて簡潔に，その特徴を幾つか列挙すると，大局的な方向性としては，プロンプトだけをもって AI システムの利用者を著作者とするに足りる程度の（表現創作についての，という意と解される）十分な自然人のコントロールがあるとはいえない（"prompts alone do not provide sufficient human control to make users of an AI system the authors of the output."）（同報告書，18 頁）としており，すなわち，プロンプトは利用者のコンセプトやアイデアを反映しうるとしても，そのアイデアが表現されるやり方をコントロールするものではない（In other words, prompts may reflect a user's mental conception or idea, but they do not control the way that idea is expressed.）（同報告書，19 頁）としている。また，本注を付した本文に該当する点に対応して，プロンプトの著作物性とアウトプットの著作物性の評価は別であるという見解を示している。（"At the outset, as several commenters noted, prompts themselves, if sufficiently creative, may be copyrightable. The copyright status of the output generated, however, is a separate question."（注記は省略））（同報告書，12-13 頁）

　他方で，AI 生成物における表現において，プロンプトをもって創作性を反映する表現上の要素を十分にコントロールするに足りるものとなりうる状況が将来的に生じる可能性についても肯定的な見解を採っているといえる。（"There may come a time when prompts can sufficiently control expressive elements in AI-generated outputs to reflect human authorship."）（同報告書，21 頁）そして，さらに技術的進歩が生じるに伴って，利用者のコントロールの程度は最小化しうることについても指摘する。（"if generative AI systems integrate or further improve automated prompt optimization, users' control may be diminished."）（同報告書，21-22 頁）

　同報告書における AI 生成物の著作物性についての捉え方は，ケースバイケースで判断するという点では，日本の法制小委ペーパーと同様の方向性を採るものといえるものの，AI 生成物についての著作物性の評価に際してプロンプトの内容を反映させる程度については温度差があるものと解されるところである。

33)　生成に用いられている AI における指示入力に対する一般的な（ordinary な）推論処理の流れの上で，ある程度顕著な影響を及ぼしうるような影響が生成過程に対してもたらされるものであるような場合を念頭においている。

34)　中山信弘・著作権法（第 4 版）73 頁

35)　このような選択については自然人ではなく，生成 AI における最適化・推論の処理過程でなされる選択といえる。

36)　生成 AI における「選択」とは，そもそも確率的に選び出された（一応の）最適解とも考えられる。

37)　いわゆるブラックボックスとして詳細な処理の流れとしては内部で何が起きているか判らないとされることが多いが，学習モデルを用いることによって大局的にはどのような処理をさせようとしているのか，ということ自体は極めて明確に規定されていると捉えることもできるのではないか。

38)　学習モデルの構築者や生成 AI システムのチューニングを行う者の場合には状況は異なるかもしれない。

39)　もちろん，生成 AI における生成処理過程の場合，自然人が自由にコントロールできない確率過程を伴って，関数モデルの下での入力に対する最適化による推論がなされていることから，完全にランダムな状態，あるいは偶然性に完全に支配された状況の下で生成処理が行われているものではないという点は注意すべきである。自然人による細かいコントロールをなしえないということと全くランダムに処理されるということは異なる意味として明確に峻別してお

く必要がある。

40) 山神清和・AI生成物の創作性——写真の著作物と比較して——・SOFTIC Law Review 1巻1号3頁以下

41) 田村善之・著作権法概説（第2版）398-399頁

42) 例えば，ある画家が絵を描くつもりで絵具を準備していたところ，偶然にも，絵具の缶をひっくり返してしまって床に拡がった絵具のシミという表現は著作物となるであろうか。画家の思考の中には絵を描こうという漠たる創作意図はその際に存在していたのかもしれないが，絵具の缶をひっくり返したという事象，絵具の拡がり方という事象等々はあくまで偶発的事象であって，創作的寄与とは評価し得ないように考えられることから，理論上は絵具のシミについて著作物性は肯定しにくいのではないだろうか。もっとも，現実には，そのような行為を行った者，上記の例でいう画家が，（偶然に缶をひっくり返したのではなく）絵具の缶をこぼすという手段によって，そのような表現を作出しようとしたのであると主張する限りは，本文でいう「大きな状況設定」がなされていたことを立証の上では否定し得ないものとなって，著作物性を否定することは困難となってしまうのかもしれない。

43) 写真著作物における創作性の評価を巡っては，被写体への工夫を考慮するか否かを巡る議論を契機とした検討において，写真を総合的表現として捉え，様々な要素を総合的に評価することの意義を提示するものが学説上みられる（酒井麻千子・写真の技術的特性に対する意識——被写体の決定と創作性判断をめぐる議論・田村善之，山根崇邦編著，知財のフロンティア第1巻263-283頁，特に281-282頁）。このような考え方は合理的なものであると考えられ，本稿でいう「大きな状況設定」という概念も，生成AIに対する指示入力のみならず，指示入力を行う自然人が用いようとしている生成AIの一般的な挙動に対する大まかな理解把握をしていること，といった，表現作出に影響しうる多様な要素で構成される総合的な状況を設定することを意味するものとして用いている。

44) 学習モデルの構築や入力指示が，その「大きな状況設定」あるいは「大枠」というものに当たるといえるのではないのかという議論も考えられなくはないかもしれない。しかしながら，現状の生成AIを一般的に利用する多くの場合には断片的な指示や選択を行っているに留まるとも考えられ，その限りでは，上記のような「大きな状況設定」に相当するものと評価しうるようなことはほとんどないように考えられる。

45) もちろん，侵害訴訟のリスクの増加とそれに伴う経済的コストの増加も併せて考えられる。

46) むしろ，このような局面では，AI生成物と既存の他人の著作物と表現としての類似性が肯定される場合の著作権侵害成否の問題につき，とりわけ学習時点での既存の著作物利用との関係で，どのような評価をするのか，という事柄の方が大きく関連してくるものと考えられる。

47) 具体的には例えば，カメラをツールとして写真家が作品を製作する場合，音楽家がピアノや電子楽器を駆使して作曲を行う場合と同じように評価しうるものを意味する。

48) このような指摘自体は，情報財報告書や法制小委ペーパーでも提示されており，あまり新味のないものである。また，その関与についての具体的内容・程度をより緩和的に解することによって幅広く著作物性を肯定しようとする見解も生じうるのかもしれない。創作的寄与の判断に際して，ユーザーにおける出力結果の予測可能性や人の知的投資へ反映度といった観点の有用性を挙げる見解として，出井甫・AI生成物の著作物性に関する議論の現状と今後の法実務・ジュリスト1599号78頁。

49) 生成AIの処理過程の挙動をある程度認識するためには，当該AIを用いる自然人において，予め当該生成AIに対して様々な指示入力を行って，その生成特性についてある程度把握していることが要されるかもしれない。

50) これまでも，本稿で度々挙げてきた「大きな状況設定」という概念も，ここでいう影響度

を測定するための間接的な概念と位置付けている。このため，見かけ上「大きな状況設定」を
おこなっているように捉えられたとしても，影響度という点で十分でない限りはやはり創作性
は肯定しにくいように考える。

51) 例えば，きれいな花びらを収集・選択して，配列することで押し花作品を製作するような
場合を挙げられるであろう。

52) これまで述べたように，AI による生成過程の前提として「大きな状況設定」を自然人が行
っているものと評価される場合については，創作的寄与を肯定しうることが少なくないのでは
ないのかと考える。

53) このことは，逆にとらえれば，そのような AI 生成物は，当然ではあるが万人が自由に利
用しうることを意味する。

54) 学説上は「僭称コンテンツ問題」，と呼ばれるものがその典型といえる。奥邨弘司「人工知
能が生み出したコンテンツと著作権──著作物性を中心に──」パテント 70 巻 2 号 15 頁，知
財戦略本部検証・評価・企画委員会・前掲注 14) 38-39 頁。

55) 奥邨・前掲 54) 14-18 頁

56) 前田・前掲注 18) 170 頁。私見としても，著作物性を充たさない以上，本来万人が自由に
利用できるはずの表現について，他人による利用が制約を受ける根拠が見いだせるのかという
素朴な疑問が生じるところである。

57) 奥邨・前掲注 54) 15-16 頁。実務的観点から検討課題とするものとして日本弁護士連合
会・「AI と著作権に関する考え方について（素案）」に対する意見書（2024 年 2 月 16 日）5 頁。

58) もちろん特許制度と著作権制度の間には登録制度の有無の差異があることは認識したうえ
での議論である。

59) ただ，不正競争防止法の下ではあくまで事業者に対する規制に留まるため，AI 生成物の
「表現」を巡る規制として機能できる適用範囲は自ずと限定的にならざるを得ないかもしれな
い。

60) そうすると，AI 生成物，あるいは AI 生成物由来の著作物については，権利行使の前提と
して，登録制度のようなものを一旦介することを要件とするような制度的手当てが別途必要と
いう考え方も検討する余地が生じるようにも考えられる。

61) 前田・前掲注 18) 170 頁

62) アメリカでは，逆に，著作権者が裁判所を通じて AI 開発時に用いられた著作物を明らか
にすることを求めうるとすることで，AI における著作物利用の透明性を確保することを期す
る 法 案（The Transparency and Responsibility for Artificial Intelligence Networks
(TRAIN) Act, S5379, https://www.congress.gov/bill/118th-congress/senate-bill/5379/text)
が，Peter Welch 上院議員により 2024 年 11 月に提出されており今後が注目される。

63) 具体的には，Google によって開発・利用されている SynthID 等がある。しかしながら，
このような電子透かしを AI 生成物に施したとしても，画面のスクリーンショットなどを用い
ることによって簡単に回避可能となってしまうことが問題視されているようである。

64) C2PA については，元々フェイク画像と真正な写真であるかを判別するためのコンテンツ
の来歴と信頼性に係る技術仕様として策定されているが，2024 年になって，OpenAI が画像
生成 AI である DALL-E3 に C2PA を準拠させる（https://openai.com/index/how-openai-is-
approaching-2024-worldwide-elections/）等の動きがみられる。

65) EU によって，世界に先駆けて立法・施行された AI Act のような法規制の例があろう。

66) 例えば，アメリカ法における AI 生成物の著作権法上の取扱いを巡る状況のうち，特に注
目されるものとして，アメリカ著作権局（US Copyright Office）より 2023 年に公表されたガ
イダンス（Copyright Registration Guidance: Works Containing Material Generated by

Artificial Intelligence, 88 FED. REG.16190（Mar. 16, 2023））や判断事例（U.S. Copyright Office, Re: Zarya of the Dawn（Registration # VAu0011480196）4-10（Feb. 21, 2023））が挙げられる。AI 生成物に対する著作物性についての基本的な捉え方としては，product of human authorship（人間による創作）と評価できるか否か，という点がポイントとされている。これらの考え方に対しては，学説上は，伝統的な著作者概念（traditional authorship）の理解を正解しないものであるとした厳しい批判として，Lee, Edward, The Code Red for Copyright Law（March 21, 2024）. Florida Law Review, Vol. 76, 2024 Forum（Forthcoming）, Available at SSRN: https://ssrn.com/abstract=4767791 もみられる。

67) Lemley, Mark A., How Generative AI Turns Copyright Upside Down（July 21, 2023）. Available at https://ssrn.com/abstract=4517702 or http://dx.doi.org/10.2139/ssrn.4517702

68) アメリカ著作権局による 2025 年 1 月報告書（前掲注 32））の結論として，現状の技術状況を基にすると現行の著作物性の理論で対応できるとする見解が示されており（同報告書 41 頁），一見楽観的であるようにも捉えられる感もあるが，これはあくまでも現状における AI を前提とした見解であって，AI 技術が進展することに伴って，その法的取扱いについても当然変容しうることは視野に入れているものと考えられる。

69) もちろん，両者を峻別しないという選択肢もありうるであろう。

70) 著作権法に留まることなく，特許法等も含めた創作法全般に対して波及する可能性もあるといえる。

71) 現在の生成 AI より，さらに進化した AGI（Artificial General Intelligence）の実現可能性も注目されているが，完全に自然人から自律的に動作処理を行う AI でなくとも，このような概念に包含して捉えることができよう。例えば，至近では，生成 AI を活用した AI エージェントの利用が急激に増加する可能性があり，AI エージェントを介して得られた生成物の法的取扱いも大きな課題となろう。

72) 自然人の知覚・認知活動について，変分自由エネルギーの最小化との能動的推論によって，統一的に説明しようとする，Karl.J Friston による自由エネルギー原理（free-energy principle）である。逆に，この知見を AI 開発へ活かす試みも活発である。（村田慎悟・特集「自由エネルギー原理と AI」にあたって・人工知能学会誌 38 巻 778-779 頁等も参照。）

73) 逆に，自然人の脳を中心とする知覚作用は現状の AI の技術と本質的に異なるものであるという考え方を示唆するような研究もみられるようであって（例えば，近時の研究で，両者における学習方法が大きく異なるとする知見が得られたとするものとして，"Study shows that the way the brain learns is different from the way that artificial intelligence systems learn"（Jan.02.2024）（News, University of Oxford）（https://www.ox.ac.uk/news/2024-01-03-study-shows-way-brain-learns-different-way-artificial-intelligence-systems-learn）研究内容については，同記事で引用されている論文を参照。），いずれの理解が説得的であるのか，さらなる科学的知見が得られることを待つ必要があろう。

（本稿は科学研究費助成事業 20K01415 による研究成果の一部である。）

生成 AI をめぐる諸外国の動向	張　　睿暎

I　はじめに〜生成 AI の急速な拡散による著作権法上の懸念

　人の思想感情の創作的な表現を保護する著作権法制は，人工知能（Artificial Intelligence: AI）の拡散により，さまざまな挑戦を受けている。AI に対する指示語であるプロンプト（prompt）をテキストで入力すると，その内容に応じたテキストや画像を生成する機械学習モデル，あるいはそのモデルを活用したサービスである「生成 AI（generative AI）」の活用が普及するにつれ，AI モデルの機械学習，AI モデルの利用，AI モデルにより生成された結果物に関連する著作権法上の課題が絶えず指摘されている。日常生活で様々な形で活用されている生成 AI モデルは，今後の生活や社会，ましては法制度に大きな波及効果をもたらすからである。

　このような状況を受けて，2024 年 6 月 8 日に開催された著作権法学会研究大会では，「生成 AI と著作権法の現在地」というテーマでシンポジウムが開催された。本稿は，シンポジウムにおいて報告された「生成 AI をめぐる諸外国の動向」を要約したものである[1]。以下，訴提起・判決（II），著作権登録関連（III），報告書・立法・立法案（IV）に分けて紹介する。

II　訴提起・判決[2]

1　2023 年 1 月（米）：Anderson v. Stability AI 訴訟

　Sarah Andersen らは，AI 開発会社である Stability，Midjourney，DeviantArt を相手どって著作権侵害訴訟を提起した。AI 機械学習の著作権侵害が初めて争われた事案として注目を浴びた。Andersen は侵害されたと主張する自分の作品を特定していないが，「haveibeentrained.com」サイトで自分の名前で作品を検索できるとした。裁判所は，LAION が 50 億の画像をスクレイピングして学習データにしたことを考慮すると，Andersen のすべての著作物が学習データとしてスクレイピングされたことを推定できるとして著作権関連審理の継続を認めた。

　①学習された画像が圧縮された複製物の形の潜像（latent image）に変換され，②潜像を混合して二次的潜像を追加的に生成し，③二次的潜像を合成した新しい画像（hybrid image）を生成する。すなわち，原告の元の画像→縮小された複製物の形の画像→二次的潜像→AI によって生成された画像の順番である。そのため，原告は AI によって生成された画像が元画像の二次的著作物であると主張した。ただし，原告は，特定のテキスト形式のプロンプトに応答して生成される Stable Diffusion の画像が，学習データの特定の画像と一般的に一致しないことを認めている。原告は，被告らの直接侵害だけでなく，利用者の侵害行為に対する被告らの代位責任（vicarious infringement）も主張した。

2 2023 年 1 月（英），2 月（米）：Getty Images v. Stability AI 訴訟

Getty Images は，Stability AI が Stable Diffusion を学習する過程で数百万枚の画像を利用し，その画像の中には Getty Images が著作権を有する画像も含まれており，そのような利用は Getty Images の著作権を侵害すると主張し，Stability AI を相手取って英国裁判所に訴訟を提起した。特に，Stable Diffusion がテキスト入力に従って生成した画像が Getty Images の著作物に似ており，さらに Getty Images の透かしまで含まれる画像があるため，無断利用が立証されると主張した。Getty Images は引き続き 2 月に米国デラウェア州裁判所でも Stability AI を相手取って著作権及び商標権侵害訴訟を提起した。

3 2023 年 4 月（獨）：Robert Kneschke v. LAION 訴訟

Robert Kneschke は，自身の写真作品が許可なく LAION-5B のデータセットに含まれているとして，非営利団体である LAION を相手取ってハンブルク地方裁判所に著作権侵害訴訟を提起した。ウェブクローラーが画像を分析できる範囲をストック写真業界全体に明確にし，さらに，大規模な機械学習モデルを訓練するために使用される画像の著作者が報酬を受け取ることができるように影響を与えたいとしている。LAION 側は，画像処理行為がドイツ著作権法第 60d 条に基づく科学研究目的のテキストデータマイニング（Text and Data Mining:TDM）であると主張したが，これに対して原告は，LAION の公益性と研究目的に疑問を提起した。

4 2023 年 7 月（米）：Silverman v. OpenAI, Meta 訴訟

Sarah Silverman 外 2 人の作家は，Meta と OpenAI が巨大言語モデル（Large Language Model:LLM）を開発するために自分たちの著作物を許可なく利用し，被告会社が著作権法，DMCA 及び公正取引法を違反したと主張し，カリフォルニア北部連

邦裁判所に訴訟を提起した。Meta の人工知能 LLaMa に関して Meta が直接公開した研究論文が，自分たちの著作物が許可なく利用されているという事実を示しており，OpenAI の ChatGPT が原告の作品を要約した結果など生成物を見ると原告の著作物が AI 学習に利用されたことが分かると主張した。OpenAI は，原告らが ChatGPT 生成物が自分たちの著作物に類似していることを証明できなかったと主張した。

5 2023 年 9 月（米）：Authors Guild v. OpenAI 訴訟

Authors Guild が OpenAI を相手取って提起した集団訴訟である。原告は，OpenAI が著作権で保護された著作物を無断で使用して大規模言語モデル（LLM）をトレーニングすることと，それによって生成されたものは著作権を侵害する二次的著作物（derivative work）に該当すると主張した。被告 OpenAI は，著作物の使用はフェアユース（Fair use）に該当すると主張すると予想される。

6 2023 年 12 月（米）：New York Times vs. OpenAI 訴訟

ニューヨークタイムズは OpenAI とマイクロソフトを相手取って AI 学習に自社記事を使用したことに対して著作権侵害訴訟を提起した。訴状によると，生成型 AI の機械学習においてニューヨークタイムズの記事が占める割合は非常に高く，ChatGPT-4 とニューヨークタイムズの記事を比較した例によれば，かなりの部分が同じであることが確認できるという。OpenAI は，フェアユースの観点から AI 学習用データを使用しており，ニューヨークタイムズの請求は棄却されるべきであると主張した。2023 年 4 月から当事者らは著作権使用料の交渉を行った。被告はすでに Politico などのメディアとの交渉を終えた状況であり，Associated Press（AP）のようなメディアとも協力しており，合意による終結の可能性もある。

7 2023 年 11 月（中）：北京インターネット裁判所，AI 生成物の著作物性認定

原告が AI を利用して生成した画像を，被告が原告の同意を受けずに透かしを削除して使用し，大衆が画像の作者が被告であると誤認させ，原告の署名権と情報ネットワーク伝送権を侵害したと主張した。北京インターネット裁判所は，以下の要件を検討し，AI 生成物である原告画像の著作物性を認定した。

①「知的成果」要件：原告が本件画像を想像してから最終的に画像を生成するまでの全過程を見ると，原告は人物の生成方式を計画したことを確認することができるとした。指示語（プロンプト）を選択する過程で，指示語の順序を決め，生成された画像を選択

する基準を設定して一定の知的な努力を投入し，原告の知的努力によって最終的に画像が作成されたため，その画像は知的成果に該当する。

②「独創性」要件：原告は，人物やその表現方式などの要素に対して指示語を設定し，画面内の要素の配置と構図においてはパラメータを調整した。また，原告は，最初の画像を取得した後でも，望む方向へ修正するために指示語を追加し，パラメータを調整した。このプロセスを通じて得られた成果は，機械的な成果ではなく，原告の審美的な選択と創造性を反映している。本件成果物は原告が独立的に完成し，原告の個人化された表現として認められ，独創性要件を満す。

③「人間創作」要件：生成AIを使用して画像を生成することは，本質的に人間がツールを使用して作成することに該当する。創作過程全体にわたって知的な努力を投入したのは，人工知能ではなく人であるといえ，著作物性が認められる。

④著作物の種類：本件の出力物は線と色彩からなる美的な平面造形芸術作品で，美術著作物に属する。

⑤原告適格：原告は直接本件人工知能関連パラメータを設定し，最終的にその画像を選定した。この画像は原告の知的努力に基づいて生成され，原告の個人化された表現を具現しているため，原告は著作権法上の著作権者の地位を有し，著作権を行使することができる。

8 2024年2月（中）：広州インターネット裁判所，AI生成画像による著作権侵害認定

原告はウルトラマンキャラクターの著作権者である円谷プロダクション社からウルトラマン画像の中国内独占利用許諾を受けている。被告は指示語（プロンプト）を入力するとそれに応じた画像を生成する対話型AIサービスを提供している。「ウルトラマン

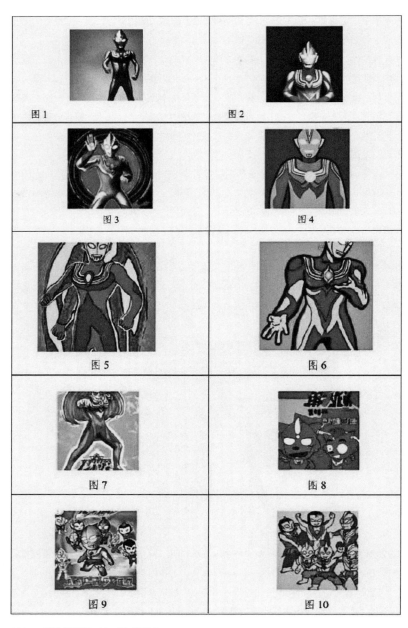

と美少女戦士を合わせた画像を生成してください」という指示語を入力すると，ウルトラマンの体に長い髪の女戦士が合わされた画像が生成されることを発見した原告は，該当画像が自分が権利を有するウルトラマン画像と実質的に類似しているとして，被告を相手取って複製権，脚色権及び情報ネットワーク伝送権侵害の訴を提起した。

2024 年 2 月 8 日，広州インターネット裁判所は，以下の争点を検討し，被告が対話型 AI サービスを提供する過程で原告の著作権を侵害したと認めた。

争点①被告が原告の複製権，脚色権及び情報ネットワーク転送権を侵害したか：裁判所は，問題となった 10 件の画像を 3 種類に分けて検討した。タイプ 1（画像 1〜3）は，画像の様々な特徴と原稿の画像と非常に類似している。タイプ 2（画像 4〜6）は画像をイラスト化し，原稿のウルトラマン画像と一部差がある。タイプ 3（画像 7〜10）も原告のウルトラマン画像と一部違いがあり，他のアニメキャラクターと結合されているという特徴がある。裁判所は，特に，タイプ 2 とタイプ 3 の画像が原告の独創的な表現に基づいて新しい特徴を形成したと判断した。

争点②被告が人工知能サービスプロバイダに該当するか，そうであればどのような責任を負うべきか：裁判所は「著作権法」，「生成型人工知能サービス管理のための暫定措置」，「インターネット情報サービス深層合成管理規定」により被告が人工知能サービスプロバイダに該当すると判断した。サービスプロバイダは，キーワードフィルタリングなどの措置を行う義務があり，ユーザーが著作権など他の合法的な権益を侵害しないよう告知し，違法行為を報告する方法を設ける義務がある。さらに AI 生成物が AI を用いて生成されたことを知らせる表示をする義務があると判断した。ただし，原告の学習データの削除請求は棄却した。

Ⅲ　著作権登録関連

1　2022 年 2 月（米）：A Recent Entrance to Paradise 著作権登録拒絶

Stephen Thaler が，自分が作った「Creativity Machine」を著作者として表示して「A Recent Entrance to Paradise」の著作権登録を申請した。米国著作権局は，本作品は自然人の関与なく（without any creative input or intervention from a human author）人工知能アルゴリズムが生成した結果物であり，人間著作（human authorship）要件を満たさないという理由で著作権登録を拒絶した。[3]

2　2022 年 2 月（米）：Zarya of the Dawn 著作権登録一部取消

　Kristina Kashtanova が Midjourney にプロンプトを入力して生成した画像を素材として活用したグラフィックノベル「Zarya of the Dawn」の著作権登録を申請した。米国著作権局は，AI によって生成された作品の構成要素に対する十分な創造的制御（sufficient creative control over the AI-generated components of a work）を欠いている場合，その人は著作権の目的上，それら構成要素の「著作者（author）」ではないと判断した。該当作品のテキスト作成及び画像の選択，調整，配列に対してのみ人間の創作を認め，AI によって生成された画像を明示的に排除する内容で著作権登録の一部を取消す決定をした。

3 2023年3月（米）：「著作権登録ガイダンス」発表

米国著作権局は 2023 年 3 月 16 日，AI 生成物を著作物として認める場合に明確にするガイダンスを発表した。作品の創作性の伝統的な要素が AI により作成された場合には，人間著作（human authorship）の要件が欠如しているため，著作権局は登録しないという立場を明らかにした。著作権登録を受けようとする申請人は，作品が最小限の AI 生成物素材（de minimis AI-generated material）以上のものを含んでいること，人間著作者の寄与に関する説明を記載しなければならない。人間が創作したコンテンツと非人間創作コンテンツを創作的に配列した申請人は，「Author Created」欄に，「人間創作コンテンツと AI 生成コンテンツの選択（selection），調整（coordination），配列（arrangement）」を行ったことを主張しなければならない。AI によって生成された素材を含む作品の申請をすでに提出している申請人は，著作権局に提供された情報がその素材を適切に開示していることを確認する必要があることも記載されている。

4 2023年9月（米）：Théâtre d'Opéra Spatial 著作権登録拒絶

Jason Allen が Midjourney が生成した画像に修正を加えた「Théâtre d'Opéra Spatial」を，自分を著作者として表記して著作権登録を申請した。申請人は，約 624 個のテキストプロンプトの入力と改正を行い，欠陥を除去して新しいビジュアルコンテンツを作成するためにフォトショップソフトウェアを使用するなど，画像の作成に自分の「創作的な入力（creative inputs）」が大きく貢献したと主張したが，米国著作権局は登録を拒絶した。

申請人は再審査請求において，「一連のプロンプトを入力し，シーンを調整し，焦点を当てる部分を選択し，画像のトーンを指示する」ことによって，Midjourney に入力した自分自身の創作性を主張した。またフェアユースは著作権で保護されている素材の変容的利用（transformative uses）を許容するため，作品を登録すべきであると主張した。米国著作権局再審査部は，プロンプト入力過程に創作性が含まれる可能性があるものの，Midjourney にテキストでプロンプトを入力するだけでは，たとえ 624 回の改正をしたとしても，「生成された画像を実際に形成（actually forms the generated images）」したとは言えず，人間著作（human authorship）の要件を満たさないと判断した。AI が生成した結果が対象作品で最小限の分量（de minimis）を超えているにもかかわらず，申請人がその部分を特定して権利を放棄せず，作品全体を自分名義で登録しようとしたとして最終的に著作権登録を拒絶した。

（シンポジウム）生成 AI と著作権法の現在地　*111*

Midjourney　　　　　　　　　　　　The Work

5　2023年12月（米）：SURYAST 著作権登録拒絶

　Ankit Sahni は，夕暮れの空の風景を撮影した原本写真とヴィンセント・ヴァン・ゴッホの「星が輝く夜」の画像を，自身所有の AI グラフィックアート可視化アプリ RAGHAV に入力し，スタイル変換の度合いを表現する変数を入力した後，原本写真を「星が輝く夜」スタイルに変換するように指示して生成した本件「SURYAST」画像を，本人を「写真，2次元美術著作物」の著作者として，RAGHAV を「2次元美術著作物」の著作者として記載して著作権登録申請した。米国著作権局は，「人間著作（human authorship）」の要素が欠如しており，Sahni が「人間著作」の要素であると主張したプロンプトなどの入力事項が，コンピュータプログラムによって生成された最終生成物から区別または分離することができないという理由で著作権登録を拒絶した（1次拒絶）。

　Sahni は RAGHAV を著作者リストから削除する補正を要請し，対象作品が人間著作者の創作的な選択と表現の結果であると主張した。しかし，著作権局は，対象作品が典型的な二次的著作物（derivative work）であると評価しながら，二次的著作物の著作者（derivative authorship）の審査基準を適用すると「人間著作」の要件が満たされないと判断した（2次拒絶）。Sahni は 2023 年 7 月 10 日に 2次再審査請求をしたが，米国著作権局再審査部は最終的に登録を拒絶した。

　再審査部は著作権登録の対象適格として「人間著作」の重要性を強調しながら以下のように説明した。「SURYAST」は，人間 Sahni が RAGHAV に入力した 3 つの変数，すなわち基礎画像としての元の写真，スタイル画像としてのゴッホの作品，スタイル化度合いを表す変数値に基づいて RAGHAV が算出したもので，このように学習によって「新しい画像を生成する」RAGHAV の動作過程は，単に基礎画像の上にスタイル

画像を一層上に重ねる視覚フィルタと同等のものとはいえず，「最小限の分量以上（more than de minimis）」，「伝統的な著作者の要素（traditional elements of authorship）」を満たしていないと判断した。著作権法は，著作物が最初に固定されたときに創作されると規定するため，原本写真とは別の著作物として登録を求める「SURYAST」の視覚的表現に対する人間 Sahni の創作的寄与が明らかにされるべきであり，RAGHAV の動作原理に照らしてみると Sahni の具体的な貢献は認められないとした。特に，原本写真を変形した「SURYAST」に二次的著作物の審査基準を適用すると，RAGHAV によってオリジナル写真に新しい表現が追加される過程で，Sahni が最小性以上の伝統的な著作要素に寄与したとはいえないとしたのである。

　Sahni は，RAGHAV は，カメラ，デジタルタブレット，写真編集ソフトウェアなどの「補助的ツール（assistive tool）」にすぎず，これを利用した Sahni が著作者として認められるべきであると主張した。結果物である「SURYAST」の特定の色，形，スタイルを決めた創作的選択，すなわち，原画像の構想，撮影及び基礎画像への選択に加え，スタイル画像の選択及びスタイル化変数の選択までもすべて Sahni が RAGHAV に入力し，「SURYAST」画像が生成される過程も Sahni によって制御されたため，その結果に含まれる伝統的な著作要素はすべて，人間著作者である Sahni によるものであると主張した。Sahni は，対象作品が元の写真と実質的に似ていないため，二次的著作物として見ることはできず，原本写真は最終的な作品に至る過程の初期段階であると主張した。原本写真と結果物である作品に対する「人間著作」の創作的入力の総体は一緒に考慮されるべきであり，「新しい創作性」という二次的著作物の審査基準を適用したのは間違いであると主張した。

　再審査部は，Sahni は単に基礎画像，スタイル画像及びスタイル化変数を入力しただけで，スタイル画像をスタイル化変数に従って基礎画像のどこにどのように反映するかは RAGHAV の自動化されたアルゴリズムが担当したとみた。RAGHAV のような生成型 AI としての実装や動作原理を考慮すると，対象作品のスタイルとテクスチャーの「予測（predict）」は Sahni ができたものではなく，完全に RAGHAV の領域ということである。Sahni の入力に対する RAGHAV の解釈は，いくつかの画像に基づいて学習されたモデルの機能であり，Sahni の具体的な貢献や指示の結果ではない。Sahni は，スタイル化変数を入力することによって結果的な表現に直接貢献したと主張したが，著作権局は，単にスタイル化の程度に関するフィルタ値を決定することは著作権で保護される「最小限の著作（de minimis authorship）」に該当しないと判断した。Sahni が「無限の入力値の組み合わせ可能性から特定の画像及びスタイル化変数を選択したこと」

を強調したことに対して，そのような選択は著作権法で保護されないアイデアであると評価した。さらに，再審査部は対象作品を二次的著作物とみることができないという主張も受け入れなかったが，その理由は明確に記述されていない。

6　2023年8月-12月（米）：「Artificial Intelligence Study」意見募集

2023年8月，米国著作権局は，AIによって発生する著作権法上の問題を調査するための意見を公開募集した。11月16日だった意見提出期間は，12月6日までに延長され，10561件の意見が寄せられた。意見募集を求める論点は以下のように多岐にわたる。

①一般：AI技術がもたらすことができる長所やリスク，AI技術が創作者・著作権

者・技術開発者・研究者・一般公衆にどのように影響を及ぼしているのか・及ぼすことができるのか，外国で著作権及び AI に関して採択または考慮されるものとして米国が考慮または回避しなければならない法的・規範的アプローチがあるか，著作権及び AI 分野で国際的な調和がどれほど重要な要素であるか

②機械学習：学習データの種類・収集・出所・保有など，学習の技術的側面，学習データ利用に対するフェアユース認定可否，著作権者の許諾・反対権留保・法定許諾，拡大集中管理，利用許諾の方法

③透明性及び記録保管：学習データの公開

④ AI 生成物：AI 生成物の著作権による保護可否，AI 生成物による侵害可否，AI 生成物及び原著作物表示

⑤その他：パブリシティ権問題など

7　2023 年 12 月（韓）：「生成型人工知能（AI）著作権ガイド」発表

著作権登録に関連する規定を改正し，AI 生成物は著作権登録を受けられないこと，人間が全体的な企画をして命令（プロンプト）のみ入力した場合は著作権登録を受けられないこと，人間と AI が共に作業した創作物も人間行為による結果であることが明らかな部分に対してのみ制限的に著作権を認める（編集著作物）という立場を明示した。韓国著作権委員会は「もし故意に AI 生成物を自身の著作物であるかのように登録申請した場合，虚偽登録（著作権法第 136 条第 2 項第 2 号）として処罰される可能性がある」とした。

8　2023 年 12 月（韓）：「AI 水路婦人」を編集著作物として著作権登録

韓国の映画制作社ナラ AI フィルムが，映画「AI 水路婦人」を編集著作物として著作権登録申請し，法人著作として登録を受けた。ナラ AI フィルムは「AI 水路婦人」の制作過程において主体的な創作者として，AI に単にプロンプトで依頼するレベルを超え，AI を「ツール」として活用したと強調した。実際のシナリオ作成過程でも AI の幻覚現象（ハルシネーション）を避けるために手作業でクロスチェックを経たという。何より K カルチャーの雰囲気を活かすために，フォトショップで補正作業を進め，アウトペインティングとインペインティングを数十回繰り返し，AI が盛り込めなかった部分まで拡大して描写し，生成画像の上に画像を重ね合わせるなど，各工程に手作業を入れたという。登録申請時にも「選択と配列」を強調したという。

（シンポジウム）生成 AI と著作権法の現在地　　115

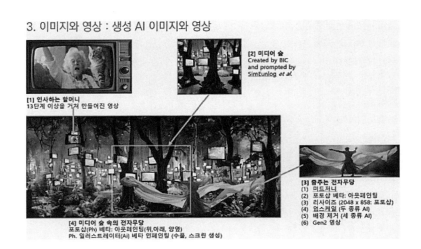

Ⅳ 報告書・立法・立法案など

1 2022年6月（英）：知的財産庁「AIと知的財産権」意見募集

2021年10月，英国知的財産庁（UKIPO）は「AIと知的財産権：著作権及び特許」という名前の意見募集手続を開始し，2022年6月22日に各界で提出した意見を反映した政府計画を発表した。著作権に関しては，コンピュータ生成作品（computer-generated works: CGW）の保護が有害であるという証拠はなく，AIの使用はまだ初期段階にあるため，法改正を行うと予期せぬ結果が生じる可能性があり，現行のCDPA規定を維持する「オプション0」を採用すると発表した。これに対し，TDM例外に関しては，5つのオプションの中で最も急進的な「オプション4」，すなわちTDM例外を全範囲に拡大し，権利者のオプトアウトも許さない方案（DSM著作権指令第3及び第4条に比べて例外の適用範囲が広い）を採用し，法改正に進む計画であることを明らかにした。このようなUKIPOの発表は国内外で大きな反響を呼んだ。

2 2023年7月（英）：下院議会文化・メディア・スポーツ委員会報告書

英国下院議会の文化・メディア・スポーツ委員会が採択した報告書は「非商業的研究目的のTDMに対してのみ例外を認め，その他の目的で著作物を利用する場合には創作者から許諾を受けるようにする現在の制度はイノベーションと創作者の権利との間に適正なバランスを提供する」と指摘し，広範なTDM例外の導入計画を推進しないことを政府に直接勧告した。本報告書は，AIがクリエイティブ産業に提起するもう一つの脅

威として，AI が生成する実演についても言及している。AI 生成物が特定アーティスト（実演者）の特徴的な外観や音声と同様なものを合成することができることを示す事例が続々と登場しており，実演者のイメージ，音声などが変形され流布される事例も見られると言及した。これは主に安全の面で議論されるディープフェイク（deepfake）とは別の次元の問題であり，AI 生成物が人間の実演に対する市場の需要に取って代わる場合に発生する実演者の経済的利益の侵害と，実演者の人格的特徴の無断利用による人格的利益の侵害の問題を内包すると指摘した。

3　2022 年 6 月（韓）：不正競争防止法による AI カバー曲の規制可能性

　AI に有名歌手の声を学習させて他の曲と合成することで，当該歌手がその曲を歌っているかのようにする AI カバー曲問題（Drake と The Weeknd 事例，Bruno Mars と NewJeans 事例，その他多数の AI 音声提供ウェブサイト）に対して，韓国では，2022 年 6 月から施行されている改正不正競争防止法上のパブリシティの不正利用行為として対応することが可能である。韓国不正競争防止法第 2 条第 1 号タ目は，「国内に広く認識され，経済的価値を有する他人の氏名，肖像，音声，署名等，その他個人を識別できる表示を，公正な商取引慣行や競争秩序に反する方法で，自身の営業のために無断で使用することにより，他人の経済的利益を侵害する行為」と規定しており，一定の範囲でのパブリシティ侵害（声を含む）を保護することができる。[4]

4　2023 年 5 月（韓）：AI 生成コンテンツ表記を義務付ける法案

　大統領令で定める人工知能技術を用いてコンテンツを制作した場合には，当該コンテンツが人工知能技術を用いて制作されたコンテンツであるという事実を表示させる義務をコンテンツ制作者に負わせる（案第 26 条第 3 項及び第 4 項の新設）ことで，利用者の混乱を防止し，人工知能によって生成されたコンテンツの信頼性と責任性を強化する「コンテンツ産業振興法一部改正法案」が 2023 年 5 月 22 日提案され，12 月 12 日第 411 回国会第 1 次文化芸術法案審査小委員会で逐条審査に入った。

5　2023 年 8 月（中）：生成型人工知能サービス管理暫定方法

　中国では生成型人工知能サービスを提供・使用する際に知的財産権と企業倫理を尊重しなければならないことを明示する「生成型人工知能サービス管理暫定方法」が 2023 年 8 月 15 日発表された。しかしこれに対する具体的な基準と規制はなく，まだ個々の事案は裁判所の判断に委ねられている様子である。

（シンポジウム）生成 AI と著作権法の現在地　　*117*

6 2023年9月（仏）：AI学習物の著作家を特定し報酬を支払う法案

フランス国民議会の一部議員が，生成AIの発展を前提とした著作権法改正法案を大統領府に提出した。「AIが著作物を学習する際に権利者の許諾を得ること」，「AI生成物の権利者はAI生成を可能にした著作物の権利者であること」，「AI生成物にはAIが生成した旨を明記すること」，「出所が不明な著作物をもとに生成された作品には，そのAIシステムを運営する企業から税金を徴収すること」などを内容としている。

7 2024年3月＆5月（EU）：AI Act 最終承認

2024年3月に欧州議会が，同5月に欧州理事会が「人工知能法（AI Act）」を最終承認した。生成AIは「制限されたリスクを持つAI」に分類され，自然人と対話したりコンテンツを生成したりするための特定のAIシステムは情報開示と透明性の義務を負う。

利用者は自分がチャットボットと相互作用するという事実を認識できなければならない。画像・オーディオ・ビデオコンテンツ（ディープフェイクなど）を作成または操作するAIシステムのデプロイヤは，犯罪予防など非常に制限された場合を除き，コンテンツが人為的に作成されたという事実を開示しなければならない。

大量の合成コンテンツを生成するAIシステムプロバイダは，十分に信頼性があり，相互運用可能で効果的で強力な技術的措置（透かしなど）を実装し，その結果が人間ではなくAIシステムによって生成されたことを表示して検出できるようにする必要がある。一定基準を超えるGPAIモデルを利用した生成型AIモデル提供者はデータ公開義務などの注意義務を負う。生成型AIモデルが著作物を学習データとして利用する場合，これに関する情報を文書化して公開するようにしたのは，生成AIサービスの著作権侵害を防止するための手段であると思われる。

8 2024年4月（米）：生成AI学習に用いられた著作物公開法案

2023年10月30日，バイデン大統領は「安全で信頼できるAI開発利用のための行政命令14110号」を発動した。前述した2023年8月30日に開始された米国著作権局の「Artificial Intelligence Study」の公開意見募集では，「透明性と記録保管（Transparency and Recordkeeping）」項目に，AIモデルの機械学習に用いられた素材に関する記録を収集・維持・公開することを要求すべきか，するならその具体性の程度，公開の相手，義務の内容，潜在的な影響などを尋ねる質問が含まれていた。これに対して，著作権者側は記録の作成の公開の法的義務化に賛成する意見を，AI開発業者側は，営業

秘密保護や履行の現実的な困難などを理由に反対意見を提出したという。

このような背景で，2024 年 4 月 9 日，米国カリフォルニア州のアダム B. Schiff 下院議員が生成型 AI の機械学習に用いられた著作物の公開に関する連邦法案（Generative AI Copyright Disclosure Act of 2024, H.R. 7913）」を下院議会に発議した。生成型 AI システムの構築に使用される学習用データセットの作成者または主な変更者は，著作権庁長に，①学習用データセットに利用された，または変更するために利用されたすべての著作物に対する「十分に詳細な要約書（sufficiently detailed summary）」を通知しなければならない。②学習用データセットがインターネット上に公開されている場合，上記通知の提出時にそのデータセットの URL も通知に含めなければならないという内容である。

9 2024 年 4 月（伊）イタリア：生成 AI 規制基準

2024 年 4 月 23 日，イタリア政府は AI 分野の規制基準を識別する規定を導入することを議論した。EU の「AI Act」の内容とは重複しないが，追加のリスクに対する規制を通じてイタリア国内法の該当分野の規制フレームワークを導入するという。著作権に関する内容は以下のとおりである。

① AI システムによって生成されたテキスト・写真・オーディオコンテンツの識別：AI システムによって全体または一部が生成・修正・変更されたコンテンツは，ウォーターマークまたは AI という略語を含む表示をしなければならない。オーディオコンテンツの場合，オーディオ案内放送や認識に適合する技術を通じて識別要素またはマーク表示を入れなければならない。明白に創造的・風刺的・芸術的な結果物またはプログラムで第三者の権利と自由を保護する場合には，識別要素またはマーク表示に対する例外が適用されうる。

② AI を使用して生成された結果物の著作権保護：著作権法の規制内で AI システムを使用して生成された結果物に対しては，規律を通じて著作権者が明示的に使用を留保しない著作物及びその他資料の識別を保障しなければならない。

10 2024 年 5 月（米）：名前・画像・似顔・音声の不正使用を防止する法案の勧告

米国超党派の上院 AI ワーキンググループは，「人工知能における米国のイノベーションの推進：米国上院における人工知能政策のロードマップ」を発表した。AI によって引き起こされる著作権問題に対処するために，報告書は議会に以下の対策の検討を勧告した。

（シンポジウム）生成 AI と著作権法の現在地　　*119*

①AI に関連して，憲法修正第 1 条の原則に従って，名前・画像・似顔・音声の不正使用（unauthorized use of one's name, image, likeness, and voice）から保護する立法が考慮されるべきであり，「デジタルメディアのプロのコンテンツクリエイターに対する新しい合成コンテンツの影響も考慮する」必要があるとされた。

②AI が著作権法と知的財産法に与える影響に関する米国著作権局と米国特許商標局の既存及び今後のレポートの結果を検討し，これらのレポートに基づいたアクションプランの検討が必要である。

③必要かつ有益な場合は，ユースケース固有の要件を許可しながら，AI システムの公開透明性要件に対する一貫したアプローチを確立する立法の検討が必要である。

V　おわりに

このように，生成 AI をめぐる諸外国の動向は，多様かつスピーディである。複数提起されている訴訟の主な争点は，機械学習に使われた著作物の著作権が侵害されたか，依拠性の立証はどのようにするか，著作権侵害であれば侵害主体は誰であるか（生成 AI サービスプロバイダ，または利用者），そのような利用は TDM 規定やフェアユース規定に照らして合法であるか，生成 AI の機械学習に著作物を無断利用された著作権者に報酬は支払われるべきかなどが争われている。なお，中国の 2 つの判決では，AI 生成物の著作物性を認定し，その無断利用にたいして著作権侵害も認定している。

著作物性の判断は国によって違いが見られる。「著作権法の保護を受けるためには人間が創作したものでなければならない」という前提は共通であるが，AI 生成物に対する「人間の創作的寄与」の見方の違いによって結果が分かれているように思われる。特に中国の判決と米国著作権局の登録拒絶事例は，そのような見方の両極端を示している。

各国の調査報告書・著作権登録ガイドラインなどに見られる問題意識も概ね共通している。機械学習に関して TDM 規定の改正が必要であるか，生成 AI を利用した作品を著作権登録するための要件や手続の明示，AI 生成コンテンツであることの表示義務や虚偽表示の場合の処罰，著作隣接権問題（パブリシティ権）への言及などが見られる。

各国の立法案の傾向としては今のところ，主に機械学習に使われた著作物を識別・公開することに焦点がおかれているように思われる。これは侵害判断の際の依拠性や類似性判断の必要性や著作権者への報酬のための透明性に関連するものである。また，コンテンツ等に AI 生成物であることを表記する義務は，コンテンツの消費者への告知という点でも議論されているようである。

1) その後の諸外国における動きは多いが，新たな展開については後継の研究に委ねたい。
2) AI と著作権関連の訴訟は多数提起されているが，一部のみ紹介する。とりわけ米国における訴訟一覧はこちらを参照されたい。
Copyright Alliance＞Federal Court AI Cases Involving Copyright Claims
https://copyrightalliance.org/education/artificial-intelligence-copyright/#federal-ai-court-cases
3) こちらは後に訴訟になっている。Thaler v. Perlmutter, No. 22-cv-1564, ECF No. 24 (D.D.C. Aug. 18, 2023).
4) 詳細は拙稿「生成 AI と著作者及び実演家の権利」獨協法学 122 号（2023 年 12 月）147-169 頁を参照されたい。

討　論

谷川和幸（司会）　それではパネルディスカッションを始めていきたいと思います。きょうは生成 AI と著作権法に関しまして，4 名の先生方からご報告をいただきました。機械学習段階，生成・利用段階，そして AI 生成物の著作物性という 3 つのテーマがあったわけなんですが，そのすべてに関連する，共通する中心的なテーマが 1 個ありますので，まずはそれについて全体的に討論をしていきたいと思っております。それは，アイデア表現二分論との関係でございます。

　すなわち，まず学習段階との関係で言いますと，表現の模倣とは違って，アイデアであると従来考えてきたような，画風の模倣を目的とした学習の是非ということが世間で大きな話題になっております。続きまして，生成・利用段階との関係で言いますと，ご報告にもありましたように，どういった要素の共通性があれば侵害かという場面でアイデア表現二分論が関わっております。また，一般不法行為，営業妨害というような可能性の指摘もありましたが，アイデア表現二分論によって画される保護の限界にどのように取り組むかという問題があります。最後に AI 生成物の著作物性との関係でも，きょうのご報告は表現の創作性に関して否定的なご見解でしたが，具体的な生成物の表現ではなくて，プロンプト等のアイデアの点の創作性・個性というのを重視するという考えが成り立つのかどうか。AI 生成物の保護の観点でもアイデアの重視というのがあるのかどうか，そういう点が気になっております。以下ではこのアイデア表現二分論の限界等につきまして，3 名の先生方と，それから張先生には外国での関連する議論状況に関しまして，順番に聞いてまいりたいと思っております。

　まず柿沼先生のご報告は，きょうは時間の関係でデータベースの点が中心でしたけれども，発表の中では，「表現出力目的」と，それから「作風模倣目的」ということで，表現とアイデアを対象にするような 2 個の目的の区分というのがスライドの画面には映っていたかと思います。この点に関して補足をお願いできますか。

柿沼太一　はい。ありがとうございます。あんまり私，個別のところでお話し全然してないんですけど。理屈的には，表現出力目的と作風模倣目的っていうのは区別可能で，私の考えでは前者の表現出力目的については，ただし書きなのか不適用なのか別として，30 条の 4 が適用されないと。後者の作風模倣目的に関しては，アイデアの保護を目的

としているというふうにたてば，享受目的が併存しているわけではないので，本文も適用されるということだし，ただし書きに適用されないと考えてます。

　ただ，実際，訴訟になったときは，その模倣部分っていうか類似部分が作風なのか表現なのかが争われるだけじゃないのかなっていう気もしてまして。皆さんご存じの愛知先生なんかは作風の模倣目的はただし書きに該当するので駄目だよっていうお考えだと思いますけど，ご著書とか座談会でのご発言を見ていると，作風とおっしゃっているものがどこまでアイデアなのか，ほとんど表現になるんじゃないのかという気もしてまして。そういう意味では，実際に本当に裁判になった場合には，理屈の問題というよりも，これまでと同じような類似性のところで，結局勝負つくんじゃないのかなという気はしております。取りあえず以上です。

　谷川（司会）　今，表現出力目的と作風模倣目的との区別という点をおっしゃったんですが，具体的な学習段階のエンジニアさんの行為として，区別は可能なんでしょうか。どういう情報をどう学習するかによって，二つは区別可能なものなのでしょうか。

　柿沼　それはどうなんですかね。今，おっしゃっていただいたとおり，開発者が，学習が著作権侵害にならないように具体的に何すればいいのっていうのが，一番気になるところだと思います。そこはよく質問を受けるところではありますね。基本的には，学習対象著作物をそのまま出すような目的の学習っていうのはしないっていうか，そういうことはする必要がないことなので普通はそういうことはしないです。ていうか普通の大規模な学習をすれば，そういうことはならないので。あんまり表現出力目的のところで言うと，特殊な学習を逆にしなければいいっていう話なんじゃないのかなとは思いますけどね。

　谷川（司会）　どういうものが出てきちゃうのかから判断するというお話との関係で，張先生からご紹介があった，中国のウルトラマン事件の画像を，今，画面に示しています。これはウルトラマンの元画像と結構共通性が高いものもあれば，割と共通性の低いものも含まれていますよね。このように「ウルトラマン」っていうプロンプトを入力して，いろんなバリエーションの類似性の程度が違うものが生成される場合に，ここから翻って，この学習目的が，表現出力目的だったのか作風模倣目的だったのかっていうことが認定できるということでしょうか。

　柿沼　出てきたものが侵害かどうかっていう問題と，学習がその表現出力目的か，別の話だと考えております，当たり前ですけど。これ自体が類似しているのかどうかっていうのは，それは生成物を使うときに，それが類似物なのか侵害なのかって問題だと思いますので。一方，学習目的に関して表現出力目的があるかの認定は，類似物が出てく

（シンポジウム）生成 AI と著作権法の現在地　　*123*

る頻度じゃないかと思われますので。それは結局，例えば実証実験してみるとか，どういう指示をすればどういうものが出てくるとか，簡単な指示でも同じように出てきちゃう。依拠性のところとかこういう事態のところとかも，全部関連してるんですけども，そういう実証実験みたいなのしないと，はっきりしないんじゃないのかなって思いますし。

　逆に言うと，開発の現場ではそういうテストみたいなのをしてみて，そういうことが起こらないようなフィルタリングも一つの手段ですし。学習のさせ方とかデータの偏りとかデータの量もそうなんですけども，そういうことが起こらないような，要するに学習対象著作物がそのまま出る事態が頻発しないようなテストに耐え得るような開発をしていくっていうことに，現場ではなるんじゃないかなというふうに思います。

　谷川（司会）　ありがとうございました。続いて髙野先生にお伺いします。先生のご報告では，従来のアイデア表現二分論を維持するというお立場から，アイデアである作風の保護は難しいだろうという結論だったんですが，他方で一般不法行為，営業妨害としての保護の可能性ということをおっしゃっていました。昨今，生成 AI で画風の模倣がされることでイラストレーターさんが職を失うとか，そういった懸念があるわけなんですが，そういう世間の懸念の大部分が，おっしゃった営業妨害の構成で対応可能だということなんでしょうか。

　髙野慧太　ありがとうございます。画風の保護というのが，アイデアに過ぎないので，基本的には著作権侵害にできないということであれば，営業妨害であるということをもって，一般不法行為に基づく損害賠償請求の対象にするぐらいしか，今のところの対応はできないかなと思っております。あとは，どのような場合が営業妨害になるかという話だと思いますけれども，こちら，知的財産権侵害が成立しない場合に，なお一般不法行為が成立する場合というのは，裁判例上，ほとんど認められてきておりません。今まで発注していたけれども，AI に任せたので職を失いましたなどということが，かなりの程度で立証されない限りは，現状の裁判例ではなかなか難しいのかなという印象でございます。

　谷川（司会）　従来からも，例えば企画書を送って，企画書のアイデアだけパクられたっていう紛争は結構ありそうですけども，そういった単発の創作物のアイデアの利用では不十分で，もっと大規模に作風を模倣し尽くして，それでおよそ全面的に代替するという大規模で悪辣な場合に限ると，そういうことですかね。

　髙野　そうですね。イラスト 1 個についてでは足りず，その人の職全体について害が生じていることが必要だというイメージを持っております。そのぐらいに至っていれば，

営業妨害と言っていいのかなと私は思っております。

谷川（司会） ありがとうございます。関連して，張先生から，この点の韓国法に関するご示唆があるということなんでお願いします。

張睿暎 基本的にアイデア表現二分論で，アイデアは著作権法で保護されないことが原則であるべきだと思います。著作権法以外で保護すべきかという議論はありうると思います。

例えば韓国の 2018 年改正の不正競争防止法では，アイデア盗用行為を不正競争行為に新たに追加しました。アイデア保護ガイドラインも出てますし，最高裁判所で損害賠償も認められてますし，2021 年からは懲罰的損害賠償も認められるようになっています。ただ，一定の制限がありまして，あくまでも事業提案や応募作品など，経済的な価値を有するアイデアに限られます。高野先生がおっしゃったようなクリエイターさんの場合において，必ずしも適用できるかは不確かですが，一部保護される可能性はあるかと思われます。

谷川（司会） ありがとうございました。続いて，平嶋先生のご報告との関係で，AI 生成物の著作権法による保護とアイデア表現二分論がどう関係するかということなんですが，ご報告の最後に Lemley 先生の論文のご紹介がありました。Lemley 先生の趣旨は，AI が具体的な表現をいくらでも生成できるようになると，具体的表現の生成っていう下流の創作性はあんまり重要ではなくなって，むしろプロンプトのように上流で人間がインプットすることこそが重要になってくる。従来，著作権法が考えてきたアイデア表現二分論のうちアイデアの部分，表現よりもその前段階の抽象的なアイデアのほうが，むしろ今後は重要になってくると，そういうご趣旨の論文かと私は拝読しました。そういう主張に対して，きょうのご報告では否定的だったかと思うんですけれども，やはりそれは難しい考え方なんでしょうか。

平嶋竜太 すみません，ありがとうございます。Lemley 先生の論文のほうも，報告では駆け足になってしまって，こういうものがあるというだけしか言えなかったのですが，ちょっと補足しますと，この論文もタイトルにありますように，コピーライト・アップサイド・ダウン（Copyright Upside Down）というふうに，従来の著作権法の概念が逆さまになってくるということを挙げておられていて，特に，従来の著作権法の鍵となる二つの概念において逆さまになることをおっしゃっています。一つがまさにアイデア表現二分論の議論，考え方というものが，非常に基本だったものが，Generative AI のようなものが出てくることによって，ある意味，逆さまになってしまうということと，それから類似性の評価という問題も逆さまになるということです。その二つの概

（シンポジウム）生成 AI と著作権法の現在地　　*125*

念が，既存の著作権法上，非常に重要な概念ではあるわけですが，Generative AI による生成物のようなものについては，むしろ従来よりも逆の部分のほうが問題になってくるということです。逆というより，生成によって表現がつくり出されてくるわけで，従来では，アイデアから具体的な表現が出来上がってくるということで，そのうち表現の部分を著作権法上の保護の対象にしようという話だったのですが，それが AI の場合，先ほど申し上げましたように，結局，表現が出来上がる過程としては，最適化とか推論というプロセスで，かなりの部分は自動的に出来上がってしまうということです。人間が今までやっていた創作の表現をつくる部分というのは，ある意味，自動的に，いわば情報処理の過程によって出来上がるけれども，そうすると，そのきっかけをつくるプロンプトの部分に，むしろ価値があるのではないかという発想になってくるのではないかということがおっしゃっているところかと存じます。

　そこで，今，谷川先生が挙げていただいている問題提起のように，アイデアと表現の二分論の話になってきて。結局，元をたどってプロンプトを保護しよう，あるいはプロンプトをベースとしたところから，創作性を見ていこうという話になると，それは，期せずしてアイデア保護の方へとなだれ込んでしまうということになって，結局，従来の著作権法上は保護すべきと考えられていた領域とはむしろ逆方向の上流というのでしょうか，アイデアの方へなだれ込んでしまうのでは，どうもそういうご指摘をされているというふうに理解しています。

　類似性の問題というのも，先ほどの AI による生成プロセスからすると，同じような表現というのは確率的に生成されて出てくるというところにあります。生成プロセスはある意味，確率過程ですので，期せずしても，結果的には同じような表現ができてしまうということです。表現として同じかそうではないかという類似性の問題は，まさに著作権の侵害を判断する上で極めて重要な鍵となる概念ですが，これについても，表現よりももっと上流のプロンプトの方のところから，同じような表現が出てくるのか出てこないのかということを考えるということが鍵になってくるのではないのかということです。

　確かに既存の概念との不整合は大きくなってくるであろうし，それはむしろ当然生じてくるということでもあろうから，Lemley 論文は割に当たり前のことを言っているだけじゃないのかというように，先ほどの報告では軽く言ってしまったのですが，そのような指摘自体についてはなるほどと首肯できるところはあります。

　では，プロンプトの方が意味を持ってくるという話をみてゆくと，確かにプロンプトが重要という認識に流れていく危険はあるのですが，ただ，さらにプロンプトの保護と

いう話まで安易にいくことは，それは現行の著作権法の考え方と完全に変わってしまうことになるのではないかというようにも個人的には考えております。Lemley 先生ご自身も，そこは必ずしも保護すべきというポジションを取っておられないとは思うのですが，方向性としては，それは著作権法の既存の枠組みとの間に不整合が生じること自体は指摘されておられるということであると思います。

　その不整合性を踏まえても，何らかの法的保護を与えようということになると，結果的に既存の著作権法の概念で前提としていた逆向きの部分をむしろ保護する方向になだれ込まざるを得ないということになりますが，そこを肯定的に見ていくのか，あるいは，やはり既存の仕組みとは合致しないとして否定的に見るのかという，多分そういう違いではないかというふうに考えています。個人的にはその点で保護しようとする姿勢には慎重であるべきではないのかというように考えております。すみません，ちょっと長くなりました。

　谷川（司会）　ありがとうございました。以上のアイデア表現二分論の関係で，先生方の間でご質問とか追加のコメントあれば，ぜひお願いします。よろしいですかね。では以下では，個別の先生の報告内容に関する質問のほうに移ってまいりたいと思います。

　まず柿沼先生のご報告なんですが，今回，データベース著作物の利用に関してお話しいただきました。そもそもの前提として，データベース著作物の創作性というところで，きょうは森羅万象のニュースの中からどれを報道するかというところの創作性とおっしゃったわけなんですが。それに果たして創作性があるのか，つまりそこを創作性と見るのか。あるいは特定の新聞社が報じたニュース記事全体が 100 パーセントで，だったら網羅的データベースには創作性がないと見るのか。その創作性についてはどう見ればいいんでしょうか。

　柿沼　ありがとうございます。基本，個々の新聞社が提供している記事データベースを考えたときには，体系的な部分の創作性っていうのはもう考えにくいので，情報の選択の創作性があるかどうかだと思います。利用者が何から選んでいるのかっていうことを考えたときに，利用者は当然，対象データベースを使っているので，そこは選んでいるわけじゃないですけれども。ただ，新聞を作っている人からすると，当然，全部のニュースを森羅万象，報道するわけにはいかないので，そこで報道に値する事象の選択行為を行われていると思うので，そこで選択の創作性があるというふうに見るというか，少なくとも新聞社のかたがたは，そういう主張をされるんじゃないかなというふうに思いますが。

　どの程度の創作性があった場合に，情報選択の創作性が認められるかはよく分からな

（シンポジウム）生成 AI と著作権法の現在地　　*127*

いというか，例えば新聞社の一定の方針を基に，何か選択行為を行ったっていうことになると，それが果たして本当に情報選択の創作性なのか，単なるアイデアではないのかっていう話もあるような気もするので。

あるいは，報告書でも言いましたけども，誰もが報道しているものは，当然，情報選択における創作性がないので，めちゃくちゃローカルなニュースで，その新聞社しか報道していませんっていうようなことがあったとして，ただその場合でも，当該データ1個の創作性かもしれなくて。その場合に，その記事を含んだデータベースを作ったことが，果たして，その選択性を使っているのかと言われたら，よく分かんないというか，私は否定的です。

谷川（司会） ありがとうございました。もう一点，違う点で，今，画面のほうに映したのは柿沼先生からご説明があった【具体例2】の事案です。データベース著作物自体には依拠していないんですが，インターネット上からさまざまな記事を収集した結果，たまたまデータベースと同内容のものを学習したという事案だったと思いますけども。高野先生，さっき，依拠のご報告があった関係で，こういう場合の依拠については，どう考えればよろしいでしょうか。

高野 ありがとうございます。今，谷川先生がたまたまとおっしゃってしまっているので，たまたま似てしまっているのであれば，依拠性はないんだと思います。恐らく問題になるのは，柿沼先生の事案の定義上ありました，クロールをした結果，どうも被疑侵害著作物たる，データベースがどうもあるらしいということを認識していることをもって依拠があるかという点だとは思います。ただ，私は客観説を採りますので，その客観説的な観点からすると，利用対象著作物に由来して作られていて，被疑侵害著作物たるデータベースには，一切，由来していないということであれば，依拠性がないという考え方になろうかと思います。以上です。

谷川（司会） 柿沼先生も，その点は同意見ということですかね。

柿沼 そうですね。同じ意見です。

谷川（司会） わかりました。次に，高野先生のご報告に関する質問のほうに移っていきたいと思います。画面，今，切り替えちゃったんですが，ウルトラマンの事件の画像にもう一回戻しますね。

このようにいろんな画像が生成されているわけなんですが，中には，明らかに類似性があるものもあれば，逆にこれは類似性はなさそうだな，日本でもし裁判になった場合に，キャラクターの抽象的な部分の類似性しかないと判断されそうだなっていうイラストもあると思うんですけども。実際，この事案が侵害訴訟として日本で裁判された場合

に，どのぐらいの範囲まで類似性が肯定できるんでしょうかという質問です。特にこの画像の図の 8 番とか 9 番もそうかな，右下のほうの画像って，だいぶ，具体的表現の共通性は低いように見えるんですが。この辺りまで日本法上，類似性の肯定が可能かという点，どう思われますか。

高野 類似性の判断をということで，感覚的には 8，9，10 辺りは，元の作品とは違うというのは私も同意します。よく見ると，ウルトラマンティガではなくて，ウルトラマンに似ているみたいな，何となくウルトラマン感があるものに，類似性があるような気がいたします。図 1，2，3，5，6 ぐらいまでは，ウルトラマンティガな気がしますが，図 4 とかは，単にウルトラマンっぽいだけな気もして，本当に〔著作物性が主張されている〕ウルトラマンティガと類似性があるのかというのは，実はよく分からないというのもあるような気がいたしました。

谷川（司会） そうだとしますと，「ウルトラマン」というキーワードを入力した場合でも，類似性の低いものも含めて生成されるわけですよね。この中国の裁判は，キーワードフィルタリングをせよ，つまり「ウルトラマン」というキーワードを今後受け付けないようにせよという請求になっていて，裁判所もそれを認めているんですけども，このキーワードを入力したときに類似性が低いものも生成可能だという場合，これは過剰差止めだっていう議論にはなってこないんでしょうか。

高野 キーワードフィルタリングというのが，著作権侵害を差し止めるために必要な措置だということになるかどうかということだと思います。例えば「ウルトラマン」って入れて，ほぼ 99 パーセント，全部ウルトラマンに類似した画像が出てくるのであれば，それは必要な措置と言えると思います。他方，ウルトラマンに類似した画像は半分しか出ませんでした，——この事案でしたら，多分，半分弱，ちょいぐらいが，類似性あるものだと思うんですけれども——半分弱ぐらいが，類似性のないものだとすれば，必要な措置とはいえ，過剰差止めになってくるのかなという気は，私はしております。ですので，結局は，割合の問題かなという気がしております。

谷川（司会） 仮にその割合が高いとしても，厳密に言うと，非侵害用途もあるわけですよね。そういったものをそもそも生成できないようにキーワード入力段階で全部，規制しちゃうと，かえって創作活動の萎縮というか否定というか，情報の豊富化という観点からはマイナスな気もするんですが，それはやむを得ないということですかね。

高野 そうですね。10 万枚生成したとして，ほんの 1 枚だけ類似しない画像が出力されるとして，これを差し止めると，その 1 枚に関する創作活動の萎縮は考慮しなくてよいのか，という問題ですね。その場合にはむしろ，著作権の保護の要請のほうが強ま

（シンポジウム）生成 AI と著作権法の現在地　　*129*

るっていうことで，多分，差止めを認めるか否かの中において，著作権者の利益と後続創作の利益を，その中でバランスしていくのかなというような感覚です。ですので，何パーセントならいいとかっていうのは，なかなか出てこないのかなという印象です。

谷川（司会） ありがとうございました。また今，画面のほうのスライドを切り替えてるんですが，今度は，髙野先生のご報告に含まれていた点について，柿沼先生にお伺いしたいという質問です。質問の趣旨は，このAIのモデルの中に，学習元の著作物がどういう状態で残っているかという点で，それが表現なのか，アイデアなのかっていうお話があったんですが。柿沼先生，この点はどういうふうに理解すればよろしいでしょうか。

柿沼 AIモデルの中身が具体的にどういうものかっていうことが影響する論点って，かなり幅広いと思ってまして。例えば，学習に表現出力目的があるかっていう認定にもそこは影響しますし，今，おっしゃっていた，依拠性を判断するときにも，この学習モデルの中身がどういうものなのかが問題になります。あとは，こういう行為主体性を判断するときにも，髙野先生がご発表でおっしゃっていただいた，AIルートかどうかを判断するときに，モデルの中身を見るかっていう話があると思います。私は，個人的には，それらの各論点の検討においては，AIモデルの中身を見るべきだっていうか，AIモデルの中身によって判断すべきだっていうふうな考えでして。

具体的に言うと，画像生成AI，拡散モデルを念頭に置いてますけども。基本的には，拡散モデルの場合っていうのは，テキストと画像をセットにして学習をさせています。その場合，テキストと画像のペアっていうのは，すごい数あるわけですけども。どういう学習をさせているのかっていうことによって，要するに，既存の学習データが，そのまま出てきちゃうリスクって，かなり違うかなというふうに思ってます。

具体的に言うと，例えば，要するに一つのテキストから，一意に特定の画像が出てくるような学習のさせ方ってのはあるわけで。例えば典型で言うと，「ピカチュウ」というテキストと，ピカチュウの画像をセットに学習する場合ですよね。ピカチュウっていう言葉，造語なので，ピカチュウっていうとあの画像しかないですね。一方で，黄色い，かわいい，モンスターっていうテキストと，ピカチュウの画像をセットに学習しているという場合に，生成段階でピカチュウというプロンプトを入力しても，ピカチュウの画像は出てこないですね。当たり前ですけど，「ピカチュウ」というテキストを学習してないんで。

そういう意味で，あるテキストとある画像の結合の仕方によって，生成利用段階で学習対象著作物がそのまま出てきちゃうリスクが高いか低いか，相当，違うんじゃないか

なというふうに思ってまして。そういう意味で，そういう学習の仕方とか，実際の学習モデルが出てくる，生成物の中身を見て，依拠性の有無であったり，行為主体性の有無であったり，あるいは，表現出力目的の有無であったりを判断すべきだっていうのが，私の考え方です。

谷川（司会）　ありがとうございます。もう一点，髙野先生のご報告との関係で言うと，依拠に関して，主観説，客観説という議論がありました。そして，髙野先生は客観説でお話しいただいたんですけども，報告の中で，主観説の平嶋先生の見解のご紹介がありました。そこで平嶋先生から髙野先生に，何かコメントやご質問があればお願いします。

平嶋　依拠性について主観説，客観説に分けるということについては，先ほど髙野先生のご報告でも違う考えもあるかもしれないとおっしゃっていたということで，私も主観説的な立場ということで整理していただいていると思うのですが，自分も本当にガチガチの主観説であるのかというところについては，自分でよく理解していないところもあります。

ただ，もともとの入力をした人が，ある著作物についての認識がない状況で，例えば，プロンプトを入力したら，その著作物と同じようなもの，似たようなものが出てきたといったときに，そもそも，その著作物について全く存在を知らないという状況で，それをもって依拠性を肯定するということには，非常に躊躇があります。その点を考えると，髙野先生の振り分け方では，やはり客観的に他人の著作物を利用しているというところの事実以外の事柄も考慮するということになるので自分の立場も主観説に位置付けられるのかというように考えております。

個人的には，依拠性の評価というのは，なかなかこのように分けにくいのかなというようにも思っております。単に他人の著作物を利用しているという事実だけで判断するのでは広がり過ぎてしまう気もしますし，（生成AIについては）実際の処理というのは，先ほど説明しましたようにモデルにより行われる推論というところにも委ねられるわけです。モデルが作られる際に事前に学習されていた，いわば，そのモデルを作るに際して，ある著作物の何がしかの特徴がモデル形成に寄与していたということは確かであるとしても，そのことをもって，全くそれを前提としていない者が何らかの指示を出したというところをもって，依拠性を肯定するということはやはりなかなか難しいと思うのです。そこで依拠しているとする，まさにその依拠性が成り立つそもそも論として，何に対して依拠としているというのかという話になってしまうと思うのです。

さもなければ，そもそも著作権の侵害成立を考えるに際して，その保護されている著

（シンポジウム）生成AIと著作権法の現在地　　131

作物を使うという話とはちょっとずれてくるのかなというように考えておりまして，主観説の立場に完全に位置付けられないのかもしれず，髙野先生のレジュメで挙げておられる西田判事による説である，内容の認識と利用の意思という，この二つを個人的には厳格には必要ないかもしれないとは個人的には思うところもありますが，やはり何らかの程度の認識は必要ではないのかなという立場で考えております。

谷川（司会） 髙野先生，どうぞ。

髙野 主観説的な考え方と，客観説的な考え方はあんまり分けないとか，例えばその独自創作かどうかだけで判断するっていう立場が，多分，今まで主流なような気は私もしております。しかし，その依拠性が問題になるような，ハードケースがあるときに，何をもって依拠かどうかを定義しないで議論してしまうと，結局，反証可能性のないような議論になってしまうような気がしているので，私は，先に定義したほうがいいっていうモデルを提示している次第なんですね。

平嶋先生，おっしゃってくださったような主観説的な，ないしは利用の意思みたいなのが，利用の認識ぐらいまでは必要だっていうのは感覚的に，私も分かります。しかし，例えば中山先生の教科書にあったような事案で，コピー機を回していて，そこに関係ない著作物が1枚入ってきたときに，認識していないけれどもコピーをしてしまったとなると思いますが，この場合は，今のお話だと依拠性を肯定できないことになってしまうと思います。平嶋先生のお考えですと，この場合は依拠性を肯定しないという整理になるのでしょうか。

平嶋 自分もあまり整理はできていないと思うのですけれども，多分，コピー機での複製過程との違いが，まさに AI での生成プロセスの特異性というところにあると思うのですね。その発想とは，コピー機では，既に出来上がっている著作物を，機械的に複製して複製物を作るという過程であって，これは元の表現が複製によってそのまま出来上がるという過程です。そのような過程だと，それは多分，個人的な見解としても依拠性がないということにはならないという気がしています。

でも AI の生成のプロセスについても，同じようにそういう状態といえるのかという話なのですね。これは学習段階で入力された学習データが，そのままサムネイルみたいな形で保存されて構成されているみたいな理解がややもすればなされがちのようにも思うのですけれども，自分の理解している限りでは，現在の生成 AI のプロセスとは，そういうものではなく，トークンレベルというか，元の原画のデータとかは別のデータにばらばらに刻まれて，記号というか完全に別のベクトルデータにそもそも変換されてしまっている。

そういうプロセスで，表現としてもう完全に原形を留めない状態にばらされてから，モデルの形成に利用されて，結局，新たな推論の過程で使われているということを考えると，そこは既存のコピー機で混ざって，コピーがそのまま複写されるというプロセスとは全く違うプロセスを踏んでいるように考えますね。そこがこの問題の考え方の違いにつながる。コピー機の議論の前提で考えていくと，生成AIであっても，それも応用版であって同じじゃないのかという発想になると思うのですが，まさにそこのプロセス自体が違うのではないのかなというように自分では理解しております。

先ほど挙げた法制小委のペーパーでも，すごく違和感をもったところがあります。もちろん，いろいろな条件が付けてあって，一律にそうはならないという理解で，非常に慎重に書かれてはいるのですが，認識してないにもかかわらず，たまたま（同じような表現が）出てきたという場合であっても依拠性も肯定し得るとされる部分については，個人的にはすごく違和感をもったところです。生成のプロセスがかなり違うのではないか，（コピー機等を用いて）既存の著作物のコピーが出来上がる過程とは異なるのではないかという理解をしております。

髙野　ありがとうございます。私が提示したコピー機の事例は，AIの事例とは，全然違うという整理をされているということで承知しました。

平嶋　はい，違うのかなというのが。今理解している限りでは，そんな感じです。

髙野　ありがとうございます。

谷川（司会）　ありがとうございました。ここで登壇者への連絡ですが，会場からいただいている質問票について，今，コピー機が使えないそうで，急遽スキャンしたデータをメールでお送りいただいております。メールをご確認ください。さて，次いきますね。次は平嶋先生のご報告に対する質問です。ご報告の中で，生成AIによるアウトプットには選択の幅がないというお話しをされていましたけれども，プロンプト自体にも無数のバリエーションがありうるし，仮にプロンプトが同じであっても，そこから生成される結果にもだいぶバリエーションがたくさんあると思うんですよね。なぜ選択の幅がないということになるんでしょうか。

平嶋　たびたびすみません。これは，先ほども，ダーッと話してしまったので雑な説明になってしまいました。確かに，入力の段階では，入力する人がいろいろな，いかような形でもプロンプトを書けるわけなので，それは振れ幅としてはバッチリあるということだと思うのです。そこから先については，先ほども言いましたように，（AIの処理について）関数が作られているという前提で考えた場合ですけれども，その関数のモデルに従って，ひたすら処理がなされ，最適化されて，推論されて，その際に何がしかの

（シンポジウム）生成AIと著作権法の現在地　　133

分布に沿って，何かのデータがランダムで生成されて出てくるという，そういうイメージで考えているのですが，そういうふうに考えますと，選択するプロンプトの段階では幅があるとしても，結局，それは，出てくるものを作らせるという指示についての振れ幅であって，それとは，振れ幅としては，ある意味違うものが，出力として出てきているっていうことであるということですね。

　われわれとしては出力されて見ているものとは，一つしか，これしかないと思ってはいるけど，実はこれって，何らかの振れ幅の中でたまたまこんな表現ができうる中で，確率的な過程で生成されているといった発想です。われわれが現実を見ている感覚の世界と随分違う発想で，やってみたらこんなものが出来上がったようなことであると思います。

　そのように考えると，結局，プロンプトについての幅というものとしては，われわれには選択の幅はふんだんにあるけれども，でもそれが出力としてはどんな振れ幅でできるのという話を，指示した人間が確定できるのか——それをコントロールというと，また語弊を生んでしまうと思うのですけれども——というと，それは，振れ幅を自分で作るといった，入力した人間が選択しているという過程とはちょっと違う形でしかできないのであって，それは処理の中で出来上がってきてしまうものになるのかなというふうに考えています。

　そのように考えると，確かに AI は最初の入力を行う段階では幅があるとしても，出力についての幅も，入力によって決めている，決められるという話には必ずしもならないのではないかという理解をしております。ですので，例えば，われわれが自由に筆を持ってなんか書けと言われて書くっていう場合，これは，人間が自分で勝手に考えて決めることができる自由な振れ幅があって，選択の幅が無限にある中で決めていくという話になるのですが，（AIについては）入力してから先の流れは，ある意味で，人間はそんなに自由に介在できない形で，何らかの確率的な過程で，何か一つの出力がパッと出てくるというような構造になっているということで考えると，そこについての選択の幅は実はあまりないのではないかということで，人間は，そこは立ち入れない領域というか，モデル開発する人は多少調整できるのかもしれませんけど，いわゆる純粋なユーザでは，なかなか難しいのではないのかと考えております。それで，出力についての選択の幅はあまりないのではないかと考えた次第です。

　谷川（司会）　ありがとうございます。創作法的に選択の幅を考えますと，おっしゃったように創作じゃないということだと思いますけど，他方で競争法的に選択の幅を考えようという見解がありますよね。競業者に残っている選択肢が多ければ，別に 1 個

だけ独占してもいいんじゃないかということで，独占の範囲が狭い，弊害が少ないのであれば保護を認めようと。そのように考えて，選択の幅が広ければ保護しても構わないという理解でいくと，AI生成物の場合にはバリエーションがだいぶ残っているので保護してもよいような気もするんですが。そういう考えは取らないということですかね。

　平嶋　そうですね。競争法の中の選択の幅という話と，創作物が出来上がる過程における選択の幅の間の違いということだと思うのです。ですから，競争法の場合は，多分何らかのマーケットがあって，そこに何かの財というか，製品というか，サービスというか，そういうものを投入していくときの，その枠の中での選択の幅という話なので，多分，その幅の議論とはちょっと違ってくるのかなとも考えております。

　谷川（司会）　分かりました。ありがとうございます。さて，時間もありませんので，張先生のご報告のほうに移ってまいりたいと思います。張先生にお伺いしたいことは，まずは今のAI生成物の著作物性という点に関して，中国とアメリカの対照的な事例のご紹介をいただきましたけども，これは結局，事案が違うというよりかは，考え方が違うっていう整理になってくるんでしょうか。

　張　今の平嶋先生の話とも関係しますが，この「選択」というところについて，米国著作権局は，表現物に対する「予測（predict）」と「コントロール（control）」を重視しています。それを考えると，例えば中国の事案は，表現物を予測していなくても，結果物を見て気に入らないからもう一度プロンプトを変えて修正してみようという選択をすれば，それが著者が主体として選択をして，新たに創作を行ったことになりますが，米国著作権局の考え方としては，プロンプト修正を何百回繰り返したとしても，結果を予測してコントロールしているわけではないから，それは選択したことにならず，結果物の表現に直接関わるような選択行為ではないという考え方をしています。そういう意味では，人間が創作に関与しなければならないということは同じでも，どこまでを主体的な選択とみるかっていう話と，人間がツールとしてAIを使っているかどうかに対する考え方の違いに過ぎないと考えています。

　谷川（司会）　他方で，アメリカのZarya of the Dawnの事件もそうですけれども，編集著作物としての保護っていうのはあり得るということなので，AIが完全に100%作っちゃうと創作性はないんですが，AI生成素材を切り貼りして人間が作業をすると，そこには創作性が生じると，そういう理解になるんですかね。

　張　そうですね。あと，韓国の登録事案もまさにその類型で，素材そのものをAIが生成し，それらを選択配列したところに，人間の創作性が認められています。

　谷川（司会）　なるほど。現状どうなんでしょうかね，編集著作物を作らざるを得な

（シンポジウム）生成AIと著作権法の現在地　　*135*

いというのが正確なんですかね。つまり人間の意図がプロンプトで，一発で表現できないので，ちょこちょこと素材を出していって，組み合わせないといけないっていう今の技術的状況だと，編集著作物になると思うんですけども。将来的に技術が進展して，プロンプトとかで，思い描いたものが一発で希望どおりに完成品になって出ますというぐらいにまで技術が向上すると，むしろ著作権がない方向に行くっていうことなんでしょうね。

　張　今，「プロンプトエンジニアリング」というのが流行っています。望む結果を得るためには，こういうふうにプロンプトを書くといいですよというアドバイスだけでなく，実際，効果的なプロンプトを販売するサイトもありますので，まさにこれは著作権法で保護するのではない，別の分野の話になろうかと思います。

　谷川（司会）　わかりました。違う点で，EU の AI Act のご紹介があったんですが，これは地理的な適用範囲としては日本企業にも影響があるんでしょうか。

　張　EU の AI Act は，基本的に EU 域外の企業に対しても，EU の域内でサービスを行っていれば適用されるってものなんですね。2022 年に発効し，2024 から全面施行された EU のデジタルサービス法（DSA）とデジタルマーケット法（DMA）にも同様の規定があって，EU の域内でサービスを提供してるプラットフォーム，大体はアメリカの企業をターゲットにしていると思われています。EU の AI Act も同様だと思われます。

　谷川（司会）　これは実務をご担当されている柿沼先生への質問なんですが，そうやって EU とか諸外国で，地域的適用範囲を拡大するような法規制がある場合に，日本法のことだけを考えていれば済む事案っていうのは，どれくらいあるものなんですかね。

　柿沼　学習行為を行うときに日本の著作権法が適用されますかっていう質問は，よくあるんですよね。それは著作権法上は準拠法の問題なので，その話だと思います。今，先生のご質問は，例えば，準拠法がクリアできたとして，日本で適法に作りました，モデル作りましたと。ただ EU の AI Act，私の理解している範囲だと，それを使って EU 域内の人に対して，アウトプットを提供するみたいな話になってくると，EU の AI Act が適用されるって話になるわけなので。著作権法の準拠法とは全然違う問題，法律の目的が違うので当然かなと思うんですけど。海外に対して，そういうサービスをしようっていう大企業の場合は，そこも著作権の問題と全く別の問題として，よく聞かれるというか，非常に気にしているところではあります。

　谷川（司会）　そうすると海外の規制動向も気になってくるところです。EU でもオプトアウトが一部入ってたりしますけれども，そういった，例えば学習に許可がいると

か，あるいは補償金を払えといった形で金銭負担を課すという制度，国というのが今後，増えるかもしれません。張先生，そのように，例えば学習に対価を要求するような制度を今後考えていこうとした場合に，それって結局，大金を持っている大企業だけがデータを入手できて，小規模な企業はデータを使えないっていう意味で，だいぶ AI 開発の競争環境への悪影響がありそうだと思うんですけども。海外でもそういう議論はあるんでしょうか。

　張　AI の機械学習に関しての競争環境的な側面での意見はかなりあります。例えばフェアユース等を認めて，情報へのアクセスを民主化することで，中小企業や個人が AI 関連技術を開発できるようになると，それこそがまさに新たな競争を生んで，競争力を高めるという意見もあれば，逆に著作物を自由に使えるようになると，コンテンツ作成者に被害が及び質の高いコンテンツが生まれなくなり，結局大企業が提供する無料の平凡な質のコンテンツがあふれることになるので，それは競争を妨げるのではないかっていう，両方の意見が存在してます。

　谷川（司会）　ありがとうございました。それでは，会場からたくさん質問票をいただいていますので，時間が許す限りお答えしていこうと思います。まずは私のほうで全体への質問と書いてあるものをご紹介して，先生方のコメントをもらえればと思います。弁護士の壇俊光先生から，「今回民事の話を聞かせていただきましたが，著作権法は刑罰法規でもあります。著作権法 30 条の 4 で保護されない学習方法を用いた AI の制作者は，著作権法 119 条以下の罪が成立するのでしょうか？　その場合，故意が認められるにはどの程度の認識を要しますか？」という，刑法的な観点のご質問をいただいております。どなたか，もしご回答いただければ……柿沼先生とか。

　柿沼　Winny の壇先生ならではのご質問かなと思うんですけど。表現出力目的があって，特定の著作物を表現出力目的を持って，学習に使う場合は，それは故意があるんだろうなと思います。逆の局を言うと，そういう目的がなくて，大規模に普通に汎用的なものを作る場合には，そもそも 30 条の 4 の適用があるので，故意っていう話はないんじゃないかなと思われます。多分，先生がおっしゃってるように，30 条の 4 の適用がない場合において，故意がある場合と故意がない場合があるのかっていうそういうご質問なんじゃないかなというふうに思うんですけども。ほとんど一致してるんじゃないのかなっていう気は私はしてまして。

　つまり表現出力目的の場合は，30 条の 4 に適用されないですけども，その場合，故意があるってことになるでしょうし。あるいは，ただし書きに該当するような情報解析データベースのコピーってことになると，それはただし書きに該当するけど，当然，そ

（シンポジウム）生成 AI と著作権法の現在地　　*137*

れを認識して学習に使ってるって話になると思いますので，それも故意があるってことになるので。そういう意味では，もうほぼ同じ基準なんじゃないのかなっていうふうに思います。

谷川（司会） 壇先生のご質問には続きがありまして，Winny のような事案を想起させる質問なんですけども，「提供した AI を用いて，〔AI の利用者が〕他人の著作権を侵害するコンテンツを頒布した場合，AI の提供者が著作権法違反の共同正犯，幇助，間接正犯に問われる場合はあるのでしょうか？　どのような場合に成立するのでしょうか？」というご質問です。この点も回答いただけるでしょうか。

柿沼 あんまり今さっき言ったのと変わらないのかなっていう気もしてます。私が言ったのは，もちろん学習行為そのものについての著作権侵害の問題で，今，ご質問があったのは，利用者が生成したときに，学習者がそれに対して，どの程度の責任を負うのかっていう話かなというふうに思いますが。共同正犯ってことはほぼ，本当に意思を通じてやった場合は別ですけども，そうでなければないだろうなと思います。あとは幇助に該当するかどうかっていうことですけども，Winny の最高裁の決定を前提とすれば，これも学習が適法なのに，生成段階で AI 利用者がやらかしたときに，幇助になるかって言われたら，私は幇助には刑事上ならないんじゃないかなっていうふうに思っていますし，民事上の話はきょうのお話でもありました。

ただきょうは，機械学習段階のところでの話なので，幇助に該当するかどうかまでは，まだあんまり深い議論は，きょうはされていないと思いますけども，少なくとも刑事上は，そういうことを認識しつつ提供したってことでもなければ，幇助責任も負わないんじゃないかなっていうふうに今のところ考えています。

谷川（司会） ありがとうございました。ではあまり残り時間がないんですが，各先生，お時間の許す範囲で，各先生宛てのご質問へのご回答をいただければと思います（注：当日，時間の関係で回答できなかった質問の一部について，各先生には誌上回答で補足していただいた）。柿沼先生からどうぞ。

柿沼 奥邨先生からいただいた質問で，二つあるんですけど，時間の関係上一つだけ。ご質問内容は，プログラムの場合，機能の享受が，享受目的，要するに実行することだと思うんですけども，情報解析目的データベースの場合も，その機能は情報解析での効用なので，それを情報解析目的に利用することは同データベースの享受目的での利用じゃないかということですよね。前田健先生も指摘されていますが，ただし書きじゃなくて柱書きの問題じゃないでしょうかっていうご指摘ですね。そういう説があることを十分理解してまして，私が 4 象限やって，右下だけ緑にしたと思いますけども。要するに

あそこが緑の話じゃなくて，青というか，柱書きに該当するじゃないかっていう問題と思います。そういう整理も十分あるかなと。

　結論は，ただし書きに該当するから駄目だよって話なのか，本文に該当するから駄目だよって話なのかはあるかと思いますけど，結論は変わりないかなと思いますし，奥邨先生がおっしゃるような考えも十分あり得るかなと思います。以上です。

　髙野　もう一つ奥邨先生から私に質問をくださっております。抽象的なプロンプトでAIモデルからたまたま類似の画像が出てきた場合で，類似していることを認識して，画像を選択したという事例について質問をいただきました。このような事例について，私は客観説なので，依拠性を肯定しないほうが良いだろうという考え方なんですが，奥邨先生は依拠性を肯定されていて，どうだろうか，という質問です。先ほど，平嶋先生とやりとりさせていただいた中でも，私の問題意識を述べさせていただきました。奥邨先生のお立場は，依拠性要件の趣旨であるところの独自創作かどうかという観点を重視されていて，多分，独自創作か否かを総合的に判断するという考え方かと思いまして，そのような考え方も十分あり得るんだろうと思います。他方で，私は，独自創作かどうかの中身が，つまり，積極的にどういう状態があることを依拠と呼ぶのかというのを，ちゃんと考えたほうがいいのではないかと思っております。このように，奥邨先生と私でそれぞれの観点から依拠を考えているように思いますので，また色々ご議論させていただければと思います。ありがとうございます。

　平嶋　いずれも，簡単に申し上げると，小倉秀夫先生からご質問をいただいて，生成AIがたくさんいろいろなものを作ってきたときの成果物のうち，ごく一部を特定の思想・感情に達する手段として選んだ場合に，選択したアウトプットで出てきたものを選ぶということだけをもって，思想・感情を表現したと見ることが可能かというご質問をいただいております。多分，これは，先ほど報告では飛ばしてしまって，後半問題とだけ言って簡単に片付けてしまったところに絡むお話かなと思っております。基本的には，実際，そのような場合がどのぐらいあるのかということではあると思うのですが，生成AIにたくさん多様なアウトプットを作らせて，そのうち，何も考えないで適当にペラっと一つ選んだというぐらいをもって，創作的な表現がなされたと評価することは，なかなか肯定しにくいとは思います。

　ただ，一般論としては，出来上がったもの自体から何らかの一つを選定して，例えば今の自分がもっている特定の目的に合った，思想・感情の表現形態としてはふさわしいものを選び出してという過程が加わった上で，何か一つが確定して出来上がったということであれば，一応，理屈上は，そのような過程というかそのプロセスをもって，創作

（シンポジウム）生成AIと著作権法の現在地　　*139*

性が付与されているものとして評価することは可能ではないのかと思っております。もちろん，そのような場合とは，現実的にどのくらいあるのかという気もするのですが。ただ，そこは過程としては，単にAIで作ったデータを出しただけという話とは，ちょっと意味的に，法的な意味としては変わってくるのかなと考えております。

伊藤真先生からも，似たようなご質問かもしれないと思ったのですが，先ほど張先生が事例でご説明いただいたのとちょっと似たケースで，プロンプトを入れて，何回もプロンプトを入れ直して，結果的に画像のような何らかの表現が，AIによって出来上がってきたというときに，プロンプトとしては，言語の著作物になり得るということはあるのだけれども，画像については著作物にならないという考え方があることを示していただいて，それについて，どのようにお考えかということで意見を述べるようにというご質問をいただいております。ご質問では具体的にオートバイの写真に関する事件の裁判例も例示いただいているのですね。

多分これも，先ほどの小倉先生のご質問と近いところはあるかもしれません。プロンプトをいっぱい何回もくるくる回していって，結果的に出てきたそのものについては，先ほど，張先生からご紹介いただいたように，中国ではその点について肯定的に評価したという事例もあったようですけど。アメリカでは割とその辺は厳しく，何回もプロンプトを入れ替えてやったということだけで創作性が出てくるという話にはならないということでありました。個人的にも，この点については，プロンプトの入力頻度等だけで創作性を肯定することは割合に困難ではないかと思っております。ただ，これは，伊藤先生のご質問の趣旨として，プロンプトの回数を増やした，何回もやったということで著作物性が肯定されるのか，否定される方向にいくのかというご趣旨であるという理解を前提としたものです。加えて，さらに何らかの過程が入っていれば，著作物性が肯定される場合もあるのかどうかというご趣旨もおそらく含まれているのかとも思います。もちろん回数について追加的に何回も入れてやったということだけで，直ちに著作物性が肯定される方向へシフトするとは思えないのでありますが，先ほど言ったように，プロンプトを入れる行為だけではいかなる場合も著作物性は肯定されないというような極端な考え方ではないのでありますが，極めて難しいのかなと個人的には思っております。

ただ，プロンプトを入れていく回数だけではなくて，いろいろな入力内容を練っていく中で創作物を作っていくということで，創作的な機会がもたらされているものとして，評価し得るということもないわけではないのかなと思われます。そういう意味では，小倉先生の先ほどの質問に似ておりまして，著作物性の評価に及ぼす影響が全くゼロではないとは私も考えてはおりませんが，かなり限られた場合については影響するという印

象を持っております。すみません，質問の内容を正しく理解しているかどうか定かではないのでありますが，取りあえずお答えさせていただきます。

　張　上原先生からの，韓国の AI 制作コンテンツ表記義務法案に罰則があるかという質問です。現在の案には罰則は入っていません。表示履行義務と罰則を入れる方向で議論をしているようですが，最終的にどのような形で成立するか，そもそも成立するかは，今のところはまだわかりません。

　戸波先生からの，WIPO 実演レコード条約第 2 条の，「レコード製作者」規定を生成 AI に適用できるかという質問です。先ほど紹介しました有名な歌手の声を学習させて，その声を用いて別の歌を歌わせるという事例がたくさん生じていますが，そうやって歌わせたものは，歌手が，実際歌ってないので，「実演」に該当しないと思われます。そのため，著作権法上の実演家としての権利を行使できないので，諸外国では，パブリシティー権や不正競争防止法などでの救済を図っているところであります。ただ，「レコード製作者」規定からすると，実演の音の固定だけでなく，その他の音の固定も含みますので，歌手の実際の実演でなくても，「その他の音」を固定したことになれば，その結果物に対する「レコード製作者」にはなりうるのではないかと考えております。以上です。

　谷川（司会）　ありがとうございました。非常にたくさんの質問をいただいておりますが，なかなか時間の関係で，全部お答えできず申し訳ございませんでした。時間厳守とのことなので，以上でシンポジウムを終了いたします。本日はありがとうございました。

（シンポジウム）生成 AI と著作権法の現在地　　*141*

【論　説】

著作物の原作品と著作者人格権
──作者と作品との紐帯についての史的検討──

公立大学法人高崎経済大学経済学部教授　澤　田　悠　紀

序

　1886 年にスイス国ベルン（ベルヌ）にて創設された Convention de Berne pour la protection des œuvres littéraires et artistiques「文学的及び美術的著作物の保護に関するベルヌ条約」（以下，ベルヌ条約という）は，文字通り "œuvres littéraires et artistiques" の保護をその目的とする。フランス語におけるこの "œuvres" という語は，一般的に，英語においては "work"，日本語においては「作品」と訳されている。しかしながら，英語圏の著作権法の文言においては "work" の語があてられているところ，現行日本著作権法においては「作品」ではなく「著作物」という特殊な語があてられている。

　この「著作物」という語は，旧著作権法（明治 32 年（1899 年）制定）の起草過程においてベルヌ条約あるいはその基礎とされたフランス法における "œuvres" に対する適切な訳語が見当たらなかったことから造語されたものであることが各種資料から明らかである。この造語により，ベルヌ条約における "œuvres littéraires" には「文学的著作物」"œuvres artistiques" には「美術的著作物」という語が，其々あてられることとなった。

　では，現代の著作権法研究においてこの「著作物」が指し示すと解されている内容は，原語であるフランス語の "œuvres" が指し示す内容と，どれほど重なり合うものであろうか。特に，旧法制定の頃には未だ日本語世界において「文学」ほどには定着していなかった「美術」という語を含むところの「美術的著作物」については，当時の美学研究の状況に鑑みても，その解釈およびそ

著作物の原作品と著作者人格権　　143

の後の展開にやや心許なさをおぼえざるを得ない。はたして「美術的著作物」という造語の指し示す内容に対する作者の権利保護は,「文学的著作物」のそれと同様に把握されてきたのであろうかということが,特に「美術的著作物」と「美術の著作物の原作品」という語に接するにつけ,疑問となる。

本稿は,上記のような疑問にもとづき,ベルヌ条約が保護するところの"œuvres littéraires et artistiques" の指し示す内容について,その成り立ちを,特に作者と作品との紐帯の観点から検討する。検討を通じて,わが国における著作者人格権の解釈につき,一定の示唆を得ることを目的としている。

I 「自由のわざ」と「手のわざ」

1 古代:「自由のわざ（ARTES LIBERALES)」「手のわざ（ARTES ME-CHANICAE)」

ベルヌ条約の名称にある œuvres littéraires および œuvres artistiques の歴史を遡れば,古代ギリシアの神話まで辿り着く。

ギリシア神話にはさまざまな説があるものの,日本において比較的よく親しまれるヘシオドス『神統記』[1]によれば,パルナッソス山に,アポロンにより主宰されるゼウスとムネモシュネーの9人の娘たちが居た。その9人の娘達はミューズ神と呼ばれ,ローマ時代には,それぞれの神が特定の分野を司ると解されていた。

この9人のミューズ神それぞれの名前とその司る分野は,カリオペー（叙事詩),クレイオー（歴史),エウテルペー（叙情詩),タレイア（喜劇),メルポネー（悲劇),テルプシコラー（合唱・舞踊),エラトー（独唱),ポリュムニアー（讃歌),ウーラニアー（天文）である。ここに,現在わが国著作権法が保護の客体とする「文芸,学術,美術又は音楽の範囲に属するもの」（2条1項1号)[2]のうち,「文芸」「学術」「音楽」の範囲に属するものが含まれているものの,いわゆる「美術」の範囲に属するものは含まれていないことが注目される。

古代ギリシアにおいて,教育はパイデイアとテクネーと分かれていたとされる[3]。前者パイデイアは自由人のための教育であり,後者テクネーはラテン語の

アルス（ars）に相当し，主として手のわざに関するものであった。プラトンによれば，パイデイアは，国家を統治する哲人のための教育である。ミューズ神の司る分野すなわちムーシケーは，このパイデイアの準備段階としてのプロパイデイアにおいて重要なものと位置づけられる。プロパイデイアを身につけた自由人のための教育としてのパイデイアは，ローマそしてキリスト教へと受け継がれ，自由のわざ（artes liberales）として，現在の大学教育における教養教育（liberal arts）の範とされる[4]。他方のテクネーは，手のわざ（artes mechanicae）として，教養の外に位置づけられ，英語の technic の語源となる。

　現代において，自由のわざ（artes liberales）に由来する「文芸」「学術」「音楽」と比べ，手のわざ（artes mechanicae）によるもの，すなわち家具や建築などについては，これを著作権法上いかに評価すべきかが，特に意匠法との棲み分けの問題等と相俟って，複雑な議論状況をみせる[5]。その議論の淵源を，じつは既にプラトンの時代に見ることができるともいえよう[6]。プラトンは『国家』[7]第10巻において，家具のひとつである寝台について，これを，神によるイデアとしての寝台，そのイデアを模倣する者により制作される寝台，イデアの模倣により制作された寝台をさらに模倣する者による絵画としての寝台，という三種に分類し，模倣者あるいは模倣という行為に対し，厳しい目を向けた[8]。ここでは，寝台も絵画も，ともに単なる模倣にすぎないとされているのを確認することができる。

　神話以来の長大な歴史を恐れずにまとめるならば，ギリシア・ローマの伝統において，現在「文芸」「学術」「音楽」の語により示されるものは，基本的に，神々の領域に由来する教養あるいは自由のわざ artes liberales とされる一方，「美術」の語により示されるものは，基本的に，模倣する手のわざ artes mechanicae として，長らくこれに対置されてきたということが可能である[9]。

2　中世：「わざ」の交錯

　古代ギリシアにおける自由のわざ artes liberales の典型としては，たとえば吟遊詩人の口承による『イリアス』や『オデュッセイア』が想起されよう[10]。

著作物の原作品と著作者人格権　　145

当時，詩は節をつけて唱われるものであり，吟遊詩人は竪琴で伴奏をしながら口承をした。竪琴を示す lyre（リラ）は楽器を示すとともに，英語の lyric（歌詞）や lyricism（叙情詩体）の語源ともなったように，文芸あるいは学術と音楽とは，常に密接な関係をもっていた。

　ところが，時代が下り，文字や音符，紙や活版印刷技術といったものが登場すると，自由人の口承が，手によって素材に刻まれるようになる。その初期の頃，すなわち，識字率の低かった時代においては，口承による表現は，なお民衆にとって重要な文化的ジャンルを構成していたと考えられる。しかし，手の技術が発達し，識字率が上昇すると，その無形のものと有形のものとの往来が増し，複雑な体系を作り上げることになる。その往来のなかから自由人の「手が記したもの（manu scriptus）」であるところの手稿（英：manuscript）や，汗水流しながら印刷機を用いて大量生産した書籍など，自由のわざと労働のわざとが，交錯する場面が多く見られるようになる。[11]

　中世においては，グーテンベルクの活版印刷技術による聖書の普及に始まり，絵画や彫刻や建築などにおいてもキリスト教文化の発展をみることになる。14世紀になると，キリスト教とは距離を置き，ギリシアやローマの伝統を再生させる運動，所謂ルネサンス運動が盛んになり，やがてバロックやロココというスタイルへと繋がってゆく。

　やがて 1563 年，フィレンツェにおいて，メディチ家により Accademia e Compagnia delle Arti del Disegno（英：Academy and Company of the Arts of Drawing）が設立される。Accademia とは，紀元前 4 世紀にプラトンがアテネにおいて開設した学園であるアカデメイアに由来するものである。すなわち，その語は，もともと哲学や数学や問答法などを学ぶ自由人の組織を指し示すものであり，すでにメディチ家は，15 世紀にはフィレンツェにおいて Accademia Platonica を開きここに文化人たちを集めていた。これにやや遅れて 16 世紀に設立されたのが，Accademia e Compagnia delle Arti del Disegno すなわち disegno のための Accademia ということになる。ここで「デザイン」と語源を同じくする disegno（線描）とは，絵画・彫刻・建築の三分野を示す

ものであり，arti del disegno とは，いわば「線描の技術」を意味した。この絵画・彫刻・建築という分類は，ジョルジョ・ヴァザーリ『画家・彫刻家・建築家列伝（LE VITE DE' PIU ECCELENTI PITTORI, SCULTORI E ARCHITETTORI）』（1550年）[12] 以来の伝統であるともいえる。この Accademia に属する画家および彫刻家は，1571 年に同業者組合から公式に解放され，従来は自由人のものであったアカデメイア，今日の日本語にいう「アカデミー」という職業的結束を得るようになる。

このような動きにおいて，徐々に，絵画・彫刻・建築などの手のわざ（artes mechanicae）を有する者の一部が，プラトンのアカデメイアに属していた自由人たちに近い立場を得るようになるのを見ることができる。

3 近代：「美しいわざ（BEAUX-ARTS）」の誕生

1747 年，フランスのシャルル・バトゥーは LES BEAUX-ARTS RÉDUITS À UN MÊME PRINCIPE と題する論考を著した。[13] この論考は，1750 年代にドイツ語に翻訳され，フランス本国以上に広く享受され批評の対象となり，西欧における統一的な beaux-arts 意識の形成に寄与したと考えられている。[14]

では，バトゥーが「唯一の原理に還元される（réduits à un même principe）」とした beaux-arts とは何か。フランス語において artes liberales は arts libéraux，artes mechanicae は arts méchaniques といわれる。バトゥーはここで，まず arts libéraux および arts méchaniques に属する「わざ」の分類をおこなったうえで，後者 arts méchaniques のうち，実践的有用性ないし欲求に仕えるものとの対比において，「快」への欲求に仕えるものがあることを示し，これを beaux-arts と表現した。すなわち，「わざ（arts）」という名詞に「美しい（beaux）」という形容詞を付加することにより，本来 arts méchaniques として arts libéraux とは対置されるべき技術のなかに，「美しいわざ」という領域を生み出したのである。

バトゥーの思想は，フランスにおいて影響力をもったのみならず，前述の通り，ドイツにも波及する。[15] 従来，18 世紀前半のドイツにおいては，artes liberales の直訳ともいえる freie Künste あるいは freie Wissenschaften の語が，自由（frei）な意思によるわざ（Kunst）として，機械的な手仕事（Lohnkunst）と対置されていた。[16]18 世紀後半においては，バトゥーの論考をきっかけとして，beaux-arts の直訳としての schöne Künste の語およびその概念が定着していったとされる。

　なお，バトゥーが「美しいわざ（beaux-arts）」概念の創始者とされる一方で，この時代，「わざ（arts）」という名詞に形容詞を付すことにより，artes mechanicae の中に何らかの特別な領域を創出しようとしたのは，バトゥーだけではなかった。たとえば，ヨーロッパ大陸のみならず，英国においても，arts にはさまざまな形容詞が付されている。1774 年，英国のジェームズ・ハリスは Three Treatises. The First Concerning Art, The Second Concerning Music, Painting and Poetry, The Third Concerning Happiness を著す。[17]ここで，ハリスは art について，生活に必要なものを作る necessary arts（必要技術）と，生活を快く（agreeable）する arts of elegance（優美な技術）とを分類したうえで，後者に，原題の通り「音楽，絵画，詩」を位置づけている。ここでは「絵画」が，伝統的に神々の領域に由来する「音楽」と「詩」と同等に並べられているのをみることができる。

　このようにして，伝統的に「自由のわざ（artes liberales）」とは対置されてきた「手のわざ（artes mechanicae）」のなかに，一部「美しいわざ（beaux-arts）」と称される領域が生まれる。この beaux-arts が，18 世紀のロマン主義思想と相俟って，やがて自由人の有する「自由のわざ」と並び称されるようになる。

Ⅱ　19 世紀フランスにおける「わざ（ARTS）」の保護

1　1791 年法・1793 年法と 1806 年法

　イタリアにやや遅れて，17 世紀フランスにおいてルイ 14 世は 1648 年に王立絵画・彫刻アカデミー（Académie royale de peinture et de sculpture）を設立した。そこで，artisan（熟練職人）もまた，従来の同業社組合とは別に，「ア

カデミー」という自由人の職業的結束を得ることになる。これは，16世紀フィレンツェにおいて Accademia e Compagnia delle Arti del Disegno が設立された歴史に似るものである。

このようにして，18世紀末までに，一部の artisan が自由人に似た地位を得るようになったことから，彼らを示す語として，artisan という名詞に「名高い illustre」などの形容詞が付されるようになる。その手法は，arts に beaux を付して beaux-arts という領域を創出した手法に似る。やがて「形容詞＋artisan」により示される者の社会的地位の向上および前述した「絵画」等 beaux-arts が「音楽」や「詩」と並び称されるようになったことなどに伴い，これらを担う人物を指し示す artiste という新たな語が出現することになる。

1762年『アカデミー・フランセーズ辞典（第4版）』は artiste を「知性と手の両方が協力する必要のある art の分野で仕事をしている者のこと（用例：画家，建築家は artiste である）。（かつては，特に，化学の操作を行う者について用いた）（用例：水銀を調合するためには，artiste でなければならない）」とし，1788年に発行されたヴァトレ『体系的百科全書（beaux arts 編）』は「詩人や音楽家は artiste とは呼ばない」としている。[18]

18世紀末の時点において，社会階層はいわば ① artes liberales（文芸，学術，音楽など）に携わる自由人 ② artes mechanicae に携わるものの自由人に類する社会的地位を得た artiste ③ artes mechanicae に携わる artisan という，いわば三段構造となったともいえる。その社会階層の上位二段すなわち①②に帰属する権利が1791年および1793年として立法化され，③に帰属する絹織物に携わる artisan らの労働争議の解決を発端として1806年法が立法化される。換言すれば，フランス1791年法・1793年法が，伝統的な自由人とそれに類する者の作品に対する権利を保護すべく制定されたところ，同法による保護からこぼれ落ちた artisan たちの権利を別途保護する必要性が生じ1806年法の制定に至ったともいえよう。この1806年法は，やがてフランス初の意匠法と称されることとなり，他方，1791年法・1793年法はフランス初の著作権法，ひ

著作物の原作品と著作者人格権　*149*

いては世界最初の著作権法とも称されるようになる。

2 「著述家」「作曲家」「画家および素描家」の法

バトゥーらの時代，すなわち，伝統的 artes mechanicae の中に artes libe-rales と同等に扱うべき beaux-arts の領域があるとの視点が生まれた時代に，フランスにおける最初の著作権法として知られる，1791 年 1 月 13 日法 （Décret du 13 janvier 1791。以下，1791 年法[19]）および 1793 年 7 月 19 日法（Décret du 19 juillet 1793。以下，1793 年法）が制定される。その後，1957 年に至るまでの約 1 世紀半，これらの法は大きな改正を受けることがなかったことから，この 1971 年法および 1973 年法は，今日のフランスにおける著作権制度の礎を築いたと評される存在となる[20]。このうち，1791 年法は演劇を客体とする法であるところ，1793 年法はより多くのものを客体とする包括的な法である。1973 年法の主な条文は次のとおりである。

> フランス 1793 年法　第 1 条
> あらゆるジャンルの著述家，音楽の作曲家，絵画や素描を彫られることになる画家および素描画家は，生涯にわたり，共和国の領土においてその作品を譲渡し，譲渡を許可し，頒布し，また，その財産をその全部または一部において移転するための排他的権利を有する。
> Les auteurs d'écrits en tout genre, les compositeurs de musique, les peintres et dessinateurs qui feront graver des tableaux et dessins, jouiront, durant leur vie entière du droit exclusif de vendre, faire vendre, distribuer leurs ouvrages dans le territoire de la République, et d'en céder la propriété en tout ou en partie.

> フランス 1793 年法　第 2 条
> 作者の相続人あるいは承継人は，作者の死後 10 年間，その権利を有する。
> Leurs héritiers ou cessionnaires jouiront du même droit durant l'espace de dix ans, après la mort des auteurs.

続いて，3条は官吏の権限について，4条・5条は偽造者に対する罰金について，6条は国立図書館への提出について定める。それに続いて，

> フランス1793年法　第7条
> 文芸または版画の作品あるいは他の全ての精神または天才による beaux-arts に属する制作物の作者の相続人は，10年間の排他的所有権を有する。
> Les héritiers de l'auteur d'un ouvrage de littérature ou de gravure, ou de toutes autres productions de l'esprit ou du génie, qui appartiennent aux beaux-arts, en auront la propriété exclusive pendant dix années.

と定められる。

　ここで，1793年法1条は，保護の主体として「著述家 les auteurs d'écrits en tout genre」「作曲家 les compositeurs de musique」「画家および素描家 les peintres et dessinateurs qui feront graver des tableaux et dessins」の三者を定めている点が注目される。現代の視点からは，「著述家」「作曲家」と並び称されるべきは artistes すなわち「美術家」あるいは「芸術家」であるとも考えられるところ，ここでは artistes という名称は用いられず，「画家および素描家」とされている。

　さきに確認した通り，1762年『アカデミー・フランセーズ辞典（第4版）』は artiste を「知性と手の両方が協力する必要のある art の分野で仕事をしている者のこと（用例：画家，建築家は artiste である）。（かつては，特に，化学の操作を行う者について用いた）（用例：水銀を調合するためには，artiste でなければならない）」としており，「画家」と並び「建築家」もまた artiste とされているものの，1793年法は「建築家」を保護の主体として挙げていない。また，さきに確認したジョルジョ・ヴァザーリ『画家・彫刻家・建築家列伝（LE VITE DE' PIU ECCELENTI PITTORI, SCULTORI E ARCHITETTORI）』（1550年）[21]以来，「絵画・彫刻・建築」は線描（disegno）のわざとして一体的に把握されてきたといえるものの，1793年法は「彫刻家」を保護の主体として挙げていな

著作物の原作品と著作者人格権　　*151*

い。すなわち，1793年法は，disegno に携わる者のうち「画家および素描家」のみを同法による保護の主体とし，「彫刻家」および「建築家」を保護の主体としていない点で，やや歪であるようにも見受けられる。

じつは，「彫刻」および「建築」が法の文言に姿を見せるのは，時代が遥かに下ってからのことである。しかしながら，1793年法の時点で disegno（伊）と語源を同じくする dessin（仏）を行う者としての dessinateur すなわち「素描家」が保護の主体として挙げられていることは，注目に値する。レオナルド・ダ・ヴィンチは人体解剖の素描技術を応用し建築設計図を完成させたと言われるように，ルネサンス以来，彫刻および建築は dessin（デッサン）による視覚的な試作の後に完成されるものとされていた。かかる認識に基づけば，1793年法が dessinateur すなわち「素描家」を保護の主体として示すとき，解釈上「彫刻家」および「建築家」もまた1793年法における保護の主体であると解する，あるいは条文を類推適用することも，必ずしも不可能ではなかったものと考えられる。

実際，1814年には，彫刻の無断複製が彫刻家の権利を侵害するかが破毀院において争われている[22]。パリの彫刻家 Romagnesi が制作したルイ18世の胸像の鋳型を用いて，Robin が新たな胸像を無断複製したことが，彫刻家 Romagnesi の権利を侵害するかが争われた本件において，破毀院は，彫刻もまた1793年法7条における「精神または天才による beaux-arts に属する制作物」に該当し，法による保護の客体となり得ると解釈し，当該無断複製を侵害行為と判断するに至っているのである[23]。

3 「美しいわざ（BEAUX-ARTS）」譲渡の法的効果

フランス1793年法1条が「画家および素描家」を保護の主体としているのは，当時，油彩画や素描は，版画により複製されることが主流であったためとも考えられよう。では，フランス1793年法の制定後，「画家および素描家」の権利は具体的にいかなる展開をみせたかといえば，じつは，20世紀に至るまで，その権利をめぐる記述も訴訟も，数としてきわめて少なかったことが，資

料からは窺われる。[24]

　そのなかで，1842 年における《ピラミッドの戦い》と呼ばれる絵画をめぐる事件（以下，〔ピラミッドの戦い事件〕とする）[25]は，その最初期のものとして貴重である。また，その破毀院判決は，連合部（chabmres réunies）によるものであることから，重要性が高いといえる。破毀院は次のように判示した。

> 絵画を製版により複製する権利（le droit de reproduire le tableau par la gravure）は，留保条件なき譲渡により譲受人に移転するさまざまな権利（droits）や裁量（facultés）のうちに含まれる。

すなわち，画家が特に条件を付さない限り，画家の複製権は，絵画の譲渡とともに移転するものとしたのである。

　画家の複製権を絵画の譲渡とともに移転させる構成は，当時の社会的要請からくるものと考えられる。美術の歴史においては，当時，製版による絵画の複製物はもとの絵画とは異なるひとつの作品をなしており，偽造にも剽窃にもあたらない，いわゆる sui generis な創作物であるとする捉え方が珍しくなかったとされる。むしろ，科学や芸術の振興のため，絵画の複製を容易にする制度が社会的に求められる時代であったとも考えられる。フランスのみならず多くの国々において，絵画の譲渡はその複製権の移転を伴うものと解され，当時，その旨を明らかにした国内法や二国間条約も少なからず存在していたことは，このような時代背景に鑑みれれば不思議なことではない。[26]

　しかしながら，フランスにおいては，当該破毀院判決の当初より，その判示が 1793 法の条文や体系に反するという批判があった。破毀院の判示に批判的な立場からは，次のような主張がなされる。すなわち，18 世紀のフランス社会においては，絵画に対し「画家および素描家」と「製版制作者」のいずれに優越的な権利を与えるべきかという議論が存在したところ，1793 年法は「画家や素描家」に優越的な権利があるとしてこの議論に終止符を打ったところにこそ，その存在意義があるとするのである。かかる立場からは，当該破毀院判

著作物の原作品と著作者人格権　*153*

決は，1793 年法の趣旨に反する判示をしたことになる。当時公刊された〔ピラミッドの戦い事件〕の判決文に付された解説（note）もまた同旨であった。同解説には，さらに，次のような記述もみられる。

> 絵画の所有者が，製版による複製権を画家が行使することを理由として，当該絵画を画家に引き渡すよう強制されることがあり得るとする者はない。画家は，売却に先立って製版を制作しておかなかったこと，あるいは素描を保存しておかなかったこと，あるいは所有者の意に反しなければ複製を行うことが出来ない事態を招いたことについて，自らその責任を負うべきである。財産と芸術家の名声という二重の利益について法がなすべきことは，芸術家の正式な同意なしにその作品が製版という方法により出版されるのを禁ずることが全てであり，法はそれを行った。したがって，絵画の所有者は，自由にその絵画を享受し，公衆に展示し，賃貸し，破壊することさえできる[27]。

　19 世紀後半のフランスにおいては，このように，絵画の所有者の有する propriété（財産権）の議論が盛んになる一方で，絵画に対する droit d'auteur（人格権）についての議論もまた同様に盛んとなっていた。絵画の所有者による改変や破壊は，画家の propriété ではなく droit d'auteur により制限されると考えられるなど，propriété と droit d'auteur が並存し補完し合う関係であることが確認された。Convention de Berne pour la protection des œuvres littéraires et artistiques の名称が，protection des œuvres すなわち「作品保護」を掲げ，propriété あるいは droit d'auteur を掲げていないのは，その議論状況の反映であるとも考えられよう。

　その後，フランスにおいて，絵画の譲渡はその絵画を複製する権利の移転を伴わないことが明文で規定されるには，1910 年の単行法律（以下，1910 年法）まで待つことになる[28]。1842 年の〔ピラミッドの戦い事件〕破毀院判決から 1910 年の法制定に至るまで，類似の事案を扱った裁判例がきわめて少ないことも手伝い，1910 年法については，これを，従来の裁判所の解釈を急変させるものと捉える学説もある[29]。もっとも，裁判例の少なさとは対照的に，じつは

絵画を複製する権利は「画家および素描家」に帰属し続けるとする規範は〔ピラミッドの戦い事件〕当初より多く存在していたとも考えられている。[30]同時に，作者の人格的利益を基礎とする権利についても，法において明文化されるには1957年まで長い年月を要したものの，19世紀後半にはすでにその議論が盛んになされていたことは，広く知られるところである。

このような経緯から，フランスにおいて1957年に作者の人格的利益について立法される頃には，beaux-arts に属する絵画・彫刻・建築といった artes mechanicae（手のわざ）に起源をもつ œuvres artistiques がその保護の客体として観念されていたのをみることができる。これら œuvres は，作者が汗水流して物的な素材に個性を刻み込んだ有体物としての絵画・彫刻・建築などを指し示すものである。すなわち，œuvres artistiques における œuvres とは，現行日本著作権法における圧倒的多数の学説において解されるような無体物たる「著作物」ではなく，第一義的には「著作物の原作品」であったと考えられ，その「著作物の原作品」に対する作者の人格的利益が，œuvres littéraires に対する作者の人格的利益と等しく重要なものとして観念されるようになったことこそ，作者と作品との紐帯の歴史において記念すべきことであった。

お わ り に

ギリシア・ローマの時代にまで遡る芸術の歴史は，著作権法および意匠法の歴史と表裏一体のものである。作者の歴史と作品の歴史とは互いに複雑に交錯しながら，ともに長い物語を紡ぎつづけてきた。その長い物語の一点に存在することを許された法学徒のひとりとして心に留めておきたいのは，これが，まさしく自由人に対峙する奴隷の立場の克服の歴史であり，集団的圧力に対峙する artiste や artisan の人格にまなざしを向けようとする不断の努力の歴史に違いないということである。公表権（18条），氏名表示権（19条），そして同一性保持権（20条）などは，このような長い歴史のなか生み出されてきた叡智の結晶として位置づけられるべきではなかろうか。

いまわが国では，著作権法および意匠法の解釈において，作品の美的特性を

実用目的から「分離」しようとしたり，作品の創作性を作者に与えられた「選択の幅」から判断しようとしたりするなど，さまざま新しい説が生み出されている。日々，我々の眼前にあらわれる学説や裁判例が，ギリシア・ローマの時代にまで遡る長い歴史における何を想起させ，我々をどこに向かわせようとしているのか。折に触れて，法学と美学の間を往来しつつ検討しつづけていきたい。

1) 廣川洋一訳『神統記』（岩波書店，1984 年）等参照。なお，ギリシア語名称のカタカナ表記は，一般的によく知られているものに従う。

2) 著作権法 2 条 1 項 1 号「著作物　思想又は感情を創作的に表現したものであって，文芸，学術，美術又は音楽の範囲に属するものをいう。」

3) 古代ギリシアにおける教育について，廣川洋一『ヨーロッパにおける学の生成』（東海大学出版会，1977 年），同『ギリシア人の教育：教養とは何か』（岩波書店，1990 年）等参照。また，プラトンによる教育論について，プラトン（藤澤令夫訳）『国家〈上〉〈下〉』（岩波書店，1979 年）；同『プロタゴラス』（岩波書店，1988 年）；同（森進一・加来彰俊・池田美恵訳）『法律〈上〉〈下〉』（岩波書店，1993 年）等参照。

4) 斎藤稔『人文学としてのアルス：西欧における人文主義的芸術の系譜』（中央公論美術出版，1999 年）等参照。

5) 拙稿「市立の美術館建築および庭園と著作者人格権」著作権研究 50 号（2024 年）は，知財高決令和 5 年 3 月 31 日〔町田市国際版画美術館事件〕について，このような観点から検討を行ったものである。

6) 「応用美術」概念をめぐる著作権法と意匠法の交錯についての私論として，拙稿「応用美術の西欧史的考察：諸技術の統合あるいは『美の一体性の理論』をめぐって」特許研究 63 号 45 頁以下（2017 年）。

7) プラトン（藤澤令夫訳）『国家〈上〉〈下〉』。

8) 著作物を無体物と捉える日本の著作権法における通説的見解は，プラトンのイデア論との親和性を示すものの，プラトン以降の思想と齟齬を生じている可能性がある。美術作品や建築作品の改変は無体物への侵害であるが，その破壊は無体物への侵害ではないとする現在の通説的見解は，1980 年代以前のドイツにおける通説的見解を基礎としているが，21 世紀ドイツの学説については，拙稿「建築作品の保存：所有者による通知の義務・著作者による取戻の権利」中山信弘・金子敏哉編『しなやかな著作権制度に向けて：コンテンツと著作権法の役割』（信山社，2017 年）において確認した。同様に，家具等の応用美術についても，日本が未だにいわゆるドイツ段階理論的なものに則るなか，ドイツは既に

これを脱却しているともいえる点で，状況は類似しているといえよう。上野達弘「応用美術の著作権保護：『段階理論』を越えて」パテント別冊 11 号（2014 年）も同旨。

9)　神々の領域に由来する自由人のわざも，汗水流して労働する手のわざも，ここでは，ともに artes と称されている。この時代における artes は，現代の日本語にいえば「技術」に相当するといえる。知的財産法において，このように artes を「わざ」あるいは「技術」とする読み方の名残として，特許法における prior art（先行技術）がある。

10)　ホメロス（松平千秋訳）『イリアス〈上〉〈下〉』（岩波書店，1992 年），同『オデュッセイア〈上〉〈下〉』（岩波書店，1994 年）参照。

11)　この交錯についての私論として，拙稿「自筆譜の価値と『著作者の意』」音楽芸術マネジメント 8 号（2016 年）51 頁以下。

12)　日本語版として，平川祐弘・小谷年司ほか訳『ルネサンス画人伝』『続　ルネサンス画人伝』（白水社，2009 年）参照。

13)　CHARLES BATTEUX, LES BEAUX-ARTS RÉDUITS À UN MÊME PRINCIPE（1747）. 日本語版として，山縣熙『芸術論』（玉川大学出版部，1984 年）。

14)　西欧近代における beaux-arts 概念の成立についての日本語による論考として，小田部胤久『芸術の逆説：近代美学の成立』（東京大学出版会，2001 年），久保光志「カントと『芸術作品』」『作品概念の史的展開に関する研究』（科研費成果報告書，1998）ほか参照。

15)　ルソー（増田真訳）『言語起源論：旋律と音楽的模倣について』（岩波書店，2016 年）等参照。バトゥーがルソーに与えた影響について，馬場朗「音楽表現と『自然』としての感受性：ルソーにおける音楽模倣論」美学藝術学研究 17 = 18 号 89 頁以下（2000 年）参照。

16)　カントによる自由のわざ（Freie Kunst）と報酬を目的とする手仕事（Lohnkunst）の分類について，IMMANUEL KANT, KRITIK DER URTEILSKRAFT（1790）43 節および 51 節を参照。日本語訳として，カント『判断力批判』43 節および 51 節を参照。日本語訳として，篠田英雄訳『判断力批判〈上〉〈下〉』（岩波書店，1964 年），宇都宮芳明『判断力批判〈上〉〈下〉』（以文社，2004 年），熊野純彦訳『判断力批判』（作品社，2015 年）がある。

17)　JAMES HARRIS, THREE TREATISES. THE FIRST CONCERNING ART, THE SECOND CONCERNING MUSIC, PAINTING AND POETRY, THE THIRD CONCERNING HAPPINESS（1783）

18)　この点についての日本語の文献として，アラン・ヴィアラ（塩川徹也監訳・辻部大介ほか訳）『作家の誕生』（藤原書店，2005 年）参照。

19)　詳しくは AUGUSTIN-CHARLES RENOUARD, TRAITÉ DES DROITS D'AUTEURS DANS LA LITTÉRATURE, LES SCIENCES ET LES BEAUX-ARTS I 301-316（1838）および MARIE-CLAUDE DOCK, ÉTUDE SUR LE DROIT D'AUTEUR 150-158（1963）参照。

20)　フランス革命期における作者の権利についてのまとまった研究として，Carla Hesse,

著作物の原作品と著作者人格権　　*157*

Enlightment Epistemology and the Law of Authorship in Revolutionary France, 1777 –1793, 30 Representations 109（1990）参照。特に 1791 年法および 1793 年法については，その 119-134 頁において詳細な検討がなされる。また，同著者による PUBLISHING AND CULTURAL POLITICS IN REVOLUTIONARY PARIS, 1789-1810（1991）も参照。革命期におけるフランスの著作権制度を英国と比較したものとして FRÉDÉRIC RIDEAU, LA FORMATION DU DROIT DE LA PROPRIÉTÉ LITTÉRAIRE EN FRANCE ET EN GRANDE-BRETAGNE: UNE CONVERGENCE OUBLIÉ（2004），これをアメリカ合衆国における権利保護制度と比較したものとして Jane C. Ginsburg, *A Tale of Two Copyrights: Literary Property in Revolutionary France and America*, 64 Tul. L. Rev. 991（1990）参照。なお，フランス革命期の著作権についての日本語による文献として，宮澤溥明『著作権の誕生：フランス著作権史』（日本ユニ著作権センター，1998）；石井大輔「音楽著作権についての歴史的研究：革命期から 19 世紀のフランスを中心に」情報知識学会誌 17 巻 2 号 87 頁（2007 年）；村田健介「フランスにおける所有概念の意義——著作者人格権の法的性質を題材として」（一）法学論叢 171 巻 6 号 39 頁（2012 年），（二）172 巻 3 号 37 頁（2012 年），（三）173 巻 4 号 76 頁（2013 年），（四）174 巻 2 号 61 頁（2013 年），（五）174 巻 4 号 80 頁（2014 年），（六）174 巻 5 号 54 頁（2014 年），（七・完）174 巻 6 号 60 頁（2014 年）等参照。

21）　日本語版として，平川祐弘・小谷年司ほか訳『ルネサンス画人伝』『続　ルネサンス画人伝』参照。

22）　破毀院 1814 年 11 月 17 日判決。Recueil général des lois et des arrêts（Recueil Sirey），1er série 1791-1830, 4e volume - 1812-1814.

23）　破毀院判決の詳細な検討については，RONAN DEAZLEY, MARTIN KRETSCHMER AND LIO-NEL BENTLEY EDS., PRIVILEGE AND PROPERTY, ESSAYS ON THE HISTORY OF COPYRIGHT（2010），244; STINA TEILMANN-LOCK, THE OBJECT OF COPYRIGHT: A CONCEPTUAL HISTORY OF ORIGINALS AND COPIES IN LITERATURE, ART AND DESIGN（2016）40-42 等参照。また，19 世紀フランスにおける彫刻の扱いについて，CLAIRE JONES, SCULPTORS AND DESIGN RE-FORM IN FRANCE, 1848 TO 1895: SCULPTURE AND THE DECORATIVE ARTS（2014）参照。

24）　1900 年前後のフランスにおける œuvres artistiques に対する権利についての体系書として：ALBERT VAUNOIS, DE LA NOTION DU DROIT NATUREL CHEZ LES ROMAINS: DE LA PRO-PRIÉTÉ ARTISTIQUE EN DROIT FRANÇAIS（1884）; EUGÈNE POUILLET, TRAITÉ THÉORIQUE ET PRATIQUE DE LA PROPRIÉTÉ LITTÉRAIRE ET ARTISTIQUE ET DU DROIT DE REPRÉSENTATION（1894）; CLAUDE COUHIN, LA PROPRIÉTÉ INDUSTRIELLE, ARTISTIQUE ET LITTÉRAIRE（1898）; ANDRÉ BALLET, LE DROIT D'AUTEUR SUR LES ŒUVRES DE PEINTURE ET DE SCULPTURE（1910）等参照。

25）　Ch. réunies, 27 mai 1842: DP 1842, 1, 297。第一審であるセーヌ大審裁判所，パリ高裁およびオルレアン高裁を経て，最終的に破毀院において判決が下された。

26) この点につき，1830 年代以降における国際的合意形成を，特に英国を中心として研究
した論考として，園田暁子「1830 年代から 1960 年代にかけての国際著作権法整備の過程
における著作権保護に関する国際的合意の形成とその変遷」知的財産研究所産業財産権研
究推進事業報告書平成 18 年度（2007 年）参照。

27) Ch. réunies, 27 mai 1842: DP 1842, 1, 297, note.

28) 1910 年法について紹介した，野村義男『著作物論百考』（著作権資料協会，1969 年）
184-185 頁参照。

29) LAURENT PFISTER, L'AUTEUR, PROPRIÉTAIRE DE SON ŒUVRE 650 （1999）等参照。

30) LAURENT PFISTER, L'AUTEUR, PROPRIÉTAIRE DE SON ŒUVRE 650 （1999）等参照。

著作物の原作品と著作者人格権　　*159*

【論　　説】

著作者人格権の再構成[1]
――侵害要件の実質的解釈の試み――

南山大学法学部准教授　鈴　木　敬　史

I　は じ め に

　著作者人格権の侵害要件は，不法行為法上保護される人格権（名誉，プライバシーなど）と異なり，条文上，明確に規定されている。したがって，著作者人格権侵害の成否は，その条文の文言を頼りに判断すれば足り，保護法益や制度趣旨に立ち返った解釈論は低調であった。

　しかし，近年，著作者人格権規定を文言どおり解釈すると通常のインターネット上での言論が過度に妨げられてしまうとして，その保護法益に基づく限定解釈が主張されている。例えば，孫友容は，「……侵害の成否について明確な基準を示すためにも，著作者人格権と著作権の保護法益に関する考慮を法解釈の際に取り入れることが必要なのではないかと思われる[2]。」と述べる。また，長谷川遼は，より一般的に，「……著作者人格権の射程がどこまで及ぶのか……といった点については，条文の形式的な解釈から直ちに結論が導かれるわけではないように思われる。そうした論点の検討に際しては，著作者人格権の保護法益に立ち返えることが，多少なりとも意味を持つのではないだろうか[3]。」として，著作者人格権の保護法益を探求する必要性を論じている。

　もちろん，このような保護法益に基づく著作者人格権の解釈論は，近年になって初めて提示されたものではない。すなわち，従前より，著作者人格権（特に同一性保持権）の保護法益を「著作者の社会的評価」と解し，かかる法益をおよそ害しない行為――例えば，私的領域における改変行為や，活字に対して手書きで文字を書き加える行為など――は，著作権法 20 条 1 項における「改

変」に該当しないとする見解が見られていた。以下，これを「社会的評価説」とする。また近年では，（「著作者の社会的評価」を保護法益と捉えるものではないが，社会的評価説と類似の結論を導くものとして，）金子敏哉によって主張された「改変を認識できれば『改変』にあたらない説」が注目されている。そこでは，「同一性保持権侵害の要件としての『著作物の改変』に該当するためには，無体物としての著作物の改変，すなわち，著作物の表現（がどのようなものであるか）についての社会における認識を変化させる行為であることが必要と解すべきである。」として，具体的かつ明確な判断基準が示されている。

　さらに言えば，近時の最高裁判決も，これと似た方向性——著作者人格権の保護法益に基づいて解釈論を展開する傾向——を示したものと解される。すなわち，リツイート最判は，著作権法19条1項における「著作物の公衆への提供若しくは提示」に該当するのは同法21条以下の法定利用行為に限定されるか否かという論点につき，「著作者と著作物との結び付きに係る人格的利益を保護するもの」という氏名表示権の趣旨に基づいて，そうした限定を付す必要はない旨判示した。

　以上によれば，著作権法上の複数の論点において認められる「実質化傾向」が著作者人格権の侵害要件についても同じく妥当するように思われる。

　しかし，このような実質的解釈は，侵害行為要件以外においては試みられてこなかった。すなわち，著作者人格権侵害の要件としては，①著作者性，②依拠性，③著作物の類似性，④侵害行為該当性，⑤制限規定・適用除外規定への非該当性が挙げられるところ，④（および⑤）については保護法益に基づく検討がなされているのに対して，その他要件については，形式的判断が維持されてきたのである。例えば，条文上の根拠に乏しく，その基準が不明確としばしば指摘される③著作物の類似性要件についても，著作者人格権の趣旨は反映されていない。より具体的に言えば，「著作権侵害要件としての著作物の類似性」と「著作者人格権侵害要件としての著作物の類似性」とは同一の基準で判断されるという考え方（以下，この考え方を「類似性単一基準説」とする）が確立しており，著作者人格権固有の判断基準は示されていない。

著作者人格権の再構成　　*161*

しかし，「著作権侵害要件としての著作物の類似性」については実質的解釈が有力に主張されており，そこには著作権固有の考慮要素（著作権の保護法益・正当化根拠）が多分に反映されている[12]。そうすると，その解釈論は，保護法益が異なる著作者人格権には当てはまらないはずである。それにもかかわらず，類似性単一基準説が維持されているのは何故だろうか？

　このような問題意識に基づき，本稿では，次の問いに回答することを目的とする。「侵害行為要件以外の部分についても実質的解釈を行い，類似性単一基準説以外の考え方（便宜上，以下では「独自基準説」とする）を採ることはできないか」という問いである。結論を先に述べると，社会的評価説の立場から著作者人格権の実質的解釈を推し進めるならば，独自基準説は，決して背理ではない。そればかりか，（他の侵害要件の修正を前提とするが，）現代の著作物利用環境に照らせば，独自基準説を採用し，「著作者人格権侵害要件としての著作物の類似性」を「著作権侵害要件としての著作物の類似性」よりも緩やかに認めた方が望ましい。

　本稿は，これを論ずるにあたって，次のような構成を採る。まず，著作者人格権に関わる従前の議論を整理し，本稿の問題意識をより明確に示す（Ⅱ）。そこでは，形式的に類似性単一基準説が踏襲されてきたことにも理由があることを認めつつも，他方で，実質的解釈に基づいて検討を進めることにも積極的意義があることを論ずる。その上で，著作者人格権（に相当する権利）について，柔軟な実質的解釈が展開されている米国法を参照し，日本法への示唆を得る（Ⅲ）。その後，かかる示唆に基づいて日本法上の著作者人格権侵害要件（行為要件・類似性）について再考する（Ⅳ）。そこでは，「著作者人格権の実質的解釈」といっても複数の帰結があり得ることを指摘しつつも，独自基準説固有の効用を論ずる。そして最後に，以上を総括し，残された検討課題を指摘する（Ⅴ）。

　なお，本稿では，論述の便宜のため，日本法上の氏名表示権に関して「狭義の氏名表示権」「氏名不表示権」という語を用いる。前者は，著作権法19条1項が定める権利のうち「〔著作者の〕実名若しくは変名を著作者名として表示

〔する権利〕」をいい，後者は，同じく 19 条 1 項が定める権利のうち「著作者名を表示しないこととする権利」をいう。

II　従前の議論とその課題

1　従前の議論の整理

　従来，著作者人格権は，条文上明確に規定された文言を素直に理解することによって解釈されてきた。例えば，同一性保持権侵害要件としての「改変（20条 1 項）」は，原著作物の表現形式に変更を加えるあらゆる行為をいうと解されていた[13]。このような解釈は，「著作物に化体した著作者の個性（こだわり）」を保護するという趣旨に基づき，著作者の主観的意図を重視した著作者人格権を志向するものと整理できる[14]。これに対して，近年では，著作者人格権の効力が強すぎることを問題視し，その射程を狭める解釈論を提示する論者も少なくない。しかし，その大半は，権利制限規定・適用除外規定（19 条 3 項，20 条 2 項 4 号）の柔軟な解釈論を展開するものであって[15]，「表示」や「改変」といった侵害行為要件はなお厳格に解される傾向にある。

　また，「著作者人格権侵害要件としての著作物の類似性」は，（先述したように）「著作権侵害要件としての著作物の類似性」と同一の基準でもって判断される。すなわち，かつて同一性保持権侵害要件として最高裁判所（パロディ最判[16]・諸君最判[17]）が示した「本質的特徴の直接感得性」は，著作権侵害要件として最高裁判所（江差追分最判[18]）が具体化した基準と同一に解されている。そのため，著作者人格権侵害が認められるためには，少なくとも「被疑侵害言論において，原著作物中の創作的表現が使用・利用されていること」が求められる。

　しかし，これらの通説的な考え方（以下，便宜上，「伝統的通説」とする）を貫徹すると，次節で述べるとおり，不合理な帰結が生じてしまう。いま，これを明確にするために，2 つの仮想事例を提示する。

【事例 1】（X リポスト事例）
　写真家 A は，写真 α の著作者である。そして，写真 α の右下には，A の署名

が付されている。

　Bは，X（旧Twitter）に投稿された第三者による画像付きポストをリポスト（リツイート）した。当該リポストにより，写真αの下半分がトリミングされ，Bのタイムライン上ではAの署名が見えないようになっていた。

　もっとも，一般的なXユーザーは写真αをクリックすればトリミング前の写真全体を見ることができると理解しており，したがって，当該タイムラインを閲覧する一般のユーザーの普通の注意と閲覧の仕方を基準にすれば，写真家Aの著作者名表示があったと評価される。[19]

【事例2】（甚だしい改変事例）

　作家Cは，ポルトガル語で書かれた小説βの著作者である。

　翻訳者Dは，Cに何らの許諾を求めることなく，「小説βの日本語版」と称して，自己のブログにβ′を掲載した。β′は，インターネット上で広く拡散され，多くの日本人の知るところとなった。

　もっとも，Dは，βのストーリーのほとんど全てを大胆に変更しており，β′にはβの創作的表現が残存していないと評価されるものであった。他方，Cの氏名・βのタイトル・ポルトガルの出版社におけるβのウェブページへのリンクは正確に記されていた。

　このような事実関係に加え，βの原書が日本国内で販売されていないこと，および，ポルトガル語を正確に読解できる日本人はほとんどいないことから，日本における原書βに対する理解は，おおむねDによるβ′の内容に基づくものとなった。

　まず，伝統的通説にしたがって，これら仮想事例の帰結を考えてみよう。[20]

　【事例1】については，形式的には「著作者名の表示がされていない」「外面的な表現形式に変更が加わっている」状態が作出されているため，狭義の氏名表示権・同一性保持権の侵害がともに認められることとなろう。[21]著作者の主観的意図に反するか否かを重視する考え方の下では，被疑侵害言論に接する者の認識がどうであるかは重要でないからである（もっとも，従前の見解によっても，このような事情をも考慮した上で，19条3項や20条2項4号に該当するとして非侵害

との結論を導き得る)。

　他方,【事例 2】については,「著作物中の創作的表現」が用いられていないため,著作者人格権侵害が否定される。すなわち,原著作物 β のタイトルや出版社サイト上の情報は記載されている(加えて,抽象的なあらすじレベルでは β のアイディアが利用されているかもしれない)が,もはや β の創作的表現それ自体は残存していない。したがって,類似性単一基準説を前提とする伝統的通説の下では,こうした場合に著作権侵害が否定されるのと同様に,著作者人格権侵害も否定される。

2　課題の提示

　このような仮想事例に対する結論は,次の 2 点において,「伝統的通説は直感に反する帰結を導き出すのではないか?」という疑問を生じさせる。①著作物に関わる言論活動の萎縮を招くという点,②人格価値の保護が不均質であるという点である。以下,これらについて,より詳しく論ずる。

　まず,①著作物に関わる言論活動の萎縮が発生するのは,【事例 1】である。そこで問題となった行為は,SNS 上での通常の言論活動の一種であるリポスト行為であった。他者の創作した著作物を許諾なくアップロードした者は別論,それをリポストしたに過ぎない者に対して著作者人格権侵害の責任を負わせてしまうと,これらユーザーに不測の不利益を与えることにもなりかねず,SNS での言論活動が極めて萎縮させられてしまう。とりわけ,(前掲リツイート最判とは異なり,)一般のユーザーの普通の注意と閲覧の仕方によればトリミング前の画像と著作者名表示が看取されるという事実関係の下では,「著作者の社会的評価」には何の影響ももたらされず,ひとえに「著作者の主観的なこだわり」「不快感」が害されるにとどまる。一般不法行為法上,このような主観的利益の保護は「社会通念上許容される限度を超えた」場合に限ってなされる[22]ことに鑑みると,形式的な氏名不表示・改変によって直ちに著作者人格権の侵害を認める——より推し進めて言えば,著作物中の表現が用いられていることにより,著作者に不快感を抱かせる言論の規制が遥かに容易となる——制度に

は，疑問が残る。

　もっとも，このような帰結に対しては，被疑侵害行為によって害される著作者の利益と被疑侵害行為によって得られる利用者の利益とを衡量して，制限規定・適用除外規定（19条3項や20条2項4号）への該当性を柔軟に判断し，一定の場合には自由利用を認める解釈論や，19条1項の「表示」や20条1項の「改変」を限定解釈することにより著作者人格権の射程を定型的に狭める解釈論が提示されている。換言すると，従前の議論においても，この①著作物に関わる言論活動の萎縮という課題はある程度解消されている。したがって，本稿では，これを主たる検討対象とはしない（もっとも，②の課題の解決策を検討する過程で付随的に言及する）。

　他方，前節の【事例2】から生じる第二の疑問（②人格価値の保護の不均質性）は，なおも未解決の課題を提示する。まず，【事例2】では，「著作者の主観的なこだわり」や「著作者の社会的評価」への影響が大きい「甚だしい改変」がなされた場合であっても，著作物中の創作的表現が残存していないことにより，同一性保持権侵害が否定される。仮に，ほんの一部の改変という，著作者の人格的利益を害する程度が相対的に小さい場合には同一性保持権侵害が認められるのにもかかわらず，「甚だしい改変」があった場合にはそれが認められないというのは，バランスを失しているのではないか？　このように，②人格価値の保護の不均質性という疑問は，「法益侵害の程度に比例しない形で保護がなされる」ことを問題視する。つまり，著作者の利益に着目すると「等しきものには等しき扱いを」との原則が徹底されていないのではないか，という疑問が生じるのである。

　もっとも，このような考え方については，一般不法行為法による救済で対応を図れば十分であるとの指摘も考えられる。しかし，（A）（先述したように）著作者人格権の保護に比して，一般不法行為法上の保護が認められるためのハードルが高いこと，（B）不法行為法上の人格的利益保護が仮に認められたとしても，差止めの救済が得られるためには，さらに高いハードルを乗り越える必要があることに鑑みると，著作物に関して同等かそれ以上に著作者の人格価値

が損なわれる場合には，著作者人格権侵害として同様の救済を与えることが望ましい。[27)28)] すなわち，一般不法行為法上の保護に委ねるのでは，必ずしも，著作者人格権による保護と「等しき扱い」を与えたとは評価できないのである。

　以上述べたとおり，著作者人格権の伝統的通説に対しては，ベクトルの異なる２つの課題が指摘できる。すなわち，利用者の利益への配慮が不足しているという課題（①）と，著作者の利益が十分に保護されていないという課題（②）である。一見すると，著作者の利益と利用者の利益が対立関係にある以上，両課題を統合的に解決する方策はないようにも思われるかもしれない（従来，②の課題に焦点が当てられてこなかった要因の一つには，こうした理解があったのではないか）。しかし，①は侵害行為の射程が広すぎることを問題にしており，他方，②は侵害の客体が狭きに失することを問題としている点で，単純な対立関係にあるわけではない。[29)] 実際に，Ⅳにおいて論ずるとおり，理論的に一貫した形で両課題を解決することは可能である。

　ところで，②の課題は，「著作者人格権侵害要件としての著作物の類似性」要件について類似性単一基準説が採用されていることに起因するものである。しかし，既に述べたように，これまで類似性単一基準説がほぼ自明の前提であったため，この②人格価値の保護の不均質性という問題点については，ほとんど議論が存在しなかった。しかし，「著作物の創作的表現に著作者の個性が宿るのであるから，創作的表現が残存していないところには，保護される利益は認められない」という立場を採用するのなら別論，（社会的評価説のように）「著作者の社会的評価」に着目するのであれば，その利益状況は，著作物中の創作的表現が用いられているか否かで変わらないはずである。それにもかかわらず，類似性単一基準説が維持されてきたのは何故だろうか？　次節では，この点について詳細に検討する。

3　実質的解釈の積極的意義

　類似性単一基準説が維持されてきた理由としては，次のように３つ考えらえる。

第一の理由は，「著作物の類似性」に関して最高裁判例の用いた表現が，著作権と著作者人格権とで同一であるから，というものである。より詳しく述べると，最高裁判所は，同一性保持権侵害に係る事案についても，著作権侵害（翻案権侵害）に係る事案についても，「著作物の類似性」を問題とする事案においては，一貫して「本質的特徴の直接感得」という概念を用いている[30]。したがって，「著作物の類似性」要件は，著作権・著作者人格権とで区別しないというのが，最高裁判例の素直な解釈である。第一の理由は，以上の事実に基づき，類似性単一基準説を維持することの許容性を述べたものと位置付けられる。

　一方，第二の理由・第三の理由は，類似性単一基準説を維持すべきとする必要性に位置付けられる。その一つは，18条1項，19条1項，20条1項がいずれも，「著作物」を侵害行為の対象と定めており，かつ，2条1項1号において「著作物」は「創作的表現」であると定義されているから，少なくとも「創作的表現」が用いられていなければ条文上の侵害要件を具備しないという考え方である。このような考え方を採り，かつ，「著作権侵害要件としての著作物の類似性」要件について「創作的表現一元説」を採用する立場によれば，いずれの権利についても「創作的表現の共通性」が「著作物の類似性」の必要十分条件となる。これにより，結果として，類似性単一基準説が導かれる。

　最後に，第三の理由としては，類似性単一基準説を採用した方が効率的であるから，というものが考えられる。そもそも，著作権侵害・著作者人格権侵害は，どちらか一方だけではなく，同時に主張されることが多い。そうすると，両者で異なる基準を採用して侵害判断構造を複雑化させるのではなく，類似性単一基準説を維持して判断を一本化／単純化した方が，当事者の予測可能性を高め，かつ，裁判所の判断コストを削減するという点で，効率的である。したがって，仮に類似性単一基準説を維持した場合と独自基準説を採用した場合とで得られる関係当事者間の便益に大きな差がないのであれば，類似性単一基準説を維持した方が望ましい制度と評価できよう。

　以上のとおり，類似性単一基準説を維持することにも相応の理由があることが分かる。しかし，以下論ずるように，これらは決定的な理由と言えないので

はないか。

　まず，第一の理由に対しては，最高裁判所によって同一の用語が用いられているからといって，それらを同一に解す必要はない，という反論がなし得る。すなわち，そもそも「本質的特徴の直接感得」という概念は，それ自体から具体的な規範を導出し得るものではない。そのため，理論的には，この概念は，著作権事案と著作者人格権事案とで相対的に解釈することができるはずである。例えば，江差追分最判で問題となった権利については「創作的表現の共通性」が要求される一方で，パロディ最判・諸君最判で問題となった権利については，より緩和された要素の共通性で「本質的特徴の直接感得」性が認められるとの解釈も不可能ではない。

　また，類似性単一基準説を維持する必要性と位置付けられる2つの理由に関しても，反論が可能である。まず，第二の理由に関しては，（IVにおいて述べるとおり）「著作物」概念について「ひとまとまりの作品」を一単位とするという（著作権侵害要件の解釈の文脈で論じられてきた）見解に基づけば，「創作的表現の共通性」が認められなくてもよい，とする解釈も成立し得る。

　第三の理由に対しても，これが社会的な効率性を根拠とするものである以上，仮に「独自基準説を採用して得られる便益」が「類似性単一基準説を維持することによって得られる便益（当事者の予測可能性の増大・裁判所の判断コストの削減）」を上回るのであれば，類似性単一基準説を維持する必要はなくなる。そして，次に述べるとおり，現代の著作物流通環境においては，「独自基準説を採用して得られる便益——換言すると，類似性単一基準説を維持したことによって，保護されなくなる利益——」の総量が大きくなっているため，類似性単一基準説を放棄することにも一考の余地が認められる。

　そもそも，インターネットが広く普及し，そこでの即時的かつ大量の情報流通がなされている現代においては，大規模メディアを介する従来の情報流通環境とは異なる特徴が多々指摘されている。その一つとして挙げられるのは，一個人ユーザーの言論であっても他者の人格価値へ多大な影響をもたらす懸念が高まっている，というものである。インターネットを通じた情報流通が頻繁に[31]

著作者人格権の再構成　　*169*

なされることにより，社会にあふれる情報の総量が飛躍的に増大することとなった。また，ある一個人ユーザーの軽率な言論――従来の大規模メディアによる情報発信であればなされなかったような言論――であっても，直ちに世界中に拡散され得る。このような環境下では，他者の人格価値が害されるという帰結は，従来に比して，容易に，かつ，多様な形で生じうる。

　加えて，いま一つの特徴として重要なものに，これらの人格価値へ影響をもたらす言論が，必ずしも原著作物中の創作的表現を伴っているわけではないというものである。すなわち，インターネット上の言論の中にはリンク情報を提供しつつ，情報財それ自体は直接用いない――情報財はあくまでリンク先で提供されている――ことも少なくない。例えば，Twitter などのオンラインプラットフォームにおいては，（自ら著作物中の表現を提供することなく）著作物に関する情報をリンクによって特定した上で言論が展開されることも，一般的になされている。このような環境下では，「リンクや作者・タイトルによって小説を特定した上で，そのデタラメなあらすじを記載して，当該小説の作者を批判する」などといった方法で「著作者の社会的評価」が――インターネットの拡散能力によって，大々的に――変容させられることも珍しくないように思われる。換言すると，【事例2】のようなケースが実際に生じ，②人格価値の保護の不均質性という課題があらわになる可能性が，かつてよりも高まっているのである。

　このような現状に鑑みれば，「類似性単一基準説を維持することによって得られる便益（当事者の予測可能性の増大・裁判所の判断コストの削減）」が「独自基準説を採用して得られる便益」よりも上回ると単純に結論付けることはできないのではないか。リンクの重要性が増し，それに応じた法規制のあり方にも課題が指摘されている[32]現在では，類似性単一基準説を維持することを絶対的なテーゼとせず，より柔軟な解釈論も視野に入れた上で，こうした状況に適合的な解釈論を再検討することにも積極的な意義が認められるように思われる[33]。

4　検討対象および検討手法の提示

　以上の次第により，本稿は，著作者人格権規定の実質的解釈による（「著作物の類似性」要件も含めた）著作者人格権の侵害要件の再構成を目的とする。そしてそこでは，「実質的解釈」の手がかりとして，（かねてより重視されてきた）著作物利用者の利益ではなく，著作者の利益——著作者人格権の保護法益・正当化根拠——に着目する。

　ところで，著作者人格権の保護法益については既に多様な理解が提示されているところ，本稿は，「著作者の社会的評価」保護法制として著作者人格権を位置付ける見解——社会的評価説——に立脚する。その理由は，以下の2つである。第一に，ある規定の実質的解釈を行うにあたっては具体的な保護法益が措定される必要があるところ，現在の議論状況では，社会的評価説がこれに適している[34]からである。そして第二に，（紙幅の関係上，詳細な検討は別稿に委ねる[35]が，）「著作物に化体した著作者の個性」を保護法益とする既存の考え方では理論上・実際上の問題が発生するため，具体的帰結の妥当性という観点からも社会的評価説を採用することが望ましいと考えているからである。

　そして，このような立場から著作者人格権の実質的解釈を行うために，本稿では，米国法の議論[36]を参照し，そこから侵害要件の考え方についての示唆を得て，日本法の解釈論を展開する，というアプローチを採用する。というのも，米国における著作者人格権（Moral Rights）には，「著作者の社会的評価」保護という性質が強くみられること[37]，条文の形式的解釈ではなく保護法益に基づく実質的な解釈論が展開されていることといった，本稿の目的にとって好適な特徴が認められるからである。

　もっとも，一般に，英米法圏に属する米国は著作者の人格的利益保護に熱心ではないと考えられている[38]。そのため，著作者人格権を研究するための参照対象として不適切であるとの批判もあり得よう。しかし，たしかに米国著作権法において「"Moral Rights" として法定された権利」は脆弱であるものの，総体的には，概ね国際条約で要求された水準の保護を実現できている[39]。それゆえ，なおも参照に耐え得るように思われる[40]。

以上の次第により，次章では，米国における Moral Rights 保護を通じて「著作者の社会的評価」保護を実質的観点から行う際の理論枠組みを参照し，日本法への示唆を得る。

Ⅲ　米国における Moral Rights 保護

上記のとおり，本章では，米国における Moral Rights に係る議論を整理する。本稿の目的に鑑み，本章は次の構成を採る。

まず，米国法上の議論を参照する前提として，Moral Rights の保護対象・保護枠組みについて整理する (1)。なお，紙幅の関係上，本稿では，その目的上必要な限度での論述にとどめる。詳細は別稿を参照されたい。[41]

次に，著作権に基づく Moral Rights の保護が，通常の著作権よりも柔軟になされている状況を整理する。その上で，Moral Rights 保護一般について「著作者の社会的評価」保護という実質的考慮がどのように働いているかを分析する (2)。

もっとも，仮に「著作者の社会的評価」という保護法益への影響だけを考慮すると，Moral Rights は，通常の名誉権と区別ができなくなる。そうすると，"Moral Rights" として概念化する意義が相当程度減殺されかねない。米国では，このような問題を意識してか，「単なる人格的利益保護」と「"Moral Rights" による人格的利益保護」とを区別する議論がある。「Moral Rights としての人格的利益保護」を及ぼすことの正当化根拠論に基づき，Moral Rights 保護の範囲を限定するという議論である。この点については別稿で論じたが，本章および次章の議論に必要な範囲で，内容の重複をいとわず，再論する (3)。

1　米国における Moral Rights の概要

本節では，次節以下の分析の前提として，米国における Moral Rights がどのような特徴を有するのかを整理する。

ここで特に注目されるのは，日本法とは異なる 2 つの特徴である。すなわち，

米国における Moral Rights には，①保護対象，②保護方法において重要な特徴が認められる。

　まず，①保護対象について言うと，米国法上の Moral Rights は，「著作者の社会的評価」を直接の保護対象としているものと評価できる[42]。この点で，「著作物」の利用方法にコントロールを及ぼし，もって「著作者の個性」を間接的に保護するという日本の伝統的通説とは対照的である。

　そして，その保護は，"Moral Rights" という単一の権利によってではなく，複数の「著作者氏名のコントロール権」によって実現される[43]。すなわち，(1) 著作者であるという表示を求める権利，(2) 無名，変名を維持する権利，(3) 自身が著作者でない著作物について，自身が著作者であるとの表示を付されることを禁止する権利，(4) 自身が著作者である著作物について，他人が著作者であるとの表示を付されることを禁止する権利という 4 種の氏名コントロール権によって，「著作者の社会的評価」が保護されている。さらに，このうち，(3) の権利は，さらに次のとおり分節できる。(3) (a) 他人による氏名冒用を禁止する権利，(3) (b) 表現の改変によってその内容を正しく反映しなくなったものに，その著作者であるとの表示を付されることを禁止する権利である。このうち，(3) (b) は日本法上の同一性保持権に対応し，(1)，(4) および (2) の一部が日本法上の狭義の氏名表示権に対応し，(2) の一部が日本法上の氏名不表示権に対応する。

　もっとも，これら 5 種類の「著作者氏名のコントロール権」保護も，それぞれ固有の制定法上の権利によって実現されるというわけではない。これが，日本と米国とで大きく相違する，②保護方法に係る Moral Rights の特徴である。これをより具体的に述べると，次のように表現できる。

　米国法上は，日本の同一性保持権や氏名表示権のように "Moral Rights" として特定の権利を定めるというアプローチが（一部の例外を除いて）採用されていない。すなわち，視覚芸術著作物に係る特別規定（VARA（Visual Artists Rights Act））で保護される範囲を超えた部分においては，既存の権利など——著作権や不正競争法理，連邦商標法（Lanham 法）上の規律など——を活用し

著作者人格権の再構成　　*173*

て総体的に「著作者の社会的評価」の保護を図る，いわゆるパッチワーク形式の保護方法が採用されている。[44]

　そして，次節以下で詳論するとおり，こうした保護方法の特徴が，本稿における「実質的解釈」において重要になる。すなわち，仮に Moral Rights として固有の制定法上の根拠が存在するならば，権利概念の明確化に資する一方で，（日本のように）硬直的な適用に陥ってしまうかもしれない。これに対して，現実に米国法で採用されているように，「著作者の社会的評価」保護を本来的な目的とはしない諸権利・法理に基づく「著作者の社会的評価」保護がなされる際には，その保護法益・保護根拠に基づいて，合目的的な範囲で保護範囲（すなわち侵害要件）が調整される。これは，本稿が考究の対象としている「実質的解釈」と同様の発想に基づくものである。そのため，本稿において（法体系の異なる）米国 Moral Rights を参照することにも意義が認められる。

　次節以下では，Moral Rights 保護のあり方を整理し，かつ，判例や学説上の議論を参照することにより，米国法上の Moral Rights の保護範囲・正当化根拠について分析する。その上で，そこから得られる一般的・抽象的な示唆を提示する。

2　Moral Rights の保護範囲

　上述したように，米国では，「著作者の社会的評価」を保護するために，Moral Rights という固有の権利ではなく，様々な権利・法理が援用される。そして，その保護手段として重要なものに著作（財産）権がある。しかし，ここで援用される「著作権」は，もっぱら経済的利益保護のために用いられている著作権とは異なっている。というのも，複数の論者が指摘するように，著作権に基づく Moral Rights 保護は，たしかに「著作権」という権利を用いているものの，通常の著作権保護とは異質の考慮に基づいてなされているからである。

　例えば，*Hill v. Whalen & Martell* は，[45] 有名な漫画に登場する "Mutt" "Jeff" というキャラクター及びそのセリフの言い回しをもじって "Nutt" "Giff"

というキャラクターを利用したドラマにつき，著作権侵害が認められた事例である。しかし，被告は，たしかにキャラクター名やセリフの言い回しの特徴こそ盗用しているものの，原告漫画のプロット，出来事，詳細な特徴，グラフィックイメージについてまでは盗用していない。このように，*Hill* においては，一般の著作権侵害事例で求められるよりも抽象的な要素の共通性をもって類似性が認定されている[46]。Goldstein は，「原告漫画を模したことが明白な被告ドラマが放送されることによって原告が予期せぬ批判——例えば，被告に本件ドラマ放送の許諾を与えたとの誤解に基づく批判——にさらされるかもしれないという社会的評価に係る関心が，より直接的な経済的関心よりも重視された」ため，このような認定判断がなされた旨主張する[47]。

また，Goldstein は，*National Geographic Soc. v. Classified Geographic, Inc.*[48] を，消尽法理[49]の適用判断において社会的評価への影響が考慮された事例と位置付ける[50]。*National Geographic* において裁判所は，複数の号の原告雑誌を購入し，それらを裁断し，記事のテーマごとに綴じなおして再販売した行為が著作権侵害に該当すると判断した。しかし，単に経済的関心の保護のみに依拠するのであれば，合法に入手した原告著作物の複製物の販売をしているだけであるため，著作権侵害行為である「出版（to publish）」にも「販売（to vend）」にも該当しない。それにもかかわらず，本件で被告が新たな「出版」を行ったと評価されたのは，「被告販売品の購入者が元の著作物の形式について誤解し，それによって著作者の販売態様に対する社会的評価が歪められ得る」という事実が重要視されたためとの指摘がある[51][52]。

このような考慮は，フェアユースの判断においても見られている。例えば，*Salinger v. Colting*[53] は，J. D. サリンジャーによる「ライ麦畑でつかまえて（The Catcher in the Rye）」に依拠して続編（J.D. カリフォルニアによる「ライ麦畑をやってきて（60 Years Later: Coming Through the Rye）」）を創作したことが著作権侵害に問われた事例である。そこでは，フェアユース第四要素（著作物の潜在的市場または価値に対する利用の影響）の判断において，「続編を作らない権利」「二次的著作物にライセンスする権利」によって創作が動機付けられる旨

著作者人格権の再構成　　*175*

論じて，潜在的市場への影響があると判断した。[54] 伝統的にフェアユース第四要素は，功利主義的な著作権者の経済的関心を目的とする要素と考えられてきたところ，*Colting* で考慮されたこれらの権利は，より精神的な関心を多分に含むものである。[55] つまり，同判決は，自身の著作物の改変をコントロールするという精神的関心に基づいてフェアユースを否定する旨の判断がなされたものと位置付けられる。[56]

　以上を敷衍すると，次のように表すことができる。たしかに「著作権」というパッケージによって広く Moral Rights 保護がなされているものの，単純な著作権事案とは異なり，それらが経済的関心のみに基づいて適用されているわけではない。むしろ，多かれ少なかれ，「著作物の社会的評価」保護という見地から，不正競争法理に類する考慮に基づく侵害判断がなされている。そして，このような「著作者の社会的評価」に焦点を当てた Moral Rights 保護の実現は，不正競争法理（又は Lanham 法 43 条（a））が確立するに従って，その主軸をこれら法理に移すようになる。そこで，以下では，不正競争法理に基づいて「著作者の社会的評価」を保護する事例を参照し，そこで重視される考慮要素を抽出する。

　一般論として，不正競争という不法行為は，「種を蒔かなかったところから収穫してはならない」というエクイティ上の原則を基礎とする。[57] この原則から導かれる不正競争の準則は複数存在するが，Moral Rights 保護は，特に，虚偽表示による欺罔的取引の規制によって実現される。

　欺罔的取引とは，一般に，自己の商品，役務に関して，需要者を欺罔または誤導するおそれのある表示を付し，他者の営業上の利益を侵害することを言う。[58] ここでいう営業上の利益侵害は，顧客の奪取や実際の損害だけでなく，著作者の社会的評価への影響によっても生じ得る。[59] そして，著作者の社会的評価に係る利益侵害が特に問題となるのは，著作物に関する著作者氏名の虚偽表示の場合である。[60] 著作者としての将来の営業状況は，その性質上，当該著作者の過去の仕事として認められている著作物の内容，質に強く依存する。それゆえに，著作者に正当に帰属すべき社会的評価の同一性を保つという関心が，殊更に求

められるのである。

　そして，このような関心の下で Moral Rights 保護を実現した典型的な事例
として，*Prouty v. National Broadcasting Co.* が挙げられる。そこでは，（前
記 *Hill* と同様に，あくまで抽象的な要素が共通するにとどまる）原告作品のキャラ
クターを使用した被告による即興劇の放送が問題となり，次のような判示がな
された。

　　　本件放送において原告の許諾なしにプロット，小説の主要キャラクターを盗用
　　したこと，及び原告作品からの利用が著作物及び著作者の名声を害し，これが公
　　衆を誤導するような利用であることが示されれば，「不正競争」として知られる
　　分野で発展したエクイティ上の原則を適用することで，原告に救済が与えられる[62]。

　この判示によれば，不正競争法理に基づく Moral Rights 保護を受けるため
には，現実に「著作者の名声を害〔する〕」ことが示されていなければならな
い。そして，その必要条件として，「名声」の対象となる「著作者」が同定さ
れていることが求められる。換言すると，被疑侵害作品に接した第三者によっ
て，それを創作したのが誰であるかを（誤って）特定される状態になっていな
ければならない。以下，これを「著作者の同定可能性」とする。

　もっとも，「著作者の同定可能性」が求められるということは，必ずしも著
作者名義が付されていなければならないというわけではない。この点で象徴的
な事例として，*Fisher v. Star Co.* が挙げられる。そこでは，原告による著名
な漫画中のキャラクター名をタイトルに含め，かつ，原告キャラクターと似た
キャラクターが登場する漫画を原告の許諾なしに連載したことが問題となった。
しかし，被告の連載漫画において，原告の氏名はどこにも表示されていなかっ
た。このような事実関係の下でも，裁判所は，著作者の創作したキャラクター
名であっても，それが識別力を獲得していれば不正競争法理に基づく保護の対
象となり得る旨判示した。つまり，識別力を獲得したキャラクター名を通じて
間接的に「著作者」を同定できる場合には，直接的な著作者名の表示がなくて

著作者人格権の再構成　　*177*

も，なおも「著作者の社会的評価」は害されるとして，Moral Rights 保護が認められる。[64]

　ところで，先述した *Hill, National Geographic, Colting* を見ると，いずれの事実関係においても，（裁判所が直接認定しているわけではないが，）この「著作者の同定可能性」（および公衆の誤導による「著作物の内容等に関する誤認」）が認められ得る。このことは，著作権に基づく Moral Rights 保護事例が「不正競争法理に類する考慮」によって説明付けられることの証左と言えよう。

　ここで，米国における Moral Rights の保護範囲に関する判断傾向を整理すると，次のように表される。①まず，Moral Rights による「著作者の社会的評価」保護を実現する事例の中には，著作権に基づく保護がなされた事例であったとしても，「創作的表現」に至らない抽象度の高い要素の共通性で足りるとするものが存在する。そして，このような傾向は，学説上，「著作者の社会的評価」という法益に着目して，類似性の判断基準を実質的に修正したものと位置付けられている。②しかし，Moral Rights 保護事例は，このように類似性の判断基準を緩める一方で，まったく異質の考慮を（黙示的にであったとしても）侵害要件に取り込んでいる。すなわち，（通常の著作権侵害事例では要求されない）社会的評価の歪曲の影響を被る「著作者」が客観的に同定されることが求められる。ただし，この「著作者の同定可能性」は，必ずしも著作者名義による必要はなく，識別力を獲得した表示（著名なキャラクターやタイトルなど）による間接的な「同定可能性」で十分である。

3　Moral Rights の正当化根拠[65]

　先に述べたように，米国法上の Moral Rights 保護は，様々な法規範の組み合わせにより実現されている。そして，必ずしも著作物中の創作的表現を用いていなくても——例えば，著作物中のキャラクターしか用いていなかったとしても——，著作物の利用によって「著作者の社会的評価」が歪められるのであれば，Moral Rights 保護が認められる。[66]しかし，こうした傾向を貫徹すると，敢えて Moral Rights という概念を用いる必要はないのではないかとの疑問が

生じ得る。すなわち，「単なる個人としての社会的評価保護」で十分であり，「Moral Rights としての社会的評価保護」という概念を用いることは，屋上屋を架すにほかならないのではないか。

このような疑問に対しては，「Moral Rights としての社会的評価保護」は，通常の「単なる個人としての社会的評価保護」よりも容易に認められるという点で，区別の実益があるとの回答が可能である。すなわち，知的財産権（特に著作権）に基づく保護事例においては，通常の人格的利益保護事例に比べて，修正一条（表現の自由）の審査が類型的に緩やかになされる傾向にある。[67]それゆえに，社会的評価が変容させられる著作者にとってみれば，なお，「Moral Rights としての社会的評価保護」を求めることに積極的意義がある。

しかし，このような前提を踏まえると，次には，「単なる個人としての社会的評価保護」と「Moral Rights としての社会的評価保護」とをどのように区別するのか／そもそも，後者はなぜ厚く保護されるのか，という疑問が浮上する。換言すると，通常の人格的利益保護より容易になされる Moral Rights 保護がどのように正当化できるか，という論題が発生する。本節では，この点に関する議論を整理する。

Moral Rights としての保護の正当化根拠を考えるに当たって，第一の手がかりとなるのが，*Gilliam v. American Broadcasting Companies, Inc.* である。[68]同判決は，Lanham 法 43 条（a）によって（Ⅲ.1. で示した）「(3)(b) 表現の改変によってその内容を正しく反映しなくなったものに，その著作者であるとの表示を付されることを禁止する権利」を保護した初の事例であり，米国法上の Moral Rights 保護を拡張したリーディングケースと位置付けられている。[69][70]もっとも，Lanham 法 43 条（a）はあくまで出所混同惹起表示を規制する連邦商標法上の規定であって，「著作者」の保護も，「社会的評価」の保護も，少なくとも同規定の主目的ではない。それゆえ，それまでは承認されてこなかった——そして，条文上も明確ではない——「著作者の社会的評価」保護を新たに認めるにあたって，裁判所も，これを正当化するための説示を与えている。すなわち，同判決の法廷意見として，Lumbard 判事は，Lanham 法に基づく

著作者人格権の再構成　*179*

請求を認める理由付けとして，次のように述べる。

> アメリカ著作権法は，著作者の人格的な権利ではなく，経済的な権利の保護を目的としているため，現在成文化されたところによれば，moral rights は認められず，かつ，当該権利の侵害に対する請求の根拠を与えていない。しかし，米国著作権法の根拠として働く，創作に対する経済的インセンティブ論は，著作物の切除や著作者の金銭的拠り所たる公衆への虚偽表示に対して何らの救済を求めることができない，という帰結を導くものではない。裁判所は長らく，契約法理や不正競争法理のような著作権法以外の理論に基づいて，著作物の虚偽表示に対する救済を与えてきた。これらの判決は創作に対する財産権と表現しているが，それと同時に，歪められた形式で公衆に著作物を提示されないという著作者の人格権（author's personal right）も保護するものである。[71]

　この説示において，Lanham 法 43 条（a）に基づく著作者の人格的利益の保護も，著作権と同様の根拠——創作インセンティブ論——から説明し得ることが示唆されている。もっとも，前節までに見た Moral Rights の保護を，著作権の正当化根拠として有力に論じられている「狭義のインセンティブ論」[72]と同一の論理で正当化することは不可能であろう。というのも，「狭義のインセンティブ論」とは，概ね「著作権がない状態では，創作費用を投じて著作物を創作した著作者が，より安価になし得る複製・模倣行為（フリーライド）によって投資回収の機会を奪われてしまうため，結果として創作が過少になる。こうした不都合を回避するために，著作者に一定の排他権を付与し，創作のインセンティブを与えることにより，創作を奨励する」という正当化理論である。一方，Ⅲ.1. で見たように，Moral Rights は「著作者氏名のコントロール権」にとどまるため，模倣による不利益に着目する「狭義のインセンティブ論」では説明付けられない。したがって，Moral Rights 保護を創作インセンティブの観点から正当化するためには，また異なる論理付けが必要となる。

　この点について，*Gilliam* では，具体的にどのような意味で「創作に対する経済的インセンティブ論」による正当化がなされるのか明言されていない。一

方，学説上は，複数の論者が，それぞれ異なる観点から，概ね同一の正当化根拠を提示している[73]。すなわち，「そもそも，著作物に関する歪められた評価の帰属に反対できない——Moral Rights が保護されない——とすると，著作物の創作や公表に対して，負のインセンティブが生じ得る。例えば，将来的に誤った社会的評価が与えられるかもしれない，という不利益をおそれて，現在の創作・公表に躊躇するかもしれない。その結果，創作・公表が過少になされることとなってしまう。このような不都合を解消するために，Moral Rights 保護を認める——すなわち，著作物の創作・公表を躊躇わせる事情を排除する——ことで創作を奨励する」という考え方である[74][75]。著作権の正当化根拠として働く「狭義のインセンティブ論」が「創作の対価回収機会を付与する」という積極的作用によって創作を誘引する考え方であるのに対して，Moral Rights に対する上記正当化根拠は「創作・公表に起因する将来の不利益を取り除く」という消極的作用によって創作を誘引するものとして整理できる。この両者の相違を捉えて，本稿では，後者を「消極的創作インセンティブ論」とする。

　米国では，この消極的創作インセンティブ論的な発想を基礎として，Moral Rights が著作権と同様の機能を有するとの指摘がなされている。すなわち，一方では，自身の社会的評価の不当な歪曲に反対できることを通じて，Moral Rights が保護されない場合よりも多くの創作物が創作され，公衆に提供されるという，創作豊富化機能があると論じられる[76]。また，他方で，Moral Rights 保護によって公正な著作者名義の価値の維持・発展が担保されることで，創作豊富化だけでなく，創作の質の向上も期待できるとする論者もいる[77]。そして，こうした考え方に基づけば，「Moral Rights の保護は，創作の量／質の向上という機能を通じて，連邦著作権法の根拠として指摘される連邦憲法上の知的財産条項[78]の目的に奉仕する」と評価できる。すなわち，米国における Moral Rights が，著作権と同じく，連邦憲法に根拠を有する権利概念として位置付けられるのである。

　以上のとおり，米国における Moral Rights は，消極的創作インセンティブ論という帰結主義的な考え方を通じて，連邦憲法上の根拠をする権利として正

著作者人格権の再構成　*181*

当化し得ることが明らかになった。ここで本節冒頭の疑問に立ち返ってみると，こうした正当化根拠との接続性を欠く行為に対しては，Moral Rights としての保護の必要性が失われるため，どれほど「著作物」に関連して「社会的評価」が害されていようと「Moral Rights としての社会的評価保護」は認められるべきではない，との結論が導かれる。例えば，Goldman & Silbey は，著作物の利用によって著作権者の人格的利益が害される事案であっても，財産的利益の侵害は認められず，かつ，侵害を認めたとしても「創作インセンティブ」への影響が認められない場合には，著作権侵害を否定すべき——単なる人格的利益保護が及ぶ限度で保護が認められるにとどまる——旨論じている[80]。そしてそこでは，Moral Rights 保護が及ばない場合の最たるものとして，「著作物の著作者」としての人格的利益は害されない場合——例えば，（著作権を譲り受けた）写真の被写体の人格的利益が害される場合——が掲げられている。こうした議論は，主に著作権に基づく人格的利益保護の射程を限定するためになされている[81]が，その背景となる理論的根拠に基づけば，Lanham 法をはじめとする Moral Rights 保護一般に当てはまると評価できるだろう[82]。

4　日本法への示唆

　本章の内容をまとめ，かつ，日本法にも通ずる一般的・抽象的な示唆を検討すると，以下のとおりとなる。

　第一に，「著作者の社会的評価」という保護法益に基づいて実質的に侵害要件を解釈する傾向からは，次のような示唆が得られる。

　まず，米国法上，「著作者の社会的評価」保護が認められるためには，必要条件として「著作者の同定可能性」「著作物の内容等に関する誤認」が要求される。例えば，仮に社会的評価の帰属対象がそもそも不明確な——「著作者の同定可能性」が認められない——場合には，「著作者の社会的評価」への現実的な影響が認められず，保護の必要性を欠くためである。もっとも，この論理からすると，現実に「著作者の名声を害する」ことまで要求しない——「社会的評価低下のおそれ」が認められれば保護を及ぼす——制度を考えるのであれ

ば，現に「著作者の同定可能性」「著作物の内容等に関する誤認」が認められることまで要しないとすることもあり得よう。

　一方で，「著作者の社会的評価」への影響という観点からすると，著作物中の創作的表現があるか否かは問題とならない，という示唆も得られる。例えば，キャラクターのような抽象的な特徴の共通性にとどまっていたとしても，著作者の氏名が誤って付されている／そのキャラクターに識別力があって誰の作品かということが同定できる場合には，「著作者の社会的評価」保護という観点から，柔軟に Moral Rights の保護が認められる傾向にある。これをより一般的に言えば，「著作者の社会的評価」を保護法益にするという前提を採用した場合には，「具体的な創作的表現の共通性」が侵害要件となる必然性は認められず，したがって，そうした要件論を採用するためには保護法益外在的な考慮要素に基づく説明がなされなければならない。

　第二に，Moral Rights の正当化根拠に係る議論からは，次のような示唆が得られる。

　米国法上の Moral Rights は，そのパッチワーク保護という保護方法のゆえに，なぜ「著作者の社会的評価」保護のために著作権や Lanham 法の規律を援用してよいのかが問題となることがある。そして，これに理論的な説明を与え，かつ，「Moral Rights としての保護」の成否を判断するために，Moral Rights（としての）保護の正当化根拠に関する議論がなされている。そして，その上で，こうした正当化根拠との接続性が認められない範囲については，形式的に侵害要件を充足するとしても，保護を否定すべきと考えられている。

　そして，より具体的に言えば，米国では，著作（財産）権と Moral Rights とでは保護対象も保護方法も異なるが，いずれも「創作（および公表）の奨励」という一個の法目的の下で保護が正当化され得る。すなわち，「著作物に関する歪められた評価の帰属に反対できないとすると，著作物の創作や公表に対して負のインセンティブが発生する。こうした負のインセンティブを取り除くために，Moral Rights 保護を及ぼすべきである」とする，創作インセンティブを基軸とする正当化根拠論（消極的創作インセンティブ論）が展開されている。

著作者人格権の再構成　　*183*

その上で，この消極的創作インセンティブ論から保護を正当化し得ない——Moral Rights としての（加重的な）保護の成否が「著作物の創作・公表」に直接結びつかない——範囲については，Moral Rights としての保護を否定し，名誉権やプライバシー権に基づく保護のみが検討される。

次章では，以上の示唆に基づき，日本法の検討を行う。

Ⅳ　日本法の検討——著作者人格権の再構成——

前章までの議論を前提に，本章では，日本法の検討を行う。本章は，概ね，次の構成を採る。

まず，米国法からの示唆に基づき，「著作者の社会的評価」という法益を保護する制度として著作者人格権を再構成し，著作者人格権侵害の判断枠組みを提示する。その上で，これが条文（特に 20 条 1 項）の解釈論として成立し得ることを論ずる（1）。その後，この私見と従前の見解——とりわけ，保護法益に関して私見と共通項を有する社会的評価説——との比較を通じて，私見がどのような理論的意義を有するかを明確にする。この作業を通じて，両見解ともに理論的な正当性はあることを確認した上で，具体的帰結の妥当性という観点から検討すると私見の方が望ましい旨論ずる（2）。最後に，私見が伝統的通説に対しても優位性を有することを示すため，仮想事例の再評価を行う（3）。

1　私見の提示

（1）　著作者人格権侵害の判断枠組み

本節では，米国法から得られた示唆に基づき，著作者人格権侵害の判断枠組みを提示する。そしてそこでは，著作者人格権の保護法益・正当化根拠から保護の必要性が認められる範囲を画定し，その余の部分については保護を否定する，というアプローチを採用する。以下，保護法益論からの要請・正当化根拠論からの要請に分けて，改めて概要を示し，私見を提示する。

まず，保護法益論からの要請として，2 つの侵害行為要件が満たされる必要がある。「著作者の同定可能性」「著作物の内容に関する誤認」である。

先述したように，「著作者の社会的評価」を保護するという趣旨に鑑みれば，そもそも社会的評価の帰属先が特定できない——「著作者の同定可能性」要件を満たさない——場合には，当該法益が現実に害されることはないため，保護の必要性を欠く。例えば，著作者が誰か分からない態様で言論がなされている／改変後の作品が（原著作者ではなく）改変者のオリジナル作品として認識されているなどといった場合が，著作者の同定可能性要件を満たさない典型例である。もちろん，「著作者の社会的評価歪曲のおそれ」を保護するという立場から，著作者の同定可能性がなくても保護を及ぼすことは背理ではない。しかし，かかる保護を及ぼすことは，情報発信者に対する規制範囲を拡張することとなるため，両者のバランスを考慮した制度設計が求められる。この点，私見としては，現実の「著作者の社会的評価の歪曲」からの保護に焦点を定め，著作者の同定可能性が認められない場合には，著作者人格権（同一性保持権・氏名不表示権）[83] 侵害が認められないとする立場を採用する。[84] 次節において詳論するように，後続創作の保護という許容性の観点も考慮して他の侵害要件を検討した場合，私見の方が実効的な「著作者の社会的評価」保護に資すると考えられるからである。

　もっとも，ここで著作者の同定可能性を要求するということは，必ずしも，著作者名義を要するとか，本名が示されていなければならないということを意味しない。識別力のある著名なキャラクターやタイトルなどといった付随的な情報により客観的に「誰の作品であるか」が認識できれば十分である。また，著作者の本名をうかがい知ることができないとしても，インターネット上のハンドルネームやアカウント情報が同定できるのであれば，インターネット上の人格に対する同定可能性は認められるため，十分に保護対象たり得る。

　しかし他方で，「社会的評価」とはあくまで「社会から受ける客観的な評価」[85] を意味する以上，少なくともどこかの「社会（インターネット空間固有のものも含む）」で「著作者」として他者からの評価を受ける状態になっていなければならない。[86] 例えば，「著作者」がハンドルネームで活動しているからといって常に同定可能性が否定されるわけではないが，他方で，著作者が誰であるかを

知られないようにして（完全に匿名で）投稿された表現については，社会的評価の帰属先は存在せず，直接には「著作者の社会的評価」は害され得ない。このように「問題となった著作物の著作者」として社会における客観的な評価を受ける人格（評価の帰属先）が存在しない場合，保護されるべき「社会的評価」が認められないため，著作者人格権侵害が（狭義の氏名表示権も含めて）否定される。単に，一般不法行為法の文脈において（主観的な）名誉感情侵害の成否が問題となるにとどまるというべきである。

　以上に加えて，「著作者の社会的評価」という法益が侵害されるためには，「著作者の同定可能性」のほかに，「著作物の内容等に関する誤認」も認められなければならない。すなわち，社会的評価の低下までは要求しないものの，被疑侵害言論に接する者に誤った認識を抱かせ，もって「著作者としての社会的評価の同一性」を歪めることは必要となる。例えば，改変後の作品が原作の表現であると誤認させて「原著作者の社会的評価」を歪めた場合には（客観的には評価が高まるものであったとしても）同一性保持権侵害となり得るし，著作物に著作者の氏名を付さない／無関係の者の氏名を付して「真の著作者の社会的評価」の蓄積を妨害した——当該「真の著作者」が著作者ではない，という誤認を引き起こした——場合には狭義の氏名表示権侵害となり得る。他方で，一見して明白なパロディ作品のように，一般読者の普通の注意と読み方によれば原著作物の表現内容を認識できるような場合には，著作物の内容等に関する誤認は生じず，よって「著作者の社会的評価」という法益の侵害も認められないため，著作者人格権侵害は否定されるべきである。

　ところで，以上のように「著作者の社会的評価」に着目した要件論を展開する限りにおいて，著作物中の創作的表現が用いられているか否かは法益侵害の成否に影響しない。すなわち，上記2つの侵害要件を満たしている以上，著作物中の創作的表現が残存していたとしても，抽象的なアイディアの共通性にとどまっていたとしても，「著作者の社会的評価」への影響は等しく及ぶ。したがって，この時点では，創作的表現の共通性——あるいは，著作物の類似性——を著作者人格権の侵害要件とすることは，必然的な帰結ではない。この点

については，正当化根拠論からの要請といった議論や，（次節で扱う）保護の許容性という観点からの保護範囲の限定といった議論が関連する。

　そこで，次に著作者人格権としての保護の正当化根拠論からどのような帰結が導かれるか検討する。なお，米国法で整理した「消極的創作インセンティブ論」が日本の著作者人格権にも妥当することは自明ではない。もっとも，紙幅の関係上，本稿では「消極的創作インセンティブ論」による著作者人格権の正当化がなされることを前提に侵害要件論の検討を行う。「消極的創作インセンティブ論」の発想が日本著作権法とも整合的であることについては，別稿を参照されたい。[91]

　まず，「消極的創作インセンティブ論」について再論すると，この考え方は次のように要約される。すなわち，「将来の社会的評価歪曲のおそれ」という著作物の創作・公表を躊躇させるような事情を未然に排除することにより，創作豊富化や質的向上を促進する，という観点から「著作者人格権としての（加重的な）保護」が正当化される。そして，この消極的創作インセンティブ論を前提にすると，現在の保護と将来の創作・公表のインセンティブとの接続性を欠くときは，「著作者の社会的評価」という保護法益が侵害されるとしても，「著作者人格権としての保護」を及ぼす必要性が認められないため，著作者人格権の保護を否定すべき——もっぱら一般不法行為法上の保護に委ねるべき——と解される。[92]

　では，どのような行為が「現在の保護と将来の創作・公表のインセンティブとの接続性を欠く」ものと評価されるだろうか？　この点について，Goldman & Silbey は，典型例として，人格的利益の害される主体と著作者とが異なる場合を示していた——例えば，写真の著作物を改変することによって被写体の人格的利益を害したとしても（かつ，その被写体に著作権が移転していたとしても），Moral Rights 保護は否定される——。その趣旨をより一般化すると，「『自ら創作した著作物の著作者』としての人格的利益（社会的評価）」が害されないのであれば，創作・公表インセンティブへの直接的な影響が及ぶものではないため保護を否定する，ということができよう。

そして，こうした考え方を推し進めると，次のような場合にも「現在の保護と将来の創作・公表のインセンティブとの接続性を欠く」と考えられる。すなわち，自ら創作した著作物へ向けられた歪曲的表現ではない行為──例えば，ある作家について，その作品とは関係なく社会的評価の歪曲に繋がる虚偽情報を拡散する行為──は，仮に他の要件を具備していたとしても，著作者人格権としての保護を認めるべきではないと帰結される。便宜上，以下では，これを「著作物の同定可能性」と表現する[93]。例えば，無関係の第三者が創作した作品に著作者として氏名が表示されたことで「社会的評価」が害されたとしても，「『自ら創作した著作物の著作者』としての人格的利益（社会的評価）」は害されないため，「著作物の同定可能性」を欠くとして，同一性保持権侵害・氏名不表示権侵害は否定されることになろう。一方，著作者名や作品タイトル，作品情報へのリンクなどを用いて，当該著作者が創作した具体的な著作物を特定した上でなされる言論については，「著作物の同定可能性」は認められる。例えば，ある人が記者会見を開いて，他人の小説について自分が著作者である旨の虚偽の発表をしたら[94]，仮に創作的表現それ自体は用いられていないとしても（真の著作者の）狭義の氏名表示権を侵害することとなる。同じく，リンクにより著作者・作品情報を指摘しつつ，誤ったあらすじを述べる言論は，それによって当該著作物の内容に関する誤認が生じるのであれば，当該著作者の同一性保持権を侵害する。

　以上をまとめると，社会的評価説に立った上で実質的解釈を展開した結果，著作者人格権は，次のように再構成されるべきと考える。①著作者人格権侵害が認められるためには「著作者の同定可能性」「著作物の同定可能性」「著作物の内容等に関する誤認」が認められなければならない，②もっぱら保護の必要性という観点からは，「創作的表現の共通性」が認められなくても著作者人格権侵害を認め得る[95]。ところで，この②の考え方を採ると，後続創作の自由を過剰に妨げるのではないかとの批判が考えられる。こうした許容性の観点からの批判への応答は，次節において，従前の学説との相対比較を通じて行うこととする。

（2）　解釈論としての可能性──20条1項を中心に

前項では，著作者人格権の保護法益・正当化根拠に基づき，著作者人格権の再構成を試みた。本項では，こうした考え方が解釈論として成立し得るかについて，特に学説上議論の多い同一性保持権を中心に検討する。

そもそも，わが国における著作者の同一性保持権（20条1項）は，ベルヌ条約上の規律と異なり「名誉又は声望を害する」という基準を採用していない。一方で，実演家の同一性保持権（90条の3第1項）や名誉声望維持権（113条11項）については，明示的に，「名誉又は声望を害する」という要件を設けている。通説は，こうした立法形式に鑑み，著作者の同一性保持権の侵害（20条1項該当性）判断の中で社会的評価への影響を考慮する──「著作物の内容等に関する誤認」を要件として求める──ことに批判的である。[96] たしかに，20条1項の規定を形式的に解釈する──すなわち，「意に反して……改変を受けない」という規定を文言どおり捉える──のであれば，著作者の主観的意図を重視した判断がなされるべきである。

しかし，既に複数の論者から指摘されているとおり，現行法の規定においても，「著作物の内容等に関する誤認」要件を解釈論として導き出すことができる。すなわち，同条において改変が問題とされる対象は，「著作物の複製物」「著作物の原作品」ではなく，「著作物」という無体物，すなわち情報である。それゆえに，著作物に接する者による誤認が生じないのであれば，その者にとっての「無体物としての著作物（情報）」は改変されておらず，その同一性は保持される。このような解釈に基づけば，現行法においても，著作物の内容等に関する誤認という要件を導出し得る。[97][98] このような立場からすると，20条1項が「名誉又は声望を害する」という文言を用いていないことは，名誉声望維持権や実演家の同一性保持権と異なり，「社会的評価の低下」までは要求しないことを示すものと解される。

さらに，ここでいう「著作物」をただちに「創作的表現」と読み替えるのではなく，より抽象的な「作品（という情報）」と解釈すれば，著作物中の創作的表現の共通性を要求せず「著作物の同定可能性」で十分とする考え方も成り立

ち得る。すなわち，著作権侵害要件において判断対象とされる原告著作物の単位としては，「創作的表現」ごとに観念する見解（創作的表現説）と「ひとまとまりの作品」ごとに観念する見解（作品説）とが対立しており，「著作物の類似性」を実質的に解釈する立場からすれば後者の方が親和的である。[99] いま，ここで著作者人格権を実質的に解釈する際にも同じく作品説に立脚すれば，仮に創作的表現が用いられていなかったとしても，タイトルやリンクによってどの「作品」かが客観的に特定されている限り，被疑侵害言論に接する者における「無体物としての著作物──換言すると，特定の作品に関する情報──」は改変され得る。[100]

　なお，このような立論に対しては，「その著作物」という文言を採用している以上，「創作的表現」を用いていなければならない，との批判が考えられる。しかし，著作権法上，「著作物中の表現」を問題とする際には「著作物に表現された思想又は感情（30条の4柱書）」「著作物の表現（同条3号）」などといった文言が用いられていることに鑑みると，何らの限定もなく「著作物」と規定する20条1項においては，「創作的表現の共通性」が必然的に求められるわけではない。法の趣旨に照らして，「創作的表現の共通性」の要否が検討されるべきである。[101] 以上を敷衍すると，「その著作物」という語が用いられているからといって，ただちに「創作的表現の共通性」が要求されるという結論が導かれるわけではなく，ここに実質的解釈を容れる余地がある。そして，既述のとおり，本稿が試みる「実質的解釈」によれば，20条1項における「著作物」を「作品に関する無体的な情報」と理解することで，「著作物の同定可能性」で十分との解釈を導き出すことができる。[102]

　これに加えて，20条1項における「その著作物……の同一性を保持する権利」という語を「（同一性保持権侵害を主張する）著作者の著作物……の同一性を保持する権利」と構成することにより，「著作者の同定可能性」要件も現行規定の中に位置付けられる。[103] 例えば，自身の著作物を用いて後続創作がなされているが，もはや他人の作品として扱われている──「著作者の同定可能性」が認められない──場合には，「（原）著作者の作品に関する情報」の同一

性は害されていない，と解することも無理はないように思われる。

2 従前の社会的評価説との相対比較——私見の理論的位置付け

前節では，米国からの示唆に基づいて，保護法益・正当化根拠から演繹的に導かれる範囲で保護を及ぼすという実質的解釈を著作者人格権規定においても行い，一定の私見を提示した。本節では，従前の社会的評価説との関係において，この私見が理論的にどのように位置付けられるか——すなわち，従前の見解と連続性を有するのか／全く異質なものなのか，さらには，私見がどのような点でメリット／デメリットを有するのか——を明確にし，もって，現在の著作物流通環境ではどのように考えることが妥当か検討する。

侵害要件について従前の社会的評価説と私見とを比べると，第一に，その程度に差はあるものの，「著作物の内容等に関する誤認」を求めるという点について，一致が見られる。他方，①「著作者の同定可能性」を要求する点，②「創作的表現の共通性」を必要条件とせず「著作物の同定可能性」で十分とする点で，従前の見解と私見とは立場を異にする。以下では，まず，これらの相違点に着目して，それぞれの見解が理論的にどう整理できるか論ずる。

まず，①「著作者の同定可能性」の要否に関する相違点について検討する。

そもそも，先述したとおり，「著作者の社会的評価」という保護法益への侵害を厳密に求めるのであれば，「著作者の同定可能性」は最低限の要請とされるはずである。それにもかかわらず，従前の社会的評価説がこれを要求してこなかったのはなぜだろうか？

この点についてあり得る説明としては，「著作者の社会的評価」保護を実効せしめるために，「将来的な『著作者の社会的評価歪曲のおそれ』からの予防的保護」も著作者人格権の機能に含めた，との考え方が指摘できよう。例えば，社会的評価の帰属先が存在しない「著作者が誰であるかを知られないようにして（完全に匿名で）投稿された表現」については，表現に改変を加え，誤認を惹起したとしても，現実に原著作者の社会的評価が害されるとはいえない。したがって，私見によれば，著作者人格権による法的救済は得られない。[104] 一方で，

著作者人格権の再構成　　*191*

「その原著作物の著作者が，事後的に名乗り出て，正しい内容の下で『著作者の社会的評価』を得る」という利益を未然に保護することまで著作者人格権の本質的機能に含めるのであれば，同じく社会的評価説の下でも保護を正当化し得る。

　以上を敷衍すると次のように表される。すなわち，同じく社会的評価説を基礎としつつも，「著作者の同定可能性」要件を要する見解／不要とする見解のいずれも理論的に正当化できる。そして，前者は，現実に「著作者の社会的評価」が害されることからの保護を求める点で，将来的に「著作者の社会的評価」が害されることからの予防的保護を求める後者の見解よりも保護対象を限定したものと位置付けられる。もっとも，前者によっても，「完全に匿名」で投稿された著作物でなければ，著作者人格権の保護はなされ得る。例えば，いったんは著作者名を付して公表した著作物から氏名が切除されたときは，狭義の氏名表示権侵害を問うことができる。さらに，そうした（氏名が切除された）著作物に変更が加えられた上で「著作者の同定可能性」がない形で提供・提示された場合であっても，事後的に「著作者の同定可能性」を満たす情報が第三者によって付与されたのであれば，そのタイミングで，当該第三者に対して同一性保持権侵害を問うことができる。以上によれば，「著作者の同定可能性」を要求することによって保護対象が限定されるのは，「著作者が誰であるかを知られないようにして（完全に匿名で）投稿された表現」という限られた場合にとどまる。

　次に，②第二の相違点――「創作的表現の共通性」を求めるか，「著作物の同定可能性」で十分とするか――については，次のように整理できる。

　既に論じたように，保護法益・正当化根拠からの演繹的な議論によれば，「創作的表現の共通性」を求める必要性は認められない。一方で，後続創作の余地の確保という許容性の議論によれば，「創作的表現の共通性」を求める見解も，一定の限度で正当化し得る。そこでは，「創作的表現の共通性」よりも抽象的な「著作物の同定可能性」で十分とすると，不合理な帰結が導かれてしまう，と説明される。

まず，「著作者の同定可能性」を要求しない従前の社会的評価説について考えてみよう。このとき，仮に抽象的な「著作物の同定可能性」で十分とすると，他者の作品と類似のストーリーやタイトル，キャラクターなどを利用して，自らのオリジナル作品として発表した場合であっても，当該他者の同一性保持権の侵害が認められてしまう。この帰結は，典型的な後続創作を規制することにほかならず，表現・アイディア二分論の趣旨からすると，妥当ではない。したがって，「著作者の同定可能性」を不要とする以上は，「創作的表現の共通性」などといった要件を課すことで後続創作の余地を確保しなければならない。

　他方，私見のように「著作者の同定可能性」を要求した場合は，結論が異なるように思われる。というのも，先に規制すべきでないとした典型的な後続創作——後続創作者が「自らのオリジナル作品」として発表する創作——は，「著作者の同定可能性」要件または「著作物の内容等についての誤認」要件を具備しないため，「創作的表現の共通性」を求めずとも適法になし得るからである。そうすると，他の侵害行為要件において後続創作の余地が確保されているため，「著作者人格権侵害要件としての著作物の類似性」については，後続創作の余地に基づく制約が課されない。その結果，これを実質的に解釈し，正当化根拠から演繹的に導かれる範囲——「著作物の同定可能性」が認められる範囲——まで保護範囲を拡張することが許される。

　以上をまとめ，従前の社会的評価説と私見とを相対比較すると，次のように表される。

　まず，従前の社会的評価説と私見とは，侵害行為に対する理解自体は概ね共通しているものの，保護対象と保護範囲において，それぞれ広狭が異なる。前者によれば，保護対象が「将来的に歪曲され得る著作者の社会的評価」にまで拡張される一方で，保護範囲は「創作的表現が共通する範囲」に限定される。他方，後者によれば，保護対象は「現実に歪曲されている著作者の社会的評価」に限定される一方で，抽象的な要素しか共通していなくてもリンクやタイトルなどにより「著作物の同定可能性」が認められれば保護される点で，保護範囲は相当に拡張される。しかし，このような異同にもかかわらず，両見解は

著作者人格権の再構成　　193

いずれも「著作者の社会的評価」保護という根本的な趣旨から説明付けられる。したがって，両者のいずれが望ましいかについては，もっぱら具体的帰結の妥当性という観点から評価されることとなる。

そこで，本節の最後に，具体的帰結という観点から両見解を対比すると，以下論ずるように，私見の方が妥当なように思われる。

まず，両者を法益侵害の程度という観点から比較検討すると，次のように考えられる。第一に，（既に述べたように，）著作物中の創作的表現が用いられていたとしても，あるいは，タイトルやキャラクター，リンク情報などしか示されていなかったとしても，「著作者の社会的評価」への影響は等しく及ぶはずである。したがって，（「著作物に化体した著作者の個性」というレトリックを用いるのではなく，）「著作者の社会的評価」に着眼する見解に立ち，かつ，「等しきものには等しき扱いを」という原則を重視するのであれば，「創作的表現の共通性」を要求しない私見の方が望ましい。第二に，従前の社会的評価説固有の意義として掲げられる「将来的に歪曲され得る著作者の社会的評価の予防的保護」が達成できるという点は，さほど大きなメリットではないように思われる。というのも，先述したように，「著作者の同定可能性」要件を不要とすることによって予防的保護をしなければ著作者人格権の保護が与えられないのは，「完全に匿名で公表した著作物について，それが改変された後，事後的に著作者であると名乗り出る」といった限定的な状況にとどまるからである。そして，この「限定的な状況」は，（全くないとはいえないが）多くはないだろう。以上を要するに，法益侵害の程度という観点からすれば，私見を採る便益は大きく，かつ，従前の社会的評価説を採る便益は相対的に小さい。

また，現在の著作物流通環境に照らすと，なおのこと，私見の望ましさが際立つように思われる。Ⅱ.3. で述べたように，現在では，インターネット上のSNS等を通じた言論が一般化している。そしてそこでは，情報が瞬く間に拡散するという性質上，人格的利益が害されるおそれが常に付きまとう。一方，SNS上で交わされる言論の中には，リンクやタイトルによって作品を特定することによって行われる断片的な——すなわち，創作的表現それ自体を用いな

い——情報流通も珍しくない。このとき，「創作的表現の共通性」を求める見解に立つと，上記のような断片的な情報流通に対して十分な著作者人格権保護を及ぼすことができなくなる。このような状況に鑑みると，「将来的に歪曲され得る著作者の社会的評価の予防的保護」を犠牲にしてもなお，「著作物の同定可能性」で十分とする私見の方が，妥当な帰結を導き出せるのではないか。

以上をまとめ，Ⅰで設定した問い——侵害行為要件以外の部分についても実質的解釈を行い，類似性単一基準説以外の考え方（独自基準説）を採ることはできないか——に回答するならば，次のように言うことができる。著作者人格権を実質的に解釈した結果，類似性単一基準説を採らないという選択はあり得るし，「著作者の社会的評価」を保護法益と措定するのであれば，独自基準説の方が妥当である。

次章では，この私見が，（従前の社会的評価説だけでなく）伝統的通説との関係でも優位性を有することを，Ⅱ.1. で提示した仮想事例に即して論ずる。

3　仮想事例の再評価——実質的解釈の積極的意義・再論

Ⅱ.2. で述べたとおり，伝統的通説によると，次の2つの問題が発生してしまう。第一に，伝統的通説では，【事例1（Xリポスト事例）】のような行為まで侵害と判断されてしまい，自由な表現活動が幅広く委縮させられてしまう。そして，第二に，著作者の人格価値への影響が相対的に大きい【事例2（甚だしい改変事例）】のような場合にも，「創作的表現の共通性」が認められないことで著作者人格権による保護が否定されてしまい，法益侵害の程度に応じた人格価値の保護がなされなくなる。

これに対して，私見に基づいて各仮想事例を再評価すると，次のような帰結が導かれる。まず，【事例1】では著作者人格権侵害が否定される。というのも，一般のユーザーの普通の注意と閲覧の仕方によれば，画像に付された署名や改変前の表現を認識できるため，「著作物の内容等に関する誤認」が認められないからである。他方，【事例2】については同一性保持権の侵害を認めることができる。たしかに「創作的表現の共通性」は認められない一方で，著作

著作者人格権の再構成　*195*

者名・タイトル・リンクによって「著作物の同定可能性」「著作者の同定可能性」が認められ，かつ，「著作物の内容等に関する誤認」によって「著作者の社会的評価」の歪曲という結果をもたらすからである。[105]

　以上のとおり，私見によれば，【事例1】について自由な言論空間の確保という便益が，【事例2】について人格価値の比例的な保護という便益が得られる。換言すると，私見は，伝統的通説において生じる上記課題をいずれも解決できる。

V　残された課題

　本稿では，社会的評価説の立場から著作者人格権について実質的解釈を行い，「著作者人格権侵害要件としての著作物の類似性」要件について「創作的表現の共通性」を不要とする解釈論を展開してきた。これは，「著作者の同定可能性」「著作物の同定可能性」という2つの「同定可能性」概念を取り入れることを通じて，著作者人格権を著作権から切り離し，著作権法の中に再定位する試みと要約することもできよう。

　もっとも，こうした私見については，なお解決すべき課題が複数残されている。そこで，最後に，これを指摘しておきたい。

1　不法行為法上の名誉権法理との対話の必要性

　本稿で提示した解釈論を実務上運用可能なものとするためには，まず，以下2点において不法行為法上の名誉権法理の議論を参照し，要件論をさらに精緻なものとする必要がある。

　第一に，「著作者の同定可能性」に関する議論である。既述のとおり，これまでの著作権法学においては「著作者の同定可能性」を検討する契機に乏しかった。そのため，これがどのような場合に認められるのかが不明確である。これに対して，不法行為法上は，名誉権侵害の文脈でも，プライバシー権侵害の文脈でも，言論対象者の同定可能性に関する議論が蓄積されている。今後の検討においては，こうした議論を参照する必要がある。

第二に，本稿で提示した要件をすべて具備した場合，ただちに著作者人格権侵害を認めてもよいのかという議論である。例えば，私見を厳密に適用すると，「鈴木論文（本稿）は，金子説（前注（6））を全面的に支持するものである」とのコメントを第三者がSNSに投稿した場合[106]，同一性保持権が認められかねない（少なくとも20条1項には該当することとなる）。しかし，このような理解を推し進めると，要約の誤りや軽微なミス，気軽な感想などといった言論をなすことさえも厳しく制約するという不合理な結果を招来する。これに対して，同じく「社会的評価」保護を図る名誉権の文脈では，表現の自由の保障という観点から，複数の制限法理が確立されている。「著作物」ではなく「著作者の社会的評価」に基軸を求める私見においても，その現実的妥当性を確保するためには，これら制限法理を参照した上で，これを著作者人格権侵害要件の中で再定位する必要があるように思われる。そして，そこで参照すべき議論としては，例えば，真実性の抗弁・相当性の抗弁[107]はどのような範囲で認められるのか，いわゆる「公正な論評の法理」[108]がどのような場合に認められるのか，その他に名誉権侵害を否定する法理[109]は存在しないのか[110]などが挙げられよう。

2　「著作物の同定可能性」の具体化

　本稿では，「著作物の同定可能性」についても，なお検討すべき課題を残している。というのも，著作者人格権としての保護の正当化根拠から導かれた「著作物の同定可能性」要件は，なおも外延が不明確だからである。例えば，生成AIによって出力された作品について，ある画家の作風を捉えている——そのため，「著作者の同定可能性」は認められ，かつ，抽象的な意味での作品群の同定は可能である——ものの，当該画家による具体的な作品を特定するには至らない場合，「著作物の同定可能性」は認められるだろうか？

　この問いに答えるためには，消極的創作インセンティブ論の趣旨をより明確化することが求められる。すなわち，本稿では，「現在の保護と将来の創作・公表のインセンティブとの接続を欠く」か否か判断するために「著作物の同定可能性」概念を示したが，あくまでこれは，「消極的創作インセンティブ論」

からの要請を満足させる便宜的な基準に過ぎない。そのため，その精緻化にあたっては，「消極的創作インセンティブ論」の本旨に遡った検討が必須となる。こうした観点から，他の概念化の可能性をも視野に入れた上で，実務にも耐え得る具体的判断基準を提示すべく，検討を進めていきたい。

※　本稿の基礎となった，同志社大学知的財産法研究会での報告および著作権法学会研究大会での報告では，多くの先生方から貴重なご意見・ご教示を賜った。この場をお借りして感謝申し上げたい。

※　本研究は，JSPS 科研費 JP22K20095，JP23K12398，JST ムーンショット型研究開発事業 JPMJMS2215 の支援を受けたものである。

1)　本稿は，2024 年度著作権法学会研究大会における個別報告に加筆修正を行ったものである。なお，本稿に関する筆者の業績として，「米国における Moral Rights 保護──裁判例の観察による保護法益の抽出──」神戸法学雑誌 70 巻 3 号 181 頁（2020），「米国における著作物の第一公表の権利──学説の類型別観察による保護法益の抽出──」神戸法学雑誌 72 巻 4 号 1 頁（2023），「著作者人格権の正当化根拠論の実践的意義」コピライト 764 号 45 頁（2024），「著作者人格権の再構成に向けた序論的検討（1）──著作者人格権の現状と課題」富大経済論集 70 巻 1 号 61 頁（2024），「著作者人格権の再構成に向けた序論的検討（2・完）──著作者人格権の現状と課題」富大経済論集 70 巻 2–3 号 163 頁（2025）がある。以下では，上記各論文をそれぞれ，拙稿「Moral Rights 保護」，拙稿「第一公表の権利」，拙稿「正当化根拠論」，拙稿「序論的検討（1）」，拙稿「序論的検討（2・完）」といった形で出典表記する。

2)　孫友容「DX 時代における著作者人格権と著作権の役割分担論の試み──リツイート事件を契機に」田村善之先生還暦記念論文集『知的財産法政策学の旅』487 頁，501 頁（弘文堂，2023）。

3)　長谷川遼「著作者人格権の保護法益について」著作権研究 48 号 147 頁，147 頁（2023）。

4)　島並良「著作者人格権の客体」著作権研究 33 号 36 頁，41 頁（2008），小倉秀夫「著作者人格権」高林龍ほか編集代表『現代知的財産法講座 II　知的財産法の実務的発展』269 頁（日本評論社，2012）など参照。もっとも，その具体的な保護のあり方──換言すると，「著作者の社会的評価」をおよそ害しない場合がどのような場合であるか──については，論者によって差がある。

5)　例えば，中山信弘『著作権法』637–638 頁注 24（有斐閣，第 4 版，2023）（「……意に反する改変という条文の文言や立法経過との整合性を除けば，結論は極めて妥当なものであ

ると考えられる。」）参照。また，金子の見解に依拠して，同一性保持権と二次的著作物利用権（28条）との異同を説明するものに，谷川和幸「二次的著作物の原著作者の同一性保持権」川濵昇先生・前田雅弘先生・洲崎博史先生・北村雅史先生還暦記念『企業と法をめぐる現代的課題』707頁（商事法務，2021）参照。

6) 金子敏哉「同一性保持権侵害の要件としての「著作物の改変」――改変を認識できれば「改変」にあたらない説――」中山信弘＝金子敏哉編『しなやかな著作権制度に向けて――コンテンツと著作権法の役割――』375頁，376頁（信山社，2017）。

7) 最判令和2年7月21日民集74巻4号1407頁。

8) さらに，同最判における判示事項2――「同事案の事実関係の下では，著作者名を表示したこととはならない」とする判断部分――も，戸倉判事の補足意見と併せ読めば，「表示」という侵害行為要件を実質的に解釈したものと理解できる。すなわち，戸倉判事は，「リツイート者のタイムラインを閲覧するユーザーがリツイート記事中の表示画像を通常クリック等するといえるような事情がある場合には，これをクリック等して元の画像を見ることができることをもって著作者名の表示があったとみる余地がある（そのような事情があるか否かは，当該タイムラインを閲覧する一般のユーザーの普通の注意と閲覧の仕方とを基準として，当該表示画像の内容や表示態様，閲覧者にクリック等を促すような記載の有無などを総合的に考慮して判断することとなろう。）」（下線筆者）と述べ，社会的評価を目的とする名誉権侵害と同様の基準（「社会的評価の低下」が生じたか否かは「一般読者の普通の注意と読み方」を基準に判断される。最判昭和31年7月20日民集10巻8号1059頁［多摩の上海］など参照）をもって侵害成否を判断する旨示唆している。

9) 島並良「著作権制度の形式性と実質化傾向」コピライト757号2頁（2024）。島並は，同3頁において，著作権の実質的判断を「形式的判断を前提としつつも，さらに権利者側の事情，特に著作物の利用により著作権者の利益にどのような影響が及ぶかまでも踏まえた判断」と表現する。

10) 田村善之『著作権法概説』436頁（有斐閣，第2版，2001）（「……元の著作物の創作的表現が残存しない程度にまで改変が進んだ場合には，もはや別個独立の著作物となり，同一性保持権の埒外の問題となる。同一性保持権は著作物について認められる権利であり，あくまでも創作的な表現の同一性を保持することを目的としていると解されるからである。……結果的に，その範囲は著作権が及ぶ二次的著作物の範囲を画する類似性の範囲と合致する。」），上野達弘「著作権法における侵害要件の再構成（2・完）――『複製又は翻案』の問題性――」知的財産法政策学研究42号39頁，67頁（2013）（「……著作者の権利（著作権および著作者人格権）に共通して，権利侵害に当たる前提として，そもそも既存の著作物を利用したと言えるかどうかが問題になり，それは既存の著作物の創作的表現が残っているか（すなわち“創作的表現の共通性”＝類似性）という基準によって一元的に判断されるものと理解すべきなのである。」），金子・前掲注6）388-389頁（「まず従来の

通説と同じく，被疑侵害者の行為が，元の著作物に依拠して行われ（依拠），改変後のものに元の著作物の『創作的表現』が残存しつつも（類似性），その創作的表現に変更，切除等の改変が行われている表現についてのものであることは，本稿の見解の下でも 20 条 1 項の『著作物の改変』に該当する上での必要条件となる。」）など参照。

これに対して，島並・前掲注 4) 40 頁は，「著作者の社会的評価」という観点から「題号」という創作的表現に満たない客体の保護を正当化する。しかし，この見解は，あくまで類似性単一基準説を前提にしたものと解されよう。

11) これに対して，類似性単一基準説に疑問を提示する見解として，三山峻司「判批［雑誌「諸君！」］」中山信弘ほか編『著作権判例百選』174 頁，175 頁（有斐閣，第 4 版，2009）（「……〔表現形式上の本質的な特徴を感得させる〕という基準について〕著作財産権と著作者人格権（同一性保持権）の各々の侵害についての同じ尺度の基準として考えてよいかなどが検討されるべきである。」）参照。

12) 島並・前掲注 9) 6 頁参照。こうした検討を推し進めた見解として特に注目されるものに，髙野慧太『著作権の保護範囲と正当化理論』（弘文堂，2024）参照。

13) 例えば，松田政行「同一性保持権の周辺領域からその権利の性質を考察する──『厳格解釈』とそのゆらぎ・著作権法 20 条改正の方向性」コピライト 662 号 2 頁，8 頁（2016）は，「表現形式を特定している以上，これを変更することは著作者の意にかからしめて同意を求めなければいけないという構造になっている」と論ずる。

14) 著作者人格権の伝統的な考え方について理論的な整理を試みたものとして，拙稿「序論的検討（1）」・前掲注 1) 74-76 頁参照。

15) 中山・前掲注 5) 636-638 頁，上野達弘「著作物の改変と著作者人格権をめぐる一考察──ドイツ著作権法における『利益衡量』からの示唆（1）（2・完）」民商 120 巻 4-5 号 748 頁，同 6 号 925 頁（1999），田村善之「判批［リツイート上告審］」知的財産法政策学研究 61 号 263 頁，287-289 頁（2021），前田健 = 木下昌彦「判批［リツイート上告審］」情報法制研究 9 号 34 頁，46-47 頁（2021）など参照。

16) 最判昭和 55 年 3 月 28 日民集 34 巻 3 号 244 頁［パロディ第一次上告審］。

17) 最判平成 10 年 7 月 17 日集民 189 号 267 頁［雑誌「諸君！」］。

18) 最判平成 13 年 6 月 28 日民集 55 巻 4 号 837 頁［江差追分］。なお，江差追分最判は，その判旨こそ著作権に関するものであるが，結論として，「以上説示したところによれば，本件番組の製作及び放送は，被上告人の本件著作物についての翻案権，放送権及び氏名表示権を侵害するものとはいえない……」と述べ，著作権・氏名表示権の侵害を認めた原判決を破棄している。したがって，同最判で争われた事実関係の下では，「狭義の氏名表示権侵害要件としての著作物の類似性」と「著作権侵害要件としての著作物の類似性」とを同一に解することが，最高裁の見解と評価できる。この点に関して，後述 V.2. も参照。

19) リツイート最判に関し，オリジナル画像を表示させる機能が一般のユーザーにとって

よく知られていたという事実は，その原判決で認定されていない（谷川和幸「判批［リツイート控訴審］」福岡大学法学論叢 63 巻 2 号 523 頁，566-567 頁（2018）参照）。

20）　ここでは，いずれの事例についても日本法が適用されるものとする。

21）　一方，リツイート最判において戸倉判事が提示した基準に従えば，狭義の氏名表示権侵害は否定されることとなる（この点につき，前注 8）参照）。一方で，同一性保持権侵害については，「一般ユーザーの普通の注意と閲覧の仕方」を考慮しない伝統的な理解によると，なおも認められることとなろう。

22）　プロバイダ責任制限法に関する事例であるが，最判平成 22 年 4 月 13 日民集 64 巻 3 号 758 頁参照。

23）　代表的なものとして，前注 15）に掲げた文献を参照。

24）　代表的なものとして，前注 4）6）記載の文献参照。

25）　紙幅の関係上，本稿では扱わないが，これら従前の議論には，なお課題が残されている。この点につき，拙稿「序論的検討（2・完）」前掲注 1）参照。

26）　著作者人格権侵害が認められた場合，その他特段の要件を求めることなく，機械的に差止めが認められる（著作権法 112 条 1 項）。一方で，名誉権侵害に基づく差止請求は，「表現内容が真実でなく，又はそれが専ら公益を図る目的のものではないことが明白であつて，かつ，被害者が重大にして著しく回復困難な損害を被る虞があるとき」に限って認められる（最大判昭和 61 年 6 月 11 日民集 40 巻 4 号 872 頁［北方ジャーナル］。なお，同最大判は，仮処分による事前差止めに係る事案であるが，その後の下級審裁判例の多くは，出版後の差止めやインターネット上の発信者に対する削除請求についても同様の厳格な基準を用いている（廣瀬孝「名誉権に基づく出版差止め——北方ジャーナル事件以降の裁判例の整理」判タ 1470 号 5 頁，14-18 頁（2020），曽我部真裕「表現の自由（3）——表現の自由と著作権」法学教室 491 号 82 頁，90 頁（2021）参照））。これに対して，一般不法行為法上の差止めに係る複数の判例を対照させ，このような加重的要件が常に課されるわけではないとする議論は存在する（例えば，長野史寛「判例から見た人格権侵害の差止め要件論」法学教室 528 号 58 頁（2024）参照）。しかし，こうした立場によったとしても，常に「違法即ち差止め」の定式が成り立つ著作者人格権よりは，なおも差止めのハードルが高いというべきである。

27）　なお，（A）に関しては，著作者人格権侵害を否定したという結論が，一般不法行為をも否定する根拠となる場合がある。例えば，東京地判令和 4 年 6 月 24 日（令和 2 年（ワ）第 18801 号）［JASRAC 作品届］は，虚偽の著作者名をもって JASRAC へ作品届を提出したことについて，著作物中の創作的表現を伴っていないことを根拠に氏名表示権侵害を否定しただけでなく，氏名表示権侵害が否定されることを直接的な根拠として一般不法行為の成立をも否定した。

28）　他にも，一般不法行為法上の人格的利益保護と比べて，著作者人格権の保護は，救済

面で複数の優位性を有する。例えば，著作者人格権侵害罪に対する法定刑が「5年以下の懲役若しくは500万円以下の罰金又はその併科」である（著作権法119条2項1号）のに対し，権利範囲が重複し得る名誉毀損罪に対する法定刑は「3年以下の懲役若しくは禁固又は50万円以下の罰金」（刑法230条1項）と相対的に軽微である。著作者人格権侵害となり得る行為については著作者が存しなくなった後にも一定の保護がなされる（著作権法60条，116条）のに対して，死者に対する名誉毀損を理由とする不法行為は，その請求権に係る根拠を欠くため認められない（東京高判昭和54年3月14日高民集32巻1号33頁［落日燃ゆ］参照）。これらの相違に鑑みれば，「一般不法行為法による救済で対応を図れば十分である」と単純に結論付けることはできないように思われる。

29） より詳細には，拙稿「序論的検討（2・完）」・前掲注1）168-170頁参照。

30） 前注16）から18）参照。

31） この点に関し，宍戸常寿ほか「〈特集〉インターネット上の誹謗中傷問題——プロ責法の課題」ジュリスト1554号13頁（2021），商事法務編『インターネット上の誹謗中傷をめぐる法的問題に関する有識者検討会取りまとめ——削除要請の取組に向けた問題整理と検討』（商事法務，2022）など参照。

32） 現代におけるリンクの重要性に着目して，著作権の及ぶ範囲を再考するものとして，谷川和幸『リンク提供行為と著作権法』（弘文堂，2024）参照。

33） 拙稿「序論的検討（1）」・前掲注1）101頁以下は，以上の問題意識をより詳細に論じている。

34） 中山・前掲注5）636頁（「同一性保持権を『気持ち』『こだわり』という主観を強く保護するものであるとすると，法的議論の余地は少なくなってしまう」）参照。また，大鷹一郎「同一性保持権侵害と原状回復措置請求に関する一考察」片山英二先生還暦記念論文集『知的財産法の新しい流れ』85頁，88頁（青林書院，2010）も同旨。

35） 拙稿「序論的検討（1）（2・完）」・前掲注1）。

36） なお，本稿では，「視覚芸術著作物について特別に規定されたVARA（Visual Artists Rights Act）による保護」ではない，著作物一般に対するMoral Rights保護を対象とする。

37） 拙稿「Moral Rights保護」・前掲注1）239-240頁参照。

38） 戸波美代「著作者人格権に関する一考察——法制比較の試み（その1）——」筑波法政22巻113頁，122頁（1997）参照。なお，こうした理解を前提とするものとして，例えば，大日方信春「著作者の権利に基づく差止めと表現の自由」田村善之＝山根崇邦編『知財のフロンティア第1巻』165頁，183頁（勁草書房，2021）〔大日方信春『表現の自由と知的財産権』（信山社，2023）所収〕（「……アメリカにおいては，よく知られているように1990年制定の視覚芸術の著作者の権利に関する法律（Visual Artists Rights Act of 1990）の適用対象を除き，同権利〔著作者人格権〕の保護はない（……）」），大沼友紀

恵「著作者人格権の文化財保護機能の考察——アメリカ連邦著作権法およびカリフォルニア州法における所有権の制限を素材として——」一橋法学 11 巻 3 号 319 頁，322 頁 (2012)（「英米法系に属するアメリカでは，著作者人格権について近年まで特別な保護は与えられていなかった。」）など参照。

39)　拙稿「Moral Rights 保護」・前掲注 1）236-239 頁参照。

40)　なお，米国における Moral Rights 保護の中には，条約上の義務を果たしていないのではないかと疑いの持たれる権利も一部認められる。すなわち，（後述する各種権利のうちの）「自身の著作物に対して著作者であるという表示を求める権利」「無名，変名を維持する権利」については，著作（財産）権が移転された後には十分な保護をなし得ない。そのため，この限りにおいて，ベルヌ条約 6 条の 2 の定めに反すると評価できる（拙稿「Moral Rights 保護」・前掲注 1）238-239 頁参照）。もっとも，このように保護が過少となっている部分は，外在的な考慮要素に基づいて政策的に自由利用を認めると判断されたものであって，理論上過少な保護しか実現し得ない——例えば，法益侵害が認められない——と判断されたものではない。

　　例えば，*Smith v. Montoro, 648 F.2d 602（9th Cir. 1981*）は，伝統的な passing off（他人による氏名冒用）と「同様に不当な行為」に対しては Lanham 法 43 条（a）による保護が与えられるとした上で，「政策問題」として，「他人の商品から単に商標又は名前を取り外し，ノーブランドで販売すること」と「他人の商品から商標又は名前を取り外し，自身が選択した名前を付して販売すること」とを区別した（＝後者のみ法的保護の対象になると判断した）。この判断のあり方からすると，前者（「自身の著作物に対して著作者であるという表示を求める権利」に相当する）については，保護法益内在的な観点からではなく，もっぱら政策的な観点から保護が否定されたものと考えることが相当である。この点について，拙稿「Moral Rights 保護」・前掲注 1）219-220 頁参照。

　　また，ニューヨーク州においてプライバシー権による「無名，変名を維持する権利」保護を否定した事例として位置づけられる *Ellis v. Hurst, 128 N.Y.S. 144（Sup.Ct. 1910*）——ペンネームで出版していた書籍（ただし，著作権登録がされていなかったため，著作権保護の対象とはなっていなかった）に対し，著作者の意に反して著作者の実名が記載された事案において，当該著作者の請求を棄却した——は，その理由付けとして，パブリック・ドメインの情報を公表することは，プライバシー権によっても妨げられない，という政策的な考慮を示している。これも，保護法益内在的に保護を否定したというよりも，公表行為をなした者の自由領域を確保するという政策的な観点から保護を否定したものと評価できよう。

　　以上を要するに，米国における Moral Rights 保護に一部不足が認められることは，（実際に Moral Rights の保護が及ぶ範囲を直接参照し，比較するのであればともかく，）あくまで Moral Rights の抽象的な保護のあり方という理論枠組みを参照し，日本への示

唆を得るというアプローチにとっては，障害とならない。

41）　拙稿「Moral Rights 保護」・前掲注 1）。

42）　拙稿「Moral Rights 保護」・前掲注 1）240 頁参照。なお，その用語法につき，拙稿「第一公表の権利」・前掲注 1）64–65 頁注 215 参照。

43）　*See* Justin Hughes, *American Moral Rights and Fixing the* Dastar *Gap*, 2007 UTAH L. REV. 659, 689 (2007).

44）　*See e.g.*, *U.S. Adherence to the Berne Convention: Hearings Before the Subcomm. on Patents, Copyrights and Trademarks of the Senate Comm. on the judiciary*, 99th Cong. 427 (1986) (Final Report of the Ad Hoc Working Group on U.S. Adherence to the Berne Convention), *published in* 10 COLUM. -VLA J.L. & ARTS 513, 547 (1986); Cyrill P. Rigamonti, *Deconstructing Moral Rights*, 47 HARV. INT'L L.J. 353, 383 (2006); UNITED STATES COPYRIGHT OFFICE, AUTHORS, ATTRIBUTION, AND INTEGRITY: EXAMINING MORAL RIGHTS IN THE UNITED STATES, 117–119 (April 2019). また，邦語文献として，拙稿「Moral Rights 保護」・前掲注 1）238 頁のほか，山本隆司「アメリカにおける Moral Rights」著作権研究 23 号 34 頁（1997）も参照。

45）　220 F. 359 (S.D.N.Y. 1914).

46）　もっとも，*Hill* のような 20 世紀初頭の裁判例においては，「一般の著作権侵害事例で求められる」類似性判断基準が確立しておらず，「著作者の社会的評価」とは無関係に，そもそも「抽象的な要素の共通性をもって類似性が認定され」た事例も少なくない（米国における類似性判断基準に係る裁判例の傾向については，髙野・前掲注 12）83–103 頁が詳しい）。したがって，同判決をもって，「Moral Rights 関連事例については，定型的に抽象的な類似性判断基準によって侵害判断を行う」と結論付けたと評価することは早計である。しかし，後述するように，Moral Rights について論ずる米国法上の議論においては，（同判決を含む）著作権に基づく Moral Rights 事例が後の不正競争法理との連続性を有すると指摘されている。少なくとも，こうした議論枠組みを参照する限度では，時代背景という課題は残しつつも，*Hill* にも参照価値があるように思われる。

47）　*See* Paul Goldstein, *Adaptation Rights and Moral Rights in the United Kingdom, the United States and the Federal Republic of Germany*, 14 INT'L REV. INDUS. PROP. & COPYRIGHT L. 43, 53–54 (1983).

48）　27 F.Supp. 655 (D. Mass. 1939).

49）　判決当時，消尽法理は，列挙された著作権侵害行為のうち「販売」に該当するのは第一拡布のみであるという解釈問題の中で議論されていた。

50）　*See* Goldstein, *supra* note 47, at 54（「いずれの事例〔*Hill* および *National Geographic*〕においても，裁判所は，経済的関心だけでなく社会的評価に係る関心を保護しようと苦心していたようにうかがえる。体系だった Moral Rights 法理がない中で，〔そ

の当時においては,〕著作権がかかる目的を達する手段として最良のものであったことは
疑いないだろう。」).

51) *See id.*

52) なお，*National Geographic* と似た事実が問題となった *Fawcett Publications, Inc. v. Elliot Pub. Co.*, 46 F.Supp. 717（S.D.N.Y. 1942）では，消尽法理に基づいて著作権侵害が否定された。しかし，そこでは，原告の出版する漫画を複数購入した上で，（裁断・テーマごとへの再編集をせずに）それを単にセットに綴じなおして再販売したという点で，「被告販売品の購入者が元の著作物の形式について誤解」する可能性は低いものであった。

53) 641 F. Supp. 2d 250（S.D.N.Y. 2009）.

54) *See id.* at 268.

55) *See* Deidré A. Keller, *Recognizing the Derivative Works Rights as a Moral Right: A Case Comparison and Proposal*, 63 CASE W. RES. L. REV. 511, 533（2012）（「〔*Colting* において〕連邦地方裁判所は，争われた事実関係にも適用できるようにするために，*Campbell* 連邦最高裁判決の判示を拡張的に解したものと考えられる。……〔すなわち，〕経済的インセンティブという考え方を拡張し，二次的著作物にライセンスせず，又は，それを創作しない権利——経済的な関心以外のものによって動機付けられていることが明らかな権利——をも包摂するように捉え，事案解決に至ったのである。」); *see also* Patrick R. Goold, *Unbundling the "Tort" of Copyright Infringement*, 102 VA. L. REV. 1833, 1867-69（2016）.

56) フェアユースの判断については，それが成文法に規定されていなかった時代の判決であるが，*Henry Holt & Co., Inc. v. Liggett & Myers Tabacco Co.*, 23 F.Supp. 302（E.D. Pa. 1938）においても，著作者の社会的評価が考慮されている旨指摘される。そこでは，原告著作物を意図しない形で抜粋され，タバコの広告として用いられたことが，研究者としての原告の社会的評価を害するということが重視され，フェアユースの成立が否定された。

57) International News Service v. Associated Press, 248 U.S. 215, 239（1918）.

58) RESTATEMENT（3d）OF UNFAIR COMPETITION § 2（1995）.邦訳として，茶園成樹＝小泉直樹「アメリカ不正競争法リステイトメント試訳（1）」民商 111 巻 3 号 493 頁，503-510 頁（1994）参照。

59) *See id.* § 3.邦訳として，茶園＝小泉・前掲注 58）512 頁参照。

60) *See id.* § 4, § 5, § 24.邦訳として，茶園＝小泉・前掲注 58）515 頁，517-518 頁，茶園成樹＝小泉直樹「アメリカ不正競争法リステイトメント試訳（3）」民商 111 巻 6 号 996 頁，1019 頁（1995）参照。

61) 26 F.Supp. 265（D. Mass. 1939）.

62) *Id.* at 266.

63) 132 N.E. 133（N.Y. 1921）.

64) 傍論であるが，同旨述べるものとして，*See* Warner Bros. Pictures v. Columbia Broadcasting System, 216 F.2d 945（9th Cir. 1954）.

65) 本節の論述は，その多くの部分において，拙稿「正当化根拠論」・前掲注 1) 47-49 頁と重複する。

66) 拙稿「Moral Rights 保護」・前掲注 1) 201 頁，212-213 頁参照。

67) *See e.g.*, Eldred v. Ashcroft, 537 U.S. 186（2003）; *see also* Deidré A. Keller, *Copyright to the Rescue: Should Copyright Protect Privacy?*, 20 UCLA J.L. & TECH. 1, 34（2016）.

68) 538 F.2d 14（2d. Cir. 1976）.

69) *See e.g.*, Comments, *Protection of Artistic Integrity*, Gilliam v. American Broadcasting Companies, 90 HARV. L. REV. 473（1976）; Comments, *Moral Rights for Artists under the Lanham Act*, Gilliam v. American Broadcasting Cos., 18 WM. & MARY L. REV. 595（1977）.

70) なお，ここで問題となった事実関係は，概要，以下のとおりである。英国内で放送された "Monty Python's Flying Circus" というコメディ番組の台本の著作者である原告が，当該番組の米国内での放送権限を取得した被告に対して，大幅な編集（90 分の番組のうち 24 分をコマーシャルに割き，本件番組の攻撃的・卑猥な内容をカットした）をして放送することは著作権侵害・Lanham 法 43 条（a）に該当するとして，損害賠償請求をした。第二巡回区控訴裁判所は，いずれの請求も認めた。なお，同判決および Lanham 法 43 条（a）に基づく Moral Rights 保護の展開について詳細には，拙稿「Moral Rights 保護」・前掲注 1) 214 頁以下参照。

71) Gilliam, 538 F.2d at 24.

72) 「狭義のインセンティブ論」という用語は，髙野・前掲注 12) 108-110 頁，165-168 頁の用いた例に依る。

73) ただし，ここで提示する各見解は，必ずしも *Gilliam* に言及するものではない。

74) *See e.g.*, Jeanne C. Fromer, *Expressive Incentives in Intellectual Property*, 98 VA. L. REV. 1745, 1790-98（2012）; Claire Leonard, *Copyright, Moral Rights and the First Amendment: The Problem of Integrity and Compulsory Speech*, 35 COLUM. J.L. & ARTS 293（2012）.

　　なお，視点は若干異なるが，同じく帰結主義的に Moral Rights を説明付ける見解として，*See* Henry Hansmann & Marina Santilli, *Authors' and Artists' Moral Rights: A Comparative Legal and Economic Analysis*, 26 J. LEGAL STUD. 95（1997）（詳細にこれを紹介するものとして，河島伸子「著作者人格権の不行使特約——法と経済学における分析」知的財産法政策学研究 29 号 205 頁，234 頁以下（2010）参照）。この見解と本文で述

べた見解との相違については，拙稿「正当化根拠論」・前掲注 1) 53 頁注 20 参照。

75) なお，この種の議論は，「著作権による『著作物の第一公表の権利』の強力な保護が，プライバシーの権利とは別個に与えられる」ことを説明する文脈で指摘されることが多い（拙稿「第一公表の権利」・前掲注 1) 57-60 頁参照）。もっとも，論者によれば，そうした説明は，第一公表の権利だけでなく，Moral Rights 一般にも同様に当てはまる。

76) *See* Leonard, *supra* note 74; Ned Snow, *A Copyright Conundrum: Protecting Email Privacy*, 55 U. KAN. L. REV. 501, 519, 571-572（2007）.

77) *See* ROBERTA ROSENTHAL KWALL, THE SOUL OF CREATIVITY: FORGING A MORAL RIGHTS LAW FOR THE UNITED STATES, 53-67（2010）; Jane C. Ginsburg, *The Most Moral of Right to Be Recognized as the Author of One's Work*, 8 GEO. MASON J. INT'L COM. L. 44, 81（2016）.

78) U.S. Const. Art. 1, § 8（「連邦議会は，……著作者及び発明者に，その著作物及び発見に対する排他的な権利を，限られた期間保障することにより，科学及び<u>有用な技芸の進歩を促進させる</u>権限を有する。」）.

79) なお，本節の論述は，米国法上の Moral Rights の正当化根拠論において，もっぱら帰結主義的な議論しかなされていない，ということを意味するものではない。すなわち，英米法圏に属する米国においても，自然権を基礎とする Moral Rights の正当化理論は有力に主張されている（最もその色彩が濃いものとして，ロバート・P・マージェス（山根崇邦ほか訳）『知財の正義』203-205 頁（勁草書房，2017 年）参照）。

80) *See* Eric Goldman & Jessica Silbey, *Copyright's Memory Hole*, 2019 BYU REV. 929, 939, 943-946, 985-987（2019）,

81) *See e.g.*, Christopher Buccafusco & David Fagundes, *The Moral Psychology of Copyright Infringement*, 100 MINN. L. REV. 2433（2016）; Wendy J. Gordon, *Copyright Owners' Putative Interests in Privacy, Reputation, and Control: A Reply to Goold*, 103 VA. L. REV. ONLINE 36（2017）; Keller, *supra* note 67; Snow, *supra* note 76.

82) *See also* KWALL, *supra* note 77; Ginsburg, *supra* note 77.

83) 他方，仮に「著作者の同定可能性」が認められないとしても，著作者としての社会的評価の蓄積を妨害したという事実に基づき，狭義の氏名表示権侵害が認められ得る。このような考え方によれば，パロディ最判は，同一性保持権ではなく，狭義の氏名表示権の侵害を認めた事例と再評価できよう。すなわち，適用法条は異なるが，著作者人格権侵害が認められるという限度で，最高裁判決と同一の結論を導き出すことができる。

84) もっとも，仮に「著作者の同定可能性」が認められないとしても，改変後の情報と原著作者の情報とが事後的に結びつけられて「当該著作者の社会的評価の歪曲」という結果が事後的に生じた場合，その「著作者の同定可能化」行為をした者が，「無体物としての著作物（情報）の改変」をしたとして，同一性保持権侵害の責任を負う（もっとも，過失

著作者人格権の再構成　*207*

が否定され，損害賠償請求は棄却される可能性は残る）。また，改変された著作物を（著作者氏名を付さずに）提供した者の行為態様によっては，その者も，幇助者責任を問われ得る。これにより，著作者の同定可能性要件を厳しく求めたとしても，「著作者の社会的評価」が現に害されるに至った場合には法的救済が得られる。

85）　民法723条における「名誉」の意義に関する判断であるが，最判昭和45年12月18日民集24巻13号2151頁［委任状不法発送］参照。

86）　関連して，松尾剛行「仮名・匿名で活動する主体に関する名誉権等の人格権法上の保護——サイバネティック・アバター時代を背景として」学習院法務研究18号35頁，51-52頁（2024）参照。

87）　長谷川・前掲注3）148頁で指摘される「自己呈示の利益」に関する議論も概ね同旨。

88）　このような考え方は，一般不法行為法上のいわゆる「アイデンティティ権」の議論と接続し得る。しかし，これまでの裁判例で承認されている「アイデンティティ権」は，受忍限度論による判断がなされる傾向にある（大阪地判平成28年2月8日判時2313号73頁，大阪地判平成29年8月30日判時2364号58頁参照）。したがって，こうした傾向を所与のものとするのであれば，アイデンティティ権は，名誉感情保護と同一線上にある権利であって，名誉権や本稿が提示する著作者人格権のような「社会的評価」を対象とする法的規律とは異質なものと評価すべきである（この点に関し，東川玲『情報空間と法——表現の自由の衝突とプライバシーの新たな諸相』400-401頁（京都大学学術出版会，2024）も参照）。なお，関連して，曽我部真裕が提示する「自己像の同一性に対する権利」は，「著作者としての社会的評価の同一性」を保護する権利と相似するように思われる（曽我部真裕「『自己像の同一性に対する権利』について」同『反論権と表現の自由』201頁（有斐閣，2013）〔初出2011〕。長谷川・前掲注3）161頁注8も参照）。

89）「一般読者の普通の注意と読み方」という基準に関しては前注8）参照。

90）　原告による要約引用が「表現形式上の本質的な特徴を感得させる性質のものではない」として同一性保持権侵害を否定した諸君最判は，その事実関係を見ると，「著作者の同定可能性」と（後述する）「著作物の同定可能性」とがいずれも認められる。もっとも，同最判においては，（同一性保持権侵害と併せて主張されていた）名誉権侵害の成否を判断する際に，「本件評論部分は，全体としてみれば，本件著作部分の内容をほぼ正確に伝えており，一般読者に誤解を生じさせるものではない」と認定している。この認定に鑑みると，私見の下でも，「著作物の内容に関する誤認」がないとして，同一性保持権侵害は否定される。つまり，私見と上記最判とは，その理由付けは異なるが，結論レベルで整合する。

91）　拙稿「正当化根拠論」・前掲注1）49-50頁参照。

92）　拙稿「正当化根拠論」・前掲注1）51-52頁では，こうしたアプローチによって著作権法113条11項の解釈論を示した。

93) ただし，ここでいう「著作物の同定可能性」が認められるか否かの判断基準は，なお明確でない。**V.2.** で述べるように，今後の検討課題としたい。

94) 小泉直樹ほか『条解　著作権法』305 頁（弘文堂，2023）〔上野達弘〕で示された「〔狭義の〕氏名表示権の侵害に当たらない」典型例を借用した。

95) このような考え方によれば，著作者人格権侵害を否定した一方で一般不法行為の成立は認めた多くの事例について，等しく著作者人格権侵害を認めることができるようになる（例えば，東京地判平成 13 年 12 月 25 日判時 1792 号 79 頁［聖母エヴァンゲリオン］参照）。また，不法行為法上の損害賠償請求さえも認められなかった前掲東京地判令和 4 年 6 月 24 日［JASRAC 作品届］（前注 27）参照）のような事例においても，私見によれば，狭義の氏名表示権保護を及ぼすことができる。

96) 田村・前掲注 10）433 頁，松田政行『同一性保持権の研究』（有斐閣，2006）など参照。

97) 金子・前掲注 6）389-390 頁も同旨。

98) 他方，島並・前掲注 4）41 頁は，「改変」という語に規範的解釈の可能性を委ねる。すなわち，（平成 26 年改正前の商標法において）形式的には商標権侵害に当たる行為が商標的使用論によって規範的に「使用」に当たらないと解されるのと同様に，「思想感情の表現に係る〔著作者の〕社会的評価が将来にわたっておよそ害されない」場合には「改変」に該当しないように解すべきと論ずる。もっとも，この見解と私見との違いは，単なる説明の仕方の問題にすぎないように思われる。

99) 創作的表現説を主張する代表的なものとして，田村善之「著作権の保護範囲に関し著作物の『本質的な特徴の直接感得性』基準に独自の意義を認めた裁判例（1）（2・完）──釣りゲータウン 2 事件──」知的財産法政策学研究 41 号 79 頁，42 号 89 頁（2013），駒田泰土「表現の全体（まとまり）は部分についての翻案を否定しうるか──釣りゲータウン 2 事件知財高裁判決の検討──」知的財産法政策学研究 43 号 109 頁（2013）参照。他方，作品説を主張する代表的なものとして，山本隆司「著作物の個数論による著作物概念の再構成」コピライト 532 号 2 頁（2005），前田健「類似性と二次創作」神戸法学雑誌 66 巻 2 号 1 頁，25-27 頁（2016）参照。

100) このような解釈を採れば，20 条 1 項における「その題号」という保護客体の拡張規定は，あくまで確認的なものと考えられる（この点については，「題号」は著作物の一部であることから，同規定は確認的なものであると解する従前の見解（田村・前掲注 10）438 頁，村上画里「著作物の題号の改変に関する一考察──同一性保持権による保護可能性」東北学院法学 76 号 320 頁（2015））も参照）。なお，筆者は，以前，拙稿「Moral Rights 保護」・前掲注 1）246-247 頁において，20 条 1 項における「題号」を，同一性保持権の射程が抽象的なアイディアにも及ぶことを例示する旨の創設的規定と解釈した。この点に関し，上述したとおりに自説を改める。

101) たしかに，21 条以下も「その著作物」という語を用いており，かつ，「創作的表現の

共通性」が要求される。しかし，著作権の目的が「著作物を排他的に利用できることによって収益回収の機会を保障すること」にあるのに対し，著作者人格権の目的は「著作物の利用等の態様を適正化することによって著作者の社会的評価の歪曲等を防ぐこと」にある。つまり，著作権について言えば，その目的達成のために著作物の「囲い込み」を手段として用いることが予定されているために，「創作的表現の共通性」という許容性の観点からの絞り込みが必要とされる。他方，権利侵害に対する救済として著作物の「囲い込み」を必要としない著作者人格権については，（後述するように）後続創作に対する影響が小さく，「創作的表現の共通性」を常に要求する必要はない。

102） これと同様に，最高裁判所が用いる「本質的特徴の直接感得性」概念についても，著作権・著作者人格権それぞれの趣旨・目的に照らして相対的に解釈することで，最高裁判例との整合性（前注30）及びそれと対応する本文参照）も保たれる。

103） 塩澤一洋「氏名表示権と同一性保持権の関係的解釈」著作権研究24号141頁，148-152頁（1998）も同旨。

104） この場合には，匿名で投稿された段階・改変表現が提示された段階のいずれにおいても「社会」において「外部的な評価」を受ける「社会的評価の帰属先」が形成されていなかったために，（同じような状況で一般不法行為法上の名誉権侵害が認められないのと同様に）狭義の氏名表示権侵害も認められない（前注86）及びそれと対応する本文参照）。

105） なお，【事例2】のようなケースで著作者人格権保護を及ぼしたとしても，後続創作の余地を不当に害したとは，およそ評価されないだろう。

106） この例は，著作権法学会研究大会において司会の金子敏哉教授からいただいた質問から示唆を得て，若干のアレンジを加えたものである。

107） 最判昭和41年6月23日民集20巻5号1118頁［署名狂やら殺人前科］，最判昭和47年11月16日民集26巻9号1633頁［嬰児変死］，最判昭和62年4月24日民集41巻3号490頁［サンケイ新聞］など参照。

108） 最判平成9年9月9日民集51巻8号3804頁［ロス疑惑夕刊フジ］，最判平成16年7月15日民集58巻5号1615頁［新ゴーマニズム宣言］など参照。

109） 例えば，名誉毀損にかかる不法行為の成否について正当防衛を認めた最高裁判例として，最判昭和38年4月16日民集17巻3号476頁がある。

110） その他，名誉権の制限に関するものではないが，名誉権侵害の主体の捉え方も示唆的である。

〈判例研究〉

市所有の美術館建築・庭園と著作者人格権

公立大学法人高崎経済大学教授　澤　田　悠　紀

保全命令申立却下決定に対する即時抗告事件
〔抗告審〕　知財高決令和 5 年 3 月 31 日（令和 5 年（ラ）第 10001 号）
〔第一審〕　東京地決令和 4 年 11 月 25 日（令和 3 年（ヨ）第 22075 号）

I　事案の要旨

　本件は，一級建築士 X（抗告人・原審債権者：大宇根弘司氏）が，町田市（被抗告人・原審債務者）が実施を計画する「（仮称）国際工芸美術館新築工事」「（仮称）国際工芸美術館・国際版画美術館一体化工事」「芹ヶ谷公園第二期整備工事」について，これら工事の一部（以下「本件各工事」という）により，「町田市国際版画美術館」（以下「版画美術館」という）及びその敷地であり芹ヶ谷公園の一部を構成する庭園（以下「本件庭園」という）に係る X の著作者人格権（同一性保持権）が侵害される恐れがあるとして，本件各工事の差止めの仮処分を申し立てた事案である。

認定事実
① 　版画美術館について
a) 　昭和 61 年：　「町田市国際版画美術館」竣工
(1) 　建築面積 2955.84 平米・延床面積 7840.22 平米
(2) 　地上 3 階・地下 1 階　鉄筋コンクリート造（一部鉄骨造）
b) 　平成 27 年：　　25 年の長期にわたり建築の存在価値を発揮し，美しく維持され，地域社会に貢献してきた建築を登録・顕彰する，公益社団法人日本建築家協会の賞である JIA25 年賞を受賞
c) 　平成 30 年：　長期にわたって適切な維持保全を実施したり，優れた改修を実施したりした既存の建築物のうち，特に優秀なものを選び，その関係者を表彰する，公益社団法人ロングライフビル推進協会の賞である BELCA 賞のうち，長期使用

を考慮した設計の下で建設され，長年にわたり適切に維持保全され，今後，相当の期間にわたって維持保全されることが計画されている模範的な建築物を表彰するロングライフ部門賞を受賞

② 本件庭園について

a) 芹ヶ谷公園の南側に位置し，版画美術館の敷地及びその周辺部分により構成される

b) 版画美術館の建設と同時に整備された

Ⅱ 争 点

争点 1. 版画美術館及び本件庭園の著作物性

争点 2. 版画美術館及び本件庭園の著作者

争点 3. 債権者の意に反する改変に該当するか

争点 4. 「建築物の増築，改築，修繕又は模様替えによる改変」（20 条 2 項 2 号）該当性

争点 5. 「やむを得ないと認められる改変」（20 条 2 項 4 号）該当性

争点 6. 保全の必要性

本稿においては，争点 1. および争点 4.（付随して争点 5.）を中心として検討する。

Ⅲ 決 定 要 旨

抗 告 棄 却

以下【原審】【抗告審】と指示の無い場合はすべて抗告審における決定要旨である。

決定要旨 1 版画美術館の著作物性（争点 1）

① 美的特性の「分離」可能性

（以下，引用）建築物に「建築の著作物」（著作権法 10 条 1 項 5 号）としての著作物性が認められるためには，「文芸，学術，美術又は音楽の範囲に属するもの」（同法 2 条 1 項 1 号）に該当すること，特に「美術」の「範囲に属するもの」であることが必要とされるところ，「美術」の「範囲に属するもの」といえるためには，美術鑑賞の対象となり得る美的特性を備えていなければならないと解される（最高裁平成 10 年（受）第 332 号同 12 年 9 月 7 日第 1 小法廷判決・民集 54 巻 7 号 2481 頁参照）。そして，建築物

は，通常，居住等の実用目的に供されることが予定されていることから，美術鑑賞の対象となり得る美的特性を備えていても，それが実用目的を達成するために必要な機能に係る構成と結びついている場合があるため，著作権法とは保護の要件や期間が異なる意匠法等による形状の保護との関係を調整する必要があり，また，当該建築物を著作権法によって保護することが，著作権者等を保護し，もって文化の発展を図るという同法の目的（同法1条）に適うか否かの吟味も求められるものというべきである。このような観点から，建築物が「美術」の「範囲に属するもの」に該当するか否かを判断するためには，建築物としての実用目的を達成するために必要な機能に係る構成と分離して，美術鑑賞の対象となる美的特性を備えた部分を把握できるか否かという基準によるのが相当である。

② 「選択の幅」

（以下，引用）さらに，「著作物」は，「思想又は感情を創作的に表現したもの」でなければならないから（同法2条1項1号），上記の建築物が「建築の著作物」として保護されるためには，続いて，同要件を充たすか否かの検討も必要となる。その要件のうち，創作性については，上記の著作権法の目的に照らし，建築物に化体した表現が，選択の幅がある中から選ばれたものであって保護の必要性を有するものであるか，ありふれたものであるため，著作権をもって保護することが，むしろ後進の創作者の自由な表現の妨げとなるかなどの観点から，判断されるべきである。

あてはめ（以下，引用）

以上によれば，版画美術館は，全体として，「美術」の「範囲に属するもの」であると認められ，かつ，「思想又は感情を創作的に表現したもの」であると認められるから，「建築の著作物」として保護される。

決定要旨2　本件庭園の著作物性（争点1）

（以下，引用）庭園には様々なものがあり，いわゆる日本庭園のように，敷地内に設けられた樹木，草花，岩石，砂利，池，地形等を鑑賞することを直接の目的としたものもあれば，その形象が，散策したり，遊び場として利用したり，休息をとったり，運動したりといった実用目的を達成するために必要な機能に係る構成と結びついているものも存在する。そうすると，庭園の著作物性の判断も，［決定要旨1］の建築物の著作物性の判断と同様に，その実用目的を達成するために必要な機能に係る構成と分離して，美術鑑賞の対象となり得る美的特性を備えた部分を把握することができるものについては，「美術」の「範囲に属するもの」に該当し，さらに，「思想又は感情を創作的に表現

市所有の美術館建築・庭園と著作者人格権　　*213*

したもの」に該当すると認められる場合は、「建築の著作物」に準じて保護されると解するのが相当である。

あてはめ

【原　審】

本件庭園をひとつのものとして検討するのではなく、「門柱」「広場」「階段」「バルコニー」「モミジ園」など（ア）〜（ク）として細切れに取り上げたうえで、それぞれについて、庭園としての実用目的を達成するために必要な機能に係る構成と分離して美術鑑賞の対象となり得る美的特性を備えた部分を把握することができるものとは認められないことを理由として（但し（カ）は異なる理由による）、「本件庭園は、『美術』の『範囲に属するもの』に該当するとは認められず、『建築の著作物』として保護されない」とした。

【抗告審】

原審（ア）〜（ク）の文言を概ね維持した上で、その末尾に改行して「前記（ア）〜（ク）で検討した個々の構成を、ひとまとまりに検討しても、本件庭園について、実用目的を達成するために必要な機能に係る構成と分離して、美術鑑賞の対象となり得る美的特性を備えた部分を把握することはできない」と加えた。

決定要旨3　版画美術館と本件庭園の一体性（争点1）

（以下、引用）これに対して、債権者は、本件庭園について、自然環境や地形を巧みに生かすように設計し、版画美術館を自然環境に溶け込ませ、静謐な環境の中に版画美術館が静かに佇むことを企図したものであるから、本件庭園は版画美術館と一体的関係を持ち、版画美術館と共に「建築の著作物」に該当すると主張する。

しかし、原決定別紙［……］から明らかなように、本件庭園は芹ヶ谷公園の一部を構成するものであり、版画美術館は本件庭園の4分の1程度の面積を占めるにすぎない。また、［……］本件庭園付近は、もともと西側の標高が高く、比較的急な傾斜を経て、東側に谷の底がある地形をしており、本件庭園はこのような特殊な地形を利用して設けられたものであるのに対し、版画美術館はこのような地形のうち平地部分に建設されたものであって、設計の前提となる条件が大きく異なるといえる。さらに、版画美術館の来館者が、基本的に、その展示物を見て回ることを目的とするのに対し、芹ヶ谷公園の一部を成す本件庭園の来園者には、版画美術館に来館した者のみならず、散策する者、休息をとる者、運動をする者、単に通り抜けようとして通行する者等がおり、利用目的が異なっている。

これらの事情に照らせば，本件庭園が版画美術館の建設と同時に整備されたものであり，相互の利用を考慮して設計されたものであるとしても，本件庭園は，版画美術館と一体となるものとして設計されたと認められず，版画美術館と一体として利用されるものと評価することもできないから，版画美術館と共に「建築の著作物」又はこれに準ずる物を構成するとは認められないというべきである。したがって，債権者の上記主張は採用することができない。

あてはめ（以下，引用）

以上によれば，本件庭園が「建築の著作物」又はこれに準ずる物として保護されるとは認められないから，その余の点を判断するまでもなく，本件庭園に係る工事である本件［各工事］の差止めを求める申立ては理由がない。

決定要旨4 著作権法20条2項2号該当性（争点4）

【原審】（以下，引用）（下線部筆者）

著作権法は，著作物を創作した著作者に対し，著作者人格権として，同法20条1項により，その著作物の同一性を保持する権利を保障する一方で，建築物が，元来，人間が住み，あるいは使うという実用的な見地から造られたものであって，経済的・実用的な見地から効用の増大を図ることを許す必要性が高いことから，同条2項2号により，建築物の著作者の同一性保持権に一定の制限を課したものである。このような法の趣旨に鑑みると，同号が予定しているのは，経済的・実用的観点から必要な範囲の増改築であって，いかなる増改築であっても同号が適用されると解するのは相当でなく，個人的な嗜好に基づく恣意的な改変や必要な範囲を超えた改変については，同号にいう「改変」に該当しないと解するのが相当である。

【抗告審】（以下，引用）（下線部筆者）

著作権法20条1項は，著作権者に対し，その著作物について同一性を保持する権利を保障し，その意に反して変更，切除その他の改変を受けないことを定めるが，同条2項2号において，建築物の増築，改築，修繕又は模様替えによる改変については，同項1号，3号及び4号と異なり，特段の条件を付すことなく，同条1項の規定を適用しない旨を定めている。これは，建築物については，元来，人間が住み，使うなどという実用的な見地から造られるものであって，経済的・実用的な見地から効用の増大を図ることを許す必要性が高いことから，建築物については，同一性保持権が認められる場合であっても，当該著作者の許容なく，その増築，改築，修繕又は模様替えによる改変が許されるとされたものである。

したがって，建築物の所有者が，効用の増大を図るため，建築物の増築，改築，修繕又は模様替えによる改変を行うことは，著作者の同一性保持権を侵害するものではないといわざるを得ない。

　もっとも，このような同一性保持権に対する制限は，上記のとおり，建築物について経済的・実用的な見地からその効用の増大を図ることを許す必要性が高いとの趣旨によるものであることに照らすと，改変が，経済的・実用的な見地から全く必要性のないものであったり，著作者に対する害意に基づくものであると認められるなどの特段の事情がある場合には，当該改変は許されないものと解するのが相当である。

　あてはめ（以下，引用）（下線部筆者）

　a）【原審】以上の経緯によれば，版画美術館に係る本件［各工事］は，債務者が，町田市立博物館の再編をきっかけとして検討を開始し，債務者が保有する施設を有効利用する一環として計画したものであり，町田市議会においても議論された上で，公募型プロポーザルを経て選定されたオンデザインによって作成され，さらに，随時，有識者や住民の意見が集約され，その意見が反映されたものというべきであるから，債務者の個人的な嗜好に基づく改変や必要な範囲を超えた改変であるとは認められない。したがって，本件［各工事］については，著作権法20条2項2号が適用されるから，版画美術館に係る債権者の同一性保持権が侵害されたとは認められない。

　【抗告審】以上の経緯によれば，版画美術館に係る本件［各工事］は，債務者が，町田市立博物館の再編をきっかけとして検討を開始し，債務者が保有する施設を有効利用する一環として計画したものであり，町田市議会においても議論された上で，公募型プロポーザルを経て選定されたオンデザインによって作成され，さらに，随時，有識者や住民の意見が集約され，その意見が反映されたものというべきであるから，改変が全く必要性のないものであるなどの特段の事情は認められず，建築物の改変が許されないものとはいえない。したがって，本件［各工事］については，著作権法20条2項2号が適用されるから，版画美術館に係る債権者の同一性保持権が侵害されたとは認められない。

　b）　これに対して，債権者は，著作権法20条2項2号の「改変」に該当するというためには，版画美術館自体に「増築」や「模様替え」の必要があり，かつ，版画美術館の設計思想や特徴を極力尊重した上で，版画美術館の「増築」又は「模様替え」を行い，版画美術館の価値を更に高める改変を行う場合でなければならないところ，本件各工事は，合理的な理由もなく版画美術館を乱暴にも破損しようとするものであるばかりか，版画美術館の北側に版画美術館とは分離した新博物館（3000 m^2，3階建て）を建築す

る案や，版画美術館の北側の平地に工芸美術館をコンパクトに配置する案等の回避策が存在する一方，これらの回避策を採用することが困難な事情は存在せず，債務者の計画よりも廉価に工芸美術館を建設することができるから，同号が予定した「改変」には当たらないと主張する。

　しかし，前記［1.～2.a）］のとおり，著作権法は，建築物の特殊性に鑑み，同法20条2項2号により，建築の著作物の著作者に保障された同一性保持権に一定の制限を課したものであるところ，経済的・実用的な見地から全く必要のない改変であるなどの特段の事情のある場合について同号の適用を制限することを超えて，その適用に更なる制限を課すことは，著作者の同一性保持権と建築物の所有者の経済的・実用的な利益との調整として同号の予定するところではないというべきであり，本件［各工事］についても，このような観点から検討すれば足りる。したがって，債権者の上記主張は採用することができない。

IV　評　　釈

　本決定は，建築の著作物にかかる裁判例が少ないなか，建築および庭園につき，美的特性の「分離可能性」および「選択の幅」という基準により創作性判断を行ったものであること，また，著作権法20条2項2号について「経済的・実用的な見地から全く必要性のないものであったり，著作者に対する害意に基づくものであると認められるなどの特段の事情がある場合」のみ改変が許されないとする新たな見解を示したものとして，意義を有する。さらに，市所有の建築および庭園に対する工事の内容について，著作者による工事代替案等が考慮されることなきまま，市議会における議論など一定の行政的手続が踏まれたことをもって著作者の人格的利益の侵害を否定した点に，注意を要する。

1　判旨1について

　判旨1は，版画美術館の著作物性につき検討するものである。

　建築の著作物については，著作権法20条2項2号や46条において，著作者の権利行使に一定の制限が加えられている。他方で，建築の著作物として認められるための創作性の程度については，なんら特別の規定が存在するわけではない。そのようななか，従来の裁判例においては，著作権法により「建築の著作物」（著作権法10条1項5号）として保護される建築物とは，[1]「いわゆる建築芸術」（福島地決平成3.4.9.知的裁集23巻1号228頁〔シノブ設計事件〕）「知的・文化的精神活動の所産であって，美的な表現における創作性，すなわち造形芸術としての美術性を有するもの」（大阪高判平成16.9.29.

〔グルニエ・ダイン事件〕）「設計者の思想，感情が表現されたもの」（大阪地決平成25.9.6. 判時 2222 号 93 頁〔新梅田シティ事件〕）などとされてきた[2]。

　この点，決定要旨１は①「建築物としての実用目的を達成するために必要な機能に係る構成と分離して，美術鑑賞の対象となる美的特性を備えた部分を把握できるか否かという基準」②「創作性については，［……］建築物に化体した表現が，選択の幅がある中から選ばれたものであって保護の必要性を有するものであるか，ありふれたものであるため後進の創作者の自由な表現の妨げとなるかなどの観点から，判断されるべき」とした。以下，この①②の基準についてそれぞれ検討する。

　まず，決定要旨１①美的特性の「分離可能性」基準について検討する。本件においては当該基準を採用する理由について詳しい検討がないものの，本件にやや先立ち，赤く塗色されたタコの形状をした滑り台に関する事件（東京地判令和 3.4.28. 判時 2514 号 110 頁〔タコの滑り台事件〕）において東京地方裁判所（國分隆文裁判長，本件原審裁判長も同）が次のように説示している。「最高裁［最判平成 12.9.7. 民集 54 巻 7 号 2481 頁〔ゴナ書体事件〕］判決［……］が，実用的機能の観点から見た美しさがあれば足りるとすると，文化の発展に寄与しようとする著作権法の目的に反することになる旨説示していることに照らせば，応用美術のうち，「美術工芸品」以外のものであっても，実用目的を達成するために必要な機能に係る構成と分離して，美術鑑賞の対象となり得る美的特性を備えている部分を把握できるものについては，「美術」「の範囲に属するもの」（［著作権］法 2 条 1 項 1 号）である「美術の著作物」（同法 10 条 1 項 4 号）として，保護され得ると解するのが相当である」「本件原告滑り台は［……］上記各構成部分を組み合わせることで，全体として赤く塗色されていることも相まって，見る者をしてタコを連想させる外観を有するものであるが，こうした外観もまた，子どもたちなどの利用者に興味・関心や親しみやすさを与えるという遊具としての建築物の機能と結びついたものといえ，建築物である遊具のデザインとしての域を出るものではないというべきである。したがって，本件原告滑り台について，建築物としての実用目的を達成するために必要な機能に係る構成と分離して，美術鑑賞の対象となり得る美的特性を備えている部分を把握できるとは認められない」。①は，建築物について「意匠法等による形状の保護との関係を調整する必要」から「建築物としての実用目的を達成するために必要な機能に係る構成と分離して，美術鑑賞の対象となる美的特性を備えた部分を把握できるか否か」を検討するものであり，この文言は，〔タコの滑り台事件〕における上記引用部分の文言と，ほぼ完全に一致していることが確認される。

　確かに，令和元年意匠法改正により，建築物もまた意匠登録が可能となったことから，

建築物においても新たに「意匠法等による形状の保護との関係を調整する必要」が生じたといえる。特に，量産型のプレハブ住宅などについては，この「調整」の必要性が明らかといえよう。[3]

しかしながら，本件「町田市国際版画美術館」は，抗告人である一級建築士が町田市にあるきわめて特徴的な敷地条件に合わせて設計した大型美術館であり，その後のメンテナンス等を経て，認定事実にある通り，25年の長期にわたり建築の存在価値を発揮し，美しく維持され，地域社会に貢献してきた建築を登録・顕彰する「公益社団法人日本建築家協会JIA25年賞」をはじめとした賞を受賞してきた作品である。このような建築物について，これが「工業上利用することができる意匠」（意匠法3条1項）に該当しうることを念頭に，意匠法との「調整」の観点から，その創作性の有無を判断するという構成は，はたして妥当か。[4]特に，本件において問題とされているのが著作者の人格的利益の侵害であることから，この意匠法との棲み分けの点については，特に慎重に検討すべきであると考えられる。[5]

では，本件決定においては直接参照されないものの，前述〔タコの滑り台事件〕判決において参照される〔ゴナ書体事件〕最高裁判決の説示の射程に，建築物も含まれると考えるべきか。

〔ゴナ書体事件〕最高裁判決は，印刷用書体が「著作物」（2条1項1号）に該当するというための解釈枠組みを，次のように示したものである。「〔印刷用書体〕が従来の印刷用書体に比して顕著な特徴を有するといった独創性を備えることが必要であり，かつ，それ自体が美術鑑賞の対象となり得る美的特性を備えていなければならないと解するのが相当である。この点につき，印刷用書体について右の独創性を緩和し，又は実用的機能の観点から見た美しさがあれば足りるとすると，この印刷用書体を用いた小説，論文等の印刷物を出版するためには印刷用書体の著作者の氏名の表示及び著作権者の許諾が必要となり，これを複製する際にも著作権者の許諾が必要となり，既存の印刷用書体に依拠して類似の印刷用書体を制作し又はこれを改良することができなくなるなどのおそれがあり（著作権法一九条ないし二一条，二七条），著作物の公正な利用に留意しつつ，著作者の権利の保護を図り，もって文化の発展に寄与しようとする著作権法の目的に反することになる。また，印刷用書体は，文字の有する情報伝達機能を発揮する必要があるために，必然的にその形態には一定の制約を受けるものであるところ，これが一般的に著作物として保護されるものとすると，著作権の成立に審査及び登録を要せず，著作権の対外的な表示も要求しない我が国の著作権制度の下においては，わずかな差異を有する無数の印刷用書体について著作権が成立することとなり，権利関係が複雑となり，

混乱を招くことが予想される。」

　ここで留意すべきは，〔ゴナ書体事件〕は「情報伝達機能」を有する「文字」の創作性に関する事案である点である。文字については，実用的機能の観点からの美しささえあればそのデザイナーの独占権がこれに認められると解すれば，情報の伝達に支障を来し，判決に示されるとおり，多大な弊害が生ずると考えられる。では，滑り台や建築物についてはどうか。これら所謂「美術」（2条1項1号）における作品の創作性（例：彫刻の創作性）に対置すべきは「文芸，学術」（2条1項1号）における作品の創作性（例：小説の創作性）である。そして「文字」は「文芸，学術」を成立させるための情報伝達機能を有する媒体である。すなわち，〔ゴナ書体事件〕において問題となった「文字」の創作性は，美術作品の創作性とは論理的階層を異にするものと考えられる。

　従って，仮に〔ゴナ書体事件〕最高裁判決から「実用目的を達成するために必要な機能に係る構成と分離して，美術鑑賞の対象となる美的特性を備えた部分を把握できるか否か」という基準を導き出すとしても，その射程が，赤く塗色されたタコの形状の滑り台や，版画美術館およびその庭園という，いわゆる「美術」作品にまで及ぶかについては，別途，慎重な検討を要すると考えられる。例えば，斜面を有する台を目の前にした子どもが「ぜひ滑ってみたい」と思わなければこれはただの「台」に過ぎず「滑り台」としての実用性をもたないことからも明らかであるように，子どもが滑り台として利用する台の「美的特性」と「実用目的を達成するために必要な機能」とを「分離」しようとすることは，高度に抽象的かつ予見可能性の低い特殊な概念操作となる。かつ，そのような「分離」を観念しなかったとしても，滑り台や建築物においては〔ゴナ書体事件〕最高裁判決が懸念するような文化的弊害が生ずることも想定しがたい。

　以上の理由により，著作物性の判断において，作品の「実用目的を達成するために必要な機能」と「美術鑑賞の対象となる美的特性を備えた部分」とを「分離」して検討する判旨1①の基準は，建築物一般について言えば意匠法との棲み分けの観点から確かに一定の意義があるとも言えるものの，〔ゴナ書体事件〕最高裁判決の射程および本件事案の具体的態様からすれば，いわゆる「分離可能性」説として本件において採用することが妥当であるかについて疑問を残すものである。従来，建築物の創作性については，それが建築家の「知的・文化的精神活動の所産」といえるか（〔グルニエ・ダイン事件〕）あるいは「設計者の思想，感情が表現されたもの」といえるか（〔新梅田シティ事件〕）などの観点から検討されてきた。これら従来の検討方法で必要かつ十分であるという指摘に判旨1①は耐えうるか，今後さらなる研究の余地があるように思われる。[6]

　次に，決定要旨1②「選択の幅」基準について検討する。近年，創作性については②

のように作者に与えられた「選択の幅」の広さ狭さから検討されることが増えている。この，いわゆる「選択の幅」理論の具体的内容については諸説あるものの，例えば，中山信弘『著作権法〔第4版〕』72頁は次のように説明する。「著作権法の目的は文化の発展にあるが（1条），既に縷縷述べたとおり，著作権法の構造から，文化の発展とは思想・感情の表現である情報の豊富化にあると考えるべきである。情報の豊富化が著作権法の目的であるとするならば，その趣旨に従い，創作性概念を，『思想・感情の流出物』としての個性ではなく，『表現の選択の幅』と捉えるほうが妥当であろう。すなわちある作品に著作権を付与しても，なお他の者には創作を行う余地が多く残されている場合に，創作性があると考えるべきである。つまり作品それ自体のみで創作性を判断すべきものではなく，他者の行為可能性との関連において判断されるべきである。[7]」②の説示は，「選択の幅」理論についての上記のような見解と矛盾しないものであることを窺わせる。

　では，建築物における創作性の有無を，建築家に与えられた「選択の幅」から検討することは妥当か。「選択の幅」理論は，ある建築家に著作権を付与すれば，後進の建築家が創作を行う余地がそのぶんだけ妨げられるという見解に立脚するものと解される。確かに，ある建築家に著作権を付与すれば，後進の建築家はそれに似た建築物を設計することが許されなくなることから，絵画や彫刻などとは異なり，内部の利用に資する壁・屋根・窓といった共通要素を求められる建築においては，この点に留意した，後進の権利との繊細なバランシングが求められよう。しかしながら，建築の歴史を紐解けば，我々は，旧くは竪穴式住居に居住していた。やがて，より高度な技術を用いた木造建築に居住するようになり，さらには，鉄筋コンクリート造のタワーマンションなどにも居住するようになる。建築様式も，古くはギリシア様式やビザンツ様式にはじまり，ロマネスク様式やルネサンス様式，数寄屋造やモダニズムなど，古今東西さまざまなスタイルが発展してきた。2020東京オリンピック・パラリンピックのために当初設計された新国立競技場はキールアーチ構造という新技術による特殊構造により世界を驚嘆させる独創性ある空間を創り上げることが企図されていた。今後は，このような建築技術の日進月歩めざましいまま，地球温暖化等により従来とはまた大きく異なる建築条件が後進の建築家に課せられていくであろう。このような歴史的事実を前に，現在の建築家に著作権を認めることが後進の建築家の自由な表現を妨げることになるか否かについて，如何なる時空間のスケールにおいてこれを判断すべきか。建築家における予測可能性の観点からも問題となる。本件抗告人に版画美術館に対する著作権を認めることにより，後進の建築家たちの創作の余地がどれだけ妨げられるかについて，はたして如何なる視座

市所有の美術館建築・庭園と著作者人格権　　*221*

から検討するのが妥当かを明らかにするのは，きわめて困難である。

このように，「選択の幅」理論は，建築分野における技術革新や気候変動等との関係において，その検討基準が必ずしも明らかではなく，建築物における創作性判断の基準として妥当なものとは評価し難いようにも思われる。「いま」眼の前に存在する「この」建築物に，「この」建築家の個性の発露を見出すことができるか否かを創作性判断の拠りどころとしてきた従来の裁判例の価値が，ここで再考に値するように思われる。

以上，決定要旨1は建築物における創作性の有無について①「建築物としての実用目的を達成するために必要な機能に係る構成と分離して，美術鑑賞の対象となる美的特性を備えた部分を把握できるか否かという基準」②「創作性については，［……］建築物に化体した表現が，選択の幅がある中から選ばれたものであって保護の必要性を有するものであるか，ありふれたものであるため後進の創作者の自由な表現の妨げとなるか」という基準から判断するものであるところ，建築物という存在の特性に鑑みれば，いずれの判断基準にも検討の余地があることが指摘されうる。建築の著作物についての裁判例が未だ少ないなか，知的財産高等裁判所がこれらの基準を採用したことの影響については，今後注視すべきである。もっとも，結論として版画美術館に建築の著作物性を認めた点については，妥当であると考える。

2 決定要旨2および3について

決定要旨2は本件庭園の著作物性について検討するものである。

決定要旨3は，本件庭園と版画美術館の一体性について検討するものである。

決定要旨2は，本件庭園の創作性の有無について，決定要旨1①と同様に，美的特性の「分離可能性」を基準として判断する。当該基準については判旨1①において検討した通りであり，庭園の著作物性判断においても，そのリーディングケースともいえる〔ノグチ・ルーム事件〕東京地決平成15.6.11. 判時1840号106頁や〔新梅田シティ事件〕など従来の裁判例においてとられた基準が再考に値すべきことは，さきの検討と同様である。このことから，決定要旨2については，当該基準の本件庭園へのあてはめ部分に絞り検討する。

まず「いわゆる日本庭園のように，敷地内に設けられた樹木，草花，岩石，砂利，池，地形等を鑑賞することを直接の目的としたものもあれば，その形象が，散策したり，遊び場として利用したり，休息をとったり，運動したりといった実用目的を達成するために必要な機能に係る構成と結びついているものも存在する」という点について。ここで「いわゆる日本庭園」が説示に挙げられていることから，具体的イメージ喚起のため，

その代表格ともいえる金沢の兼六園を例に挙げて検討したい。兼六園を訪れて豊かなひとときを過ごす金沢市民あるいは世界中からの観光客は，その「敷地内に設けられた」ところの五葉松・池・雪吊・翠瀧・徽軫燈籠・地形といった物を「鑑賞することを直接の目的とし」て訪れるのであろうか，あるいは，「散策したり」「休憩をとったり」といった「実用目的」のために訪れるのであろうか。兼六園で散策をする者が，兼六園の「美術鑑賞の対象となり得る美的特性」に惹かれてそこにいるのか，あるいは，市内の喧騒を離れて歩行者専用通路を歩けるという「実用目的」からそこを歩いているのかについては，その客観的判別はおろか，本人の主観レベルにおいても判別しづらいことが多いのではないかと推測される。はたして，兼六園において「散策したり」「休憩をとったり」するための「実用目的を達成するために必要な機能に係る構成」と，兼六園の「美術鑑賞の対象となり得る美的特性を備えた部分」とを，法的基準として採用するに耐えるほど客観的に「分離」することは可能であろうか。これは，決定要旨1①において，斜面を有する台を目の前にした子どもが「ぜひ滑ってみたい」と思わなければこれはただの「台」に過ぎず「滑り台」としての実用性をもたないことについて検討した点につながるものである。[8]

　さらに，兼六園ひいては本件庭園が「工業上利用することができる意匠」（意匠法3条1項）に該当しうることを念頭に，意匠法と著作権法との調整の観点から「分離可能性」の基準を採用するとすれば，その構成そのものの妥当性につき疑問が生ずるところである。本件庭園は，抗告人である一級建築士が，町田市にあるきわめて特徴的な敷地条件において版画美術館とともに設計を行ったものである。このような庭園に創作性があるかについて，当該建築士の「思想又は感情」（2条1項1号）といった個性の発露がみられるかという基準に拠らないことの利点あるいは欠点について，今後，特に令和元年意匠法改正後の建築物およびそれに付随する庭園にかかる著作権法の問題として，検討を深めていく必要がある。

　決定要旨2は，このような「分離可能性」の基準の提示に続けて，本件庭園をひとつのものとして検討するのではなく，「門柱」「広場」「階段」「バルコニー」「モミジ園」など細切れに（ア）〜（ク）として取り上げたうえで，それぞれについて，庭園としての実用目的を達成するために必要な機能に係る構成と「分離」して美術鑑賞の対象となり得る美的特性を備えた部分を把握することができるかを検討した。ここで，原審がこれら（ア）〜（ク）における細切れの検討に終始したのに対し，抗告審はこれに追加して「前記（ア）〜（ク）で検討した個々の構成を，ひとまとまりに検討しても，本件庭園について，実用目的を達成するために必要な機能に係る構成と分離して，美術鑑賞の

対象となり得る美的特性を備えた部分を把握することはできない」と説示した点が注目される。〔ノグチ・ルーム事件〕や〔新梅田シティ事件〕の説示も，庭園をその一体性において検討していたことから，抗告審がこの点を追加したことには大いに意義がある。では，本件庭園の著作物性を判断するにあたり庭園の創作性を「ひとまとまりに検討」するのみでは不足があったのか。

　この点，傍論においてではあるものの，建築物と有機的に一体となった庭園にイサム・ノグチによる彫刻が設置されていた事案において「庭園は本件建物と一体となるものとして設計され，本件建物と有機的に一体となっているものと評価することができる。従って，ノグチ・ルームを含めた本件建物全体と庭園は一体として，一個の著作物を構成するものと認めるのが相当」とした〔ノグチ・ルーム事件〕や，「仮に池，噴水といった個々の構成要素はありふれたものであったとしても，前記構想に基づき，超高層ビルと一体となる形で複合商業施設の一角に自然を再現した本件庭園は，全体としては創造性に富んでいるというべき」とした〔新梅田シティ事件〕における説示が参考となろう。建築物において「壁」「屋根」「窓」といった個々の構成要素を細切れにしたうえでそれぞれの美的特性の「分離可能性」を検討しないのと同様，庭園についても「ひとまとまりに検討」することがこれら裁判例に合致し，また，社会通念上も素直と考えられる。[9]

　決定要旨3は，決定要旨2において本件庭園単独での著作物性が否定されたことを受けて，本件庭園を版画美術館と一体のものとして「建築の著作物」と評価しうるかについて示したものである。ここでは，版画美術館と本件庭園について，それぞれの面積，設計の前提となった条件，利用者の目的などを比較検討した上で，その一体性が否定された。

　本件庭園は，たしかに版画美術館と比して4倍という広大な敷地面積を有するものであることから，版画美術館から比較的距離のある庭園部分については一体性を見出し難いと評価することにも妥当性はあり得る。そのような庭園部分においては，設計の前提となった地理的な条件が，版画美術館におけるそれとは異なったということもあり得よう。しかしながら，あらゆる敷地条件を勘案して全体的な構想（コンセプト）のもと建築物および庭園ないし彫刻等をその敷地上に配置することにより独創的空間を創り上げることこそが建築家の仕事であることは，歴史的にも，あるいは抗告人のような一級建築士の国家資格の取得条件に鑑みても，自明のことである。このことからも，このような地理的条件の相違を建築物と庭園との一体性の判断枠組として持ち出すべきかについては，疑問がある。[10]さらに，利用者の目的については，版画美術館の利用者が本件庭園

を避けて通れるものでもなく，本件庭園の利用者の目に版画美術館のファサードの美観を映さずにおけるものでもないことに留意すべきである。版画美術館は，その内側に版画を展示する等の美術館機能を有すると同時に，外側の世界に向けたファサードの美観を有している。芹が谷公園を訪れる多くの人々を，かくも簡単に版画美術館の利用者と本件庭園の利用者とに二分し，それぞれの「利用目的が異なっている」とするのは，版画美術館と本件庭園との一体性を否定するという結論あっての判断である印象すら免れない。建築物と庭園との一体性については，先例としての〔ノグチ・ルーム事件〕や〔新梅田シティ事件〕における判断枠組を再度検討することに，再度，意義が見出されよう。

本件庭園の具体的態様からは，特に版画美術館と距離的に近接した部分については，版画美術館と有機的に一体のものとみなし「建築の著作物」であると結論しうる余地があったものとも考える。[11]

3　決定要旨 4 について

決定要旨 4 は，版画美術館にかかる本件各工事について 20 条 2 項 2 号の適用を検討するものである。

ここで，原審が「［同号］が予定しているのは，経済的・実用的観点から必要な範囲の増改築であって，いかなる増改築であっても同号が適用されると解するのは相当でなく，個人的な嗜好に基づく恣意的な改変や必要な範囲を超えた改変については，同号にいう『改変』に該当しないと解するのが相当である」とするのは，おそらく同号について明確な見解が初めて公刊された裁判例と考えられる〔ノグチ・ルーム事件〕決定傍論部分が「同号の予定しているのは，経済的・実用的観点から必要な範囲の増改築であって，個人的な嗜好に基づく恣意的な改変や必要な範囲を超えた改変が，同号の規定により許容されるものではないというべき」としたのと同様の見解に立つものと考えられる。後に〔新梅田シティ事件〕において「同一性保持権の侵害とならないよう増改築等ができるのは，経済的，実用的な観点から必要な範囲の増改築であり，かつ，個人的な嗜好に基づく恣意的な改変ではない場合に限られるとすることは，建築物所有者の権利に不合理な制約を加えるものであり，相当ではない」としたうえで，しかしながら「一切の改変が無留保に許容されていると解するのは相当でなく，その改変が著作者との関係で信義に反すると認められる特段の事情がある場合はこの限りではない」と説示していることに照らせば，原審が，この〔新梅田シティ事件〕ではなく，それ以前の〔ノグチ・ルーム事件〕決定の傍論部分と同様の見解に立つと解される点が注目される。

この点，抗告審は，原審の説示を変更し，改変が許されるのは「改変が，経済的・実用的な見地から全く必要性のないものであったり，著作者に対する害意に基づくものであると認められるなどの特段の事情がある場合」に限るとした。実際的な問題として，建築物に「経済的・実用的な見地から全く必要性のない」改変を行おうとする者は稀であり，また，「著作者に対する害意に基づく」改変を行おうとする者はさらに稀であると思われ，管見の限り，国内および英米独仏瑞伊西においても未だそのような裁判例は公表されていない。このことから，抗告審の説示は，原審あるいは従来の裁判例における説示と比べるまでもなく，およそ「特段の事情」に該当する事例を想定することが困難なほど広い範囲において改変を許すものである点において，20条の趣旨を骨抜きにしないか。また，そのように解釈するとき，20条2項2号が著作者人格権と所有権の調整原理として妥当に機能しうるかについて，疑問があると言わざるを得ない。特に20条2項4号における「前三号に掲げるもののほか［……］やむを得ないと認められる改変」の「やむを得ない」が「前三号」のひとつとしての同項2号の要件でもあるとする立場からは，建築物の改変もまた「やむを得ない」ものである必要があると解される。この解釈に立脚すれば一層，抗告審の説示は極端に狭い解釈をとるものとして妥当性に疑問が残る。20条2項2号の解釈としては，〔ノグチ・ルーム事件〕決定の傍論部分と同様の見解に立つ原審の説示が妥当であったと考える。

最後に，決定要旨4は，本件各工事が「町田市議会においても議論された」「公募型プロポーザルを経て選定された［訴外オンデザイン］によって作成され」「随時，有識者や住民の意見が集約され」「その意見が反映された」ものであることを，抗告人の人格的利益の侵害を否定する根拠としている。確かに，町田市がこれらの手続を踏まずに本件各工事を決定したのであれば問題である。しかしながら，行政主体が意思決定する際に議会において議論したり住民らの意見を集約したりすべきことは，いわば当然のことであり，これらの手続が踏まれていたか否かは行政における手続の瑕疵の問題であれども，20条2項2号の問題ではないように思われる。

同号「改変」については，町田市が瑕疵なき手続を踏んだ上で，その結論として行うこととなった工事が，抗告人の人格的利益を侵害するような内容の工事となっていないか，という観点から検討されるべきであろう。特に，市が数十億円の税金を投入して建築物を増改築等するにあたっては「市議会においても議論」すべきは当然であり，そのような事実があったことをそのまま非侵害性の根拠とするならば，およそ著作者人格権は行政的な意思決定に対抗する手段として機能しないものとなる虞がある。

なお，抗告人によれば，抗告人の提示する本件各工事の工事代替案等は，町田市によ

る一連の手続において検討対象とされてこなかったものである。〔ノグチ・ルーム事件〕においては，既に故人となっていた著作者の代わりともいえるワーキンググループ等の意見が工事内容に汲まれていた点，〔新梅田シティ事件〕においては，著作者の意思が一定程度考慮された工事内容となっていた点を，僅かながらも事実として勘案した上で，著作者の人格的利益の侵害の有無が判断された。これに対し，本件原審および抗告審は，本件各工事が，抗告人が工事代替案等において明らかにしている著作者意思を一切考慮することなく決定された内容のものであるにもかかわらず，それが一定程度の行政的手続に則って得られたものであることをもって，抗告人の人格的利益を侵害しないものであるとした。さらに，抗告人の主張を「同〔2〕号の適用を制限することを超えて，その適用に更なる制限を課すこと」と評価し否定した。著作者人格権とは，集団に対峙する個人の人格的利益を保護することにこそ，その存在意義があるとすれば，本決定には，町田市という集団的存在に対峙する個人の人格的利益の尊重という点において，疑問があると言わざるを得ない。

V おわりに

本件は，一級建築士Xの設計による版画美術館および本件庭園に対して町田市が行う本件各工事が，Xの著作者人格権を侵害するかが問題となった事案である。著作権法20条2項2号についての裁判例は未だきわめて少ないなか，本件裁判所は，従来の裁判例とはやや異なる基準により，版画美術館の著作物性を肯定し，本件庭園の著作物性を否定した。そのうえで，町田市が一定の手続を踏まえて本件各工事を決定したことなどを理由として，本件各工事は町田市による「改変」には該当しないとして，Xの著作者人格権に対する侵害を認めなかった。

著作者人格権に限らず，およそ人格権とは，集団に対峙する個人の人格的利益を保護することにこそその存在意義があるとすれば，本件決定は，まさしく「市」という集団的存在に対峙する「個人」の尊重という重大な点において憂慮すべき判断を行うものであるようにも感じられる。今後の著作権法研究においては，著作者人格権および一般的人格権の双方を視野に，その本質および関係性について法の歴史を遡り，〔ノグチ・ルーム事件〕において示された利益衡量論や，〔新梅田シティ事件〕において示された信義則，その他のさまざまな法の一般的原則にも照らししつつ，検討を深めていくことが必要であると考える。[14]

先行評釈として，本山雅弘「建築の著作物の著作物性および保護範囲」ジュリスト

1597 号 251 頁（2024 年），平井佑希「建築の著作物該当性及び同一性保持権侵害の成否：版画美術館増改築差止事件［東京地裁令和 4.11.25 決定］」コピライト 746 号 17 頁（2023 年）がある。

　付記：本研究は JSPS 科研費 JP16K21423, JP24K04665 の助成を受けたものです。

1) 「建築の著作物」（10 条 1 項 5 号）該当性は，主として，同一性保持権（20 条 2 項 2 号），展示権（25 条），美術の著作物等の原作品の所有者による展示（45 条），公開の美術の著作物等の利用（46 条）との関係において検討の実益があると一般的に解されている。

2) しかしながら，「建築の著作物」についてのみ，創作性の有無に加えて「芸術性」の有無や高低について判断をする必要性があるか，また，「芸術性」が裁判所の判断に馴染むものであるかについては，議論がある。

3) 建築における美的特性と実用目的との関係は，長らくそれ自体としてひとつの研究テーマとされ，日本にも紹介されてきた。日本語に翻訳された代表的な文献として：オットー・ヴァーグナー著，佐久間博・樋口清訳『近代建築』（中央公論美術出版，2012 年），ケネス・フランプトン著，中村敏男訳『現代建築史』（青土社，2003 年）などがある。日本の研究者においても，野田俊彦「建築非藝術論」建築雑誌 29 巻 346 号 714-727 頁（日本建築学会，1915 年）にはじまり，大正時代より数多くの論考が生み出されてきた。「分離可能性」説に立つのであれば，法学研究ではないものの，これら国内外の研究の蓄積にも参照すべき点が多くある。

4) 大渕哲也「知的財産法体系の二元構造における応用美術の保護（下）」法曹時報 69 巻 11 号（2017）など参照。

5) 著作者人格権（droit d'auteur）発祥の地ともいえるフランスにおいて，同様の議論が 19 世紀から存在した。「そうしますと，必然的に，美術の著作物と工業意匠の間に境界線を引く判断基準が必要になってまいります。フランスの法律家は 19 世紀の間，この基準の確立に取り組んでまいりました。その結果として彼らが認識したことは，十分に満足のいくそのような基準をつくることは不可能だということです。上野先生がこのシンポジウムの打ち合わせ会合で，『そうすると，ひょっとすると日本はフランスより 2 世紀遅れているのか』とおっしゃったことがあります。そのようにいうのはちょっと大げさだと思いますが，当時のフランスの法律家が抱えていた悩みと，いまวわれが抱えている悩みは確かに共通するところがあるかと思います」駒田泰土「フランスにおける応用美術」企業と法創造 5 巻 3 号 44 頁（2009 年）45 頁。また，拙稿「応用美術の西欧史的考察：諸技術の統合あるいは「美の一体性理論」をめぐって」特許研究 63 号 45 頁（2017 年）。

6) 「芸術目的のほうが実用目的を凌駕しているか否か衡量する必要はない。2 つの目的は相互に排斥し合うものではなく，高度の実用性を期待される建造物が同時に美的創作物であることは何ら背理ではない」斉藤博『著作権法』（有斐閣，第 3 版，2007 年）87 頁。

7) 脚注において，東京高判平成 14.10.29. 裁判所ウェブサイト〔ホテル・ジャンキーズ事件〕が参照されている。

8) 庭園の美と実用というテーマについては，法学においては特に令和元年意匠法改正から顕著に検討されているが，庭園研究の分野においては古くから次のような蓄積がある。
① 田村剛『実用主義の庭園』（成美堂，1919）
「吾々はフランス語で麗々しく書き連ねられた献立表の中で，最も珍味な一皿の料理よりも，

寧ろ血の滴つてゐる生肉からあまり距離のないビフテキの一皿を選む徒なのである。吾々は一切の虚飾をやめて，その極めて素朴な姿を露はさうとしてゐる。吾々は一切の空想や理想を排して，事實をつかまうとしてゐる。そして一切のものの價値を，吾々の實際生活に役立つ程度如何によって量らうとしてゐるのである。」[序]

「造園は建築と同様に，その材料としては，現實の植物や木材や石材を使用して，現實の空を頂き日光を浴びながら，吾々の住む住宅の附近を圍繞する土地を占有してゐるのであるから，それを單なる繪畫や彫刻と同一視して，徒らに眺めるばかりにのみ利用して満足すべきものではない。吾人の見解からすれば，最も大なる實用に根柢を有つた造園は，最も大なる意味内容を包含し得て，最も力強い美を發揮するものである。」[1-2 頁]

② 上村敬二『実用庭園』（加島書店，1963）

「美しいものを目で見る，自然音を耳で聞く，その結果，庭に対すると心身が休まるという，それは美観と鑑賞とを本位としてつくられた庭ではあるとするものの，考えようによっては，それもひろい意味では実用といってもよかろう，美と実用との限界を定めることはむつかしい。或る人は茶庭をもって人の感覚を豊かにする美的機縁とし，或る人は反対にこれを日常生活上合理的な実用部門としている。見解の相違とはいうものの，やはり右にいう限界の問題である。」[まえがき]

「世人が目して『ただの美しさ』だけと思うものも，その庭の持主，鑑賞者にとって美しさに由来した精神の慰楽，休養，放心という心理があれば，それだけで庭の実用的効果はあったものと思ってさしつかえなかろう。人は教養によって物の見方，考え方が違う。色彩的変化，めまぐるしいまでのテンポのうつりかわりを眺めて初めて慰楽の心が満足される人もあろう。その反面，茶室に静坐し，会心の庭を目の前に瞑想して心の休まる人もいるのである。精神の休養は形を具えた実際面の効果とともに立派な実用の要素を包含しているのである。」[3 頁]

9) 文化庁によれば，庭園の「芸術上又は鑑賞上の価値の捉え方」は「現状の地形，地割，植物，水，石組，構造物等の諸要素が組み合わさり，独特の景観構成を示している」（文化庁文化財部記念物課「近代の庭園・公園等に関する調査研究報告書」（平成 24 年 6 月）[10，12 頁。15 頁も同旨]）。

10) 〔新梅田シティ事件〕においては，全体の構想（コンセプト）と個々の要素の選択や配置等が検討された。

11) 東海林保「建築物及び庭園を巡る著作権法上の問題に関する実務的考察」野村豊弘先生古稀記念『知的財産・コンピュータと法』291 頁（商事法務，2016 年）など参照。

12) 「同一性保持権を無にしないためには，改変の必要性と著作者の人格的利益の衡量を一切，不要とするわけにはいかない。たとえば，単に美観が気に入らないという理由での改変は，本号の模様替え等には当たらないと解すべきである」田村善之『著作権法概説』（有斐閣，第 2 版，2001 年）447 頁。また，日向野弘毅『建築家の著作権』（成文堂，1997 年）51 頁など参照。

13) 上野達弘「著作物の改変と著作者人格権をめぐる一考察：ドイツ著作権法における『利益衡量』からの示唆」民商法雑誌 120 巻 4・5 号 748 頁（1999 年 7 月），6 号 925 頁（1999 年 9 月），高林龍「ノグチ・ルーム解体・移築工事差止仮処分事件（東京地決 15・6・11 判時 1840・106 〈イサム・ノグチ事件〉）」『平成 16 年度主要民事判例解説』判例タイムズ臨時増刊 1184 号 178 頁（2005 年）など参照。

14) その一端として，拙稿「著作物の原作品と著作者人格権：作者と作品との紐帯についての史的検討」著作権研究 50 号（2024 年）を執筆した。

〈判例研究〉

他人の投稿のスクショ添付ツイートと適法引用の成否

同志社大学法学部教授 山 根 崇 邦

本判決：知財高判令和 5 年 4 月 13 日令和 4 （ネ）10060 （控訴審）
原判決：東京地判令和 3 年 12 月 10 日令和 3 （ワ）15819 （第一審）

I　事案の概要

事　案

インターネット上の短文投稿サイト「ツイッター」（現エックス）のユーザーである原告 X が，ツイッター上で原告投稿 1〜4 の投稿を行ったところ，本件投稿者 1 （ユーザー名「A」）が，ツイッター上で，原告投稿 1 に係るツイートのスクリーンショット（以下，スクショ）画像を添付した本件投稿 1 を行うと共に，本件投稿者 2 （ユーザー名「B」）が，原告投稿 2 に係るツイートのスクショ画像を添付した本件投稿 2，原告投稿 2〜4 に係るツイートのスクショ画像を添付した本件投稿 3，原告投稿 3 に係るツイートのスクショ画像を添付した本件投稿 4 を行った，という事案である。

本件投稿 1〜4 の内容は，次頁の通りである（原判決別紙「投稿記事目録」より引用）。

これに対し，X が，本件投稿者 1 による本件投稿 1，及び，本件投稿者 2 による本件投稿 2〜4 により，原告投稿 1〜4 に係る X の著作権（複製権及び公衆送信権）を侵害されたと主張して，経由プロバイダである被告 Y （NTT ドコモ）に対し，令和 3 年法律第 27 号による改正前のプロバイダ責任制限法 4 条 1 項に基づき，本件発信者情報の開示を求める訴訟を提起した。本件の争点は多岐にわたるが，本稿では適法引用の成否（争点 2-2）を中心に取り上げる。

II　第 1 審判旨（東京地判令和 3 年 12 月 10 日 令和 3 （ワ）15819）——請求認容[1]

本件第 1 審判決（以下，原判決）はまず，原告各投稿の著作物性につき，「その構成には作者である X の工夫が見られ，また，表現内容においても作者である X の個性が

1

閲覧用URL	https://twitter.com/A/以下省略
ユーザー名	@A
投稿日時	2021年3月18日午後3:57（日本標準時）
投稿内容	この方です(´・ω・`)。。 【スクリーンショット画像が添付されたツイート】 「こないだ発信者情報開示した維新信者8人のログインIPとタイムスタンプが開示された NTTドコモ　2人 KDDI　3人 ソフトバンク　2人 楽天モバイル　1人 こんな内訳だった。KDDIが3人で多数派なのがありがたい。ソフトバンクが2人いるのがウザい しかし楽天モバイルは初めてだな。どんな対応するか？」

2

閲覧用URL	https://twitter.com/B/以下省略
ユーザー名	@B
投稿日時	2021年3月19日午後9:48（日本標準時）
投稿内容	私に対してのリプ 何にもしてないのにぃ(ó_ò。) 【スクリーンショット画像が添付されたツイート】 「@B　@C　@D　>あたかものんきゃりあさんがそういった人たちと同じよう 「あたかも」じゃなくて、木村花さんを自殺に追いやったクソどもと「全く同じ」だって言ってるんだよ。 結局、匿名の陰に隠れて違法行為を繰り返している卑怯どものクソ野郎じゃねーか。お前も含めてな。」

3

閲覧用URL	https://twitter.com/B/以下省略
ユーザー名	@B
投稿日時	2021年3月19日午後11:01（日本標準時）
投稿内容	絡んだ時間順に並べてみました。 暴言はいてます？ 【スクリーンショット画像が添付されたツイート】 「@B　@C　@D　>あたかものんきゃりあさんがそういった人たちと同じよう 「あたかも」じゃなくて、木村花さんを自殺に追いやったクソどもと「全く同じ」だって言ってるんだよ。 結局、匿名の陰に隠れて違法行為を繰り返している卑怯どものクソ野郎じゃねーか。お前も含めてな。」 「去年の今頃、「@E」とかいう高校3年生の維新信者に絡まれて勝手にブロックされて「何したいんだ、このガキ？」って事が さっき、あのガキのツイートが目に入ったんだけど受験に失敗して浪人するわ都構想は否決されるわで散々な1年だった様だ 「ざまぁ」以外の感想が浮かばない（笑）」 「@C　アナタって僕にもう訴訟を起こされてアウトなのに全く危機感無くて心の底からバカだと思いますけど、全く心配はしません。アナタの自業自得ですから。」

4

閲覧用URL	https://twitter.com/B/以下省略
ユーザー名	@B
投稿日時	2021年3月21日午後8:36（日本標準時）
投稿内容	はい！あなたは私に暴言をはきましたが、私はあなたに暴言をやめてとかしか言っていません。 具体的に教えていただいてもいいですか？ 検索しても出てこないです！ 絡んだ順にスクショ置きますね！ どの事でしょうか？ 【スクリーンショット画像が添付されたツイート】 「去年の今頃、「@E」とかいう高校3年生の維新信者に絡まれて勝手にブロックされて「何したいんだ、このガキ？」って事が さっき、あのガキのツイートが目に入ったんだけど受験に失敗して浪人するわ都構想は否決されるわで散々な1年だった様だ 「ざまぁ」以外の感想が浮かばない（笑）」

他人の投稿のスクショ添付ツイートと適法引用の成否　　231

現れているということができる」として，いずれも著作物性を肯定した。一方，適法引用の成否に関しては，原告各投稿のスクショを添付してツイートした本件各投稿は，いずれも適法引用の要件を充足しないとして，これを否定した。そして，権利侵害の明白性を認め，Xの請求を認容し，Yに対し本件発信者情報の開示を命じた。以下，適法引用の成否に関する説示を取り上げる。

争点2-2：適法引用の成否

「他人の著作物は，公正な慣行に合致するものであり，かつ，報道，批評，研究その他の引用の目的上正当な範囲内で行われる場合には，これを引用して利用することができる（著作権法32条1項）。

これを本件についてみると，前記認定事実によれば，本件各投稿は，いずれも原告各投稿のスクリーンショットを画像として添付しているところ，証拠…及び弁論の全趣旨によれば，ツイッターの規約は，ツイッター上のコンテンツの複製，修正，これに基づく二次的著作物の作成，配信等をする場合には，ツイッターが提供するインターフェース及び手順を使用しなければならない旨規定し，ツイッターは，他人のコンテンツを引用する手順として，引用ツイートという方法を設けていることが認められる。そうすると，本件各投稿は，上記規約の規定にかかわらず，上記手順を使用することなく，スクリーンショットの方法で原告各投稿を複製した上ツイッターに掲載していることが認められる。そのため，本件各投稿は，上記規約に違反するものと認めるのが相当であり，本件各投稿において原告各投稿を引用して利用することが，公正な慣行に合致するものと認めることはできない。

また，前記認定事実によれば，本件各投稿と，これに占める原告各投稿のスクリーンショット画像を比較すると，スクリーンショット画像が量的にも質的にも，明らかに主たる部分を構成するといえるから，これを引用することが，引用の目的上正当な範囲内であると認めることもできない。

したがって，原告各投稿をスクリーンショット画像でそのまま複製しツイッターに掲載することは，著作権法32条1項に規定する引用の要件を充足しないというべきである。

これに対し，Yは，引用に該当する可能性がある旨指摘するものの，その主張の内容は具体的には明らかではなく，本件各投稿の目的との関係でスクリーンショット画像を掲載しなければならないような事情その他の上記要件に該当する事実を具体的に主張立証するものではない。そうすると，Yの主張は，上記判断を左右するものとはいえ

ない。したがって，Yの主張は，採用することができない。」

　この原判決を不服として，Yが控訴。第1審の口頭弁論終結後にXが死亡し，被控訴人xがその地位を承継した。

Ⅲ　控訴審判旨（知財高判令和5年4月13日令和4（ネ）10060）——原判決取消[2]

　本件控訴審判決（以下，本判決）はまず，原告各投稿の著作物性に関し，一部説示を変更しつつも，原判決の判断を支持した（著作物性肯定）。一方，適法引用の成否に関しては，原判決の判断を変更し，本件各投稿における原告各投稿のスクショの添付は，いずれも著作権法32条1項の引用に当たるか，又は引用に当たる可能性があると判断した。以上より，本判決は，原判決を取り消し，権利侵害の明白性を否定して，Xの請求をいずれも棄却した。以下，適法引用の成否に関する説示（原判決の引用部分を含む）を取り上げる。

争点2-2：適法引用の成否

　「他人の著作物は，公正な慣行に合致するものであり，かつ，報道，批評，研究その他の引用の目的上正当な範囲内で行われる場合には，これを引用して利用することができる（著作権法32条1項）。

　…本件各投稿は，いずれも原告各投稿のスクリーンショットを画像として添付しているところ，…ツイッターの規約は，ツイッター上のコンテンツの複製，修正，これに基づく二次的著作物の作成，配信等をする場合には，ツイッターが提供するインターフェース及び手順を使用しなければならない旨規定し，ツイッターは，他人のコンテンツを引用する手順として，引用ツイートという方法を設けていることが認められる。

　しかし，そもそも本件規約は本来的にはツイッター社とユーザーとの間の約定であって，その内容が直ちに著作権法上の引用に当たるか否かの判断において検討されるべき公正な慣行の内容となるものではない。また，他のツイートのスクリーンショットを添付してツイートする行為が本件規約違反に当たることも認めるに足りない。

　他方で，批評に当たり，その対象とするツイートを示す手段として，引用リツイート機能を利用することはできるが，当該機能を用いた場合，元のツイートが変更されたり削除されたりすると，当該機能を用いたツイートにおいて表示される内容にも変更等が生じ，当該批評の趣旨を正しく把握したりその妥当性等を検討したりすることができなくなるおそれがあるのに対し，元のツイートのスクリーンショットを添付してツイート

他人の投稿のスクショ添付ツイートと適法引用の成否　　*233*

する場合には，そのようなおそれを避けることができるものと解される。そして，弁論の全趣旨によると，現にそのように他のツイートのスクリーンショットを添付してツイートするという行為は，ツイッター上で多数行われているものと認められる。以上の諸点を踏まえると，スクリーンショットの添付という引用の方法も，著作権法32条1項にいう公正な慣行に当たり得るというべきである。」

「その上で，…原告投稿1の内容，…本件投稿1の内容や原告投稿1との関係等によると，本件投稿1は，Xが，本件投稿者1及び本件投稿者1と交流のあるネット関係者間で知られている人物（「P」なる人物）を訴えている者であることを前提として，更に多数の者に関する発信者情報開示請求をしていることを知らせ，このような行動をしているXを紹介して批評する目的で行われたもので，それに当たり，批判に関係する原告投稿1のスクリーンショットが添付されたものであると認める余地があるところ，その添付の態様に照らし，引用をする本文と引用される部分（スクリーンショット）は明確に区分されており，また，その引用の趣旨に照らし，引用された原告投稿1の範囲は，相当な範囲内にあるということができる。

また，…原告投稿2〜4の内容及びその性質並びに…本件投稿2〜4の内容や原告投稿2〜4との関係等によると，本件投稿2〜4は，本件投稿者2を含むツイッターのユーザーを高圧的な表現で罵倒する原告投稿2，他のツイッターのユーザーを嘲笑する原告投稿3及び他のツイッターのユーザーを嘲笑する原告投稿4を受けて，これらに対する批評の目的で行われたものと認められ，それに当たり，批評の対象とする原稿投稿2〜4のスクリーンショットが添付されたものであるところ，その添付の態様に照らし，引用をする本文と引用される部分（スクリーンショット）は明確に区別されており，また，それらの引用の趣旨に照らし，引用された原告投稿2〜4の範囲は，それぞれ相当な範囲内にあるということができる。

以上の点を考慮すると，本件各投稿における原告各投稿のスクリーンショットの添付は，いずれも著作権法32条1項の引用に当たるか，又は引用に当たる可能性があり，原告各投稿に係るXの著作権を侵害することが明らかであると認めるに十分とはいえないというべきである。」

IV 評 釈

一 はじめに

本件は，氏名不詳の本件投稿者1及び2が，ツイッターに投稿された原告各投稿のスクショを添付し，本文に短いコメントを記載してツイッターに投稿（本件各投稿）した

ところ，原告が，本件各投稿は原告各投稿に係る原告の著作権（複製権及び公衆送信権）を侵害するとして，経由プロバイダである被告に対し，本件各投稿者に係る発信者情報の開示を求めた事案である。

近年，発信者情報開示請求訴訟を中心に，ツイッターのユーザーによる他人のコンテンツ（文章，イラスト，写真等）の利用をめぐって著作権侵害の有無が争われるケースが増えている。[3]こうした事案は，利用対象のコンテンツ自体もツイッターに投稿されたものである場合と，それ以外の場合とに大別される。[4]本件は前者の場合に該当する。

本件のように利用対象のコンテンツがツイートの文章である場合，1ツイート当たり140文字以内という制限があるために，著作物性が問題となりやすい。[5]また，著作物性が認められる場合でも，当該著作物は原告自身がツイッター上に投稿したものであることから，ツイッター社の利用規約に従った利用については，原告の黙示の承諾があると考えられる。

この点，ツイッター社は，ユーザーによるツイッター上のコンテンツ利用に関して定めた利用規約の中で，コンテンツの複製等を行う場合には同社が提供するインターフェース及び手順を使用しなければならない旨規定している。そして，他人のコンテンツを引用する手順として「引用リツイート」と呼ばれる方法を提供している。それゆえ，引用リツイートの方法により他人のコンテンツを利用する場合には，それが適法に投稿されたものである限り，利用規約により著作権侵害の問題は生じないと解される。

もっとも，引用リツイートを用いると元のツイート投稿者に通知が届くため，批評等を目的とする場合には利用が躊躇われることがある。[6]また，引用リツイートの場合，元ツイートの投稿者が元ツイートを変更又は削除すると，その変更等が引用リツイートの表示内容にも反映されるため，批評等の趣旨が正確に伝わらず，その妥当性等の検証が困難となるおそれもある。そのため，ツイッターのユーザーが，引用リツイートではなく，他人の投稿のスクショを添付してツイートする方法（「スクショ引用ツイート」とも呼ばれる）を用いることがある。本件はまさにそのような一例といえる。

こうして本件では，ツイッターに投稿された他のツイートをスクショし，その画像を添付してツイートする行為が，著作権法32条1項（以下，同法の条文は条数のみ表記）の適法引用に該当するのかが争われた。また，仮に適法引用の対象となるとしても，本件のように引用される著作物（原告各投稿）の文章の長さに比して引用する側（本件各投稿）の文章がごく短いものである場合に，なお適法引用の要件を充足するといえるのかも問題となった。

二 原判決および本判決の判断概要

1 原 判 決

原判決は，原告各投稿の著作物性につき，140文字以内という文字数制限がある中でも，原告各投稿にはその構成と表現内容においてXの工夫や個性が現れているとして，いずれも著作物性を肯定した。一方，適法引用の成否に関しては，本件各投稿は公正な慣行要件と正当な範囲内要件をいずれも満たさないとして，32条1項の適用を否定した。

具体的には，ツイッター社が提供する引用リツイート機能を使用せず，スクショ添付の形式で引用することは，利用規約違反であるから，公正な慣行に合致しないと判断した。また，スクショ添付された原告の文章の長さに比して，引用する側の文章が明らかに短く，量的にも質的にも主従関係を満たさないため，正当な範囲内の引用とは認められないとした。

2 本 判 決

これに対し，本判決は，原告各投稿の著作物性については原判決の判断を支持しつつも，適法引用の成否に関しては原判決の判断を取り消し，本件各投稿における原告各投稿のスクショ添付は，いずれも適用引用に当たるか，適用引用に当たる可能性があると判断した。

具体的には，公正な慣行要件につき，①利用規約の内容が直ちに著作権法上の公正な慣行の内容となるものではなく，スクショ添付ツイートが規約違反に当たるとも認められないこと，②批評に際し，引用リツイートではなく，対象ツイートのスクショを添付する方法を用いることは，元ツイートの変更・削除の影響を受けない点で相当な引用方法といえること，③現にツイッター上で広く行われている実態があることを考慮し，公正な慣行に当たり得ると判断した。

次に，正当な範囲内要件については，①本件各投稿には，Xの行動を紹介し批評する目的や原告投稿を批評する目的が認められ，そうした目的のために原告各投稿のスクショが添付されていること，②添付の態様として本文と被引用部分とが明確に区分されていること，③その引用の趣旨に照らし，引用された原告各投稿の範囲は相当な範囲内にあるといえることを考慮し，本要件の充足性を認めている。

3 小 括

本判決が，利用規約違反が直ちに公正な慣行要件違反となるわけではないと判示し，スクショ添付という引用方法の相当性を肯定した点，及び，量的に見れば主従関係を満たさない利用態様につき，明瞭区別性と批評という引用の目的を考慮して正当な範囲内

にあると評価した点は，重要な意義を有するものと考える。

　近年，本件と同様の争点について判断した裁判例が集積されていることから，以下ではまず，それらの裁判例を概観することにしたい。その上で，本判決の判断について考察する。

三　ツイッターに投稿されたコンテンツの添付ツイートの適法引用性を巡る裁判例

　末尾の【別表】の通り，原判決後に，ツイッターに投稿されたコンテンツの画像を添付してツイートする行為の適法引用性が争われた裁判例として，【1】～【10】がある。以下，これらの裁判例の判示内容について，公正な慣行要件と正当な範囲内要件に分けて概観する。

　1　公正な慣行要件の判断

　（1）　利用規約と公正な慣行要件

　ツイッターの利用規約の内容と公正な慣行要件との関係について判示した裁判例は，いずれも，本件の【原判決】の考え方を否定している（【1】【3】【4】【6】【7】）。

　例えば，【1】は，利用規約は本来的にはツイッター社とユーザーとの間の約定であって，「その内容が直ちに著作権法上の引用に当たるか否かの判断において検討されるべき公正な慣行の内容となるものではない」とする。また，同控訴審の【6】は，本件ツイートやそこにおける原告ツイートの引用が「批評という表現行為に係るもの」である点に鑑みれば，「利用規約によってその態様ゆえにその引用としての適法性が直ちに左右されるとみることはできない」としている（ツイッター運営者の方針によって直ちに引用の適法性が左右されるものではないとする【4】も同旨）。

　同様に，【7】は，利用規約に反する行為であるからといって，直ちに引用に係る公正な慣行に合致しないものと評価されるものではなく，他のツイートのスクショ投稿が利用規約に反するということもできないとする。【3】は，スクショの添付という引用方法が規約違反としてツイッター社により削除等されている実態が窺われないことに鑑みると，「運営者が提供する引用リツイート機能によらないことをもって直ちに公正な慣行に合致しないとするのは相当でない」としている。

　（2）　スクショ添付という引用方法は公正な慣行に合致するか

　以上の【1】【3】【4】【6】【7】は，いずれも，スクショ添付という引用方法が公正な慣行に合致すると判断している。

　【1】【4】【6】（アイコン画像の事案）は，その理由として，①他のツイートのスクショを添付して投稿する行為が，ツイッター上で多くの利用者によって行われていること，

及び，②批評を目的とする場合，対象ツイートのスクショを添付することは，読者が対象ツイートの投稿者やその内容を正確に把握でき，批評の妥当性を検討するのに資すること，の2点を挙げている（【1】【6】はさらにツイート文とアイコンが一体的に取り扱われ得ることをユーザーは相応の範囲で受忍すべき点も挙げている）。

【3】（文章の事案）は，上記①の点を指摘した上で，「にもかかわらず，このような利用態様がツイッター社により削除その他の方法で具体的に規制されていることをうかがわせる事情はないこと」をその理由として挙げている。

一方，同控訴審の【7】は，以上とは異なり，本要件の充足理由として次の5点を挙げている。すなわち，①明瞭区別性と主従関係性を満たしていること，②スクショ画像の添付はツイッターの基本的機能の一つであること，③ツイッターはソーシャルメディアであり，投稿されたツイートが広く共有されて批評対象となることも当然に予定されているといえること，④原告ツイートの内容が改変された等の事情は存しないこと，⑤本件投稿者の引用により原告に経済的損失等の不利益が生じたとの事情は存しないこと，である。

以上に対し，適法引用を否定した裁判例は，正当な範囲内要件の不充足を理由としており，公正な慣行要件については具体的に判断していない（【5】【9】）。

（3）　原告が本件投稿者のアカウントをブロックしていた場合

【3】【7】では，原告がツイッター上で本件投稿者のアカウントをブロックしていた点も問題になった。両判決ともそうした事情を踏まえても公正な慣行要件の充足は否定されないと判示した。[7]【7】は，その理由として2点を挙げている。一つが，ツイッターのブロック機能は，ブロック対象のアカウントがツイッターにログインした状態でしか働かず，ブロック対象者がツイッターにログインせず，又はブロックされた者とは異なるアカウントでアクセスした場合には，原告が公開しているツイートを閲覧することが可能である点である。もう一つは，ツイッターでは投稿されたツイートが広く共有されて批評対象となることも当然に予定されており，投稿者は，自らのツイートが批評されることや，その過程でツイートが引用されることを当然に想定していることである。[8]

（4）　他人が投稿した写真の添付ツイートと出所表示

このほか，【8】【10】（写真の事案）では，原告の投稿写真を添付したツイートにおいて当該写真の撮影者を明示しなかったことが，公正な慣行に反するかどうかが問題となった。事案は，原告Xが発信者情報開示仮処分命令の申立を行った旨の文章と共に，その申立書類を撮影した写真（本件写真）をツイッターに投稿したところ，発信者が，本件写真の撮影者を明示せずに本件写真を添付し，本文に「申立を行ったというツイー

トで掲載している画像。申し立てをしたというなら，受付印を受けた控えの画像が出て
くるのかと思ったのだが。」と記載してツイート（本件投稿）したというものである。
【10】は，本件投稿の文章（一文目）の内容と，本件写真に写されている仮処分命令申
立書に記載された債権者がＸである事実とを併せれば，本件投稿の閲覧者は，本件写
真はＸがツイッターに投稿したものと理解できるから，本件写真の出所が，発信者が
本件投稿を行った際に元の著作物にたどり着くことが可能な程度に示されていたと評価
することが可能であり，これに，本件投稿の内容，本件投稿における批評の目的，本件
投稿への添付に際し本件写真が改変されていないことを考慮すれば，本件写真の引用の
方法・態様は，公正な慣行に合致したものといえると判示した（本件写真の著作物性を
否定したので厳密には傍論。原審の【8】も同旨）。

　2　正当な範囲内要件の判断

　次に，【1】～【10】の正当な範囲内要件に関する判断を，被利用著作物のタイプ毎に
見ていこう。

　（1）　文章の事案

　ツイッターに投稿された文章が利用された事案として，【3】【5】【7】がある。【5】が
正当な範囲内要件を否定したのに対し，【3】【7】は同要件を肯定した。

　【5】は，原告が，「定義が無い言葉を議論した所で答えはないですよね。／【道の駅
では】／・夜から朝まで寝ても良い（その為にも作られた）／・車中泊禁止は不適切
／・130 カ所の看板が撤去された／この情報で道の駅で車中泊が禁止なんだと思う人が
いるは驚く／私は今まで通りコツコツと時間をかけて発見次第交渉していくのみ」
（「／」は改行。以下同じ）とツイート（本件原投稿）したところ，氏名不詳者が，本件
原投稿のスクショを添付し，本文に「修正したみたいですね。この情報で道の駅で車中
泊は出来るなんて思う人がいるは驚く。コツコツではなく国交省に，道の駅へ通達する
様に抗議すれば早いのに。車中泊は命にかかわる事だと聞いてますので。」と記載して
ツイート（本件ツイート）した事案である。

　【5】は，仮に本件ツイートの目的が，本件原投稿の批評にあると認められるとしても，
本件ツイートの本文よりも添付された本件原投稿の文章の分量が多く，主従関係を満た
さないこと，及び，本件原投稿に文字で記載された原告の主張内容を批評するために，
同投稿のスクショを添付する必要性があったとはいい難いことを理由に，少なくとも，
本件原投稿の批評という目的上正当な範囲で行われたものとは認められないとした。こ
の判示は，量的な主従関係を重視する点で【原判決】と同様の立場といえる。また，批
評にあたり批評対象のツイートのスクショを添付する必要性を否定した点で【本判決】

　　　　　　　　　　　　　　　他人の投稿のスクショ添付ツイートと適法引用の成否　　239

と対照的な立場といえる。

　【3】【7】は，原告が，「私の謎／休憩・仮眠・宿泊目的について国交省は7，8時間寝てもそれは休憩，夜から朝まで寝ても仮眠と見解。／活動反対派は，その行為をしたら宿泊目的で車中泊はダメ！日本語や常識でわかる。国交省のQ＆Aに記載されている！／えっと，だからその行為やQ＆Aの見解を国交省は休憩仮眠と言っているのだが」とツイート（原告ツイート）したところ，氏名不詳者が，原告ツイートのスクショを添付し，本文に「国交省担当者が7，8時間寝ても良いと言ったのはあくまで「仮眠」ならばという前提で話をしてたでしょ？／貴方の支持者のDさんが国交省に確認した結果，宿泊と受け取れる車中泊は一泊でもご遠慮と回答を貰ってます／宿泊目的の車中泊はご遠慮で結果は出てますので間違った情報は流さないように」と記載してツイート（本件ツイート）した事案である。【5】よりも本件ツイートの文章量がやや多いが，概ね同様の事案といえる。

　【3】は，①本件ツイートにおける本文と添付部分の明瞭区別性と，②原告ツイートにおける要約が誤りないし不正確であることの指摘という引用の目的を考慮し，本件ツイートにおける原告ツイートのスクショ添付の引用は「必要かつ合理的な範囲内」のものと判断した。一方，同控訴審の【7】は，この結論を支持しつつも，理由づけを改めている。すなわち，①引用の目的は原告ツイートの批評にあるとした上で，②原告ツイートの全文が本件ツイートの本文と共に示されることにより，閲覧者は批評対象の原告ツイートの内容を正確に知ることができ，本件ツイートの妥当性や客観性の担保に資すること，③ツイッターには1ツイート当たり140字という文字数制限があり，原告ツイートもそれほどの分量ではなく，その全文の引用が不相当ということはできないことを考慮し，「本件ツイートが原告ツイートの全文を引用したことは，原告ツイートの批評という目的との関係で必要かつ相当なものであり，正当な範囲内のものであるといえる」と判示した。

　【3】は明瞭区別性と引用の目的から原告ツイートの引用の合理性を認めた点，【7】は原告ツイートの全文引用について，批評対象の正確な理解及び批評の妥当性・客観性の担保の観点から必要性を，140字という文字数制限のあるツイートの性質から許容性を，それぞれ肯定した点に特徴がある。

　（2）　漫画，写真の事案

　次に，被利用著作物が漫画の事案として【2】が，写真の事案として【8】【9】【10】がある。【2】【9】が観賞性を有する漫画や写真の利用について正当な範囲内要件を否定したのに対し，【8】【10】は観賞性を有しないと考えられる写真の利用について本要件

を肯定している（著作物性を否定したため厳密には傍論）。

【2】は，原告（漫画家）が，本件漫画を執筆し，その画像を添付したツイートを投稿したところ，本件投稿者が，本件漫画のキャラクターの顔部分にモザイク処理を施した画像（投稿画像）を添付し，本文に「この漫画家崩れに関しては wiki 付けて周知してもらった方が良いと思うよ／しかし成長しないね，絵も中身も／#a」と記載してツイート（本件投稿）した事案である。【2】は，①引用の目的が本件漫画の批評にあると認めつつも，②本件投稿の本文のうち本件漫画の内容に具体的に言及する部分は，「しかし成長しないね，絵も中身も」というわずか 15 文字の簡単かつ概括的な感想のみであり，投稿画像全体を添付する必要性があるとはいい難いこと，③投稿画像にはキャラクターの顔部分以外，セリフ部分を含めて本件漫画の表現がほぼそのまま表示されており，当該投稿画像が本件投稿全体の 8 割程度を占めるなど，本件投稿の本文と被引用部分（投稿画像）の情報量等に大きな差があることを考慮し，本件投稿における投稿画像の引用は，その目的上正当な範囲内で行われたものということはできないと判示した。

【9】は，公園内の彼岸花と本件モデルを被写体として撮影された 3 点の原告写真（本件作品）について，本件モデルが原告の許可を得て当該写真をツイッターに投稿したところ，被告が，当該投稿写真のスクショ（被告投稿画像）を添付し，本文に「【代／行】彼岸花をとても潰してる…！」と記載してツイート（本件投稿）した事案である。【9】は，①引用の目的が本件作品に対する感想ないし批評にあると認めつつも，②本件投稿において被告投稿画像が大部分を占め，本文は極めて短文であること，③本件投稿を見れば本件作品の全体を把握できるようになることを考慮し，本件投稿における本件作品の引用は，その目的との関係で社会通念上合理的な範囲内のものということはできないと判示した。

【8】【10】は，前述の通り，原告（司法書士）が申立を行った仮処分命令申立書の写真（本件写真）をツイッターに投稿したところ，発信者が，本件写真を添付し，本文に「申立を行ったというツイートで掲載している画像。申し立てをしたというなら，受付印を受けた控えの画像が出てくるのかと思ったのだが。」と記載してツイート（本件投稿）した事案である。【10】（原審の【8】を引用）は，①引用の目的が原告の投稿に付された本件写真に「受付印」がない点を批評することにあるとし，②本件投稿において本件写真を示すことは，批評対象の投稿内容を理解するのに資することから，本件写真の利用は，批評の目的上正当な範囲内のものといえると判示した。

以上の通り，【2】【9】はツイッターに投稿された漫画・写真の批評目的での利用であっても，その全部引用を認めなかったのに対し，【8】【10】は批評目的から対象写真の

全部引用の必要性を肯定しており，注目される。

（3）アイコン画像の事案

このほか，被利用著作物が他人のツイート内容ではなく，当該ツイート上に表示されるアイコン画像（プロフィール画像）である事案として，【1】【4】【6】がある。これらの事案では，引用の目的上アイコン画像を引用することが必要といえるかというよりも，当該ツイートの引用を行う際にアイコン画像を含めて引用することを許容すべきかどうかが問題となる場合が多い（【1】【4】【6】）。そのため，適法引用に加えて付随対象著作物の利用（30条の2第1項）の成否が争われることもある（当該争点の判断は示されなかったが【1】【6】）。

【1】【6】は，本件投稿者が，約7年半前に原告（控訴人）が投稿した原告ツイートのスクショを添付し，本文に「》＃宮島の鹿の事はもう世界の関心事～／10年近く前からそう仰る方々がいますが，それなら何故これまで何の進展も無いのでしょうね？／本当に『世界の関心事』なのかどうか一度ご自身でご確認されてはいかがですか？／＃宮島」と記載してツイート（本件ツイート）したところ，原告から，原告ツイートに表示された原告アイコン画像（原告イラストの一部）に係る著作権の侵害が主張された，という事案である。

【1】（控訴審の【6】も支持）は，①本件投稿者が原告ツイートを引用した目的は，本件ツイート本文における主張の具体例ないし根拠を示すことにあるとした上で，②原告イラストは，原告が自らプロフィール画像として選択して原告アイコンとしたことにより，原告ツイートに表示されて利用されたこと，③原告イラストの著作物としての種類や性質，その著作権者である原告に及ぼす影響の有無及び程度等を考慮しても，原告イラストの著作物としての意義ないし価値が損なわれ，又は原告が経済的な不利益を受けたなどの事情は特段窺われないことを指摘し，本件ツイートにおける原告ツイートの引用による原告イラストの利用は，社会通念に照らして合理的な範囲内のものといえると判示した。

【4】は，原告＝控訴人 X1（旧姓 X1'）がツイッターに3件のツイート（うち2件は最初のツイートへのリプライ形式。以下，まとめて「X1ツイート」。X1ツイートには，DMをスクショした上で，差出人名等をマスキング加工した画像が引用されていた）を投稿したところ，本件投稿者が，X1ツイートのスクショを添付し，本文に「X1'さん（X1"）／DM画像捏造してまで友人を悪人に仕立て上げるのやめてくれませんかね？／捏造したところで信用の問題で誰も信じないとは思いますけど／そんなクソDM直に送るような人でもないんですよ，あんたと違って」と記載してツイート（本

件ツイート）した事案である。本件ツイートが X1 ツイート上のアイコン画像（原告プロフィール画像）に係る著作権を侵害するかが争われた。

【4】は，①本件投稿者が X1 ツイートを引用した目的は，X1 が「DM 画像を捏造」してツイートした行為を批評することにあるとした上で，②X1 ツイートに手を加えずそのまま示すことは，読者が批評対象のツイートの投稿者やその内容を正確に理解でき，批評の客観性の担保や妥当性の検討に資すること，③原告プロフィール画像の利用も X1 ツイートをそのまま示す目的を超えてなされたものではないことを指摘し，本件ツイートにおける原告プロフィール画像の利用は，批評の目的上正当な範囲内の利用といえると判示した。[9]

以上の通り，【1】【4】【6】は，アイコン画像の利用について適法引用の問題として処理している。もっとも，原告アイコンの利用はあくまで批評対象の原告ツイートの利用に付随して生じたもので，当該アイコン利用により利益を得る目的でなされたわけではない。また，ツイートの本文とアイコンとは通常分離した形ではなく一体的に利用される。当該利用によりアイコンの著作物としての価値が損なわれたり，原告が経済的な不利益を受けたりするといった事情も窺われない。これらの事情に照らせば，付随対象著作物の利用の問題として処理することも可能な事案であったように思われる。

四　本判決の検討

1　公正な慣行要件の判断の検討

（1）　判断枠組み

以上をもとに本判決の検討に移ろう。前述のとおり原判決は，本件各投稿が，ツイッターが設けている引用リツイートの方法を用いずに，スクショ添付という方法により原告各投稿を引用してツイートした行為は，ツイッターの規約（本件規約）に違反すると認定した上で，このような本件規約に違反する態様で原告各投稿を引用して利用することは，公正な慣行に合致しないと判示している。

原判決は，本件規約が定めるツイートの引用方法（引用リツイート）がツイッターにおける引用方法の公正な慣行であると措定した上で，当該引用リツイートの方法を用いない引用方法は，公正な慣行に合致しないと判断している。ここでは，公正な慣行に関して，ツイッター上の引用に関する利用実態等の社会的事実関係は考慮されていない。また，規約に沿わない引用方法であるとしてもなお，社会通念上相当な方法と評価しうるか等の判断も見られない。あくまで規約の内容が公正な慣行の内容となることを前提に，規約に違反した引用方法であることをもって本要件を否定する判断が導かれている。

これに対し，本判決は，本件規約の内容が直ちに32条1項にいう公正な慣行の内容となるものではなく，また，他のツイートのスクショを添付してツイートする行為が本件規約に違反するとも認められないとした上で，①引用リツイートの場合，元のツイートが変更・削除されると表示内容にも変更等が生じ，批評の趣旨の正しい把握やその妥当性等の検討ができなくなるおそれがあるが，スクショを添付してツイートする場合にはこれを回避できる点，②スクショを添付したツイート行為はツイッター上で多数行われている点を考慮し，スクショの添付という引用の方法も公正な慣行に当たり得る，と判示している。

　本判決では，批評目的に照らしたスクショ添付による引用方法の相当性が判断されており，また，ツイッター上で利用されている引用方法の実態も考慮されている。

　(2)　検　　討

　まず，規約の内容が「公正な慣行」の内容となることを前提に，規約に違反した引用方法であることのみをもって公正な慣行に合致しないとする原判決の立場は，三で概観した裁判例の考え方と整合しない（【1】【3】【4】【6】【7】）。確かに，規約の内容が，問題の引用方法が社会通念上相当と認められるかどうかを判断するための一つの考慮事情になることはあり得よう[10]。しかし，ツイートの引用が批評等の表現行為に関わるものである点に鑑みれば，利用規約によってその引用としての適法性が直ちに左右されることは妥当でないと解される（【4】【6】）[11]。

　実質的にみても，利用規約が引用方法を指定して限定するというのは，引用の一部禁止（引用方法の制限）とも捉えうるが，本来，32条1項の引用という権利制限規定により自由に行うことができる行為について，利用規約などの契約で当該行為を制限することが認められることにもなりかねない[12]。従来から，「禁転載」や「禁引用」などの一方的表示がなされていた場合について，そのような表示がなされていることをもって，引用の成立を否定することはできないと解されてきた点とも整合しないだろう[13]。

　次に，公正な慣行要件の判断枠組みに関しては，従来，大きく三つのアプローチが議論されてきた。第1に，現実に行われている慣行が存在するかどうかを重視する見解がある[14]。第2に，引用の方法や態様が公正と評価できるかどうかを重視し，慣行の存在はあくまでその際の考慮要素の一つとして位置づける見解がある[15]。第3に，現実の慣行ではなく，著作物の通常の利用を妨げず，権利者の正当な利益を不当に害さないというルールとの合致を問題とする見解がある[16]。

　本判決は，このうち第2のアプローチを採用していると解される。具体的には，ツイッター上での引用方法の実態を考慮要素の一つとしつつ，批評という引用目的に照らし

てスクショ添付による引用方法の相当性を総合的に判断している。こうした判断手法は，他の裁判例とも整合的であり（【1】【4】【6】），妥当なものと解される。

批評目的の引用においては，閲覧者による批評対象の正確な把握と，批評の妥当性の検証が重要となるが，スクショ添付による引用は，この目的を達成する上で効果的な方法といえる[17]。また，本判決は，弁論の全趣旨から認められるツイッター上での利用実態も考慮要素として取り入れることで，現実的な妥当性も確保している。

もちろん，たとえ批評目的であっても，非公開アカウントによるツイートを対象とするような場合には，スクショ添付による引用が相当とは評価できない可能性があろう。しかし本件はそのような事例ではない。本件各投稿におけるスクショ添付の引用が公正な慣行に当たり得るとした本判決の判断は，正当なものと評価できる[18]。

2　正当な範囲内要件の判断の検討

（1）　判断枠組み

32条1項は，引用が「報道，批評，研究その他の引用の目的上正当な範囲内で行われるもの」であることを要件としている。これは，引用部分が明確に区分し得ることを前提として，当該引用部分が，引用の目的との関係において正当な範囲内であることを求める要件と解される[19]。

この点，原判決は，本件各投稿における原告各投稿の引用の目的を特に認定していない[20]。原判決は，正当な範囲内要件の判断にあたり主従関係を重視し，「本件各投稿と，これに占める原告各投稿のスクリーンショット画像を比較すると，スクリーンショット画像が量的にも質的にも，明らかに主たる部分を構成するといえる」ことを理由に，これを否定した。確かに，本件各投稿の本文の長さを添付された原告各投稿と比較すれば，本件投稿1の場合，本文が「この方です（´・ω・｀）｡｡」であるのに対し，添付された原告投稿1は「こないだ発信者情報開示した維新信者8人のログインIPとタイムスタンプが開示された／NTTドコモ2人／KDDI3人／ソフトバンク2人／楽天モバイル1人／こんな内訳だった。KDDIが3人で多数派なのがありがたい。ソフトバンクが2人いるのがウザい／しかし楽天モバイルは初めてだな。どんな対応するか？」であるから，量的には原告投稿1が明らかに主たる部分を構成していることになる。

これに対し，本判決は，本件各投稿における引用の目的として，本件投稿2～4については原告投稿2～4を批評する目的を認定している。一方，本件投稿1については，原告投稿1それ自体を批評する目的ではなく，その投稿者Xが本件投稿者1及び同人と交流のあるネット関係者間で知られた人物Pを訴えている者であることを前提に，更に多数の者に関する発信者情報開示請求をしていることを他のユーザーに知らせ，

「このような行動をしている X を紹介して批評する目的」を認定している。このように本判決が，引用して利用する著作物自体を批評して論評するわけではない場合でも，対象著作物に示された投稿者の行動を紹介し批判するといった目的が認められる場合に，適法引用の成立可能性を認めた点は注目される。

　また，本判決は，正当な範囲内要件の判断にあたり，主従関係を明示的には考慮していない。特に本件投稿 1〜3 に関しては，引用された原稿投稿の文章に比して本文の長さが極めて短いことから，原判決のように量的な主従関係を重視すれば，正当な範囲内と評価することが難しい事案であった。そうした中で，本判決が，本件各投稿の本文と被引用部分の明瞭区別性，及び，引用の目的に照らした引用範囲の相当性を重視して，いずれも正当範囲内と評価した点は注目に値する。

（2）検　　討

　本判決が，被利用著作物（原告投稿 1）それ自体の批評ではなく，原告投稿 1 が示す X の行動を紹介・批判する目的で引用がなされた場合に，適法引用の成立可能性を認めた点については，議論があり得よう。

　従来の裁判例は，被利用著作物自体を批評する目的が認められる場合でも，引用の必要性を厳格に要求する傾向にあった。例えば，対象写真について，被写体の一部が切り貼りされたもののようにも見えることや，車に乗っている人物を迎える人々の視線の高さが不自然であることなどを指摘するために，当該写真を掲載する場合でも，批評対象の写真そのものを引用する必要性が高いとはいえないなどとして，適法引用を否定したものがある。[21]この事案では写真自体を示さなければ批評，意見の意義を説得的に伝えることはできないと考えられるが，それでも引用の必要性が認められなかった。[22]

　また，被利用著作物それ自体を批評する目的が認められない場合には，当該著作物を利用する必要性がないとして，適法引用の成立を否定するものが多かった。[23]例えば，集会場において名誉会長のスピーチに対する拍手がほとんどない点を指摘する記事の中で，この指摘の補足説明を目的として，当該スピーチ場面を収めた写真（被利用著作物）を掲載する場合であっても，当該写真を引用する必要性がないとして適法引用を否定したものがある。[24]

　さらに，写真の事案で，批評よりも夜景を紹介したりライトアップされた様子を認識させることを目的としていると考えられる利用態様については，引用の必要性を否定するものが多かった。[25]ただし，報道を目的とする場合には，その対象人物が被写体となっている写真の利用について適法引用を肯定するものも見られた。[26]

　一方，三で概観したツイッターに投稿されたコンテンツの添付ツイートの裁判例は，

アイコン画像の事案を除き，いずれも被利用著作物を批評する目的を認定していた。ただし，適法引用の成否は当該著作物の種類や性質によって分かれていた。すなわち，観賞性を有する漫画や写真の事案では，批評目的であっても，画像添付の必要性がない（【2】），又は目的上合理的な範囲内の利用ではない（【9】）として，適法引用を否定する一方，ツイート文や観賞性を有しないと考えられる写真の事案では，文章や写真全体の引用を肯定するものが多かった（【3】【7】【8】【10】。否定例として【5】）。アイコン画像の事案は毛色が異なるが，いずれも適法引用を肯定していた（【1】【4】【6】）。

以上のとおり，報道目的の場合を別とすれば，従来，紹介目的や補足目的で対象著作物を利用するような場合には，適法引用が否定される傾向にあった。また，本件投稿1は，被利用著作物の長さに比して引用する側の文章が短いことからも，適法引用が否定されてもおかしくない事案であった。

しかしながら，本判決が本件投稿1について適法引用の成立可能性を認めた点は，妥当であったと考える。

まず，被利用著作物との直接の批評関係が認められないとしても，直ちに適法引用を否定すべきではないだろう。批評の対象と著作物との関連性が高く，その著作物の利用を避けて批評等を説得的に行うことが困難な場合も考えられるからである。²⁷⁾それゆえ，直接の批評関係を欠くとしても，その批評等の目的に照らして正当な範囲内での利用であれば，適法引用の可能性を認めるべきであると解される。²⁸⁾

ここで，本件投稿1と原告投稿1の関係に目を向けると，本件投稿1について本判決は，原告投稿1の投稿者であるＸが，本件投稿者1及びネット関係者間で知られた人物Ｐを訴えている者であることを「前提として」なされたものと指摘している。この前提に関しては，本件投稿1や原告投稿1あるいは判文上からは読み取れない。おそらく本判決が，本件投稿1の前後の投稿の内容を踏まえて判断したものと思われる。こうした判断手法自体は，関連した投稿が連続的になされるというツイッターの特性を踏まえたものであり，妥当なものと解される。²⁹⁾

これを前提とすれば，本件投稿者1は，Ｘが本件投稿者1及びＰを訴えている人物であるという文脈の中で，原告投稿1におけるＸの言動を受けて，更に多数の者に関する発信者情報開示請求をしているＸの行動を批判し，注意喚起する目的で，「この方です（´・ω・｀）｡｡」とツイートしたものと考えられる。また，原告投稿1の「ウザい」「どんな対応するか？」といった表現を受けて，他の原告投稿で問題となっている，暴言を吐いたり，高圧的な表現で罵倒したりする人物であるというニュアンスを込めて，「この方です（´・ω・｀）｡｡」と絵文字付きでツイートしたと理解することも可能かも

しれない。

　これらを一体として考慮すれば，本件投稿1は，必ずしも原告投稿1を直接批評するものではないとしても，当該投稿に密接に関連した批評を目的とするものと解される。また，このような両投稿の関係や短文投稿サイトという性質に照らせば，量的な主従関係を重視することは妥当ではない。仮に主従関係を問題とするとしても，本件のような批評関係が認められる場合には質的な主従関係が認められるというべきであろう[30]。さらに，原告投稿1は，140字以内の短い文章であり，観賞性を有するような漫画や写真の事案と異なり，その全部が利用されたとしても原告に経済的不利益が生じるとは考えにくい[31]。以上を考慮すれば，本判決が，本件投稿1と原告投稿1の内容及びその関係に照らし，原告投稿1の全部の引用であっても，「引用された原告投稿1の範囲は，相当な範囲内にある」と判断した点は，正当なものと評価できる[32]。

　このほか，原告投稿2のように，本件投稿者2を含むツイッターのユーザーに対して高圧的な表現で罵倒する内容の投稿に対して批評を行う場合，批評の趣旨を正確に伝え，その妥当性や客観性を担保するためにも，原告投稿2をそのまま示すことが必要と考えられる。また，引用して批評する以上，引用する側の本文と批評対象部分とが明瞭に区分されていることが前提となろう。本判決がこれらの点を考慮し，本件投稿2について正当な範囲内での引用と認めた点は妥当な判断といえる。原告投稿に対する批評目的でなされた本件投稿3・4についても同様のことが当てはまる。

---

1)　本件第1審判決（原判決）の評釈として，澤田将史「判批」コピライト734号31頁（2022年），小林利明「判批」ジュリスト1572号8頁（2022年）。

2)　本件控訴審判決（本判決）の評釈として，澤田将史「判批」コピライト749号38頁（2023年）。本判決の検討やコメントとして，上野達弘「判例の動き」高林龍ほか編『年報知的財産法2023-2024』（日本評論社，2023年）80頁，小口五大「最近の著作権裁判例について」コピライト755号16頁（2024年），泉克幸「SNSへの投稿と適法引用」L&T104号41頁（2024年），平澤卓人「SNS時代における引用の判断の変容？——2022年1月1日〜2024年9月30日における著作権法32条1項の裁判例の検討」知的財産法政策学研究70号（2025年）掲載予定（福岡大学の平澤卓人講師のご厚意により，刊行前の同稿を拝読する機会に恵まれた。記して感謝申し上げる）。

3)　ツイッターに限らず，広くSNSにおけるコンテンツ利用と適法引用に関する裁判例を検討する論稿として，谷川和幸「トレース指摘ツイート事件」著作権研究49号155頁（2024年），泉・前掲注2），平澤・前掲注2），高木美南「ソーシャルメディアにおける著作権法32条1項『引用』該当性の判断の在り方」『第11回著作権・著作隣接権論文集』（公益社団法人著作権情報センター，2024年）80頁。

4)　この類型では否定例が多いが，肯定例として，知財高判令和4年10月19日判時2575号39頁「トレース指摘ツイート」，岐阜地判令和5年12月27日令和4（ワ）481等「アドバイスブ

ック画像添付ツイート」，東京地判令和6年9月26日令和5（ワ）70388「聖教新聞写真添付ツイート」。詳しくは，平澤・前掲注2）。

5）　ツイッターではなく YouTube に投稿された短文のキャプションの著作物性を否定した事例であるが，東京地判令和4年12月14日令和4（ワ）8410参照。

6）　この点は，谷川教授のご教示に負う。

7）　このほか，引用リツイートのような引用元への通知機能が働かないことも問題となったが，【7】は，ツイッターの通知機能はユーザーの利便性を高めるための付加的な機能にすぎず，公正な慣行要件の充足は否定されないと判示した。

8）　なお，以上の判示は，原告（ブロックした者）が原告ツイートを公開アカウントで行っていた場合を前提としたものである。原告ツイートが非公開アカウントでなされた場合については，別論が成り立ちうるように思われる。

9）　ただし，本件ツイートの内容が X1 の名誉権を侵害することを理由に，結論として発信者情報開示請求を認容した。

10）　小口・前掲注2）19頁。

11）　澤田・前掲注1）37頁，小林・前掲注1）9頁，平澤・前掲注2）。

12）　澤田・前掲注1）36頁。小泉直樹ほか『条解著作権法』（弘文堂，2023年）436頁［茶園成樹］は，引用としての表現活動が，特定の公表媒体によって設定されたルールに従うものに制約されることになってしまう点を批判する。

13）　中山信弘『著作権法（第4版）』（有斐閣，2023年）424-425頁，半田正夫＝松田政行編『著作権法コンメンタール2（第2版）』（勁草書房，2015年）254-255頁［盛岡一夫］，小倉秀夫＝金井重彦編『著作権法コンメンタールⅡ（改訂版）』（第一法規，2020年）101-102頁［金井重彦］等。

14）　この見解は，さらに立場が分かれる。第1に，問題となる行為が，世の中で著作物の引用行為として実態的に行われており，かつ，社会通念に照らして妥当と認められるかどうかを基準に判断する見解がある（加戸守行『著作権法逐条講義（7訂新版）』（著作権情報センター，2021年）302頁）。第2に，問題となる行為態様との関係で，広く定着している慣行がある場合には，特段の事情がない限り，当該慣行の公正性を認め，当該慣行に合致するか否かを判断し，参照されるべき慣行がない場合には，条理や社会通念に照らして引用の方法・態様が相当かどうかを判断すべきとする見解がある（横山久芳「引用規定の解釈のあり方とパロディについて」中山信弘＝金子敏哉編『しなやかな著作権制度に向けて』（信山社，2017年）360頁，中山・前掲注13）416頁，知財高判令和4年3月29日令和3（ネ）10060「#KuToo」）。第3に，引用の作法が，従来から認められてきたルールや慣行のうち法的観点から公正と評価されるものに従ったものでなければならないことを求める要件であり，未だ慣行が形成されていないような業界や先進的な引用態様については，今後あるべき公正な慣行を措定した上でその適合性が仮定的に判断されることになるとする見解がある（島並良＝上野達弘＝横山久芳『著作権法入門（第4版）』（有斐閣，2024年）194頁［島並良］）。第4に，本要件は，公正な慣行がある場合にはそれに合致することを要求するにすぎず，公正な慣行がない分野では引用を制限する方向には働かないとする見解がある（田村善之『著作権法概説（第2版）』（有斐閣，2001年）241頁，澤田・前掲注1）35頁）。

15）　飯村敏明「裁判例における引用の基準について」著作権研究26号95-96頁（2000年），駒田泰土「判批」新・判例解説 Watch・知的財産法135号4頁（2020年），高林龍『標準著作権法（第5版）』（有斐閣，2022年）185-186頁，前田哲男「『引用』の抗弁について」コピライト680号16-17頁（2017年）。

16）　茶園成樹「出版物における引用」上野達弘＝西口元編『出版をめぐる法的課題』（日本評論

社，2015年）145-146頁，平澤卓人「美術鑑定書判決以降における引用の裁判例に関する総合的研究」田村善之編『知財とパブリック・ドメイン第2巻　著作権法篇』（勁草書房，2023年）317頁。

17)　泉・前掲注2) 50頁は，他者の著作物を批判・紹介等するために当該著作物を引用する場合には引用される著作物が客観的で正確に伝わることが必要であり，このことが「公正」の意味であるとする。

18)　なお，本判決は，「公正な慣行に合致する」ではなく，慎重にも「公正な慣行に当たり得る」と判示している。しかし，他の裁判例（【1】【3】【4】【6】【7】）では本要件の充足を肯定しており，本判決においても同様の判断を行うことは可能であったように思われる。澤田・前掲注2) 44頁も参照。

19)　前掲知財高判「#KuToo」。

20)　もっとも，この点は，被告プロバイダが，第1審では適法引用に該当する可能性を指摘するにとどまり，適法引用の各要件に該当する事実を具体的に主張立証していなかったという事情が関係しているように思われる。

21)　東京地判平成31年4月10日平成30（ワ）38052「創価学会研修道場写真」。

22)　同判決への批判として，松井佑樹「判批」知的財産法政策学研究56号277-278頁（2020年）。

23)　例えば，東京地判平成23年2月9日平成21（ワ）25767等「都議会議員批判ビラ」，東京地判令和元年7月30日平成31（ワ）8400「創価学会スピーチ写真」，東京地判令和元年12月24日令和元（ワ）18235「創価学会ウェブ写真」。詳しくは，松井・前掲注22) 274-275頁，平澤・前掲注2)。

24)　前掲東京地判「創価学会スピーチ写真」。

25)　東京地判令和2年9月25日令和2（ワ）9105「りんくうゲートタワー夜景写真」，東京地判令和元年6月26日平成31（ワ）1955「横浜ベイブリッジ写真」。紹介目的や対象著作物を認識させることを目的としている場合に適法引用が認められくいことの指摘として，谷川・前掲注3) 170頁，平澤・前掲注2)。

26)　東京地判平成26年9月25日平成25（ワ）13121「里子致死報道」，東京地判平成23年4月14日平成22（ワ）7959「選挙候補者写真」。

27)　引用の必要性や必然性を要求した場合の問題につき，上野達弘「著作権法における権利制限規定の再検討」コピライト560号10-11頁（2007年），作花文雄『詳解 著作権法（第6版）』（ぎょうせい，2022年）352頁。裁判官がどのような場合に引用の必要性があると判断するか予測できず，利用者の萎縮効果が強くなるおそれがあると指摘するものとして，平澤・前掲注16) 314頁。

28)　田村・前掲注14) 242-243頁，松井・前掲注22) 275頁，澤田将史「近時の裁判例から見る引用に関する実務上の留意点」コピライト714号24頁（2020年）。

29)　ただし，上記前提事情を示す事実関係については判文上で明らかにすべきであったように思われる。

30)　澤田・前掲注2) 45頁も参照。

31)　一部引用・全部引用の論点につき，上野達弘「引用をめぐる要件論の再構成」半田正夫先生古稀記念『著作権法と民法の現代的課題』（法学書院，2002年）321頁，上野達弘編『教育現場と研究者のための著作権ガイド』（有斐閣，2021年）175-176頁［谷川和幸］。

32)　泉・前掲注2) 51頁は，他者の投稿の紹介・批評目的で投稿されることが多く，端末の簡単な操作で簡易・迅速に，かつ短時間の間に大量のやりとりがなされることが一般的であるSNSの特性を考慮すれば，全文を引用したうえでのごく短い投稿も「正当な範囲」と認める

べきとする。平澤・前掲注2) は，利用される著作物の性質とツイッター等に掲載されていることによる特殊性から，ツイートの全部引用の適法性が認めらやすい点を指摘する。これに対し，高木・前掲注3) 104-105頁は，引用の場がソーシャルメディアであること自体を過度に重視し，適法該当性を緩やかに捉えることは適切ではないとする。

【別表】ツイッターに投稿されたコンテンツの添付ツイートの適法引用性を巡る裁判例

判決年月日・事件番号	部・裁判長	被告・訴訟類型	事案・対象著作物	適法引用の成否・考慮要素
【原判決】東京地判令和3年12月10日令和3（ワ）15819	民事第40部中島基至	NTTドコモ発信者情報開示	投稿文章のスクショツイート	適法引用×（条文型）・公正慣行×・正当範囲内×・主従関係×（目的認定なし）
【1】東京地判令和4年7月5日令和3（ワ）14780	民事第47部杉浦正樹	Twitter Inc.発信者情報開示	アイコン画像含む投稿のスクショツイート	適法引用○（総合考慮型）・必要かつ合理的範囲内○・明瞭区別性○・指摘具体例・根拠提示目的・公正慣行○・アイコンの自己選択・経済的不利益事実の不存在
【2】東京地判令和4年7月21日令和3（ワ）3217	民事第47部杉浦正樹	KDDINTTコミュニケーションズ発信者情報開示	投稿漫画の添付ツイート	適法引用×（条文型）・批評目的○・当範囲内・公正慣行×・クショ添付の必要性×・主従関係×
【3】東京地判令和4年9月15日令和4（ワ）14375	民事第47部杉浦正樹	楽天モバイル発信者情報開示	投稿文章のスクショツイート	適法引用○（不明・総合考慮）・必要かつ合理的範囲内○・明瞭区別性○・批評目的○・公正慣行○
【4】知財高判令和4年11月2日令和4（ネ）10044	第2部本多知成	TOKAIコミュニケーションズ発信者情報開示	アイコン画像含む投稿のスクショツイート	適法引用○（条文型）・原告行為の批判・批評目的・正当範囲内○・公正慣行○

【5】東京地判 令和4年12月14日 令和4（ワ）8410	民事第29部 國分隆文	エキサイト 発信者情報開示	投稿文章のスクショツイート	適法引用×（不明・条文） ・批評目的○（仮定的認定） ・正当範囲内× 　・主従関係× 　・スクショ添付の必要性×
【6】知財高判 令和4年12月26日 令和4（ネ）10083 →【1】の控訴審	第2部 本多知成	Twitter Inc. 発信者情報開示	アイコン画像含む投稿のスクショツイート	適法引用○（総合考慮型） ・必要かつ合理的範囲内○ 　・明瞭区別性○ 　・指摘具体例・根拠提示目的 ・公正慣行○ ・アイコンの自己選択 ・経済的不利益事実の不存在
【本判決】知財高判 令和5年4月13日 令和4（ネ）10060	第2部 本多知成	NTTドコモ 発信者情報開示	投稿文章のスクショツイート	適法引用○（条文型） ・公正慣行○ ・正当範囲内○ 　・原告行動の紹介・批判目的 　・批評目的○（本件投稿2-4） 　・明瞭区別性○
【7】知財高判 令和5年4月17日 令和4（ネ）10104 →【3】の控訴審	第3部 東海林保	楽天モバイル 発信者情報開示	投稿文章のスクショツイート	適法引用○（総合考慮型） ・批評目的○ ・公正慣行合致○ 　・明瞭区別性・主従関係○ 　・ツイッターの機能と特性 　・改変の不存在 　・経済的不利益事実の不存在 ・正当範囲内○

他人の投稿のスクショ添付ツイートと適法引用の成否　　253

【8】東京地判 令和5年7月6日 令和5（ワ）70144	民事第40部 中島基至	NTTコミュニケーションズ 発信者情報開示	投稿写真の添付ツイート	適用引用○（総合考慮型）（傍） ・著作物性× ・批評目的○ ・正当範囲内○ 　・写真＝批評対象の理解に寄与 ・公正慣行○ 　・投稿文から写真の出所理解可
【9】大阪地判 令和5年10月26日 令和5（ワ）4054	第26民事部 松阿彌隆	P2 侵害訴訟	投稿写真のスクショツイート	適法引用×（総合考慮型） ・感想・批評目的○ ・正当範囲内× 　・主従関係× 　・真全体の把握可能化
【10】知財高判 令和5年12月13日 令和5（ネ）10082 →【8】の控訴審	第3部 東海林保	NTTコミュニケーションズ 発信者情報開示	投稿写真の添付ツイート	適用引用○（総合考慮型）（傍） ・著作物性× ・批評目的○ ・正当範囲内○ 　・写真＝批評対象の理解に寄与 ・公正慣行○ 　・投稿文から写真の出所理解可

〈判例研究〉

ドキュメンタリー映画とノンフィクション
小説における創作的表現の共通性
——「捜す人」事件——

駒澤大学法学部准教授 小　嶋　崇　弘

知財高判令和6年5月30日令和5年（ネ）10100号
原審：東京地判令和5年9月27日令和3年（ワ）28914号

I　事案の概要[1]

1　概　　要

本件は，ドキュメンタリー映画「Life　生きてゆく」（以下「本件映画」という。）の著作者であるX（原告・控訴人）が，Y（被告・被控訴人）が書籍「捜す人　津波と原発事故に襲われた浜辺で」（以下「本件書籍」という。）を執筆し，Y補助参加人（株式会社文藝春秋）にこれを出版，販売させた行為により，本件映画に係るXの著作権（翻案権），著作者人格権（同一性保持権および氏名表示権）および人格権又は法的保護に値する人格的利益がそれぞれ侵害されたと主張して，Yに対し，各不法行為による損害賠償請求権に基づき，損害賠償金（346万円）および遅延損害金の支払を求める事案である。

原判決は，Yが本件書籍を執筆等したことは，本件映画に係るXの翻案権，同一性保持権，氏名表示権を侵害するものではなく，Xの人格権又は人格的利益を侵害するものでもないとして，Xの請求を棄却した。

Xは，原判決を不服として控訴した。

2　本件映画

本件映画は，Xが企画し，平成28年12月頃までに制作して完成させ，平成29年2月頃に公開した115分間のドキュメンタリー映画であり，その著作者はXである。

本件映画は，東日本大震災（以下，単に「震災」ということがある。）に伴う津波により家族が犠牲となったAやBの言動や，同人らに関係する出来事等をXが直接撮影

した映像を中心とし，その他，東京電力の関係者であるCに関係する映像等を含んで，構成されている。

原判決の認定事実によれば，震災当時，名古屋のテレビ局に勤めていたXは，自費で福島を取材し始めた。Xは，平成23年秋頃に福島県南相馬市の海岸でAに出会い，以後，Aやその家族等に対する取材を継続し，Aらの映像等を撮影した。

Xは，その後，Aらについての映画を制作することとして，勤務先を退職し，多額の費用を費やして取材等を行い，映画撮影や編集等に多くの時間や労力を費やし，本件映画の制作を進めた。

3 本件書籍

本件書籍は，Yが執筆し，出版社であるY補助参加人が平成30年8月に出版，販売した299頁のノンフィクション作品であり，著者としてYの氏名が表示されている。

本件書籍は，震災の発生直後から平成29年にかけて，A，B，C，地元ラジオ局のアナウンサーやこれらの者に関係する人物がそれぞれ経験した出来事等をオムニバス形式で記述して構成されている。

Yは，日本テレビの報道局で記者，ディレクターなどとして勤務していた者であり，A，Bおよび同人らの家族を取り上げた新聞およびテレビの報道に接していた。平成28年3月20日，Yは本件映画の完成前イベントに参加し，X，A，Bと初めて会った。それ以降，Yは，福島県を訪れ，震災の行方不明者の捜索活動などを手伝うとともに，Aにインタビューを行ったり，A・Bから写真の提供を受けたりした。

平成28年11月11日，Yは，Aに対して，当時Yが受講していた「編集・ライター養成講座」の卒業制作のために取材させてほしいと伝え，Aの了承を得た。

Yは，平成28年11月26日に，卒業制作である「命を探して〜A 6年目の闘い〜」を完成させて提出したところ，平成29年3月24日にY補助参加人から出版の打診を受けた。

平成29年4月4日，Yは，Xに対して本件映画のDVDの購入を打診し，これに対し，同年5月24日，Xは，本件映画の映像を執筆の材料にする目的なら譲渡することはできず，独自取材で発信すべきであるなどと記載した返信をした。

平成29年5月19日，Yは，Y補助参加人に対し，出版の打診を受けた書籍の構成案を示した。その構成案は全5章からなるものであり，第5章では，Xについて「映画の完成，公開」として取り上げることを構想していた。

平成29年7月，YはXと面会し，書籍の登場人物の一人としてXを登場させたい

ので取材を受けてほしいと依頼したが，Ｘはこれを断った。

　平成30年8月10日にＹ補助参加人から発売された本件書籍は，Ａ，Ｂ，Ｃ，ラジオ福島のアナウンサーなどの経験や心情等が描かれたものであり，全7章からなる。第1章では，人物ごとに項目を分けて，東日本大震災当日や直後のＡ，Ｂ，Ｃ等の状況や経験したことなどがそれぞれ記載され，その後，基本的に時系列に沿って，各章で，人物ごとに項目を分けて，上記の人物やその他の人物の経験や心情等が語られている。

　当初，本件書籍の巻末にある参考資料には本件映画は掲げられておらず，本件小説でＸや本件映画への言及はなかったが，令和3年2月末配信時の電子版から，本件映画が参考資料として追記されるようになった。

4　Ｘ著作物とＹ著作物の対比

場面	Ｘ著作物	場面	Ｙ著作物
4	【甲1・22分58秒～23分40秒】 「(A)で，途中でね，Ｅは，『俺を生かすために出て来ないのかな？』って思った時があったの。俺多分，あの時にＥ見つかってたら，俺多分死んでると思う。」 「早い段階で見つかってたら，その嫁さんのこととか，いま，そこにお腹に赤ちゃんがいるとか，そういうのは全く関係なくて，多分，あそこで，早い段階でＥが見つかって抱きしめてたら，俺多分，自分で死んでると思う。ここで。」 「だから，Ｅに助けられてるんだなあと思ってた時があったの。Ｅはわざと出てこないのかなって思って。見つかんないように，してるのかなって思ってたの。」 （2013年6月　収録したＡさんインタビュー） （写真省略） 〈写真・海岸を歩くＡさん（上）＆行方不明の長男の遺影（下）〉	4	【甲2・147頁4行～10行】 　この1年間，Ｅを捜しながら，Ａには思うことがあった。 「Ｅは，俺を生かすために出てこないのかなって思ったのね」 　Ａは，Ｅが見つかれば，自分も命を絶とうと考えていた。ＤとＥに会いたい，2人の元へ行きたい，そんな想いだった。自分には，妻のＦと生まれたばかりのＧがいる。頭ではそう理解しながらも，Ｅたちに会いたいという気持ちは抑えようがなかった。Ｅはそんな自分の気持ちを知って，敢えて出てこないのではないか。Ａは一人海岸を歩きながら，そんなことを考えていた。
8	【甲1・41分57秒～43分15秒】 「(司会)えー，じゃ，3列目の男性の方お願いします。」 「(B)えー大熊町，熊川区のＢです。」 （文字スーパー／大熊町の住民Ｂさん） 「私自身その，土地を売るとか，貸すと	8	【甲2・205頁3行～8行】 　環境省の一通りの説明が終わった後，Ｂは質疑応答の場で手を挙げ，前に座る役人を睨むようにして言った。「私自身，土地を売るとか貸すとか，まったく今考えられない状況で。津波で家族が流されて，今も

ドキュメンタリー映画とノンフィクション小説における創作的表現の共通性　　*257*

か，全く今考えられない状況で，っていうのは，津波で家族が流されて，今も一人見つからない状況で，あの，捜し続けてますし，これからずっと捜していくつもりです。それを，人に手渡すっていうのは，ちょっと考えられないんで。」 （2014年6月の中間貯蔵施設住民説明会） （写真省略） 〈写真・手を挙げるBさん（上）＆発言する険しい表情（下）〉 「（司会）じゃあ環境省から。」 「（環境省）B様，どうもありがとうございます。津波であの，ま，ご家族様がえー，ま，犠牲になられたということで，…心の問題と申しますか，そういう整理も付かない状況だというお話。本当に，あの，返す言葉もございません。いま，そういうお話初めて，まあ，B様のお話を初めて，直接聞かさして頂きまして，非常に，どう申していいか分からないというようなところが，正直なところで。」 （写真省略） 「（B）ただ，それを作るにあたって，こう，国なり東電なり，あの誠意というものが全く感じられない。」 （写真省略） 「（環境省）そういう誠意がないと言われれば，お詫びするしかないと思っております。」 （写真省略） 〈写真・発言するBさん（大熊）＆返答する環境省〉	一人見つからない状況で，あの場所で捜し続けてますし，これからずっと捜していくつもりです。それを人に手渡すというのはちょっと考えられないです」 　言葉遣いこそ丁寧だったものの，その声は強い怒りを帯びていた。 【甲2・205頁9行〜12行】 　環境省の担当者が詫びながら答える。 　「本当に返す言葉もございません。申し訳ございませんが，今そういうお話を初めて直接聞かせて頂きまして，非常に，なんと申していいか分からないというのが正直なところでございます」 【甲2・205頁16行〜206頁4行】 「もう私の気持ちは売らないと決まってるんです。いくら説明されても何されても売るつもりはないので。あそこに入れなくなることは考えられないです。中間貯蔵施設を造ることはもしかすると本当に仕方ないことかもしれないんですけど，ただそれを造るにあたって，国なり東電なりの誠意がまったく感じられないです」 　担当者は，あたふたと言葉に詰まりながら答えた。 「本当に誠意，大事な言葉でございまして，私自身はそういう，心がけておるつもりでございます。そういう誠意がないと言われれば，お詫びするしかないと思っております」

（本判決・別紙著作物対比表に記載されている全17の場面より抜粋）
※下線部は，Xが，Xの表現をYが利用したと主張する部分。

Ⅱ　原判決の判旨：請求棄却

1　本件小説は，本件映画と創作的な表現において共通し，本件映画の表現上の本質的な特徴を直接感得することができるか（争点1）について

Xが，Xの表現をYが利用したと主張する各部分のうち，「……環境省による住民説

明会におけるBの発言（場面8），Aの娘が通っていた小学校の卒業式当日の様子（場面10-①，10-③），解体されるAの自宅やその内部の様子，その際のAの様子（場面13の2つ目以降の下線部，場面15），Bの次女の遺骨発見時の様子及びBの発言（場面17）は，現実に存在した出来事や状況などの事実に関するものといえ，本件映画の映像で示された出来事や状況と，本件小説において文章で記載された出来事や状況は共通する。したがって，本件映画と本件小説は同じ事実を描写しているといえる。もっとも，個々の，現実に存在した出来事や状況などの事実を表現それ自体であるということはできない。そうすると，同じ事実を描写したことをもって，本件映画と本件小説の表現が共通するとはいえない。

　また，上記のうち，Xのインタビューに応じるなどしてAやAの妻（以下，併せて「A等」ということがある。）が，自身の心情や体験した事実等について語ったもの（場面1から7，9，10-②，場面11，12，13の1つ目の下線部，場面14，16）は，A等によってされた発言である。ある者の発言について，その発言内容を準備した者がそれを発言者に語らせるなどした場合，その発言内容を準備した者の表現となる場合があるとはいえる。もっとも，本件ではそのような事情までは認められず，上記は，いずれも，A等が自ら言葉を選んでその心情等について語ったものと認められ，A等による表現であるといえる。Xは，A等の心情についての各発言について，Xが適切な質問をしたり，カメラの位置を工夫したりしたこと等によって初めて発言者から引き出したものであることや，Xとの信頼関係を基礎としてしか表現されなかったものであり，Xがいなければ存在し得なかったことなどを主張する。確かに，質問内容や状況，質問者との関係等に応じて初めて特定の発言がされることがあり，本件でも，XはAに対してXが有する視点に基づいて様々な質問をすることによってAが返答していったという状況がうかがえ……，Xの質問等に応じてAの上記発言がされた面があることがうかがわれる。しかし，他者の影響を受けてされた発言について，影響を与えた者が当然にその表現をした者になるとはいえない。本件において，上記のとおり，A等は自ら言葉を選んでその心情等について語っているといえ，Xが主張する事情は，別紙著作物対比表に記載されているA等の上記発言について，Xによる表現であるといえるまでにそれらにXが創作的に関与していることを基礎付ける事情に当たるとは認めるに足りない。上記のA等の発言がXによる表現であるとした場合，A等はそれを自らの表現として主張，利用できなくなる。なお，Yは，前記のとおり，相当の回数，Aに対して直接取材をしたり，話をしたりするなどしており，本件小説の原稿についてもAの確認を得た。」

ドキュメンタリー映画とノンフィクション小説における創作的表現の共通性　*259*

「ドキュメンタリー映画においては，制作者の意図に基づいて，多数の事実の中から特定の事実が選択された上でそれらについての映像が配列され，創作的な表現がされて著作物が創作されるといえる。また，取材によって新たな事実を見出すことや，質問等を工夫することで対象者から発言を引き出すことがされることがあるといえ，それらを用いて上記の創作的な表現が行われる場合があるといえる。本件映画は，このようなドキュメンタリー映画であり，著作物であるといえる。

もっとも，制作者の意図に基づいて多数の事実の中から選択された事実についての映像が配列されたドキュメンタリー映画が著作物であるとしても，個々の，現実に存在した出来事や状況などの事実を表現それ自体であるということはできず，個々のそれらの事実を述べること自体を著作権法に基づき特定の者が独占できるとはいえない。このことは，それらの事実が上記のようなドキュメンタリー映画の中で利用されているものであったとしても同様であると解される。また，……本件においては，A 等の個々の発言が X の表現であると認めるに足りない。

また，ドキュメンタリー映画においては，制作者の意図に基づいて，特定の事実が選択されてそれが配列されているといえる。X は，別紙著作物対比表記載の各表現において，本件映画の表現上の本質的な特徴を本件小説から直接感得することができると主張するところ，本件映画と本件小説において，上記場面等は選択の上，配列されたものといえる。もっとも，本件映画及び本件小説とでは，これらの場面の間に多数の場面が描写されることも多いほか……，その順序は異なり（本件映画では，場面 1，3，2，4，6，12，8，5，9，7，11，10，16，14，13，15，17）の順で収録されているところ，本件小説では場面 1 から 17 の順で記述されている。），特に，A らが心情等を語る場面については，映画における配列と小説における配列は大きく異なる。また，本件映画と共通する配列の部分があったとしても，本件小説は，基本的に時系列に沿って記載していて，そのような配列が共通することをもって創作的な部分が共通するとはいえない。本件映画の具体的な場面の多くは本件小説で取り上げられておらず，本件小説において，各章において A を取り上げる項目のみをみても，本件映画で取り上げられていない具体的な場面の記載は多くあり，本件映画と場面が同じでも文章により詳しい説明が付されている部分も少なくない。……これらからすると，本件映画における別紙著作物対比表の X 著作物欄記載の場面についての選択や配列についての創作的な部分が，本件小説で使用されたとまではいえない。」

「以上によれば，……Y が本件小説において，X が著作権を有する本件映画の創作的表現を利用したということはできず，Y が X の翻案権，同一性保持権，氏名表示権を

侵害したとは認められない。」

2 Y による本件小説の執筆，出版が X の人格的利益を侵害するか（争点 2）について

「X は，Y が本件小説を執筆，出版したことが X の表現活動という法的保護に値する人格的権利ないし利益を侵害したと主張する。ここで，本件小説の執筆，出版は X の著作権を侵害するものとはいえず……，本件小説の執筆，出版によって，著作権法が規律の対象とする著作物の利用による利益と同じ利益が侵害されたことを理由とする主張は，理由がないと解される（最高裁平成 21 年（受）第 602 号ほか同 23 年 12 月 8 日第一小法廷判決参照）。なお，……Y が本件映画のみに基づいてそこに描かれたことを描写した場合，X や本件映画に触れないことは不相当でないかが問題となる。もっとも，……本件では，Y は，A に対して直接相当数の取材を行い，A と話すことも多く，本件小説では，本件映画には取り上げられなかった多数の事実や A の心情等を記載し，また，本件小説の原稿について A に対して直接確認を求めた。このような事情に照らせば，本件小説において別紙著作物対比表の Y 著作物欄の描写をすることが，X の人格的利益を侵害する違法な行為となるとまではいえないと解される。」

Ⅲ　控訴審判決（本判決）の判旨：控訴棄却

1　争点 1（本件書籍の執筆，出版及び販売により，本件映画に係る X の翻案権が侵害されたか）について

「(1)　著作物の翻案とは，既存の著作物に依拠し，かつ，その表現上の本質的な特徴の同一性を維持しつつ，具体的表現に修正，増減，変更等を加えて，新たに思想又は感情を創作的に表現することにより，これに接する者が既存の著作物の表現上の本質的な特徴を直接感得することのできる別の著作物を創作する行為をいう。そして，著作権法は，思想又は感情の創作的表現を保護するものであるから，既存の著作物に依拠して創作された著作物が，思想，感情若しくはアイデア，事実若しくは事件など表現それ自体ではない部分又は表現上の創作性がない部分において，既存の著作物と同一性を有するにすぎない場合には，翻案に当たらないと解するのが相当である（最高裁平成 11 年（受）第 922 号同 13 年 6 月 28 日第一小法廷判決・民集 55 巻 4 号 837 頁参照）。

(2)　これを本件についてみると，X 各映像と Y 各記述とで共通するとされる部分につき，Y 各記述に接する者が X 各映像の表現上の本質的な特徴を直接感得することができるものであるならば，翻案に当たるといえ，他方，当該部分につき，思想，感情若しくはアイデア，事実若しくは事件など表現それ自体ではなく，又は表現上の創作性が

ドキュメンタリー映画とノンフィクション小説における創作的表現の共通性　　*261*

ないときは，翻案には当たらないと解すべきこととなる。

以上の観点から，X各映像とY各記述とを，その共通すると主張される部分について検討する。」

「エ　場面4について

X映像4とY記述4とは，①Aは，長男が自分を生かすために出てこないのではないかと思ったこと，②Aは，長男が見つかったら自ら命を絶とうと考えていたこと，③Aは，長男がそのようなAの気持ちを知って，あえて出てこないのではないかと思ったことが，これらの順序で示されている点，また，④上記①〜③の心情とともに，Aが海岸を歩いている描写がある点において共通する。

しかし，これらの共通する点のうち，①〜③は，いずれもAの思想を中心とするものであって，表現それ自体ではないか，表現にわたる部分であっても，Xの思想が創作的に表現された部分が共通しているとはいえない。また，これらの配列順序それ自体には，表現上の創作性を認めることはできない。④は，行方が知れないままの長男を思う心情を語る場面において，海岸を歩く様子を描写することは，ありふれた表現であって，表現上の創作性があるとはいえない。Xは，Aが語る映像と海岸を歩く映像とは別の機会に収録したものであることを指摘するが，Aが海岸を歩きながら上記①〜③の心情を抱いたことが客観的事実ではないとしても，表現上の創作性がない部分において共通するにとどまることに変わりはない。

そうすると，Y記述4は，表現それ自体でない部分又は表現上の創作性がない部分において，X映像4と同一性を有するにすぎないから，翻案には当たらない。」

「ク　場面8について

X映像8とY記述8とは，①環境省による説明会が行われたこと，②Bが，睨むような表情で，「私自身，土地を売るとか貸すとか，全く今考えられない状況で」，「津波で家族が流されて，今も一人見つからない状況で，捜し続けていますし」，「ちょっと人に手渡すというのは考えられない」旨を述べたこと，③環境省担当者が「本当に返す言葉もございません。」，「今，そういうお話を初めて直接聞かせていただきまして，非常に，どう申していいか分からないというのが正直なところで」旨を述べたこと，④Bが，「ただそれ（中間貯蔵施設）を作るに当たって，国なり東電なり，誠意が全く感じられない」旨を述べたこと，⑤環境省担当者が「そういう誠意がないと言われれば，お詫びするしかないと思っております」旨を述べたことが，これらの順序で示されている点において共通する。

しかし，これらの共通する点は，いずれも客観的事実を中心とするものである。表現

にわたる部分についても、①のうち「睨むような表情」との部分は、発言する者の表情を表現する方法としてはありふれたものであるし、②〜⑤の各発言による表現自体は、各発言者による言語の表現の範囲に限って共通しているにとどまる。また、これらの発言の選択及び配列のうち、配列については、Bによる質疑応答を紹介し、これを時系列に沿って示すという点で独創的なものとはいい難く、それ自体に表現上の創作性を認めることはできないし、Y記述8には、Bや環境省担当者の発言内容の選択として、同人らの他の発言も記載されており、取捨選択が必ずしもX映像8とは共通していないから、表現上の創作性が認められる部分において共通しているとはいえない。

そうすると、Y記述8は、表現それ自体でない部分又は表現上の創作性がない部分において、X映像8と同一性を有するにすぎないから、翻案には当たらない。」

「以上によると、別紙著作物対比表のX各映像とY各記述とは、いずれも表現それ自体でない部分又は表現上の創作性がない部分において同一性を有するにすぎないから、本件書籍は、本件映画を翻案したものとはいえない。

Xは、本件映画と本件書籍とは、骨格をなす全体のストーリー構成や主要な登場人物が同じであり、当事者への取材のみでは知り得ない情景の描写があるから、本件書籍に接した者は、全体として、本件映画の表現上の本質的な特徴を直接感得することができる旨主張するが、全体のストーリー構成や主要な登場人物は、具体的な表現ではなくアイデアであって、これらが共通することをもって翻案に当たるということはできない。

また、本件映画には、Xが時間をかけてAにいわゆる密着取材をして信頼関係を醸成し、同時進行で収録していった種々の事実が記録されており、Xの取材、撮影によって明らかになった事実や思想が多く収録されているとみられるところ、Yが本件映画を数回鑑賞し、Xに対してそのDVDの提供を複数回にわたって求めていたこと……や、上記にみたX各映像とY各記述との共通点等に照らすと、Yが、本件書籍の執筆に際し、本件映画に依拠したこと自体は否定できない。しかし、既にみたとおり、これらの共通点は、いずれも表現それ自体でない部分又は表現上の創作性がない部分であるから、本件書籍は、本件映画に依拠した部分があるとはいえても、本件映画を翻案したものとまではいえない。」

（著作者人格権侵害を否定した点については省略する。）

2 争点3（本件書籍の執筆，出版及び販売により，Xの人格権又は法的保護に値する人格的利益が侵害されたか）について

「Xは、Yが本件書籍を執筆し、出版したことにより、Xの人格権又は法的保護に値

する人格的利益が侵害されたと主張し，人格権又は法的保護に値する人格的利益の具体的内容としては，本件映画に表出された X の思想性又は表現活動をいう旨主張する。

しかし，X の思想性又は表現活動のうち本件映画に表出された具体的表現に係る権利又は利益は，著作権法が保護しようとする法益そのものであって，前記 1 及び 2 のとおり，本件書籍の執筆及び出版により本件映画に係る著作権又は著作者人格権が侵害されたとは認められない以上，X が主張するところの人格権又は法的保護に値する人格的利益が侵害されたとはいえない。そして，本件全証拠によっても，他に，Y が，X の思想や表現活動を，受忍限度を超える態様で妨害したなどの具体的な事実関係を認めることはできない。

したがって，人格権又は法的保護に値する人格的利益が侵害された旨の X の主張には理由がない。」

IV 検 討

1 本判決の意義

本件は，東日本大震災による津波および原子力発電所の事故の被害者らを取材して作成された X のドキュメンタリー映画と Y のノンフィクション小説との間で著作権侵害の成否が争われた事案である。

現実の出来事に基づいて執筆された小説や脚本，伝記などのノンフィクションの言語の著作物同士の侵害が争われた事案は多数存在するが[2]，それに比べると，ノンフィクションの言語の著作物と映像作品との間で侵害の成否が争われた事案は少ない。後者の事例では，著作権者のノンフィクションの言語の著作物に基づいて被疑侵害者が映像作品を制作した事案がほとんどであったが，本件は逆に，著作権者の映像作品とそれを参考にして書かれた言語の著作物の間で侵害が争われた珍しい事案である。

本件映画のように，ドキュメンタリー映画では，登場人物が口述等する短い映像を[3]つなげていくという手法が用いられることが多い。そのため，ドキュメンタリー映画の著作権者が，映画のインタビュー映像から個々の発言内容の言語的表現を抽出して利用する者に対して著作権侵害を主張する際に，事実に当たることを理由に表現該当性が否定されるか否かが問題となる。

また，ドキュメンタリー映画には，質問者の問いかけに応じる形で登場人物が口述した内容が収録されることがある。このようなインタビューにおいて，登場人物の発言内容に対する質問者の関与が創作的表現に当たり，質問者が当該発言の著作者となることがあるかどうかが問題となる。

以下では，第1に，ノンフィクション作品について著作物性および類似性が争われた裁判例を事案と結論に着目して分析し，それらの裁判例と比較することにより本判決の位置づけを明らかにすることを試みる。[4] 第2に，著作権侵害の判断において，事実とアイデアを区別することの妥当性を検討する。第3に，インタビューの発言内容に対する質問者の関与が創作性を基礎づけることがあるか否かを検討する。最後に，ノンフィクション作品の模倣について一般不法行為の成立が認められる可能性を検討する。

2 類似性要件の判断枠組み

最高裁は，江差追分に関するノンフィクション書籍とテレビ番組のナレーションとの間で翻案権侵害の成否が争われた最判平成13.6.28民集55巻4号837頁［江差追分・上告審］において，類似性要件の判断基準について以下のように判示している。

> 判旨①「言語の著作物の翻案（著作権法27条）とは，既存の著作物に依拠し，かつ，その表現上の本質的な特徴の同一性を維持しつつ，具体的表現に修正，増減，変更等を加えて，新たに思想又は感情を創作的に表現することにより，これに接する者が既存の著作物の表現上の本質的な特徴を直接感得することのできる別の著作物を創作する行為をいう。」

> 判旨②「そして，著作権法は，思想又は感情の創作的な表現を保護するものであるから（同法2条1項1号参照），既存の著作物に依拠して創作された著作物が，思想，感情若しくはアイデア，事実若しくは事件など表現それ自体でない部分又は表現上の創作性がない部分において，既存の著作物と同一性を有するにすぎない場合には，翻案には当たらないと解するのが相当である。」

同判決の判旨①の位置づけをめぐってさまざまな見解が唱えられているが，[5] 類似性が肯定されるには，著作権者の著作物の創作的な表現が被疑侵害者の作品に再生されている必要があること，および，「思想，感情若しくはアイデア，事実若しくは事件など」表現に当たらない部分や表現に当たるとしても創作性が認められない部分が共通するにすぎない場合には類似性が否定されることについては見解が一致している。

判旨②では，「表現それ自体でない部分」として「アイデア」と並んで「事実若しくは事件」が挙げられており，著作権者の著作物と被疑侵害者の作品の共通部分が「事実若しくは事件」それ自体である場合には，類似性は否定される。同事件の調査官解説によれば，事実それ自体が著作権法の保護対象とならないことの根拠の一つとして，事実の伝達にすぎない雑報および時事の報道が言語の著作物に該当しない旨を定める10条2項の存在が挙げられている。[6] また，実質的な理由として，事実それ自体は，人の思想

または感情から離れた客観的な所与の存在であり，精神的活動の所産とはいえず，万人共有のものであり，これらの独占を認めると，表現の自由や学問の自由に対する重大な侵害となること，創作活動の保護奨励という法目的に資するものではないことなどが挙げられている。[7] もっとも，「事実若しくは事件」とそれ以外の「思想，感情若しくはアイデア」のいずれに該当するかによって類似性の判断に影響が生じるか否かについては，同判決からは明らかではない。

　では，どの程度具体的なところまで共通していると，アイデアではなく表現の再生と評価されることになるのだろうか。以下では，ノンフィクション作品について創作的表現の共通性が争われた従来の裁判例を，著作権者の著作物と被疑侵害者の作品とで共通する部分の抽象度および酷似度の高低という観点から整理することを試みる。

3　ノンフィクション作品の類似性に関する裁判例

（1）　大まかな記載内容（ストーリーなど）が共通するとしても，具体的な記述やストーリーの詳細が異なっている場合

　原告が自らの体験に基づいて執筆した著作と被告が執筆した小説の間で著作権侵害の成否が争われた事案として，東京地判平成 13.3.26 判時 1743 号 3 頁［大地の子］がある。両作品は，共産党軍による長春包囲網下での長春の惨状の下，食料が欠乏する中で，原告ないし主人公ら一家がなんとか命をつないでいくが，数々の局面を経た後ようやく長春脱出を決意し，その脱出行の過程で卡子（チャーズ）に入り，卡子内の惨状に直面し過酷な体験をするが，ようやく卡子から脱出するという大まかな筋（下表参照）において共通していたが，具体的なストーリー展開，背景・場面の設定，人物設定，描写方法等が相違していた事案において，類似性が否定された。

原告著作物	被告書籍
1. 包囲戦下の長春の惨状についての描写	1. 包囲戦下の長春の惨状についての描写
2. 父が長春脱出を決意する	2. 父が長春脱出を決意する
3. 父が市長に留用解除を要請に行ったところ市長から餞別として大量に食料を渡され，思わぬところで脱出に必要な食料を手に入れる	3. 母がひそかに食料を準備していたことがわかり，思わぬところで脱出に必要な食料を手に入れる
	4. 父が食料を子に食べさせようとする。但し母に拒否される。
4. 他の人たちが集団で出るという情報が入り同行することとなって脱出の日取りが決まる	5. 卡子の門が中秋節には開くことが多いという情報が入り脱出の日取りが決まる
5. 手に入れた食料をみんなで食べ体力をつける	6. 脱出を決めた後一心（子）は長春に残ると言い出す
6. 脱出を決めたあと赤ん坊が死亡し，置いて	7. 脱出の日，家を出て長春を南へ南へと歩い

	て行く
いくことになる	
7. 脱出の日，家を出て長春を南へ南へと歩い	
て行く	（以下省略）
（以下省略）	

（対照表二に基づいて作成。ただし，一部詳細を省略した。）

　日本において初めて女優として活躍した人物の生涯を描いた原告の伝記と，被告が制作・放送した大河ドラマおよびそのストーリーが掲載されたガイドブックとの間で類似性が争われた事案として，名古屋地判平成 6.7.29 知裁集 26 巻 2 号 832 頁［春の波濤 1 審］，名古屋高判平成 9.5.15 知裁集 29 巻 2 号 467 頁［同 2 審］がある。原告書籍と被告のドラマ・ストーリーでは，川上音次郎が川上座を開場したものの，国会議員に立候補して落選し，川上座も人手に渡ったことから，小さなボートで妻で女優の貞奴と二人で日本脱出を試みたところまでを描いた第四章，および，川上一座のアメリカ，パリでの成功の様子を描いた第五章など合計 4 章（第六章は後半部分のみ）にわたり，その叙述内容の大部分が共通していたが，両作品の全体を比較した場合には，分量，対象とする年代，登場人物，描写の方法，叙述されている事項，人物の描写のいずれについても異なっており，基本となる筋・仕組み・構成も異なっていることを理由に，類似性が否定された。また，原告作品独自の表現とよく似た表現が用いられている箇所（一例として下表参照）についても，歴史上の事実または先行資料に記載された事実に係る部分であることなどを理由に，類似性が否定された。[8]

原告著作物	被告書籍
29ハ （八二頁）	29e （八五頁）
その日のうちに，汽車で二時間余り南のタコマへ移った。いずれも着いてから劇場を探し，公演が済み次第，夜行に乗るのだった。タコマと，更に三百キロ近く南のポートランドで，二日ずつ四回公演して，大陸横断の旅費ができた。西から東へ，ロッキー山脈を越え，四昼夜汽車に揺られて，シカゴへ向う。道中，満足な宿もとれず，衣裳，鬘，道具類を手分けして背負った。貞とて例外ではなく，皆草鞋ばきで，細紐や縄で縛った重荷をかついだ。従って，汽車に乗っている時だけが休息の時間だった。十月一日シカゴに着いた。	一行はシアトルからタコマ，さらにポートランドへ巡業をつづけた。いずれも着いてから劇場を探し，公演がすみしだい夜行列車に乗るのである。道中はろくな宿もとれず，衣裳，鬘，道具類を手分けして背負い，草履ばきで歩き，汽車に乗っているときだけが休息の時間というありさまであった。

（1 審判決・別紙 3 対比表に基づいて作成）

　株式会社ソニーの創業者で最高相談役であった井深大氏の葬儀の模様を記述した原告

の新聞記事と，同氏の葬儀に関する叙述を含む被告書籍の間で著作権侵害が争われた事案として，東京地判平成 12.12.26 判時 1753 号 134 頁［ソニー燃ゆ1審］，東京高判平成 14.1.30 平成 13 年（ネ）601［同2審］がある。下表番号2の記述部分は，葬儀に参列した各界の著名人の顔ぶれを紹介すること，および葬儀会場の主会場の状況に加えて，それを中継する映像機器が設置された隣室が会場として用いられたことを記述内容とする点で共通しており，また，「カラープロジェクション」などの必ずしも一般的ではない用語も共通しているものであった。裁判所は，葬儀の内容を伝えるに当たって列席者を記すのは一般的であり，列席者として記述された人物も経歴・著名度からすれば当然の人選であり，葬儀会場の状況も単なる事実の記載にすぎず，一般的でない用語を使用した箇所は創作的表現でないことを理由に，著作権侵害を否定した。下表番号5の記述部分についても同様の理由付けで侵害を否定している。

　本件で侵害が否定された記述部分は，特定の人物の葬儀という限られた出来事を時系列順に記述したものにすぎず，記述の自由度が低いものであった。また，一つ一つの文章は短く，具体的な表現もほとんどが慣用的なものにとどまっていた。[9]

番号2

原告著作物	被告書籍
会葬者の数は，メーン会場だけで千八百人。政界では中曽根康弘，宮沢喜一，海部俊樹，羽田孜の総理大臣経験者，財界では石川六郎（日商，東商名誉会長），平岩外四（経団連名誉会長），電機業界では松下正治（松下電器産業会長），関本忠弘（日本電気会長）といった人たちの顔が見えた。そのほか，隣室でも，千五百人を超える人々がカラープロジェクションとカラーモニターを通して葬儀に参加した。	主会場には，政界から中曽根康弘，宮沢喜一，海部俊樹，羽田孜の歴代総理大臣経験者が，財界からは石川六郎日本商工会議所名誉会頭（元日商会頭），平岩外四経団連名誉会長（元経団連会長）などが，同じ電機業界からは松下正治・松下電器産業会長や関本忠弘日本電気会長などが参列した。隣室では，主会場に入りきれなかった会葬者たちが，カラープロジェクションやカラーモニターに見入りながら，井深氏の冥福を祈った。

番号5

原告著作物	被告書籍
葬送行進曲とともに，制服姿のボーイスカウト日本連盟の隊員たちに守られて，子息の亮の胸に抱かれた井深の遺骨が入場，祭壇一番上に安置された。黒い布で覆われ，十字架をかけられた遺骨を納めた箱は，それを見下ろすように飾られた大きな遺影のなかの井深自身の手のひらにすっぽり入る大きさであった。　正面祭壇に飾られた井深の遺影は，首を少し	葬送行進曲とともに，制服姿のボーイスカウトの少年隊員に先導された格好で，長男・亮の胸に抱かれた井深氏の遺骨が入場してきた。（中略）　遺骨を納めた箱は，祭壇の一番上に安置された。骨箱は黒い布で覆われ，十字架がかけられていた。それを見下ろすかのように，微笑む井深氏の大きな遺影が飾ってあった。遺影の中の

左側にかしげ，頬づえをつくように左手を頬に添えて微笑んでいる。	井深氏は，首を少し左側に傾げ，左手を頬に添えていた。

（1審判決・別紙一覧表に基づいて作成）

　第二次世界大戦中に実在した戦闘機パイロットの経歴等を著述した原告と被告の文章の間で著作権侵害の成否が争われた東京地判昭和 55.6.23 最新著作権判例集Ⅲ 28 頁［エース列伝］において，下記の両記述について類似性が否定された。両記述は時系列順に記載されているため叙述の順序が共通するが，細部の言い回しが共通している分量は限定的であり，相違点も多かった。

原告著作物	被告著作物
太平洋戦争で日米両軍を通じてのトップ・エースとして知られている。 大正 9 年，父酒造治，母みよ志の 5 男として，長野県の山村に生まれた。高等小学校卒業後，一時生糸工場で働いたが，予科練募集のポスターを見て応募し合格，昭和 11 年 6 月乙 7 期生として採用され，14 年 3 月飛練課程を 71 人中 16 位の成績で終了，大分空，大村空，鈴鹿空勤務を経て，開戦直前の 16 年 10 月，内南洋防空の千歳空に配属された。17 年 2 月，4 空に転入してラバウルに進出，2 月 3 日，ラバウル上空の迎撃戦で初撃墜を記録した。 （中略） 空戦技術は，ますます冴え，草鹿南東方面艦隊長官から「武功抜群」と記された軍刀を授与された。上下から絶対的な信頼を受け，ある空戦で帰投がおくれた時，草鹿長官は，一下士官にすぎない西沢の運命を案じて，飛行場で長時間待ちつづけたと伝えられている。しかし，公式記録は 6 月中旬までに 6 機をマークして以後，部隊が個人記録の記入を中止したため判然としない。	まず海軍航空隊のトップ・エース，西沢広義中尉であるが，大正九年，長野県の生まれで高等小学校卒業後，生糸工場につとめたが予科練の募集広告をみて試験をうけ，合格したのだという。昭和十一年六月，乙種飛行予科練習生第七期に採用され，修了後，大分空，大村空，鈴鹿空をへて，十六年十月，千歳空に配属された。 太平洋戦争開始直後の一七年二月，四空に転属しラバウルに進出して，はやくも三日にはラバウル上空での初の撃墜を記録している。 （中略） 八月ごろの空戦で，帰投しない西沢一飛曹を気づかった草鹿南東方面艦隊司令長官は，彼の身を案じていつまでも待ちつづけ，「西沢機はニューブリテン西端の陸軍飛行場に不時着」という連絡でようやく椅子をはなれたというエピソードもある。 このように一下士官にたいして艦隊司令長官がこれほど期待したのも，彼の抜群の空戦技があってこそであった。 そして，六月までに，公式には三六機をマークしたが，それ以後，部隊が個人記録を認めなくなつたので正確なデータがない。

（最新著作権関係判例集Ⅲ 41〜42 頁）

　原告が弁護士として体験した事実に基づいて執筆したノンフィクション小説と被告らが執筆・出版した弁護士を主人公とする漫画の間で類似性が争われた事案として，東京地判平成 21.12.24 平成 20（ワ）5534［弁護士のくず 1 審］，知財高判平成 22.6.29 平成 22（ネ）10008［同 2 審］がある。同事件は，被告作品が漫画であり，かつフィクショ

ドキュメンタリー映画とノンフィクション小説における創作的表現の共通性　　*269*

ン作品であるという点で前述した裁判例と性格を異にする。まず，原告と被告の作品は，事実の選択・配列について以下の7点において共通しており，その中には，原告書籍の出版以前には一般に知られていなかった事実も含まれていた。地裁は，これらの事実の選択および配列について，表現それ自体ではない部分において同一性が認められるにすぎないとして，類似性を否定した。

事実の選択・配列における共通点
① 100億円の資産を有する不動産管理会社のオーナー社長（以下「オーナー」という。）から，会社資産を食い物にしている（横領している）顧問弁護士（以下「顧問弁護士」という。）を解任してほしい旨の依頼を受けた弁護士（以下「オーナー側弁護士」という。）が，事件を解決した際には相当の報酬を得ることができるかもしれないと期待すること（別紙対照表の番号1）
② オーナー側弁護士は，顧問弁護士の事務所を訪れ，顧問弁護士に対して解任を通告し，会社書類の引渡しなどを求めるが，顧問弁護士の要望により，数日間引渡しを猶予すること，オーナー側弁護士は，この事件を簡単に解決することができると甘く考えたこと（同番号2，3）
③ オーナー側弁護士は，約束の日に再度顧問弁護士の事務所を訪れるが，顧問弁護士から，先日開催された取締役会においてオーナーは代表取締役を解任され，新しい代表取締役から新たに顧問弁護士を依頼されたので，書類を返すことはできないと告げられること（同番号4）
④ オーナー側弁護士は，本当に取締役会を開いたのか，開催通知はいつ行ったのかなどと顧問弁護士を追及するが，口頭で伝えたなどととぼけた返答をされ，憤慨すること（同番号5）
⑤ オーナー側弁護士は，顧問弁護士に対抗するためにオーナーの妻の協力を得ようと考え，妻に面会を求めるが，妻は，顧問弁護士から，今回の騒動はオーナーの愛人が仕掛けたものであり，背後には別の団体がいる，オーナーに株式を渡せば裏の世界（闇の世界）に株が流れてしまうおそれがあるなどと説得され，顧問弁護士の言葉を信じて，オーナー側弁護士との面会を断ること（同番号6），
⑥ 顧問弁護士は，オーナーに対する報復として，オーナーに対する毎月の報酬の支払を止めた上，会社のオーナーに対する架空の債権に基づきオーナーの預金口座を差し押さえ，オーナーを無一文に追い込むこと（同番号7）
⑦ 顧問弁護士は，会社の金で，オーナーの愛人にプレゼントを贈ったり，オーナーと一緒に愛人同伴で海外旅行に行くなどしていたこと（同番号8）

　また，個別の表現の類似性については，対照表3の箇所では，オーナー側弁護士から解任通告等を受けて顧問弁護士が慌てる場面が描かれている点や，オーナー側弁護士が顧問弁護士を侮る感情を表している点で共通していた。他方で，原告書籍では，顧問弁護士について「一見ひ弱そうで粘着質な感じ」と記載されているが，被告書籍では，ひ弱な姿に描かれていない点など，具体的表現は異なっていた。また，被告書籍の記述の順序は，概ね時系列順であった。裁判所は，対照表3を含むすべての箇所について類似性を否定した[10]。なお，原告の主張によれば，実際には顧問弁護士は慌てていなかったに

もかかわらず，原告書籍では慌てているように描かれていたが，この点は類似性を肯定する方向に斟酌されなかった。

原告書籍	「5階の社長室，弁護士室と書かれた部屋に通され，やがて稲山があらわれた。別段判例集や法律書が並べられているわけでもなく，あまり人の出入りのある部屋のようには見えなかった。『何の御用でしょうか』と稲山の言葉遣いは慇懃無礼。細身で，頬と顎に髭をはやした，一見ひ弱そうで粘液質な感じの男だった。私は，なんだ，こんなガキかと思った。依頼者を犬のように飼いならし30億円近くを食い潰した悪党とはとても見えない。被害の額や手口からして，もっと違った感じを持っていたのだが，こんなガキから一発脅してやれば，簡単に解決すると侮った。これが大きな間違いであった。 『林田則男さんから依頼を受けた弁護士のXです』と名刺を渡して，さっそく用件に入った。 『あなたに不正があることが明らかになりましたので，解任します。(株)林田及び則男さん関係の書類をすべてお返し下さい』 『ちょっと待って下さいよ，いきなり来て，解任だなんて。不正って，社長，どういうことなんですか』とあわてた様子。 『いや，要するにあなたを信用できないから解任するっていうことですよ。則男さん，そうでしょう』と私が引き取って則男の同意を求める。うなずく則男。 『さあ，もう解任ははっきりしたんですから，書類を返して下さい』 『分かりました。返しますよ。といっても訴訟関係書類も多数ありますし，急にいますぐといっても。それに精算しなければならないものもありますしね』と今度はニヤニヤしながら稲山。 『いいですよ，じゃあ，いつ渡していただけますか』 『そうですね，連休もありますし，いろいろ整理しなくてはならないこともありますので，連休明けの5月9日にして下さい』 『連休明けですか，……随分先ですね。……まあ，いいでしょう，じゃあ5月9日にもう一度来ますから，それまでに整理しておいて下さい』 私は則男とともに引き上げた。ちょっと先に延びてしまったが，関係書類等を受け取って，それを分析し，それから稲山の責任を追及すればいいと考えていた。これが甘かった。」(32頁18行〜34頁6行目)
被告書籍	

(1審判決・別紙対照表の番号3)

（2）　文章の分量がさほど多くないとしても，同一の内容を説明するにあたり，必要性がないにもかかわらず表現が共通している場合

　ロシア人将校のティリンスキーが日露戦争時に行った詐欺事件に関する原告の原稿と，同一の事件および同時期の世界史を叙述した被告書籍の間で著作権侵害が争われた事案として，東京地判平成10.11.27判時1675号119頁［壁の世紀］がある。裁判所は，ベルン裁判の審理経過等を中心に記述した下記の文章について，「返済するあてのない」を「返済する意思のない」に，「公判を行ったのか」を「審理をおこなったのか」に改めた点等において相違する他は，ほぼ同一の表現が用いられているとして類似性を肯定した。

原告著作物	被告書籍
E　〔起訴状の主な内容は，主犯被告人ティリンスキーに対しては，偽造書類を使って人々を騙し，返済するあてのない借金あるいは商品購入の詐欺を行ったというものであり，エミリーとアルベルトに対しては，ティリンスキーへの直接共犯及び幇助罪の疑いがある，というものであった。〕 F　〔ベルン法廷がどのような公判を行ったのか，ベルン法廷記録によってその過程を，犯罪行為の調査，証拠物件の評価，関係者たちの証言，判決，処罰という順を追ってみていこう。〕	e　〈起訴状のおもな内容は，主犯被告人ティリンスキーにたいしては，偽造書類をつかって人々をだまし，返済する意思のない借金あるいは商品取込みの詐欺をおこなったというものであり，エミリーとアルベルトにたいしては，ティリンスキーとの直接の共犯および幇助罪の疑いがある，というものであった。〉〕 f　〈ベルン法廷がどのような審理をおこなったか，ベルン法廷記録によってその過程を，犯罪行為の調査，証拠物件の評価，関係者たちの証言，判決，処罰という順を追ってみていこう。〉〕

（判タ992号254-255頁）

　芸能人（SMAPのメンバー）に対するインタビュー等を内容とする原告の雑誌記事と『SMAP大研究』と題する被告書籍との間で著作権侵害が争われた事案として，東京地判平成10.10.29知裁集30巻4号812頁［SMAP大研究］がある。同判決は，以下の記述部分について著作権侵害を肯定した。同事件では，抽象的な内容のみならず，ほぼ3文にわたり具体的表現が共通していることが，類似性を肯定することにつながったものと評価できる。

原告記事	被告書籍
ただただ友達と遊んで毎日を過ごして，やりたいことや将来のことなんて考えてなかった。夢とか希望も特になくてさ。だから中2のとき，友達と一緒にジャニーズ事務所に履歴書送ったときも，絶対スターになりたいって思って応募	クラスの連中が勉強，進学，将来のことを考え始めている時期にさしかかっていたが，彼はやりたいことや将来のことなど全く頭にはなかった。夢や希望も特に持っているというわけではなく，なんとなく見た雑誌に載っていたジャニ

272　著作権研究　No. 50（2024）

したわけじゃないんだよね。「芸能人に会える し，タダで海外に行けるし，大磯ロングビーチ にも入れるぜ」みたいな（笑），
ーズのオーディションに友達と冗談半分で履歴 書を送ったのも本当に軽い気持ちだった。 「芸能人にも会えるし，タダで海外にも行ける し，大磯ロングビーチにも行けるかもしれない ぜ」 と，素人なら誰でも純粋に思うことが理由であ り，"絶対スターになりたい！"という気持ち はサラサラなかったようだ。

　第三者の投稿や同人から聴取した内容を下にして著述された原告のルポルタージュ風の読み物と被告のテレビドラマとの間で類似性が争われた事案として，東京高判平成8.4.16 知裁集 28 巻 2 号 271 頁［悪妻物語］がある。原告著作物と被告テレビドラマとでは，原告著作物における前半の基本的なあらすじ（下表参照）に加えて，登場人物の設定，単身赴任についての問題提起，身赴任命令に対する妻（主人公）の問題意識，海外転勤に妻を同行させない会社の事情，同行できないことを知った妻の対応・行動，妻のサウジアラビア行きの可能性を知った会社の対応等の細かいストーリーや具体的な表現（登場人物のセリフ）までもが一部で共通しており，裁判所はこれらの共通点を重視して類似性を肯定した[11]。

前半のあらすじの類似点
1．海外に支店をもつ大手建設会社の会社員のサウジアラビアへの海外単身赴任という事件が基礎になっている
2．夫の海外単身赴任命令を知った妻が夫への愛情（共に暮らしたいというごく自然な要求）から夫の海外単身赴任先に行きたいと切実に思う気持ちと会社の論理との対立葛藤。
3．妻は，夫の転勤先に同行するべく夫の会社への直談判，海外に支社をもつ他会社の転勤状況の情報収集活動を行い，さらに会社が妻の同行を許さないとわかるや自ら旅行社と交渉してビザの手配を行い，一人でも夫の転勤先にゆくまでにこぎつける。
4．会社は，会社の論理を貫くため，妻が個人の意思で夫の転勤先に行くことを現実のものにしたことを知ると，妻を止めることは不可能と判断し，会社の業務命令で夫を海外の転勤先から日本へ呼び戻すという決定をする。

　実在したポーランド人コルチャックの生涯を描いた原告の著書と，同一人物を主人公とする舞台劇との間で著作権侵害が争われた事案として，大阪高判平成 14.6.19 判タ1118 号 238 頁［コルチャック先生］がある。裁判所は，一審原告による許諾があったとして侵害を否定したが，傍論として一審原告の著作物の翻案に該当すると判示した。翻案に当たると判断された本件舞台劇のプロローグでは，冒頭で現在のトレブリンカの森の風景をその歴史と共に描写する点や，そこに立っている石がコルチャックと子供たちを含む死者の人影のようであり墓標であるという描写が共通していた。

ドキュメンタリー映画とノンフィクション小説における創作的表現の共通性　　273

（3）　従来の裁判例と整合的に説明することが難しい類似性肯定例[12]

　日航機墜落事故の犠牲者の遺族である原告が著述した書籍と，同事故について被告らが著述し，出版した書籍との間で著作権侵害が争われた事案として，知財高判平成25.9.30判時2223号98頁［風にそよぐ墓標2審］，東京地判平成25.3.14平成23（ワ）33071［同1審］がある。高裁が侵害を肯定した記述の一つである第26記述は，①夫が骨となってこの日の深夜に自宅へ戻ったこと，②8月12日に自宅を出て以来，7日と17時間ぶりであったことを著述している点において共通している。原告と被告の記述は，2文で構成される短い文章であり，また，具体的表現の相違点も相当程度存在し，共通するのは対象となる出来事の抽象的な内容にすぎない[13]。そのため，従来の裁判例と比較すると，類似性が否定されても不自然ではなかったと考えられる[14]。ところが，高裁は，「第26記述の上記同一性のある部分は，夫の遺骨が自宅に戻った時期に加え，被控訴人〔原告〕が抱いた無念や悲しみを表現したものであり，そのための事実の選択や叙述方法の点で被控訴人〔原告〕の個性ないし独自性が表れており，表現上の創作性が認められる」と判示し，類似性を肯定した。

　同じく高裁が侵害を肯定した第5記述は，「敗残兵のように」という比喩が共通していることが侵害を肯定する主たる理由になったと考えられる。確かに，対象となっている状況を叙述するに当たり当該比喩表現を用いる必然性は高くないであろう。しかし，この程度の短い比喩的表現を含む記述の共通性をもって類似性を肯定してしまうと，同じ出来事を叙述しようとする後続の表現者の自由を過度に制約するおそれがあるように思われる[15]。

第26記述

原告著作物	被告書籍
八月十二日，自宅を出た夫は，この日の深夜，骨箱の中に入ってようやく戻ってきたのである。七日と十七時間ぶりであった。	Gの骨壺が，大阪・茨木の自宅の門をくぐったのは，八月十九日午後十一時のことである。八月十二日早朝に自宅を出て以来，実に七日と十七時間ぶりの帰宅だった。

第5記述

原告著作物	被告書籍
みなさすがに不安と疲労の色濃く，敗残兵のようにバスから降り立った。	不安と疲労のために，家族たちは"敗残兵"のようにバスから降り立った。

　上記の第5記述のように比喩的表現を含む短い記述の類似性が争われた他の裁判例として，知財高判平成22.7.14判時2100号134頁［富士屋ホテル2審］がある。同事件で

は、「富士屋ホテル」の創業者およびその後の経営者に焦点を当てて同ホテルの歴史を叙述した原告のノンフィクション作品と、箱根の開発と近代化に尽力したとされる人物（原告作品と人物が一部共通する）の業績を紹介するなどした被告書籍の間で著作権侵害が争われた事案である。地裁（東京地判平成 22.1.29 平成 20（ワ）1586 ［同 1 審］）は、以下の記述部分について侵害を肯定したが、前掲［風にそよぐ墓標 2 審］と同様に後続の表現者の自由を過度に制約するおそれがあり、問題である。これに対し高裁は、創業者である正造と富士屋ホテルの関係に関するごく自然な感想という思想をごくありふれた用語で記述したものであることを理由に、共通部分の創作性を否定した。

原告書籍	被告書籍
正造が結婚したのは、最初から孝子というより富士屋ホテルだったのかもしれない。	彼は、富士屋ホテルと結婚したようなものだったのかもしれない。

　性犯罪被害を受けた原告のノンフィクション小説と、性犯罪被害をテーマとする被告の映画の間で著作権侵害の成否等が争われた知財高判平成 28.12.26 平成 27（ネ）10123 ［あなたもまた虫である 2 審］、東京地判平成 27.9.30 平成 26（ワ）10089 ［同 1 審］では、被告映画における 7 つのエピソードのうち 4 つ（エピソード 3, 4, 6 および 7）の描写について翻案権侵害を肯定した。翻案該当性が肯定されたエピソード 4 では、①事件翌朝に元恋人（婚約者）が原告（主人公）に仕事を休むように勧めたこと、および、②それに対し、原告（主人公）が、事件を理由に仕事を休むことはできないと拒んだことが共通し、同一性があるとされ、また、②の場面における原告著作物の台詞「なんて言って休めばいいの？」と被告映画の台詞「なんて言って休んだらいいの？」がほぼ同一であると認定された。

　もっとも、上記①②の共通点は、抽象的なレベルで共通しているにとどまり、記述内容が共通する分量も少ない。他方で、上記の原告著作物の台詞と被告映画の台詞以外の具体的な表現は異なっており、原告書籍では電話でやり取りする形で、被告映画では同室で直接対話する形で描写している点も相違する。また、上記の台詞部分の共通点は、短くありふれたフレーズであり、独占を認めるべきではない。このような事情によれば、エピソード 4 については類似性が否定されるべきであったといえよう。

　なお、高裁は、「本件著作物 1 の著述中の同一性のある部分」は、「性犯罪被害に遭った翌朝の元恋人との会話の形式で、被害を他人に知られることに対する恐怖、被害に遭った事実は現実であるのにこれを正直に話すことはできないやるせなさ、平常を装うしかない無力感、不条理さ等を表現したものと認められ、そのための事実の選択や感情の

形容の仕方，叙述方法の点で被控訴人の個性ないし独創性が表れており，表現上の創作性が認められる」と判示しているが，これらの点には対象となる表現の外観から直接読み取ることが難しい内容が含まれているように思われる。

エピソード4

本件著作物 1	本件映画
私は六時に起きて，仕事に行った。長時間泣いていたせいで瞼が腫れ，ひどく不細工な顔だった。彼も仕事だったので，朝，目覚ましついでに謝罪の電話を入れた。 「お前，仕事行くのか？　こんな日くらい休めよ……」 そんな返事が返ってきたが，仕事を休む理由が見つからない。 「こんなことで仕事を休んでいいの？　なんて言って休めばいいの？　ホントのことなんて言えないよ！」 「体調悪いって言えばいいだろ？」 「なんで嘘つかなきゃいけないのよ！」 「じゃあホントのこと言うのか？　そんなことまで正直に言わなくたっていいだろ!?」	玲奈のアパート・居室（朝） スーツを着た玲奈が鏡台に座って化粧をしている。 健司が床に座って鏡越しに玲奈を見ている。健司「仕事…休めない？」 玲奈「……なんて言って休んだらいいの？『ゆうべ強姦されたから，今日はお休みします』って言ったら，みんな同情してくれんの？」 【画像 4-1】（省略）

（4）　小　　括

　　上述した裁判例の大多数は，抽象的なアイデアのレベルで共通しているにすぎないのか，表現の自由度が一定程度ある中で具体的な表現が共通しているかによって整合的に理解することができる。

　　まず，抽象的なストーリーなどアイデアが共通しているにすぎない場合には，類似性が否定される（前掲［大地の子］）。ただし，抽象的なストーリーに加えて，具体的な表現が共通している場合には，それらが組み合わされて類似性が肯定されることがある（前掲［悪妻物語］）。

　　他方で，具体的な表現やかなり細かい筋書きが共通している事案では類似性が肯定されている（前掲［壁の世紀］，［SMAP 大研究］および［コルチャック先生］）。

　　なお，原告作品と被告作品に共通する部分の記述内容が，客観的事実に反しており，原告独自の創作であるという事情は，類似性の判断に影響を与えないことが多い。

　　以上の裁判例群に対して，前掲［風にそよぐ墓標2審］および［あなたもまた虫である2審］では，前述した記述部分について，具体的な表現の相違点が相当程度存在し，抽象的な内容が共通しているにすぎないにもかかわらず類似性が肯定されており，やや

毛色を異にする。本来は原告と被告の記述の共通点が創作的表現に該当するかを判断すべきであるにもかかわらず，この2つの判決では，共通部分の記述から外観上読み取ることができない部分の共通性を類似性の判断に含めてしまっているように見受けられ，仮にそうであれば判断基準の明確性が低下するという点で問題があるように思われる[16]。

　この2つの事件における原告の書籍は，対象となる出来事を体験した本人が著述したものである。また，前掲［風にそよぐ墓標］において，被告自身が事件の関係者に対して行った取材は，原告の書籍を閲読した上で，原稿書籍の内容に基づいて行われたものにすぎず，本件と比較すると，被告書籍の記述が原告書籍の内容に依拠している程度が高いと評価することができる。裁判所は，これらの特殊事情を踏まえ，いわゆる「大岡裁き」として類似性を肯定したものと考えることができるかもしれない[17]。他方で，この2つの事件と同様に対象となる出来事を体験した弁護士自身が原告書籍を執筆した前掲［弁護士のくず］では類似性が否定されている。また，前掲［あなたもまた虫である］における原告書籍には原告自身の発言とともに第三者である元恋人の発言も含まれている。そのため，上述した特殊事情を捨象し，本稿が採用する分析手法に基づくと，対象となる出来事を体験した本人が著述したか否かを基準として，一連の裁判例を整合的に説明することは難しいといえよう。

4　本判決の位置づけと評価

　本判決は，従来の裁判例の中にどのように位置づけることができるか。以下では，本件で問題となった17の記述部分を3つに分類して検討する。

　第1に，場面4・8を除く大部分の記述部分は，記述の内容および順序が共通するとしても，共通しているのは抽象的な内容にすぎず，具体的な表現は大幅に相違している。また，記述の配列順序について，各部分の共通内容はそれぞれ3つ程度であり，そもそも配列に創作性を認めることが難しく，また，時系列順に配列したにすぎない部分も含まれていた（場面2，10-③，13，17）。さらに，インタビュー対象者の具体的な発言が共通する部分が存在するものの，その量は多くなく，口語表現として慣用的なものやありふれたものであった。このように考えると，場面4・8を除く大部分の記述部分について侵害を否定した裁判所の結論は，前掲［春の波濤］，［エース列伝］および［弁護士のくず1審］などの従来の裁判例と整合的に理解することができる。

　第2に，場面4では，記述の順序がほぼ同じであり，かつ，上述した各記述部分に比べると具体的表現が共通する部分が増えている。確かに，「Nは，俺を生かすために出てこないのかなって思った…」という発言や「Nは…敢えて出てこないのではないか」

ドキュメンタリー映画とノンフィクション小説における創作的表現の共通性　　*277*

という A の発言部分は具体的表現の類似度が高いが，それ以外の部分は具体的表現が異なっている。従来の裁判例に照らしても，この程度の具体的表現の共通度では類似性を肯定することが難しく，侵害を否定した本判決の判断は正当である。なお，Y 書籍において場面 3 および場面 4 の記述は近接しており，両部分をまとめて判断対象とすることも考えられるが，場面 3 の記述は A の発言における具体的表現が部分的に共通しているにとどまり，その他の記述は場面 4 以上に相違している。そのため，いずれにせよ類似性を肯定することは難しかったであろう。もっとも，前掲［風にそよぐ墓標 2 審］および［あなたもまた虫である 2 審］で侵害が肯定された記述と比較すると，本件の場面 4 の記述の方が具体的表現の共通度が高い。編集前の A の発言内容は不明であるが，仮に場面 4 における A の発言を編集することについて X の創作的関与が認められることを前提にすると，上述した 2 つの裁判例と同様の基準で判断した場合，侵害が肯定されても不自然ではなかった。

　第 3 に，場面 8 における発言は，環境省主催の説明会における B および環境省職員の発言から 7 箇所程度を抽出し，発言順につなぎ合わせたものである。[18]他人の発言の一部を選択し，配列することについて，X によるこの程度の関与では創作性を基礎づけるのに不十分であるため，侵害を否定した本判決は支持されよう。他方で，本件の事案と離れるが，第三者の発言を選択し，配列することについてドキュメンタリー制作者の創作的表現が認められる場合を想定した場合，本件と同程度に具体的な表現が共通する部分の分量および酷似度が高い場合には，第三者による発言か否かにかかわらず，類似性が肯定される可能性が生じることになる。

5　類似性の判断における事実の取り扱い

（1）　事実とアイデアの区別

　ノンフィクション作品には，実際に起きた出来事に関する叙述や作品の作成者以外の人物が発言した内容が構成要素として含まれる。従来の裁判例では，これらは「事実」と呼ばれ，アイデアと区別されることが多い。

　本件では，すべての場面について類似性が否定されたため，結論にどのような影響を与えたのか明らかではないが，本判決は，各場面の共通点ごとに，客観的事実，事実，思想などに分類することによって創作的表現に該当する否かを判断している。また，原判決は，A の娘が通っていた小学校の卒業式当日の様子（場面 10-①，10-③）などは，「現実に存在した出来事や状況などの事実」といえ，「表現それ自体」に該当しないと判示している。

では，類似性の判断において，事実とアイデアを区別することにはどのような意義があるのだろうか。

　学説においては，事実とアイデアを区別した上で，事実はカテゴリカルに表現該当性が否定されると説く見解がある。たとえば，歴史的事実に基づくノンフィクション小説について，歴史的事実についての認識自体は「保護対象外のアイデア」であり，他方，このような事実とその認識の選択・組合せにより構成された抽象的なストーリーは「表現の要素としてのアイデア」にかかわるものであると区別した上で，前者の「保護対象外のアイデア」は，対象作品中の要素や特徴につき，その抽象性・具体性を問うものではなく，当該情報の性質・意義に鑑みて著作権法上の保護対象外から除外すべきか否かをカテゴリカルに判断することを提唱する見解がある[19]。

　その他にも，ノンフィクション作品を，①事実・事件の当事者自身が執筆するもの（自伝，体験記等）と，②第三者が当事者への取材あるいは文献等の調査に基づき事実・事件を把握して執筆するものに区別した上で，②について，「事実・事件」は執筆者の精神的活動の所産ではなく，執筆者にとって客観的外的な存在であるため，それ自体は執筆者の「思想又は感情の（創作的）表現」であることを基礎づける要素とはならないと説く見解がある[20]。

　しかし，事実とアイデアはそもそも区別することが困難であるし，事実に当たるとされるものであっても，それを創作的に表現すれば表現となる[21]。また，対象となる出来事を体験した本人が執筆した作品であるとしても，そこに表された思想・感情の内容が抽象度の高いものであるならば，後続の表現者の自由領域を確保するために，表現該当性を否定すべきである[22]。

　さらに，事実とアイデアを区別する見解に立った場合には，本当はフィクションであるにもかかわらず，ノンフィクションの振りをして執筆した場合や，その逆の場合に，僭称事実問題が生じうる[23]。

　従来の判例・裁判例は，原告独自の創作に係る部分が被告作品と共通していても，類似性を肯定する方向に斟酌していない[24]。たとえば，前掲［江差追分・上告審］では，現在の江差町が最もにぎわうのが江差追分全国大会の時であるという一審原告特有の考え方はアイデアであり，それが被告作品と共通していても，類似性は肯定されないと判示された。また，前掲［弁護士のくず2審］でも，実際には慌てていなかった顧問弁護士が，原告書籍では慌てているように描かれていたとする原告の主張について，裁判所はそれを特に考慮することなく類似性を否定した。

　本判決でも，記述部分4について，Ａが海岸を歩いているときに当該記述部分に描

かれている感情を抱いた描写は，客観的事実とは異なり，X独自の創作であることが認定されているが，表現上の創作性がない部分において共通するにとどまることを理由に，類似性が否定されており，それが客観的事実であるか否かは重視されていない。

学説では，客観的事実として描かれていることを類似性の判断において考慮すべきであるとする見解からは，ノンフィクションとされる作品に創作的なものや虚偽のものが含まれていても，歴史的事実，ドキュメンタリー，体験記等と銘打って発表した以上は歴史的事実として取り扱うべきであると主張されている[25]。また，執筆者の自由な想像による部分が，あたかも客観的事実であるかのように記載されている場合に，後からフィクションであるとして著作権侵害を主張することは，権利の濫用として許されない場合もありうるとする見解がある[26]。

これらは傾聴すべき見解ではあるが，著作者によってなされるフィクションまたはノンフィクションのラベリングによって類似性の判断が揺らぐことは，後続の創作者の予測可能性を低下させるおそれがあり，その種の判断を不要とする手法を採用することが望ましいといえよう。

したがって，表現該当性の判断における事実とアイデアの区別は不要であり，いずれについても表現の抽象度の高低を基準に一元的に表現該当性を判断することが適切である[27]。この見解の下でも，共通する要素の抽象度が低く表現該当性が肯定されたとしても，事実に即した表現が共通しているに過ぎず，表現者の創作的寄与が認められないものは，結局，創作性が否定されるため，著作物に該当しないと判断される。また，仮に著作物に該当するとされたとしても，権利制限（32条1項の引用）の問題として取り扱うことも可能である[28]。このように考えると，事実とアイデアを区別しない見解に立ったからといって，客観的事実が独占されることにはつながらないであろう。

(2)　ノーナレーション・ドキュメンタリーに対する著作権法上の保護

ドキュメンタリー作品の本質は，「切り取られた事実の断片を，ドキュメンタリー作家が巧みに，何倍もの意味を持つように整理して並べながら物語を紡いでいく」ことにあるとされる[29]。そして，ドキュメンタリーのスタイルは大きく，ナレーション・ドキュメンタリーとノーナレーション・ドキュメンタリー（以下，「ノーナレ」という）に二分されるところ[30]，後者の作品において主たる構成要素となるのがインタビューである。ノーナレ作品では，ナレーションによって物語の背景などを語ることができない分，被写体自らの言葉で説明してもらう必要があるとされる[31]。そのため，情報の的を絞り，情報をより短い時間で伝えるために，インタビューの内容を圧縮し編集する作業が重要となる。その作業には，元の発言の意味を変更することなく，発言者の意図に忠実でなけ

ればならないという制約があるものの，ある発言の要点を何であると判断するか，そして作品のどの部分に編集したインタビューを使用するかについて，様々な切り方が存在すると言われている。[32]

　上記のような性格を有するノーナレ作品について，取材対象者の発言を「事実」として捉え，表現該当性をカテゴリカルに否定する見解を採用した場合，著作権の保護が不足するおそれがある。原告と被告の作品双方が映像作品である場合には，映画の著作物としての創作的表現の共通性を主張すれば保護を受けることができるが，被告作品が言語の著作物であり，インタビューの文言のみを抽出して利用した場合には保護が受けられなくなってしまう。

　ノーナレ作品の作成者によって第三者の発言に創作性を基礎づけるに足りる編集が加えられており，その編集された部分が無断で利用された場合には，第三者の発言であるか否かにかかわらず，表現の抽象度の高低を基準に表現該当性を判断し，具体的な表現が共通していれば，類似性を肯定すべきであろう。

　ただし，作成者が第三者の発言をそのまま利用している場合には，その発言を生み出すために作成者が取材活動等においていかに労力を投下したとしても，作成者の創作性が第三者の発言に表れていないため，著作権法による保護を受けることはできない。このように考えると，ノーナレ作品の保護が他の種類の作品に比べて手薄になることは否定できないが，作品の性格上致し方ないといえよう。被告作品が，原告作品に記載された情報のみに依拠して，その具体的な表現を違えて作成され出版された場合など，フリーライドの程度が大きい場合には，一般不法行為による保護が認められる余地があるかもしれない（「**7**」で後述）。

6　インタビューの発言内容に対する質問者の創作的関与

　前述したように，ナレーションに頼らないノーナレ作品では，インタビュー自体が主要な構成要素となることが多いため，インタビュー撮影における質問内容の重要性が高いと言われている。ノーナレ作品のインタビュー撮影の際には，答えただけですべての情報がカバーされるような質問をする手法や，質問の一部を答えに組み込んでもらえるような聞き方をする手法などが用いられる。[33]それでは，インタビューの発言内容に対する質問者の関与が創作的表現にあたり，質問者がインタビューの発言の著作者となることがありうるだろうか。

　原審において，Ｘは，Ａ等の心情についての各発言は，長期間の取材を通じて被災者であるＡ等と信頼関係を構築した上で，Ｘが適切な質問をしたことなどによって初

めて発言者から引き出されたものである旨を主張しており，原判決も，Xが有する視点に基づいて行った様々な質問に応じてA等の心情についての発言がなされたことを認めている。この点について，原判決は，ある者の発言について，その発言内容を準備した者がそれを発言者に語らせるなどした場合に，その発言内容は準備した者の表現となる場合がありうるとした上で，本件はそのような場合に当たらないと判示している。

従来の裁判例および学説によれば，著作者であると認定されるには，創作的表現の作成に関与したことが必要である。単に指示や助言を与えたに過ぎないような者は，助言行為それ自体が創作的といえる程度の関与でない限り，創作的表現の作成に関与したとは認められない[34]。

質問者が回答者の発言内容の原稿等を作成し，それを回答者に喋らせているのであれば，回答者の発言が質問者の著作物となる可能性がある。裁判例において，前掲［SMAP大研究］では，芸能人に対するインタビュー等の口述を基に作成された雑誌記事等の文書について，当該インタビューは，出版社等の企画に沿った原告記事を作成するに際して，素材収集のために行われたにすぎず，発言がそのまま文書化されることを予定してインタビューに応じたり，記事の原稿を閲読してその内容・表現に加除訂正を加えたりするなど，文書としての表現の作成に口述者が創作的に関与したと言える事情は認められないとして，出版社単独の著作物であると判示した[35]。

本件において，A等へのインタビューから構成される記述部分（場面9や14など）について，A等の発言内容に質問者であるXがどのように関与していたかは認定事実から必ずしも明らかではない。たとえば，場面14では，「もし（被災した自宅が）なくなってしまうと，思い出せなくなっちゃうんじゃないか，とか？」というXの質問に応じる形でAの発言がなされており，Xによれば，この質問は，自宅の解体と，子らへの記憶が薄れていくことを結びつける意図をもってなされたと主張されている。しかし，このXの質問は，Aの発言のトピックや方向性を提示しているに過ぎず，Aの発言内容を具体的に指示するものではない。したがって，Aの発言についてアイデアを提供したにすぎないXが同発言それ自体の創作的表現の作成に関与したとは認められない。

次に，本件では争点となっていないが，質問者の発言と回答者の発言のまとまりが両者の共同著作物に該当する可能性はあるだろうか。

この点に関連して，学説には，座談会等の出席者の発言のまとまりが共同著作物に該当するか否かをめぐって対立が見られる。共同著作物の成立可能性を肯定する見解によれば，各人の寄与が物理的に分離可能であっても，それらが内容的に相互に密接に関連

しあい，全体として一つのまとまりのある表現を構成している場合には，分離利用不可能の要件（2 条 1 項 12 号）を満たし，共同著作物の成立が認められる[36]。

これに対して，共同著作物の成立可能性を否定する見解によれば，各人の寄与が独自に利用価値を有するかどうかにかかわらず，物理的に分離されうる以上，それらは個別に利用される可能性があるといえるため，座談会における各発言は結合著作物であると解されることになる[37]。

各人の寄与部分を単独の著作物と捉えるとともに，各人の寄与が一体となって利用されることにより個別的な利用の総和を超えたシナジー効果が生じるのであれば，分離利用が不可能であると解すべきである[38]。この立場によれば，各人の寄与部分が一体として利用される場合には，共同著作物の利用に対する特則が適用され，他方，各人の寄与部分が個別的に利用される場合には共同著作物の利用には当たらないことになる[39]。

本件では，質問者と回答者の個々の発言は短く，比喩的な表現が用いられていないため，創作性が否定される事案であると評価できるが，仮に各人の発言に著作物性が認められ，第三者によりそれらが一体として利用される場合には，共同創作性が認められることを前提として，共同著作物として取り扱われることになるであろう。各人の発言が個別には著作物に当たらないとしても，複数の発言の集積に著作物性が認められる場合には，共同著作物に当たる可能性があるが，本件ではそのような事情は認められないように思われる[40]。

7 一般不法行為による保護の可能性

平成 23 年以前の下級審裁判例は，他の知的財産法の解釈またはその他の法理に基づいて不法行為の成立を認めれば足りると評価できる事案を除けば，知的財産法違反が否定された事案において一般不法行為の成立を認めることに消極的であった[41]。もっとも，例外的に，著作権侵害が否定された事案において一般不法行為の成立を認めた知財高裁判決が 2 件存在していた（知財高判平成 17.10.6 平成 17（ネ）10049 ［ライントピックス 2 審］，知財高判平成 18.3.15 平成 17（ネ）10095 等 ［通勤大学法律コース 2 審][42]）。

そのような中，最高裁は，最判平成 23.12.8 民集 65 巻 9 号 3275 頁 ［北朝鮮・上告審］において，著作権法 6 条各号所定の著作物に該当しない著作物の利用行為については，原則として一般不法行為の成立が否定されると判示した。他方で，最高裁は，著作権「法が規律の対象とする著作物の利用による利益とは異なる法的に保護された利益を侵害するなどの特段の事情」が存する場合には，不法行為が成立する余地があることを明らかにし，その一例として「営業上の利益」の侵害を挙げた。

ドキュメンタリー映画とノンフィクション小説における創作的表現の共通性　　*283*

本件においてXは，Yが本件小説を執筆，出版したことが「Xの表現活動という法的保護に値する人格的権利ないし利益」を侵害したと主張している。人格的利益についても，知的財産法が規律する利益とは異なる利益が侵害された場合には，不法行為が成立する余地があるとされている[43]。

判例では，人がその肖像等をみだりに利用されないことに関して，法的な保護に値する人格的利益を有しているとして，人のパブリシティ権の侵害となる場合の三類型を示したものがある（最判平成24.2.2民集66巻2号89頁［ピンク・レディー・上告審]）。また，「著作者が公立図書館において著作物が閲覧に供されることにより取得する，思想の自由，表現の自由を脅かすおそれのある行為から守られる人格的利益」という著作者人格権で保護されていない著作者の人格的利益の保護を認めたものがある（最判平成17.7.14民集59巻6号1569頁［船橋市西図書館・上告審]）。ただし，同判決で認められた著作者の人格的利益は公立図書館の位置づけおよび図書館職員の基本的義務から導き出されたものであり，同判決の射程は限定的である[44]。その他にも前掲［北朝鮮］事件最高裁判決の調査官によれば，著作権法113条11項で保護されている著作物の利用に係る著作者の社会的な名誉以外の「名誉」も保護される人格的利益に含まれることが指摘されている[45]。しかし，同最高裁判決以降の下級審裁判例において，知的財産法違反が否定された事案で一般不法行為の成立を肯定したものは少ない[46]。

本件においてXは，Yが本件小説を執筆，出版したことによって，著作権法で保護されている人格的利益以外のいかなる利益が侵害されたかを具体的に明らかにしていない。原判決は，付言する形で，Yが本件映画のみに基づいてそこに描かれたことを描写した場合に，Xや本件映画に触れないことが不相当であるか否かを検討しているが，Y自身も本件映画に登場するAに対して直接相当数の取材を行っていることなどの事情を考慮して，人格的利益の侵害を否定している。

ところで，Xは人格的利益の侵害に関する主張の中で，長い年月をかけて被災地の人々と信頼関係を築き，同じ時間を共有し，起きた出来事をその都度現地に足を運ぶことによって記録し，編集して本件映画を制作した旨を強調している。また，本件映画のDVDの購入を打診したYに対し，本件映画の映像を執筆の材料にする目的ならばこれを譲渡することはできず，独自取材で発信すべきであると述べている。これらの主張や発言は，取材活動に対する投資の保護に関連するものであると理解することができるかもしれない。本件で実際にXは主張していないが，取材活動に対する投資が損なわれたことを理由に一般不法行為の成立を主張していたと仮定した場合，その種の主張が認められる可能性はあるだろうか。

従前の裁判例には，新聞社である原告が，インターネット上で運営するニュースサイトに掲載した多数の記事見出しが，被告のウェブサイトに僅かな改変を加えただけでほぼそのまま，2年間にわたり継続的に利用されたという事案で，著作権侵害を否定しつつ，一般不法行為の成立を認めたものがある（前掲［ライントピックス2審］）。同判決は，原告の記事見出しは報道機関である原告の多大な労力，費用が結実したものであり，またそれが有料で取引の対象とされていること，さらには，情報の鮮度が高い記事に，営利目的で反復継続して，酷似する見出しを被告のウェブサイト上に掲載したという事情を不法行為を肯定する方向に斟酌している。[47]

　同判決は前掲［北朝鮮］事件最高裁判決前に下されたものであるが，学説では，取材体制の構築に関する投資を保護するために不法行為の成立を認めたものであると理解すれば，同最高裁判決と整合的に理解することができると指摘されている。[48]

　もっとも，著作権法が，他人の著作物のアイデアのみを利用する行為に対して規律を及ぼさず，自由領域を積極的に確保するという態度決定を示していると理解するのであれば，アイデアが共通しているにすぎないとして著作権侵害が否定された本件のような事例では，カテゴリカルに一般不法行為の成立が否定されるべきということになる。[49]

　また，仮に上記のような著作権法の態度決定とは独立して一般不法行為の成否を検討したとしても，本件の結論は変わらないであろう。確かに本件映画には，Xが長期間にわたり現地に赴き取材を行い，取材対象者と信頼関係を築くことにより得られたインタビュー映像等が含まれており，取材活動に対する投資を保護する必要性がまったくないとはいえない。しかし，Y自身も，本件映画と共通する取材対象者に直接相当数の取材を行い，本件小説の原稿について取材対象者に直接確認を求めるなど，取材活動に独自の投資を行っている。また，本件小説には，本件映画には取り上げられなかった多数の事実や取材対象者の心情等が記載されており，一部で記載内容が似ている部分があるものの，作品全体としてみると本件映画の内容との酷似度は高くない。さらに，原告作品は映画であるのに対し，被告作品は小説であるという点で，両作品は市場において直接競合しているわけではない。[51]以上のような事情を前提にすると，YがXの取材活動に対する投資にフリーライドしている程度は小さく，不法行為の成立を否定しても，ドキュメンタリー映画制作のための取材活動に投資するインセンティブが阻害されることにはならないであろう。したがって，不法行為の成立を否定した本判決の判断は正当であるといえる。

【付記】　本研究はJSPS科研費JP20K01432の助成を受けたものである。

ドキュメンタリー映画とノンフィクション小説における創作的表現の共通性　　*285*

1) 当事者等の呼称は原判決と本判決で異なる。原判決では，本判決の X は A，A は C，B は D，C は E と表記されている。本稿では，原判決の引用部分を本判決の表記に合わせて変更した。

2) 後に引用する文献の他に先行研究として，吉田大輔「事実に密着した著作物の著作権の侵害」斉藤博＝牧野利秋『裁判実務大系　知的財産関係訴訟法』（青林書院・1997 年）138 頁，柳誠一郎「ノンフィクション作品の創作性について」『知的財産法研究の輪〔渋谷達紀教授追悼〕』（発明推進協会・2016 年）515 頁がある。

3) ドキュメンタリーの一般的な定義は，「実在の人物，場所，そして出来事といった現実を正確に切り取ったイメージによって，見る者を新しい世界，そして新しい体験へと導くもの」であるとされる（シーラ・カーラン・バーナード（島内哲朗訳）『ドキュメンタリー・ストーリーテリング〔増補改訂版〕』（フィルムアート社・2020 年）10 頁）。

4) 同様の手法でノンフィクション作品に関する裁判例を分析した先行文献として，比良友佳理［弁護士のくず・判批］知的財産法政策学研究 37 号 303 頁（2012 年），村井麻衣子［風にそよぐ墓標・判批］著作権研究 42 号 174 頁（2015 年），高瀬亜富［THE ナンバー 2・判批］コピライト 652 号 27 頁（2015 年）がある。

5) 詳細は，上野達弘＝前田哲男『〈ケース研究〉著作物の類似性判断　ビジュアルアート編』（勁草書房・2021 年）2–30 頁〔上野達弘〕，田村善之「著作権の保護範囲」同編『知財とパブリック・ドメイン〔第 2 巻：著作権法篇〕』（勁草書房・2023 年）151 頁〔初出はコピライト 728 号 2 頁（2021 年）〕などを参照。

6) 高部眞規子［判解］『最高裁判所判例解説民事篇平成 13 年度（下）』（法曹会・2004 年）565–566 頁。高部眞規子『実務詳説　著作権訴訟〔第 2 版〕』（金融財政事情研究会・2019 年）110–112 頁も参照。

7) 同上。

8) 田村善之『著作権法概説〔第 2 版〕』（有斐閣・2001 年）77–78 頁注 5 は，これらの程度の抽象的な共通点では未だアイディアの領域を出ず，それが歴史上の事実であろうがなかろうが，原告の着想に係るものであろうがなかろうが，著作権侵害が肯定されることはないと指摘する。

9) 比良・前掲注 4) 340 頁，荒竹純一『新版　ビジネス著作権法〈侵害論編〉』（中央経済社・2014 年）117 頁。

10) 比良・前掲注 4) 356 頁は，対照表 3 の記述について，具体的な表現が異なっているといえる以上，翻案権侵害は成立しないとすべきであると指摘する。

11) 判決の結論を支持するものとして，田村・前掲注 8) 70 頁がある。

12) 公開されている判決文からは侵害が争われた具体的な表現が明らかではないが，歴史上の人物について著述した原告の歴史小説と，同一人物を取り上げた被告のテレビ番組との間で一部の表現について侵害を肯定した裁判例として，東京地判平成 27.2.25 平成 25（ワ）15362［THE ナンバー 2］がある。同事件における作品対照表の抜粋は，高瀬・前掲注 4) 28–29 頁を参照。同判決は，「歴史的事実それ自体ではなく，原告が創作した事実であると認められ」る共通部分（原告小説 1-3-1 と被告番組 1-3-1）の類似性を肯定した。この判断について，高瀬・前掲注 4) 35 頁は，抽象的な場面設定が類似するのみで侵害を肯定したものであるとして批判する。

13) 山内貴博［判批］小泉直樹ほか編『著作権判例百選〔第 6 版〕』（2019 年）103 頁は，原告書籍と被告書籍の主語（前者は「夫」，後者は「骨壺」）に表現上の大きな差異があることを指摘する。

14) 参照，村井・前掲注 4) 182 頁。

15) 村井・前掲注 4) 187–189 頁。高瀬・前掲注 4) 37 頁は，対象となるアイデアの典型的な表

現であり，思想と表現がマージしているとして，著作物性を否定すべきであったと指摘する。田村・前掲注5) 182–184 頁も参照。

16) 前田哲男「事実を題材とする著作物の創作性」コピライト 741 号 15–16 頁（2023 年）。村井・前掲注4) 182 頁および山内・前掲注13) 102–103 頁も，前掲［風にそよぐ墓標 2 審］判決について同様の問題点を指摘する。

17) 参照，前田・前掲注16) 12–16 頁。

18) 環境省・中間貯蔵施設情報サイト「【議事録】中間貯蔵施設に関する説明会⑭」（2014 年 6 月 14 日 開 催）〈https://josen.env.go.jp/chukanchozou/action/briefing_session/pdf/preliminary_report_140614_c.pdf〉［2024 年 9 月 22 日確認］。

19) ただし，両者の区別を実際に行うことは困難な場合が多いとも述べられている。金子敏哉「著作権法上のアイデアに関する一考察——アイデア・表現二分論におけるアイデア二分論の試み——」L&T 別冊 7 号 77 頁（2021 年）。

20) 前田・前掲注16) 12–17 頁，前田哲男「ノンフィクション作品における事実と表現上の創作性」『知的財産法学の新たな地平〔高林龍先生古稀記念〕』（日本評論社・2022 年）306–316 頁。なお，②についても，取材によって得られた事実のうちどのような事実を選択してどのような順序で記述するかなどの「選択又は配列」や文章表現上の工夫，あるいはそれらの組み合わせについて表現上の創作性が認められるのは当然であると述べる。

21) 高野慧太『著作権の保護範囲と正当化理論』（弘文堂・2024 年）231 頁注 53) は，いわゆる『事実』と呼ばれているものは，客観的なデータと主観的な解釈・仮説との混合物と考えられることを根拠に，事実とアイデアは本質的には区別できないと主張する。同書によれば，筆者によって言及される「事実」は筆者による「事実の認識」にほかならず，それこそアイデア表現二分論において「アイデア」とされるものと区別がつかない。また，問題となっている共通点が，客観的事実か創作的事実かという区別も（創作性においては意味がある）アイデア表現二分論の文脈では意味がないと指摘する。

22) 比良・前掲注4) 349 頁。

23) この問題を詳細に検討したものとして，比良・前掲注4) 356–361 頁。

24) 田村善之［江差追分・判批］法協 119 巻 7 号 220–221 頁（2002 年）。

25) 大家重夫［大地の子・判批］判時 1761 号 200 頁（2001 年）。

26) 前田・前掲注16) 5–6 頁。米国著作権法においても，著作権者が事実として提示した作品の要素を実際には虚構であると主張することを認めず，著作権の保護を否定する「著作権禁反言（Copyright Estoppel）」という法理を採用した裁判例がある（*Oliver v. Saint Germain Found.*, 41 F. Supp. 296（S.D. Cal. 1941））。米国法の状況を紹介するものとして，比良・前掲注4) 357–359 頁。また，近時の裁判例では，同法理を「主張された真実（asserted truths）」法理と呼んでいる（*Corbello v. Valli*, 974 F.3d 965（9th Cir. 2020））。同事件は，音楽バンドのメンバーの一人と共著でゴーストライターが執筆した同バンドの自伝と，同バンドの歴史を描いたミュージカルの間で著作権侵害が争われた事案であり，裁判所は，原告の自伝の冒頭に「フォー・シーズンズの完全で真実の年代記」と表記されているなどの事情を考慮して，著作権侵害を否定した。

27) 比良・前掲注4) 359–360 頁。

28) 参照，村井・前掲注4) 195–197 頁。

29) バーナード・前掲注3) 11 頁。

30) 前者は，第三者的な立ち位置から発せられ，俯瞰した目線で物語が語られるのに対し，後者は，視聴者が物語を俯瞰することなく，被写体がいる世界により没入し続けられる効果があるとされる（金川雄策「ドキュメンタリーの構成要素を知る」同監修『ドキュメンタリー・マ

スタークラス』（玄光社・2022 年）49 頁）。

31) 同上。

32) バーナード・前掲注 3）132-133 頁。

33) バーナード・前掲注 3）271-272 頁，佐々木芽生「ノーナレドキュメンタリーでのインタビュー術」金川・前掲注 30）76 頁。

34) 編集著作物に関する裁判例として，最判平成 5.3.30 判時 1461 号 3 頁［智恵子抄］。なお，東京地判昭和 55.9.17 無体集 12 巻 2 号 456 頁［地のさざめごと］および知財高決平成 28.11.11 判時 2323 号 23 頁［著作権判例百選］は，「編集方針を決定した者」も編集著作物の著作者となり得る旨を判示している。著作者の認定に関する詳細は，上野達弘「著作者の認定」牧野利秋＝飯村敏明編『新・裁判実務大系　著作権関係訴訟法』（青林書院・2004 年）216 頁，小泉直樹ほか『条解著作権法』（弘文堂・2023 年）26-33 頁［愛知靖之］，田村善之ほか『プラクティス知的財産法 II　著作権法』（信山社・2020 年）189-193 頁。

35) 同判決については，芸能人の発言内容（で著作物といえるほどの長さの文章）が記事に残存しているとすれば，記事は芸能人が口述した文章の二次的著作物となり，口述の際に共同創作の意思が認められるのであれば，記事は芸能人と執筆者の共同著作物となるべきであるとの指摘がある（田村・前掲注 8）368 頁注 2)，柳沢眞実子［判批］判時 1673 号 212 頁（2000年))。

36) 横山久芳「共同著作の成立要件について」設樂隆一ほか編『現代知的財産法　実務と課題〔飯村敏明先生退官記念〕』（発明推進協会・2015 年）1107-1108 頁，中山信弘『著作権法〔第 4 版〕』（有斐閣・2023 年）247 頁。その他の肯定説として，半田正夫『著作権法概説〔第 16 版〕』（法学書院・2015 年）62 頁注 4，渋谷達紀『著作権法』（中央経済社・2013 年）101 頁がある。肯定説の中には，複数人の発言が 1 つのまとまりとして利用価値を持つ場合には分離不可能であると認められるが，他方，「参加者 A が，まず自分の考えを述べ，続けて，B，C，と A の考えに対して順次コメントしていく形で座談会が進行する場合」には，A の発言部分に独立の利用可能性が認められることもあると指摘するものがある（小泉直樹『特許法・著作権法〔第 4 版〕』（有斐閣・2024 年）129 頁）。また，岡村久道『著作権法〔第 6 版〕』（民事法研究会・2024 年）128 頁は，個々の発言が分離すると意味不明になる場合には，分離不可能性が認められると指摘する。

37) 上野達弘「共同著作の要件論」牧野利秋ほか編『知的財産法の理論と実務 4〔著作権法・意匠法〕』（新日本法規・2007 年）105 頁，駒田泰土「共同著作，二次的著作」高林龍ほか編『現代知的財産法講座 I　知的財産法の理論的探究』（日本評論社・2012 年）213 頁，半田正夫＝松田政行編『著作権法コンメンタール 1〔第 2 版〕』（勁草書房・2015 年）243-244 頁［長塚真琴］，島並良ほか『著作権法入門〔第 4 版〕』（有斐閣・2024 年）91-92 頁［上野達弘］。

38) 田村善之ほか・前掲注 34）200 頁は，歌詞と楽曲は一体となって利用されることにより個別的な利用の総和を超えたシナジー効果があるのだから，分離困難であると解すべきであると指摘する。同書によれば，このように解したところで，歌詞と楽曲を一体として利用する場合に限り，共同著作物の利用に対する特則（64 条，65 条等）が適用される止まり，歌詞，楽曲をそれぞれ個別的に利用すること自体は共同著作物の利用ではないと解される。この見解においても，共同創作性の要件が満たされることを共同著作物の成立を認める前提としており（田村・前掲注 8）371-372 頁），2 条 1 項 12 号の後段要件を緩やかに解する点にこの見解の特徴がある。

39) 共同著作物に関する共有著作権の持分の譲渡や存続期間の算定も，利用者が各人の寄与部分を単独で利用するのか，一体として利用するのかという利用の範囲によって取扱いが異なる。歌詞と楽曲を例に取れば，歌詞または楽曲のいずれかを単独で利用することについての権利と，

両者を一体として利用することについての権利が別々に成立している。寄与部分を一体として利用することについての共同著作物の共有著作権の持分を譲渡する場合には，65 条 1 項の同意を要することになる。存続期間の算定についても，歌詞または楽曲を単独で利用する場合には，各著作者の死亡時が終期の起算点となり，他方で，一体として利用される場合には，51 条 2 項括弧書により最後に亡くなった著作者の死亡時が起算点となる。以上は，田村善之教授のご教示による。

40) 本件の認定事実から明らかではないが，仮に A 等の発言自体が著作物に当たる場合，それらを素材として編集された本件映画は二次的著作物となる。第三者が本件映画に含まれる各人の発言のみを取り出して言語の著作物として利用する場合には，「二次的著作物の著作権は，二次的著作物において新たに付与された創作的部分のみについて生じ，原著作物と共通しその実質を同じくする部分には生じない」とする最判平成 9.7.17 民集 51 巻 6 号 2714 頁［ポパイネクタイ・上告審］の判示に従い，二次的著作物の著作権者は権利行使することができない。ただし，二次的著作物の著作者である X が，原著作物である発言を編集することについて創作性を基礎づけるに足りる関与を行なっており，その部分を含めて利用された場合には，X による権利行使が可能となる。

41) 田村善之『ライブ講義 知的財産法』（弘文堂・2012 年）502-514 頁。なお，小嶋崇弘［北朝鮮・判批］小泉直樹ほか編『著作権判例百選〔第 6 版〕』（2019 年）211 頁も参照。

42) 山根崇邦［通勤大学法律コース・判批］知的財産法政策学研究 18 号 221 頁（2007 年）。

43) 山田真紀［判解］『最高裁判所判例解説民事篇平成 23 年度（下）』（法曹会・2014 年）734 頁，上野達弘［北朝鮮・判批］A.I.P.P.I.57 巻 9 号 578 頁（2012 年），丁文杰［北朝鮮・判批］知的財産法政策学研究 42 号 434-444 頁（2013 年）。

44) 松並重雄［判解］『最高裁判所判例解説民事篇平成 17 年度（下）』（法曹会・2008 年）415-416 頁。同判決について詳しくは，斉藤博［船橋市西図書館・判批］民商 135 巻 1 号 178 頁（2006 年），今村哲也［同・判批］著作権研究 32 号 211 頁（2007 年），上野達弘「著作権法による自由」田村善之編『知財とパブリック・ドメイン〔第 2 巻：著作権法篇〕』（勁草書房・2023 年）31 頁〔初出は法教 426 号 40 頁（2016 年）〕。

45) 山田・前掲注 43）734 頁。詳細は，丁文杰「知的財産権・不法行為・自由領域（3）——日韓両国における規範的解釈の試み——」知的財産法政策学研究 49 号 277-281 頁（2017 年）。

46) 2024 年に入って，不正競争防止法上の不正競争行為該当性が否定された事案で，一般不法行為の成立を認めた裁判例が現れている（札幌地判令和 6.2.27 金判 1696 号 26 頁［アイスクリームランキング］，大阪高判令和 6.5.31 令和 5（ネ）2172［ワンスプーン］）。また，著作権侵害が争われた事案ではないが，バンドスコアの模倣行為について不法行為の成立を認めた事例として，東京高判令和 6.6.19 令和 3（ネ）4643［バンドスコア］がある。同判決の評釈として，鮑妙堃［判批］コピライト 765 号 48 頁（2025 年）。前掲［北朝鮮］事件最高裁判決以降の下級審裁判例を詳細に分析したものとして，上野達弘「民法不法行為による不正競争の補完性——『知的財産法と不法行為法』をめぐる議論の到達点——」パテント 76 巻 12 号 24-42 頁（2023 年）。

47) ニュース記事の著作権侵害が争われた東京地判平成 6.2.18 知裁集 26 巻 1 号 114 頁［コムライン・デイリー・ニュース］において，裁判所は著作権侵害を肯定したが，学説によれば，抽象的な共通性にとどまり類似性は否定せざるを得ず，新聞社に対する情報サービス業者のフリーライドへの対処は一般不法行為を通じて行うべきであったと指摘されている（田村・前掲注 8）89 頁）。

48) 田村・前掲注 41）529 頁。

49) 山根崇邦「情報の不法行為を通じた保護」吉田克己＝片山直也編『財の多様化と民法学』

（商事法務・2014 年）374–375 頁，上野達弘「キャラクターの法的保護」パテント 69 巻 4 号 57 頁（2016 年）。

50) 田村・前掲注 8）66 頁は，人の来歴に関する文章の著作権侵害が争われた前掲［エース列伝］について，同事件で著作権侵害が主張されたのは被告書籍全体の 20 分の 1（総計 9 頁）であり，原告の書籍の市場を直接，侵食するものではないが，仮に 200 頁にわたって原告書籍に記載された情報のみに依拠して，ただその具体的な表現を違えて作成され出版された場合には，情報の集積行為に対するインセンティブが過度に減少するおそれがあるため，一般不法行為の成立を認めるべき場合がありうると指摘する。

51) ただし，Y 書籍の出版（2018 年）の 2 年後に，X は，本件映画を作る過程で撮影した映像，取材内容および X 自身の体験に基づいて執筆した書籍（笠井千晶『家族写真　3.11 原発事故と忘れられた津波』（小学館・2020 年））を出版している。

〈判例研究〉

バンドスコアの模倣が不法行為に該当するとされた事例

弁護士 伊 藤 雅 浩

東京高判令和6年6月19日（令和3年（ネ）第4643号）

I は じ め に

　他者が聞き取って楽譜に起こしたバンド音楽の楽譜（バンドスコア）を大量に模倣して，ウェブサイトにて公開した行為について，東京高裁は，不法行為に基づく損害賠償責任を認めた。いわゆる北朝鮮事件（最判平 23.12.8 民集 65 巻 9 号 3275 頁）以降で，同事件が判示する「特段の事情」があると認めたのは，本件が初めての事例だと考えられ，著作権法を含む知的財産権法と不法行為の関係を考えるうえで，大変興味深い事例である。

II 事　　実

1　事案の概要

　原告（控訴人。以下，引用箇所を除き「原告」で統一する。）は，多数の楽譜を電子媒体又は紙媒体で出版し，店舗に卸して販売するほか，複数のウェブサイトにて販売していた。被告会社（被控訴人会社。以下「被告会社」で統一する。）は，平成 20 年ころに GLNET+ というウェブサイト（本件サイト）を開設し，本件サイト等において，多数のバンドスコア（被告スコア）を無料で公開し，ダウンロードを可能にしたうえで，広告料収入を得ていた。

　原告は，平成 30 年 6 月 3 日に，被告会社に対し，原告スコア（原告が制作，販売するバンドスコア）を本件サイトで公開したとして，これをやめるよう文書で要求し，被告会社は，これを受けて同月末日頃，本件サイトを閉鎖した。

　原告は，被告会社が原告バンドスコアを模倣して無料公開する行為は，法的に保護された利益を侵害する不法行為を構成すると主張し，被告会社に対しては，不法行為（民

法709条）に基づく損害賠償請求として，被告会社の代表取締役である被告Y1と，被告会社の取締役であった被告Y2に対しては共同不法行為（民法719条）または会社法429条1項に基づく損害賠償請求として，原告の逸失利益相当額の20億3449万円の一部である5億円及びこれに対する遅延損害金を連帯して支払うよう求めた。

被告スコアは，原告スコアと完全に同一のものではなく，電子的にスキャンしたものをアップロードするようなデッドコピーの事案とは異なる。被告会社は，原告スコアをすべて購入し，アルバイトに交付してアルバイトに楽譜作成ソフトに入力させて被告スコアを作成していた。そのため，共通する部分はあるが，相当程度異なる個所もあった（その共通部分の割合や意義については争いがある。）。

原告は，本件訴訟において，バンドスコアが著作物に該当することを前提とした主張を含め，知的財産法に関する主張を行っていない。そのため，本件訴訟は，原審において東京地裁民事第4部（通常部）に係属し，控訴審も知財高裁ではなく，東京高裁民事第17部（通常部）に係属した。

2 バンドスコア

バンドスコアとは，ギター，キーボード，ドラム，ヴォーカル等のパートが全て記載されている楽譜をいう（**図1**）[1]。バンドスコアは，アマチュア音楽愛好家が，プロの演奏をコピーして演奏する際（いわゆるコピーバンドなど）に使用される。ギター等の弦楽器については，TAB譜（各々の弦とフレット（弦を押さえる位置）とが記載される譜面）が作成されることが多い[2]。弦楽器は，弦を押さえる位置を変えることによって同じ音を異なる弦でも出すことができるため，同じ音を出すにも，弦とフレットの組み合わせで複数の表記の可能性がある。

クラシック音楽の場合は，作曲家が楽曲全体の構成をあらかじめ楽譜（スコア）として作成するのに対し，バンドミュージックは，メロディー，コードなどの基本的な要素のみを決定し，録音現場において演奏・録音しながら作曲することが多く，作曲者自らが作成した完全な楽譜が存在しないことがほとんどだとされる。そのため，バンドミュージックの楽譜（バンドスコア）を制作する場合，バンドスコアの制作・販売者が，音源の演奏内容を聴き取り（以下，この作業を「聴音」ないし俗に「耳コピ」という。），楽譜を書き起こす（以下，この作業を「採譜」という。）ことになる。

このように，採譜は，専門的なスキルを有する者が，音源を繰り返し聴いて音階やフレーズを正確に把握し，聴き取った音を各パートに振り分けて五線譜に記述するほか，演奏指示（音量の大きさやテンポ，音色に関する指示等）を作業者の判断によって記述

図1 バンドスコアの例

していく。音源には，多数の楽器の音やヴォーカルが混じっているため，繰り返し聴いてもどうしても聴き取れない箇所が出てくることから，前後の流れから聴き取れない部分を推測したり創作したりすることになる。そのため，同一の音源から採譜する場合であっても，採譜する者の技量や個性によって違いが生じると言われる。

Ⅲ 一審判決（東京地判令 3.9.28）[3]

請求棄却。
　一審判決は，請求棄却であったため，実質的に争点となったのは，被告会社が原告スコアを模倣したかどうかのみである。

1 「模倣」の判断基準

　一審判決は，特にどのような場合に不法行為を構成するのかといった一般的な規範を挙げることなく，「模倣」をしたか否かについて判断した。

> 原告が被告会社による模倣を具体的に主張する被告スコアは，同一楽曲について採譜したものであり，原曲に近づけて演奏できることを目的として制作している以上，その表記内容が類似しているからといって，直ちに模倣したと判断することはできない。

（中略）

したがって，原告スコア及び被告スコアが細部にわたり一致しており，特に，原告による独自の表記や，明らかな誤りが一致しているなど，被告会社が独自に採譜した場合にはおよそ一致していることが有り得ない表記が一致している場合には，偶然一致したとは考え難いから，そのような場合には，被告会社が原告スコアを模倣したと認められる。また，細部にわたり一致しているかの判断においては，その楽曲を構成する，音自体の表記（音量，音高，音色）及び音楽の表記（メロディ，ハーモニー，リズム）が一致していることのほか，演奏ポジションが異なっても同じ音高を出すことは可能だが，演奏ポジションが全て一致することは考え難いことから，演奏ポジションが一致しているかどうかも考慮して判断すべきである。

2　具体的に模倣があったと主張された楽曲についての判断

原告は，模倣があったと主張する約600曲のうち，11曲（模倣主張楽曲）について，具体的な模倣の箇所について主張していたが，そのうち1曲について判断した箇所を引用する（下線は筆者。以下同じ。）。

「Fight For Liberty」の原告スコア及び被告スコアは比較対象となった小節について演奏内容が大部分において同一であるほか，被告会社のアルバイトが，原告特有の説明方法で，かつ，被告スコアに記載する意味のない「Small　note」の表記を，その表記の意味を理解できないままに被告スコアに表記したことが認められる。（中略）そして，原告による独自の表記が一致している上，被告会社のアルバイトはその表記の意味を理解できずに原告スコアの当該表記を複写していることからして，その余の対象となる小節についても，同様に複写しているのではないかとの疑いが生じる。

しかしながら，他方において（中略）「Fight For Liberty」の被告スコアにはグリッサンド及びブラッシングの細かい弦指定が記されているが，原告スコアには記されていない箇所があることも認められ，当該部分については，少なくとも被告会社のアルバイトが聴音して表記していると考えられる。そうすると，原告スコアの表記をそのまま複写している部分と，被告会社が独自に採譜している部分が当該楽譜には含まれていることとなる。そして，前記のとおり，被告会社が独自に採譜している箇所があるということは，被告会社のアルバイトに採譜能力がないとは認められないのであるから，被告会社のアルバイトが独自に採譜した後に原告スコアと照合した結果，意味の理解できない記号である「Small note」を記入した可能性も未だ残るため，上記記載が一致していることから直ちに「Fight For Liberty」（略）について，被告会社が模倣したものと認めることはできない。

このように，意味のない記述が共通していた点などを挙げて複写しているという疑いがあるとしつつ，独自に採譜している部分があることなどを指摘して，被告会社が独

自に採譜し，その後，原告スコアと照合した可能性があるなどとして，模倣を否定した。その他の模倣主張楽曲のすべてについても模倣を否定した。

3 結 論

> 模倣主張楽曲のいずれについても，被告会社が原告スコアを模倣して被告スコアを制作したと認めることはできない。

なお，一審判決は，模倣の成否について判断しているが，裁判所の判断部分において北朝鮮事件には言及しておらず，模倣があれば不法行為に該当するのかどうかも明らかではない。

また，損害との因果関係についても，原告の主張する損害額の算出方法が相当ではないなどとして退け「仮に被告会社が原告スコアを模倣して制作したといえるバンドスコアがあったとしても，原告には，かかる被告会社の行為と因果関係のある損害があると認めることはできない。」として，すべての請求を棄却した。[4]

Ⅳ 本件（控訴審）判決

原判決取消，一部認容。

被告会社（被控訴人会社）及び被告 Y1（被控訴人 Y1）の責任を認め，連帯して 1億 6925 万 5305 円及び遅延損害金の支払いを認容した。[5]

1 バンドスコアの模倣と不法行為の成否の関係

控訴審判決は，明示的に北朝鮮判決を引用し，不法行為の成否を検討している。

> バンドスコアは，著作権法 6 条各号所定の同法による保護を受ける著作物に該当しない。
> 著作権法は，著作物の利用について，一定の範囲の者に対し，一定の要件の下に独占的な権利を認めるとともに，その独占的な権利と国民の文化的生活の自由との調和を図る趣旨で，著作権の発生原因，内容，範囲，消滅原因等を定め，独占的な権利の及ぶ範囲，限界を明らかにしている。同法により保護を受ける著作物の範囲を定める同法 6 条もその趣旨の規定と解されるのであって，ある著作物が同条各号所定の著作物に該当しないものである場合，当該著作物を独占的に利用する権利は，法的保護の対象にはならないものと解される。したがって，同条各号所定の著作物に該当しない著作物の利用行為は，同法が規律の対象とする著作物の利用による利益とは異なる法的に保護された利益を侵害するなどの特段の事情がない限り，不法行為を構成するものではないと解する

のが相当である（最高裁平成 23 年判決）。

　したがって，他人が制作したバンドスコアを利用してバンドスコアを制作し販売等（インターネット上に無料で公開し広告料収入を得る行為を含む。以下同じ。）をする行為について不法行為が成立するためには，当該行為について著作物の利用による利益とは異なる法的に保護された利益を侵害するなどの特段の事情が認められることが必要であると解される。

2　バンドスコアの模倣と特段の事情の有無

　バンドスコアを制作するには，バンドミュージックの楽曲の演奏を聴音してそれを楽譜に書き起こす「採譜」という作業が必要である。

　この採譜という作業には多大な時間，労力及び費用を要し，また，採譜という高度かつ特殊な技能の修得にも多大な時間，労力及び費用を要する。

　そのため，バンドスコアの制作者が販売等の目的で採譜したバンドスコアを制作者に無断で模倣してバンドスコアを制作し販売等すること，すなわち，バンドスコアの制作者が採譜にかけた時間，労力及び費用についてフリーライドすることが許されるとしたら，その反面，制作者が販売するバンドスコアの売上げが減少し，採譜によるバンドスコアの制作への投資を十分に回収できなくなり，採譜によってバンドスコアを制作し販売する事業者は壊滅的な打撃を被ることになって，自ら時間，労力及び費用を投じて採譜によりバンドスコアを制作しようとするインセンティブは大きく損なわれ，採譜によりバンドスコアを制作し出版しようとする者がいなくなるから，音楽の演奏を趣味・職業とする者等から一定の需要が見込めるにもかかわらず，採譜によるバンドスコアの供給が閉ざされる結果になりかねない。また，高度な技術を身に着けて苦労して採譜した成果物についてフリーライドが許されるとしたら，多大な時間，労力及び費用を投じて採譜の技術を修得しようとする者がいなくなり，ひいては，バンドスコアに限らず，採譜によって制作される全ての楽譜が制作されなくなって，音楽出版業界そのものが衰退し，音楽文化の発展を阻害する結果になりかねない。

　バンドスコアの採譜を取り巻くこのような事情に鑑みれば，他人が販売等の目的で採譜したバンドスコアを同人に無断で模倣してバンドスコアを制作し販売等する行為については，採譜にかける時間，労力及び費用並びに採譜という高度かつ特殊な技能の修得に要する時間，労力及び費用に対するフリーライドにほかならず，営利の目的をもって，公正かつ自由な競争秩序を害する手段・態様を用いて市場における競争行為に及ぶものであると同時に，害意をもって顧客を奪取するという営業妨害により他人の営業上の利益を損なう行為であって，著作物の利用による利益とは異なる法的に保護された利益を侵害するものということができるから，最高裁平成 23 年判決のいう特段の事情が認められるというべきである。

原審に続いて，「模倣」の有無を問題としているが，ここでは「模倣」したか否かが

不法行為成立のメルクマール（北朝鮮事件でいう「特段の事情」）となることを明示的
に述べている。

3　模倣性の判断基準
　ポピュラー音楽のバンドスコアを正確に採譜することの難しさについて，裁判所は，
以下のように述べる。

> 　ポピュラー音楽のバンドスコアは，様々な楽器で合奏された音源から各楽器の音を聴
> き分けて各パートに割り振る必要があり，演奏方法も幾通りも存在するため，その採譜
> は各楽器の特性や演奏技術を心得ている者だけが行い得る高度な技術を要する作業であ
> り，音楽学校の卒業生等の中でも，正確に採譜できる者は希少である。
> 　採譜作業は，採譜者の聴力・体調等を含む身体的能力，音楽的知識・経験に基づく判
> 断や使用再生機器等の環境の影響を受けるものであり，よく聴き取れない（マスキング
> 現象）箇所については，採譜者が前後の脈絡や他の楽器の演奏との関係等を考慮しなが
> ら推測的・創作的判断に基づく独自のアレンジを施すことがあり，また，音価，演奏ポ
> ジションや記譜の方法には採譜者の癖や個性が表れるから，採譜の結果は必然的に採譜
> 者によって大きく異なることになる。

　他方で，同一楽曲について複数のバンドスコアが存在する場合，いずれも原曲に近付
けて演奏できることを目的として制作されているのであるから，その表記内容が類似し
ているからといって，直ちに一方が他方を模倣したと認定することはできないとしつつ，
模倣性の判断について次のように述べた。

> 　模倣性の判断においては，まず，控訴人スコアと被控訴人スコアの間で，その楽曲を
> 構成する，音自体の表記（音高，音価，音色）や音楽の表記（メロディ，ハーモニー，
> リズム）が一致する部分がどれほどあるかが判断の基礎になる。
> 　次に，採譜作業は困難な作業であるがゆえに誤りはつきものというべきであるが，控
> 訴人スコアの明らかな誤りが被控訴人スコアに引き継がれている場合には，被控訴人会
> 社の採譜者が原曲の音源を聴いて独自に採譜したとすれば，そのような事態が生じる可
> 能性は極めて乏しいから，被控訴人会社は控訴人スコアを模倣したものと強く推認され
> る。
> 　また，控訴人スコアに特有の表記が被控訴人スコアに引き継がれている場合にも，被
> 控訴人会社の採譜者が独自に採譜した結果を自ら被控訴人スコアに記入したとすれば，
> そのような事態が生じる可能性は極めて乏しいから，模倣性が強く推認される。
> 　さらに，ギターには同じ音高を出せる演奏ポジションが複数あるが，独自に採譜した
> 場合に演奏ポジションが全て一致することは稀であると考えられるから，演奏ポジショ

ンが一致している場合にも，模倣性が強く推認される。

このように，一定の場合には模倣性が推認されるとしつつ，意図的に「模倣隠し」が行われることもあることについても言及している。

ウ　他方，控訴人スコアの明らかな誤りが被控訴人スコアでは是正されていることがあるが，採譜能力が十分でなくても音楽を多少学んだ者であれば，原曲の音源を聴くことによってバンドスコアの明らかな誤りに気付くことはできるし，模倣した上で誤りを是正することは，最初から採譜するよりもはるかに労力の節約になるから，<u>誤りが是正されているからといって，直ちに模倣性が否定されるものではない</u>。そして，既存のバンドスコアを複数参照すれば，誤りを見つけ出すことが更に容易になり，その精度が上がるものと考えられる。

また，模倣をする者は，模倣した事実を隠すために，模倣した上で意図的に変更を加えることがある。すなわち，模倣をする者は，楽曲の同一性は維持する必要があるため，「基本となる演奏情報」（メロディーの音高や音価，ハーモニー，リズム，演奏ポジション，その他の演奏指示）を変えることはできないが（もっとも，模倣した事実を隠そうとする場合には，支障が出ない程度に変えることも考えられる。），それ以外の実際の演奏にあまり影響しない「補足する演奏情報」（音色，それらの時間的変化，演奏情報の一部）については，ある程度変更しても聴き手に与える印象に大きな違いは生じず楽曲の同一性は維持されることから，<u>模倣隠しのためにそれらの「補足する演奏情報」を意図的に変更する可能性がある</u>。そのため，このような変更があるからといって，直ちに模倣性が否定されるものではない。

（略）

エ　上記の諸点を踏まえて検討した結果，「基本となる演奏情報」がほとんど全て一致し，そのような事象が単一のパートに限られず，バンドスコア全体に及んでいるとすれば，当該楽曲に係るバンドスコアについて模倣性を認めることができる。

また，被控訴人スコアは組織的に統一された方針の下で制作されていると推認されるから，<u>上記のような事象が認められるのが1曲にとどまらず，相当数の楽曲に及んでいる場合には，被控訴人会社は全体として組織的に控訴人スコアを模倣したものと認めることができる</u>。

被控訴人は，①パート数や順序に違いがあること，②控訴人スコアが出版されるより前に被控訴人が楽曲の情報を公開した事実があることを以って全体として模倣性が否定されると主張したが，これらの主張はいずれも退けられている。

4　模倣性の具体的検討

原審で具体的に模倣性が主張された楽曲11曲（模倣主張楽曲）について，原審では，

1曲ずつ模倣の有無が判断されたが，控訴審では，模倣性の根拠となる特徴，要素ごとに検討された。

（1）誤りの一致

　模倣主張楽曲である「瞬き」についでは（原文ママ），（中略）控訴人スコア及び被控訴人スコアは，それぞれに対応するパートが大部分において同一である上，両スコアともに，コードが「B」から「B#dim」に移る箇所で，コードネーム「B」が記載された箇所の下に「B#dim」のコード表を配置し，コードネーム「B#dim」が記載された位置の下にはコード表を配置していないという誤りがあった。

　被控訴人会社の採譜者が独自に採譜していたとすれば，控訴人スコアの誤りに気付くのは極めて容易であるにもかかわらず，これに気付かずその誤りを被控訴人スコアに引き継いでいることからすれば，被控訴人会社の採譜者は，独自に採譜したものではなく，控訴人スコアを模倣したことが強く推認される。

　これに対して，被控訴人らは，「瞬き」について，控訴人スコアが8分の12拍子になっているのに対し，被控訴人スコアは2小節目から3連符を中心とした4分の4拍子になっていて，両スコアに相違があるから，模倣性は否定されると主張する。

　しかしながら，8分の12拍子と3連符を中心とした4分の4拍子は，記譜法に相違があるにすぎず，音楽理論的には同一であって演奏情報に相違はないから，この表記の相違によって上記推認が覆るものではない。

（2）特有の表記の一致

　模倣主張楽曲である「himawari」について，（中略）控訴人スコア及び被控訴人スコアの冒頭の8小節はそれぞれに対応するパート部分の演奏内容が大部分において同一であり，また，これとは別に，両スコアの1小節のそれぞれに対応するパート部分の演奏内容が大部分において同一である上，両スコアの同一箇所に「Pitch Shifter: add octave lower tone」の記載がある（甲28）。この記載は，ピッチシフターという機器を使用して1オクターブ下の音を追加するという控訴人スコアに特有の指示であり，「8va alta」は，表示されている音の1オクターブ上の音で演奏するという指示であって，両者の意味は異なり，演奏内容も異なる。

　上記各記載に関して，被控訴人らは，「Pitch Shifter：add octave lower tone」と「8va alta」のいずれの演奏方法か分からなかったため，控訴人スコアの表記を採用したと主張する。

　しかしながら，被控訴人らの上記主張からすれば，被控訴人会社の採譜者において，「Pitch Shifter: add octave lower tone」の意味を知らなかったにもかかわらず，そのまま被控訴人スコアに複写した可能性があり，また，少なくとも「Pitch Shifter: add octave lower tone」と「8va alta」を聴き分けることができなかったものと認められるところ，これは採譜者の採譜能力に疑問の余地を生じさせる事実であって，ここからす

れば，被控訴人会社は控訴人スコアを模倣したものと強く推認される。

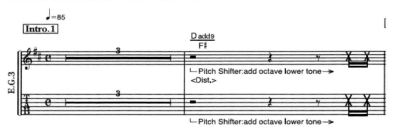

図2 「Pitch Shifter: add octave lower tone」表記の例（himawari のスコアより）

(3)　不自然な一致

　　模倣主張楽曲である「MONSTER DANCE」については，（中略）控訴人スコア第2版のドラムパートの第2間奏から15小節間は，初版と異なり，アーティストによる監修を受けて，原曲の音源とは全く異なるオリジナルフレーズが加えられている。そのため，被控訴人会社の採譜者が原曲の音源を聴いて独自に採譜したとすれば，上記オリジナルフレーズが採譜されるはずはないにもかかわらず，これが被控訴人スコアに記載されていることからすれば，被控訴人会社は控訴人スコア第2版を模倣したものと強く推認される。
　　被控訴人らは，控訴人スコア第2版がオープンハイハットとクローズハイハットをタイで結んでいるのに対し，被控訴人スコアはタイで結んでおらず，両スコアには相違があるから，模倣性は否定されると主張する。
　　しかしながら，上記相違の理由は，控訴人スコアにおいてタイのかかった後ろの音がクローズしたとき，実演奏では，原曲の音源と同様，ハイハットのクローズ音が発せられるのに対し，被控訴人スコアにおいて同様にタイを入力した場合，自動演奏機能を用いるとハイハットのクローズ音が発せられず，原曲の音源と同一の演奏にするためにはタイを入力してはならないというものであり，採譜の過程ではなく採譜後にコンピューターの技術的な理由から生じたものであって，表記の相違はあるものの，両スコアの演奏情報に相違はないから，これによって，上記推認が覆るものではない。

(4)　表記の大部分の一致

　　模倣主張楽曲である「明日も」及び「バトンロード」については，（略）控訴人スコアと被控訴人スコアは比較された小節の大部分において演奏内容が同一であるから，被控訴人会社は控訴人スコアを模倣したものと推認される。
　　他方，被控訴人スコアには存在するのに，控訴人スコアには存在しない表記もあるが，これは，被控訴人会社において，控訴人スコアを複写した上で，気になった部分にフレーズを付加したにすぎない可能性が高いから，この表記の相違によって上記推認が覆る

ものではない。

（5） 被控訴人会社が先行公開している楽曲の存在

「サヨナラの準備は，もうできていた」,「マリーゴールド」及び「秒針を嚙む」は，被控訴人会社が控訴人に先行してバンドスコアを公開した楽曲（本件楽曲に含まれない。）であるが，（中略）控訴人スコアと被控訴人スコアの表記が一致しない部分が多数認められ，この事実は，模倣主張楽曲については両スコアが大部分の箇所で一致していることと対比すると，被控訴人スコアの公開が控訴人スコアの発売より後である本件楽曲について，被控訴人会社が控訴人スコアを模倣したという判断を補強する根拠になり得る。

（6） 一 致 率

控訴人は，原審の段階から，二つのバンドスコアの表記を比較対照し，両スコアが一致する小節数が全パートの全小節数に一致する割合を「一致率」と定義し，その一致率を以って模倣の判断基準になると主張していた。この点について，優秀な採譜者が行っても，せいぜい50％から60％程度であり，80％以上になれば模倣と判断できるとの専門家意見もあったが，裁判所は，感覚的なものであるから慎重に判断せざるを得ないとした上で，次のように述べた。

まず，「夢灯籠」について，控訴人スコアと被控訴人スコアの一致率は上記のとおり100％であるのに対し（略），控訴人スコアとH社スコア（引用者注：第三者が出版する同一曲のスコア。下記E社も同じ。）の一致率は19.72％である（甲622の1）。
　（中略）
　また，「秒針を嚙む」は被控訴人スコアが控訴人スコアよりも先に公開された楽曲であるが，被控訴人スコアと控訴人スコアの一致率は14.2％であり，被控訴人スコアとE社スコアの一致率は12.6％である。
　（中略）
　控訴人による一致率の算定を基準にして，これが80％以上であれば模倣と判断することができるという音楽専門家の意見は感覚的なものであるから，慎重な吟味が必要である。
　しかしながら，「夢灯籠」について，控訴人スコアとH社スコアの一致率は19.72％であるにもかかわらず，両スコアともにバンドスコアとして成立し商品として販売されている事実にも表れているように，採譜の結果については採譜者ごとのばらつきが非常に大きいと考えられるから，同一楽曲を異なる採譜者が採譜した場合に一致率が90％を超える事態は通常想定し難いという上記見解の趣旨は，採譜作業の内容や性質に照らし合理的なものとして是認することができる。

> （中略）
> 　以上によれば，本件楽曲について控訴人が算定した一致率は，その意義を控えめに考慮するとしても，被控訴人会社が控訴人スコアを模倣したという推認を補強する有力な根拠になるというべきである。

図3は，上記判示部分の一部を図示したものである。

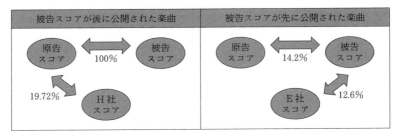

図3　原告スコア，被告スコア及び第三者スコアの相互の一致率の関係

このように，一致率という指標の信頼性には留保しつつも，通常は同じ楽曲であっても，異なる作成者が独立して採譜した場合には，一致率は20％に満たないところ，原告スコアが公開された後に被告スコアが公開されたというケースにおいてのみ，極めて高い一致率が示されたことは，模倣性を推認する要素であるとした。

（7）　被控訴人による控訴人スコア等の購入及び利用

同業他社のスコアを参照して採譜するというプロセスが模倣を誘引，助長する行為だったことを認めた。

> 　同業他社制作のバンドスコアを購入し採譜者に送付した理由について，被控訴人らは，被控訴人会社の採譜者が独自に採譜した後に，大きな見落としを防止するために，採譜者が入力したギタープロのスコアと同業他社制作のバンドスコアを校合して検証し，また，本件サイトの視聴者から，被控訴人スコアに関し正誤その他の指摘があった場合に備え，同業他社制作のバンドスコアではどのように表現しているかを参照する必要があったと主張する。
> 　しかしながら，バンドスコアの採譜において，同業他社制作のものを参照するという慣行の存在は認められないところ，独自に音源に当たり採譜したのであれば，その結果を記譜して被控訴人スコアを制作すれば足りるのであって，同業他社制作のバンドスコアを参照する必要は認められない。（中略）
> 　バンドスコアの採譜については，これを独自に最初から行うより同業他社制作のものを模倣した方がはるかに時間と労力の節約になるから，被控訴人会社が採譜者に同業他社制作のバンドスコアをあらかじめ送付したことは，採譜者を同業他社制作のバンドス

コアの模倣に誘引しこれを助長する行為ということができ，このことは被控訴人会社において容易に予見することができたと考えられる。

そして，被控訴人会社においては，被控訴人スコアを制作するための採譜に関し，上記の点も踏まえ，代表者である被控訴人Bが組織的に統一された方針を立てた上で，これに基づき採譜者に具体的な指示を出しており，本件楽曲全てに係るバンドスコアの採譜において上記方針が貫徹されていたものと推認される。

（8）　模倣主張楽曲以外の楽曲の模倣性

原審，控訴審を通じて，控訴人が具体的に模倣内容を主張していたのは「模倣主張楽曲」と呼ばれる11曲に過ぎなかったのに対し，模倣があったと主張していた楽曲数は600曲を超える（本件楽曲）。

この本件楽曲全体について模倣があったかどうか，という点について，裁判所は次のように述べ，本件楽曲のいずれについても模倣したと推認できるとした。

　　ところで，同一の楽曲に係る複数のバンドスコアを多数の楽曲ごとに逐一比較対照する場合に要する莫大な時間，労力及び費用に鑑みると，被控訴人会社による控訴人スコアの模倣性についての立証として，本件楽曲全ての全小節についての個別具体的な立証を求めるとすれば，それは控訴人に不可能を強いることになりかねず，不法行為による損害の填補という不法行為法の目的を達し得ないことになる。また，本件楽曲のうち，模倣性が十分に立証されたとみることができる模倣主張楽曲以外の楽曲の全部又は一部について，被控訴人スコアの制作過程に模倣性を否定できる具体的な事情が存在するのであれば，被控訴人らにおいてそれを主張立証することも可能というべきであるが，被控訴人らはそうした主張立証をせず，両者を区別しないまま本件楽曲全てについて一切の模倣行為を否定する態度に終始している点も考慮に入れる必要がある。

　　これらの点を総合考慮すれば，被控訴人会社が控訴人スコアを入手しこれをあらかじめ採譜者に送付して被控訴人スコアを制作していた楽曲（本件楽曲）である限り，模倣性につき個別具体的な立証がない楽曲も含めて，被控訴人会社は控訴人スコアを模倣したものと推認するのが相当である。

5　責　　任

以上の検討を踏まえ，裁判所は，被控訴人会社について「被控訴人スコアを制作するに当たり，組織的に統一された方針に基づき，その採譜者にあらかじめ控訴人スコアを送付するなどして模倣行為を誘引し助長したものであって，故意に，採譜者に対し控訴人スコアを模倣するよう指示したものと認められるから，控訴人に対し，不法行為（民法709条）に基づく損害賠償責任を負う」とし，被控訴人Y1についても，共同不法行為に基づく損害賠償責任を認めたが，被控訴人Y2についてはその関与の程度を考慮し

て責任を否定した。

6 損　　害

(1)　損害の算定方法及びその額

　控訴人は，被控訴人らの不法行為による逸失利益として，ライセンス料相当額が認められるべきであると主張していたが，被控訴人会社が，控訴人スコアを模倣して制作するために，ライセンス料の支払を甘受したであろうという高度の蓋然性はないとして，ライセンス料相当額の損害を認めなかった。

　これに代わる方法として，裁判所は，控訴人の主張を踏まえて以下のように述べた。

> 　本件は，被控訴人会社が，控訴人に無断で控訴人スコアを模倣し制作した被控訴人スコアを販売したという類型ではなく，被控訴人スコアをウェブサイトで無料で公開して広告料収入を得たという類型である。前者の類型では，基本的に，被控訴人スコアの売上げによる利益をもって控訴人の逸失利益とみることができるが，後者の類型においては，被控訴人スコアの売上げというものが存在しないため，前者の類型と同様に考えることはできず，控訴人の逸失利益の金額を導き出すためには，被控訴人スコアの売上げに代わる何らかの機能概念を媒介させる必要がある。
> 　ある楽曲に係る控訴人スコアについて，本件不法行為が存在することによって減少した販売冊数を算定するに当たっては，同一楽曲に係る被控訴人スコアに対するリクエスト数を用いるのが合理的である。本件楽曲に係る控訴人スコアの演奏情報を入手したいと考える消費者は，本件不法行為が存在しない場合には控訴人スコアを購入すると考えられるのに対し，<u>本件不法行為が存在する場合には，控訴人スコアを購入する代わりに，本件サイトにアクセスした上で被控訴人スコアにリクエスト（引用者注：ダウンロード）しこれを閲覧することによって，控訴人スコアと実質的に同一の演奏情報を無償で取得して，所期の目的を達成することができるからである。</u>
> 　そうすると，控訴人の逸失利益を算定するに当たって，ある楽曲に係る控訴人スコアの本件不法行為前の販売冊数の，当該楽曲に対する本件不法行為後のリクエスト数に対する比率である1リクエスト当たりの価値（控訴人におけるどれだけの販売冊数に対応するか）を機能概念として措定することには，合理性があるということができる。

　すなわち，被控訴人スコアを1回リクエスト（ダウンロード）すれば，直ちに控訴人スコアの販売機会が1回失われたとするのではなく，「1リクエスト当たりの価値」という概念を導入して算定するとした。

　控訴人の逸失利益の試算は，15億4255万3059円となったが，次のように述べて試算額の10％を逸失利益だとした。

前記手法中で用いられた各数値はなお不確定さを内包している面があるから，民事訴
訟法 248 条の趣旨を踏まえるとともに，損害額が過大になることのないよう控えめに算
定することとして，本件においては，上記試算額（15 億 4255 万 3059 円）の 1 割をも
って，控訴人の逸失利益と認めるのが相当である。

これに弁護士費用（逸失利益の約 10％）を加え，1 億 6925 万 5305 円を控訴人の損害
だと認定した。

（2）　相当因果関係

被控訴人は，相当因果関係も争ったが，本件サイトが閉鎖された直後から控訴人の売
上が上昇したことなどから，相当因果関係を認定した。

　　平成 20 年頃から本件サイトにおいて被控訴人スコアが無料で公開され，その翌年に
は本件サイトが周知されるようになり，<u>平成 24 年以降控訴人の売上げが激減した一方，</u>
<u>被控訴人会社が本件サイトを閉鎖した平成 30 年 6 月の直後である同年 7 月から同年 9</u>
<u>月の控訴人の売上げは前年の同時期よりそれぞれ 150％ 以上上昇した</u>ことが認められる。
　　上記の事実経過に加え，インターネット上の無料サイトで同一の楽曲に係るバンドス
コアが入手可能であることが知れわたった場合，当該楽曲に係るバンドスコアを求めて
いた者のうちの相当な割合の者がわざわざ対価を支払って有償のバンドスコアを購入す
る動機が失われることは見易い道理であるといえる一方，控訴人の売上げが上記のとお
り激減した別の原因について具体的な主張立証はなく，これらの点も考慮すると，被控
訴人会社が控訴人に無断で控訴人スコアを模倣して被控訴人スコアを制作しこれを本件
サイトにおいて無料で公開したことと控訴人の損害との間には相当因果関係があると認
められる。

V　検　　討

1　スコアの著作物性

（1）　問題の所在

本判決では，原告が著作物性を主張していないせいもあるが，「バンドスコアの模倣
による不法行為の成否」に関する判断の冒頭部分にて「バンドスコアは，著作権法 6 条
各号所定の同法による保護を受ける著作物に該当しない。」と断定的な表現を用いてい
る[6]。しかし，著作物は，法 10 条 1 項に列挙されたものに限らず，2 条 1 項 1 号の要件
さえ満たせば，類型を問わず著作物になりうるはずである。本件で問題となったバンド
スコアは，楽曲を五線紙へと単に複製したものにとどまらず，別個の著作物になる余地
はないだろうか。一般に，創作性とは，学術性や芸術性の高さは問題にならず，何らか
の個性が表れていればよいと解されているところ[8]，バンドスコアは，誰が書いても同じ

バンドスコアの模倣が不法行為に該当するとされた事例　*305*

ものになるわけではないから，著作権侵害を問題にする余地はなかっただろうか。知的財産権の侵害が否定された事例の多くでは，主位的に不正競争防止法違反を含む知的財産権侵害の主張を行い，予備的に不法行為の主張をしているが[9]，本件でも提訴前段階では，そのような主張も検討されたのではないかとも思われる[10]。

　音楽と譜面の関係のように，オリジナルの情報を，二次元の用紙（または電子データ）に再現したものとして地形と地図の関係が挙げられるが，地図の場合は，法 10 条 1 項 6 号に例示されているように，広く著作物性が認められている。

　これは，二次元の用紙という限られたスペースを有効に活用するために，掲載する情報を取捨選択する段階で行われる工夫に創作性が認められるからだと考えられている[11]。もっとも，自由に創作できる範囲が狭いことから，地図の種類によっては取捨選択等の幅も限られ，その結果，創作性が否定されることもあり得るが[12]，地図に著作物性を認めた例は少なくない[13]。

　（2）　検　　討

　本判決では，バンドスコアの制作過程について次のように認定している。

> よく聴き取れない（マスキング現象）箇所については，採譜者が前後の脈絡や他の楽器の演奏との関係等を考慮しながら推測的・創作的判断に基づく独自のアレンジを施すことがあり，また，音価，演奏ポジションや記譜の方法には採譜者の癖や個性が表れるから，採譜の結果は必然的に採譜者によって大きく異なることになる。

　「創作的判断」や「個性が表れる」などの表現は，いわゆる著作物性を認める文脈で使用される上に，採譜能力を習得するための技能を必要とする点も，著作物の創作との関係が深いように思われる。しかし，作成過程において，専門的な技能が必要であって，結果に差異が生じるとしても，バンドスコアの場合は，再生すべき音源の存在が前提にあって，その音源の演奏を譜面に表現し，その譜面を演奏することによって，オリジナルの音源を再生できるようにするという目的のために作成される。そうすると，究極的にはオリジナルの音源に一致した演奏ができるようにするために，忠実に譜面に落とし込む結果，画一的な表現へと収束していくことになり，むしろ癖や個性が現れることはスコアを作成する目的にそぐわないことになる。その作成に向けられた技能は，オリジナルを再現するための技能であり，各種の工夫がなされるとしても，それはオリジナルを再現するための工夫であって，創作性の余地を示す「表現の選択の幅」としてではないということを意味する。

　前述の地図との比較についていえば，地図の場合は，現実の都市や地域に存在するあらゆる情報を地図の中に表現することはおよそ不可能であるから，その作成する地図の

目的に応じて配置する要素を取捨選択し，その要素を分かりやすく配置することが必然的に行われる。必ずしも統一した表現に収束する必要はなく，統一されることもないため，「表現の選択の幅」が存在し，著作物となり得る点において異なる。

したがって，バンドスコアの場合は，オリジナルの音源を離れて独自のアレンジを行ったというような場合はともかくとして（その場合は，オリジナルの楽曲を編曲したことによる二次的著作物の創作ということになるだろう。），音源を忠実に再現することを目的としたものについては，独自の著作物性が認められないだろう。[14]

2 知的財産権によって保護されない模倣行為についての不法行為成否

個別の知的財産権法が定める要件を満たさない情報について，他人の成果にフリーライドする行為が知的財産権の侵害とは別に，独自に不法行為に当たり得るかが問題となる。

（1）従来の裁判例

この問題については北朝鮮事件の前後を通じて多く論じられるとともに，[15]関連する裁判例が多数存在するが，[16]本稿では，著作権法による保護を受けない情報の利用行為を中心に検討する。

（ア）北朝鮮事件以前に不法行為を認めていた事例

かつては，著作権法による保護を受けない情報であっても，情報の内容，利用の態様によって，第三者によるフリーライドが別途不法行為を構成するという事例が存在した。[17]

例えば，自動車データベース事件（東京地中間判平 13.5.25 判タ 1081 号 267 頁）では，「民法 709 条にいう不法行為の成立要件としての権利侵害は，必ずしも厳密な法律上の具体的権利の侵害であることを要せず，法的保護に値する利益の侵害をもって足りる」とし，原告が開発・販売していた自動車に関するデータを蓄積したデータベースは，著作権法 12 条の 2 に定めるデータベースの著作物には該当しないものの，「人が費用や労力をかけて情報を収集，整理することで，データベースを作成し，そのデータベースを製造販売することで営業活動を行っている場合において，そのデータベースのデータを複製して作成したデータベースを，その者の販売地域と競合する地域において販売する行為は，公正かつ自由な競争原理によって成り立つ取引社会において，著しく不公正な手段を用いて他人の法的保護に値する営業活動上の利益を侵害するものとして，不法行為を構成する場合がある」とした上で，原告がデータベースの開発に 5 億円以上，維持管理に年間 4000 万円もの費用を負担しているところ，相当多数のデータをそのまま複製して自社のデータベースに組み込んだという被告の行為は，原告の営業活動を侵害す

るものであって不法行為に該当するとした。

　また，ライントピックス事件（知財高判平 17.10.6 裁判所ウェブサイト）では，原告が運営する「YOMIURI ONLINE」上の 25 字程度のニュース記事の短い見出しについて，その見出し自体には著作物性が否定され，不正競争防止法 2 条 1 項 3 号の「商品の形態」を模倣したことにも該当しないとされた。しかし，裁判所は「本件 YOL 見出しは，控訴人の多大の労力，費用をかけた報道機関としての一連の活動が結実したものといえること，著作権法による保護の下にあるとまでは認められないものの，相応の苦労・工夫により作成されたものであって，簡潔な表現により，それ自体から報道される事件等のニュースの概要について一応の理解ができるようになっていること，YOL 見出しのみでも有料での取引対象とされるなど独立した価値を有するものとして扱われている実情があることなどに照らせば，YOL 見出しは，法的保護に値する利益となり得るもの」であるとし，これらを特段の労力を要さずデッドコピーないし実質的にデッドコピーして，2 万サイト程度に及ぶホームページ等に配信する被告の行為は，不法行為を構成するとした。

　（イ）　北朝鮮事件

　著作権法の保護対象とならない行為が不法行為に該当する場合について最高裁が判断したのが，いわゆる北朝鮮事件（最判平 23.12.8 民集 65 巻 9 号 3275 頁）である[18]。これは，北朝鮮の国民を著作者とする 2 時間超の映画（本件映画）について，2 つのテレビ局がそれぞれのニュース番組の中でその一部を無断で放送したという事案において，本件映画は，著作権法 6 条 3 号所定の著作物には該当しないとした上で，「著作権法は，著作物の利用について，一定の範囲の者に対し，一定の要件の下に独占的な権利を認めるとともに，その独占的な権利と国民の文化的生活の自由との調和を図る趣旨で，著作権の発生原因，内容，範囲，消滅原因等を定め，独占的な権利の及ぶ範囲，限界を明らかにしている。同法により保護を受ける著作物の範囲を定める同法 6 条もその趣旨の規定であると解されるのであって，ある著作物が同条各号所定の著作物に該当しないものである場合，当該著作物を独占的に利用する権利は，法的保護の対象とはならないものと解される。したがって，同条各号所定の著作物に該当しない著作物の利用行為は，同法が規律の対象とする著作物の利用による利益とは異なる法的に保護された利益を侵害するなどの特段の事情がない限り，不法行為を構成するものではないと解するが相当である。」とした[19]。

　本判決は，（著作物性を満たす著作物ではあるが）「著作権法 6 条各号所定の著作物に該当しない著作物の利用行為」というかなりレアなケースに限定して判断したものであ

るように読めるが，その前段の判示部分において「著作権の発生原因，内容，範囲，消滅原因等を定め，独占的な権利の及ぶ範囲，限界を明らかにしている」と述べており，著作権法が規律する範囲全般について述べているようにも思われる。さらには，その解説によると「著作権法の規律対象とする利益については，それを保護する，保護しないを含めて著作権法の制定により決定されており，同利益については，著作権法で保護されないとすれば，原則として別途不法行為を成立するものではないことを示したものである」と述べており[20]，その射程は，同法6条各号に該当しない著作物のケースに限らず，著作物性を有しない表現や，権利が消滅した後の著作物，あるいは，権利制限規定によって著作権が及ばない利用行為についても対象になるように思われる。そして，本最高裁判例は，著作権法に関連する事案に限らず，その後，幅広く知的財産権法の保護対象にならない事案についても影響を及ぼすこととなった。

（ウ）　北朝鮮事件最判後の下級審

北朝鮮事件では，「特段の事情」がない限り不法行為には該当しないとされたが，その後の下級審判決において，本件高裁判決を除き，実際に「特段の事情」ありとして不法行為を認めた事例は見当たらなかった[21]。

一例を挙げれば，キャラクターデザイン等に限定されず，ストーリー，画面構成や利用規約，プログラムなど，さまざまな構成要素が類似するゲームが問題となった放置少女事件（知財高判令3.9.29 令和3年（ネ）10028号）では，北朝鮮事件判決を引用していないものの，次のように述べて「特段の事情」を否定した。

> 　控訴人は，多大な費用，時間と労力をかけて原告ゲームを制作し，これを配信して営業活動を行っていたところ，被控訴人は，原告ゲームの各種データをほぼ全面的にデッドコピーした上で，各画面のキャラクター，アイコン等や用語を一部改変して被告ゲームを制作し，控訴人の販売地域と競合する日本国内において配信し，これによって本来必要となる多大な費用，時間と労力を免れたものであり，このような被控訴人の行為は，自由競争の範囲を逸脱した不公正な行為に当たり，著作権法が規律の対象とする著作物の利用による利益とは異なる法的保護に値する控訴人の営業上の利益を違法に侵害したものというべきであるから，控訴人に対する一般不法行為を構成する旨主張する。
> 　しかしながら，控訴人の主張する法的保護に値する控訴人の営業上の利益とは，原告ゲームの各種データを独占的に利用して，営業を行う利益をいうものと解され，当該利益は，著作権法が規律の対象とする著作物の独占的な利用の利益にほかならず，これと異なる法的保護に値する利益であるものと認めることはできない。
> 　また，本件においては，被控訴人による被告ゲームの制作及び配信行為が，自由競争の範囲を逸脱し，又は控訴人の営業を妨害し，控訴人に損害を加えることを目的とする

バンドスコアの模倣が不法行為に該当するとされた事例　　*309*

> などの特段の事情は認められない。

　他にも，北朝鮮事件を明示的に引用しつつ，不法行為の成立を否定したものもある[22]。

　さらには，北朝鮮事件で示した「異なる法的に保護された利益を侵害するなどの特段の事情」と同旨のフレーズが，著作権法のほか知的財産関連全般に一般化した形で繰り返し用いられてきたが[23]，結果として不法行為の成立を認めた事案は見当たらなかった[24]。

（2）　考　え　方

　知的財産権としての権利性が認められない情報の利用行為や，知的財産権法における侵害の構成要件に該当しない行為について，一般不法行為の成立を認めるべきか否かについては，これまでさまざまな議論がなされてきた。代表的な考え方は，特別法の規律対象とすべき分野では，不法行為になる類型とならない類型を，あらかじめ公益，権利利益を考慮して判断して立法されているので，特別法である各種知的財産権法が対象とする領域においては，その対象とならない行為について一般不法行為による補充をすべきでないという考え方である[25]。すなわち，人間の知的活動によって生み出された情報に法的保護を与えているのは知的財産法であり，そこで保護を与えていない領域は，立法段階において自由利用の領域とされたのであるから，当該情報を利用したというだけでは不法行為の成立を認めるべきではない[26]。法は，あらかじめ何を不法行為とするか，しないかを選別し終えているのであるから，その領域については敗者復活を認めることになれば，法的安定性，予測可能性を害することになるという考え方には一定の合理性があるものと思われる[27]。

　しかし，一方で，知的財産法領域において，すべての情報の利用について事前に漏れのないようなルールを定めることには限界があり，裁判所がルールの欠缺があると考える場合には不法行為を認めていくべきであるという考え方もあり得る[28]。昨今のIT技術の急速な進歩に伴って著作権法が頻繁に改正されている現状に鑑みれば[29]，法の欠缺や，知的財産法の態度が明確ではない領域は観念的に存在し得るため，そのような領域については不法行為による救済の余地を残してもよいとも考えられる[30]。例えば，著作権の存続期間などは，立法によって保護される期間とされない期間を明確に区別している以上，保護期間が満了した著作物の利用行為については，不法行為の成立を認めるべきではないが，知的財産権による保護が及ぶか否かがそもそも議論されていないようなマイナーな領域（まさに本件におけるバンドスコアはこれに当たるだろう。）では，立法段階で自由利用の領域とするという態度の決定がないのであるから，一律に保護を否定することは酷であるようにも思える。

しかし，北朝鮮事件は，著作物の利用による利益とは「異なる法的に保護された利益を侵害する」ことを要求しており，もともと法が保護していた利益と同種の利益についても保護するという立場を取っていない。ただし，北朝鮮事件も，「異なる法的に保護された利益を侵害する<u>など</u>の特段の事情がない限り」と説示し，異種の利益を侵害することは，特段の事情の例示に過ぎないことがうかがえるが，そもそも異なる利益であっても「特段の事情」が認められた事例が本判決まで見当たらないことを考えると，同種の利益について不法行為が成立する可能性は極めて低いとみるべきだろう。

このような北朝鮮事件の説示と，北朝鮮事件の後には不法行為該当性を認めた下級審裁判例が存在しないという事実を見れば，北朝鮮事件によって不法行為の成立可能性の途が事実上閉ざされたという評価ができるかもしれない。しかし，北朝鮮事件前も，知的財産権の保護が及ばない模倣行為について広く不法行為を認めていたものではなく，営業妨害的な事情があるなど，ごく限られた一部の事例のみであった。北朝鮮事件と，それ以前の不法行為を認めた下級審判例と矛盾するものではなく，北朝鮮事件後の事例は，たまたま「特段の事情」が認めれるようなケースが存在しなかっただけだとも評価できる。

すなわち，前掲自動車データベース事件（東京地中間判平 13.5.25）では，網羅的に自動車のデータを集めたデータベースについては情報の選択又は体系的な構成には創作性を欠くものの，事業者がかけた費用や労力をかけて作成したデータベースをそのまま組み込んだ行為は，営業活動の利益を侵害するという異なる利益を侵害したものだと評価できるから，北朝鮮事件後も不法行為が認められ得る[31]。また，前掲ライントピックス事件（知財高判平 17.10.6）では，25 字程度の見出しは著作物ではないものの，報道機関が取材体制を構築し，多大な労力と費用をかけ，相応の苦労・工夫によって作成されたという著作物の創作とは異なる利益が侵害されたから不法行為が認められたといえるだろう[32]。

（3）　本判決の評価

（ア）　特段の事情

本判決は，北朝鮮事件後，おそらく初めて不法行為の成立を認めた[33]。「他人が販売等の目的で採譜したバンドスコアを同人に無断で模倣してバンドスコアを制作し販売等する行為については，採譜にかける時間，労力及び費用並びに採譜という高度かつ特殊な技能の修得に要する時間，労力及び費用に対するフリーライドにほかならず，営利の目的をもって，公正かつ自由な競争秩序を害する手段・態様を用いて市場における競合行為に及ぶのであると同時に，害意をもって顧客を奪取するという営業妨害により他人

の営業上の利益を損なう行為であって，著作物の利用による利益とは異なる法的に保護
された利益を侵害するものということができるから，最高裁平成23年判決のいう特段
の事情が認められる」と説示しているとおり，著作物の利用とは異なる利益を侵害する
ものであって，特段の事情が認められることを明確に述べた。

　前記1の著作物性で検討したように，バンドスコアの制作に向けられた時間，労力及
び費用は，音源を忠実に再現できるようにするためであって，創作性を発揮する方向と
は逆方向に向けられたものであり，保護の対象は創作的表現に対するものとは異なる利
益であったといえる。加えて，たまたまいくつかのバンドスコアを模倣したというもの
ではなく，被告は大量かつ組織的に模倣行為を行い，それを無償で提供することによっ
て自らは広告収入を得て，その反射的効果として原告の収益機会を失わせたという行為
態様があったからこそ不法行為の成立が認められた。本件の場合，バンドスコアの制作
は，時間，労力さえかければ誰でもできるというものではなく，採譜という技能の習得
には各個人の才能や努力も必要であるから，採譜技能の習得という第1段階，個々の採
譜作業に向けられた労力という第2段階の二重の意味でのフリーライドが行われたこと
が違法性を基礎づけたともいえるだろう。

　一方で，「害意をもって顧客を奪取する」との説示からは，不正競争2条1項7号，
14号などのように，積極的な加害意思をも要求しているように思われる。しかし，こ
の点はもともと不法行為の成立要件として「故意又は過失」を要求していることからそ
れと同レベルの主観的要件を課したものとみるべきであり，また，競合の情報を模倣し
て提供するという一連の行為があれば，競合に対して損害を与えることは推定されると
考えられるので，主観的要件を殊更に加重していると評価すべきではないだろう。

　以上より，本判決は，北朝鮮事件以降，なかなか認められなかった「特段の事情」の
一例として，制作に時間，労力及び費用を要する情報（特に，制作技能を習得すること
についての時間，労力及び費用と，制作そのものに時間，労力及び費用を要するという
2段階）について，大量に模倣を行って市場に提供することにより，営業上の損害を生
じさせたという場合を示したものということができる。

（イ）　立証責任の事実上の転換1：個々の楽曲の模倣性

　実務的には，営業上の利益を損害したというためには，一定の規模で模倣行為が行わ
れることをどのように立証するのかが問題となる。デッドコピーの事案であれば，両者
に実質的相違点がないことを示すことで大量の模倣行為を立証することができそうだが，
本件のようにデッドコピーとはいえないような相当程度の違いがある場合，模倣したと
されるバンドスコア1曲1曲について（さらにいうならば，各スコアにおける各パート，

各小節），一致点については模倣性を基礎づけるものであり，相違点については模倣性を否定するものではないことを主張，立証しなければならない。しかし，本判決では，原告が特定した11曲（模倣主張楽曲）において示された特徴をもとに模倣性の有無を判断し，残りの500数十曲についても「一致率」の高さや，被告代表者が原告スコアを購入して採譜者に送付していたという制作過程の事実経過などから，同様に模倣が行われたと推定することによってしたという点に特徴がある。

　まず，個々のバンドスコアに関する模倣性について，統計的な指標として原告が提示した「一致率」を踏まえつつ，「誤りの一致」「特有の表記の一致」「不自然な一致」「表記の大部分の一致」といった個別的な要素に着目して，当該楽曲の模倣性を判断している。

　バンドスコアは，同一の楽曲を対象にするものであったとしても，採譜者による違いが現れるという性質があることから，確かに誤りが一致していたり，特有の表記が一致していれば，その曲全体に渡ってつぶさに一致していなかったとしても，他者のバンドスコアを単に参照して作成したというよりは，相当程度の「丸写し」が行われた疑いを抱かせるものである。[34]

　原審でも，このような一致点に着目し，模倣主張楽曲の一つである「himawari」中の「PitchShifter: add octave lower tone[35]」という表記が一致していることについて，「当該箇所について被告スコアは原告スコアに依拠している可能性が高い」としたが，他に異なる個所もあることを挙げて，「その余の小節全体について直ちに模倣しているとは認められない。」などと述べて，他の模倣主張楽曲も含めて，すべての模倣性を否定した。このように，独自の表記の一致を認めながら，部分的に異なる表記があることを取り上げて模倣を否定していることの論理は明らかではない。加えて，原告スコアと第三者のスコアとの間には，このような特徴的な表記の一致がないことは考慮されていない。原告スコアと被告スコアとの間にのみ現れる特徴を重視しない原審の判断は，もはや完全な一致（デッドコピー）以外には模倣を一切認めないかのような不自然な印象を受ける。北朝鮮事件以降，一例も「特段の事情」が認められてこなかったという背景があることで，ファーストペンギンになることについて慎重さが表れたように思われる。

　これに対し，本判決では，「『基本となる演奏情報』がほとんど全て一致し，そのような事象が単一のパートに限られず，バンドスコア全体に及んでいるとすれば，当該楽曲に係るバンドスコアについて模倣性を認めることができる。」と述べ，全パート，全小節についての緻密な立証を要さないことを明らかにし，「控訴人スコアの明らかな誤りが被控訴人スコアに引き継がれている場合には，（中略）被控訴人会社は控訴人スコア

バンドスコアの模倣が不法行為に該当するとされた事例　　*313*

を模倣したものと強く推認される。」などと，原則として誤りや特有の表記の一致があれば，模倣したものと推定できるとした。さらにその上で，原審が一部の違いがあることをもって模倣を否定したことを意識したのか，模倣者は，模倣した事実を隠すために，意図的に演奏に支障が出ない程度に変更を加えることがあり得ることを指摘し，そういった軽微な修正や，誤りの訂正があることをもって模倣性を否定することにはならないと述べて，被告からの弁解を先回りするかのような判示をしている。

　こうして，誰がやっても同じ結果になるわけではないバンドスコアについて，不自然なほどの一致があれば，それは他人の成果にフリーライドしたものであるから模倣したものと強く推定されるとしたことは，ごく一般的な経験則に沿うものであると考えられる。

　（ウ）　立証責任の事実上の転換2：その他の楽曲の模倣

　不法行為が認められるためには，著作物の利用とは異なる利益，すなわち，顧客を奪取するという営業妨害が認められなければならないが，数曲程度の楽曲が模倣されただけでは，営業上の利益が侵害されたとまでは言いがたい。

　仮に不法行為が認められる場合であっても，損害の額は当然ながら模倣された楽曲の内容・数によって決まるものであるから，控訴人は11曲の「模倣主張楽曲」について，模倣性を認めさせることに奏功できたとしても，その他の約600曲の大量の楽曲について認められるにはなおハードルがあった。現実にこれほどの大量の楽曲について，模倣主張楽曲と同じ粒度で模倣性を主張，立証することは，多大な労力，費用の負担を負わせることになりかねず，また，模倣によってフリーライドされた者に対して，さらなる主張，立証の負担を負わせることは実質的な権利救済の可能性を閉ざすことになりかねなかった。

　この点について原審では，「全楽曲の全小節の個別具体的な立証がされない限り，全楽曲についての模倣性は認められない。」などとして，個別の具体的な模倣が主張された箇所についてのみ判断を行ったのみであり，（結果として模倣を否定したことから傍論に過ぎないが）損害額の算定においても，原告がサンプリング法と称して一部の楽曲について売上が減少したことをもとに総損害額を算出したことについても，因果関係のある損害があるとは認められないとした。

　控訴審では，「模倣」の考え方の箇所で「被控訴人スコアは組織的に統一された方針の下で制作されていると推認されるから，上記のような事象が認められるのが1曲にとどまらず，相当数の楽曲に及んでいる場合には，被控訴人会社は全体として組織的に控訴人スコアを模倣したものと認めることができる。」と述べた上，具体的な認定の箇所

では「同一の楽曲に係る複数のバンドスコアを多数の楽曲ごとに逐一比較対照する場合に要する莫大な時間，労力及び費用に鑑みると，被控訴人会社による控訴人スコアの模倣性についての立証として，本件楽曲全ての全小節についての個別具体的な立証を求めるとすれば，それは控訴人に不可能を強いることになりかね」ないという問題意識を示し，被控訴人が模倣性を否定する具体的な事情を主張立証せず，一切の模倣行為を否定する態度に終始していたという事情から「被控訴人会社が控訴人スコアを入手しこれをあらかじめ採譜者に送付して被控訴人スコアを制作していた楽曲（本件楽曲）である限り，模倣性につき個別具体的な立証がない楽曲も含めて，被控訴人会社は控訴人スコアを模倣したものと推認する」とした。

これは事実上，他の楽曲については模倣性の認定についてかなり思い切って立証責任を転換したものであり，衡平の観点あるいは，訴訟経済の観点からみて適切な判断だったといえるかは判断が分かれるところだろう。

（4）　関連する事例の検討

本判決は，制作に時間，労力及び費用を要する情報について，大量に模倣を行って市場に提供することにより，営業上の損害を生じさせた場合を示した場合には不法行為が認められることを示した。特に，バンドスコアの場合は，制作技能を習得する段階，制作そのものの段階の2段階に時間，労力及び費用を要する性質があり，今後も同種の模倣行為があった場合には不法行為が認められる可能性があることを示している。

そこで，本判決を踏まえて，著作物とされない（著作物性が認められにくい）情報が大量に模倣された場合の不法行為該当性について検討してみたい。

（ア）　網羅型データベース

従来から問題視されることが多かった類型の一つに，データの大量複製がある。データベースは，大量のデータが蓄積されることによって価値が高まるから，網羅性，悉皆性が求められる一方で，そのようなデータベースは情報の選択に創作性を欠くことになるから，著作権法による保護を受けにくいというジレンマがある。

すでに，前掲自動車データベース事件で不法行為が認められているが，すでに述べたように，同事件はデータの収集に多大な労力，時間，費用を必要とするものであって，それを大量に複製，配布するような場合には，今後も同様に不法行為が成立する余地がある。特に，データを収集する体制，手段を構築することが困難で（1段階），一つ一つ丹念に収集しなければならないなど，収集すること自体が困難な場合（2段階）には，不法行為が認められやすくなるようにも思われる。

しかし，一方で近年，データの保護の要請が高まったことを受けて，不正競争防止法

の平成 30 年改正により「限定提供データ」（同法 2 条 7 項）が同法の保護対象となった。一定の条件下で広く他人に提供されることが前提となっているデータが, 知的財産権法のもとで保護を定めたものであるから, 今後, 網羅型データベースに関しては, 限定提供データが保護する利益（データの利活用の保護）とも異なる利益の侵害がない限りは, 不法行為は成立しにくくなると考えられる[37]。

（イ）　タイプフェイス

タイプフェイスは, 多数の文字を用意するには労力と時間を必要とする一方で, 実用的色彩が強いことから, 裁判所は原則として著作物性を否定してきた（最判平 12.9.7 判時 1730 号 123 頁［ゴナ書体事件][38]）。タイプフェイスは, 文字として使用されるものであるから, 仮にタイプフェイスに著作物性を認めた場合には, 一連の言語表現を複製その他利用しようとすると, 当該言語の著作物に加えて, タイプフェイスの著作権の処理も必要となることから極めて権利関係が複雑になるという問題が生じる[39]。そのため, 実務的にもタイプフェイスを著作権法のもとで保護するという考えはあまり支持されていない。

一方で, タイプフェイスの開発に労力と時間を必要とすることから, これを（著作権法以外で）何らかの保護を与えるべきであるという考えも根強い。実際に, 前掲注 38 写植用書体事件では, 「創意, 工夫を凝らし, 新しい書体の製作や改良に努めていること, こうした書体の製作や改良の作業には, 多くの労力と時間, そして費用を要すること, そのため, 原告が所属する写植業界等では, 他人が製作した書体の文字を使用する場合には, その製作者ないし保有者に対し, 使用についての許諾を求め, 更に対価を支払うことも, かなり広く行われる」という事実を認定し, 著作物性の認められないタイプフェイスについても, 「真に創作性のある書体」がデッドコピーされたような場合には不法行為による保護の余地があるとする[40]。ただし, 前掲ディスプレイフォント事件でも, 「異なる法的に保護された利益を侵害するなどの特段の事情がない限り, 不法行為を構成するものではない」と北朝鮮事件の説示部分と同旨の説示をしつつも, 原告のフォント（本件フォント）が, 旧フォントの 7725 文字のうちの 343 文字を変更したもので, 両者の判別が困難なものであったことなどから, 不法行為の成立を否定した。

ディスプレイフォント事件は, タイプフェイスの特徴的な表現が再製されるなどの態様で大量に模倣し, 競合の営業行為を妨害したような事案ではなく（本稿で述べる 2 段階目の労力がかかっていた事情がうかがわれない。）, 本判決を踏まえても, 「特段の事情」が認められるべき事案ではなかったように思われる。逆にいえば, 制作に多大な労力や費用を要するタイプフェイスを大量に模倣し, 競合の営業行為を妨害するようなケ

ースでは，不法行為の成立が認められ得る。その際，著作権とは異なる利益が侵害されたことに対する救済を行うものであるから，写植用書体事件が挙げたような「真に創作的」であることを要件とする必要はないだろう。

　（ウ）棋　　譜

　棋譜とは，将棋，囲碁などのボードゲームにおいて，対局者が行った「指し手」（将棋の場合の用語）を記録したものをいう（図4）。また，その指し手を再現して一定の局面で切り取ったものを「盤面図」という（図5）。

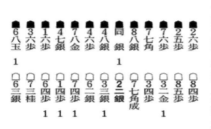

図4　将棋の棋譜の例
（日経新聞2024年11月18日将棋欄）

図5　将棋の盤面図の例
（2024年6月20日叡王戦第5局）

　棋譜や盤面図は，スポーツのスコアのように対局者の対局経過という事実の記録に過ぎない。また，対局そのものは対局者の創意工夫によってなされるとしても，その創意工夫は表現に向けられたものではないため，著作物には当たらないと考えられている[41]。もっとも，動画サイトやSNS等で棋譜や盤面図がプロ棋戦の主催者（スポンサー）の承諾を得ないで掲載，配信されてきていることを受けて，2020年代に入って将棋連盟は，プロ棋戦で指される将棋の棋譜は情報価値が極めて高い資産であり，興行権等に基づいて独占的に利用する権利及び利益を有するとして，その利用方法についてガイドラインを定めて公表してきた[42]。

　大阪高判令7.1.30（令6（ネ）338号）［棋譜配信事件］[43]は，将棋の棋譜の取扱いが争点となった事案である。原被告間では，事実上，原告が棋譜を利用したこと自体は著作権侵害にはならないことについて争いはなかった。原審（大阪地判令6.1.16（令4（ワ）11394号））では，棋譜等の情報は，客観的事実であり，原則として自由利用の範疇に属する情報であるとして，棋譜情報を利用することは不法行為を構成しないと述べたのに対し，控訴審では，原告のような配信行為が繰り返されると，日本将棋連盟がよって

立つビジネスモデルの成立が阻害されるものであり，自由競争の範囲を逸脱しての被告の営業上の利益を侵害するものであって不法行為を構成するとした。

　棋譜そのものは著作権法の保護を受けるものではないが，一定の場合にはその利用が不法行為を構成することが示された。棋譜を生み出すのは対局者であって主催者ではなく，主催者はあくまで契約を通じて棋譜の媒体への掲載の許諾を受けているのみであるから，[44] 前述の１段階目の労力はかかっておらず，棋譜の収集行為も多大な労力が必要とまでは言いがたい。本件は特定の棋戦の棋譜についての判断であって，広く棋譜の無断利用が不法行為になり得ることを示したものではないことに注意が必要である。このように，大阪地裁，高裁の判断も分かれているように，棋譜の利用行為について不法行為が成立するか，また，成立する場合の条件については，まだ不透明な状況にある。

VI　おわりに

　本判決は，北朝鮮事件以降はじめて正面から「特段の事情」ありとして不法行為責任を認めた事例として大変注目されるケースである。本判決は，北朝鮮事件の判旨と整合するものであるため，一つの事例判断に過ぎないが，本判決の近接した時期に，周知商品等表示には該当しないが，不法行為が成立した判決や，棋譜の利用行為について違法性があると述べた[45] 判決が出されるなど，知的財産権と不法行為法の関係にこれまでとは違った流れが生じるきっかけとなる可能性を感じさせるものであり，引き続き注目を要する。

　また，本稿では，損害論について検討することができなかった。本判決では，原告（控訴人）の立論について一定の合理性を認めつつも，民事訴訟法248条の趣旨を踏まえて原告の試算した額の１割を損害とした。著作権侵害の事案ではないことから，本件では直接的に著作権法114条３項を適用してライセンス料相当額を損害の額とすることができるものではないが，許諾がなければ利用できない性質のものであることを考えれば，同規定の趣旨を踏まえて算定することもできたのではないかと思われる。[46] 不法行為の成立要件と併せて，損害論の議論も深まっていくことを期待したい。

<hr />

1)　筆者が，原告のサイト経由で購入した『himawari』の楽譜の最初の５小節部分である。

2)　図１の A.G.（アコースティックギター），E.G.1（エレキギター）のパートの下段部分のTAB と書かれた譜面が TAB 譜である。

3)　本稿作成時において判例誌，裁判所ウェブ未登載。ウエストロー文献番号2021WLJP-CA09288010

4)　一審の評釈として，鮑妙埕・ジュリ1589号138頁，知的財産法政策学研究68号285頁。ま

た，一審判決を契機として，ドイツ法のもとでの保護を考察した橋本阿友子弁護士のコラム（https://www.kottolaw.com/column/231127.html）がある。

5) 本稿執筆時点において確認できた評釈として，小泉直樹・ジュリ1605号8頁［知財判例速報］がある。

6) 著作権法6条は，著作物（2条1項1号）のうち，著作権法の保護対象とする範囲を定めたものであるため，バンドスコアに関していえば，「（創作性を有しないため）著作物に該当しない」とだけ述べれば足りると考えられるため，創作性や著作権法の保護対象についての説示には疑問がある。なお「著作権法6条各号所定の著作物に該当しない」とのフレーズは，原審判決でも，原告の主張の一部として登場している。

7) 中山信弘『著作権法［第4版］』（有斐閣，2023）312頁，小泉直樹ほか『条解著作権法』（弘文堂，2023）194頁［横山久芳］

8) 知財高判令5.6.8裁判所ウェブ［東京新聞事件］など，この趣旨を述べた判決も少なくない。

9) このような請求の構成をとった例は枚挙にいとまがないが，例えば，東京地判平14.9.5判時1811号127頁［サイボウズ事件］，知財高判平24.8.8判時2165号42頁［釣りゲータウン事件］，東京地判平30.8.17裁判所ウェブサイト［ロイロノート事件］など。

10) 楽譜コピー問題協議会のウェブサイトでは，「楽譜をコピーする場合は，作曲家・作詞者など著作権者の許諾が必要です。」とし，購入した楽譜をコピーして配布する行為等を一律に禁止しているが（https://www.cars-music-copyright.jp/copy.html），楽譜自体が著作物であることを前提としているものではないと思われる。

11) 田村善之『著作権法概説［第2版］』（有斐閣，2001）92頁

12) 前掲・中山『著作権法［第4版］』116頁

13) 富山地判昭53.9.22判タ375号144頁［富山住宅地図事件］，知財高判平20.9.30判時2024号133頁［土地宝典事件］，東京地判令4.5.27裁判所ウェブサイト［ゼンリン住宅地図事件］など。また，古地図について東京地判平26.12.18裁判所ウェブサイト［江戸明治東京地図事件］でも，明治時代の地図について地図に掲載すべき情報の選択基準や，表現方法について工夫があり，著作物性が認められている。

14) 一般社団法人日本楽譜出版協会のウェブサイトでは，出版社のもつ複製権の侵害を問題としている（https://www.j-gakufu.com/faq.html）。作品自体に著作権がない（パブリックドメインの作品等）については，版面権の法制化が必要だと述べつつ，「作品の中身に著作権があるか否かにかかわらず，あらゆる音楽活動の源でもある楽譜の版面を，その製作者である出版社に無断で複製することは適当でない」として，著作権とは異なる保護の立法（隣接権の付与など）の必要性を述べているが，立法の実現には至っていない。

15) 田村善之「知的財産権と不法行為」田村編『新世代知的財産法政策学の創成』3頁（有斐閣，2008），潮見佳男『不法行為法Ⅰ〔第2版〕』90頁（信山社，2009），三村量一「一般不法行為」牧野利秋ほか編『知的財産訴訟実務大系Ⅲ』352頁（青林書院，2014），山根崇邦「情報の不法行為を通じた保護」吉田克己＝片山直也編『財の多様化と民法学』351頁（商事法務，2014），窪田充見『不法行為法〔第2版〕』140頁（有斐閣，2018），前田健「知的財産法と不法行為」窪田充見＝大塚直＝手嶋豊編『事件類型別不法行為法』367頁（弘文堂，2021），上野達弘「『知的財産法と不法行為法』の現在地」日本工業所有権法学会年報45号190頁（2022）

16) 古くは大判大3.7.4刑録20輯1360頁［桃中軒雲右衛門事件］，大判大14.11.28民集4巻670頁［大学湯事件］。

17) 本文中にて紹介したもののほか，東京高判平3.12.17判時1418号120頁［木目化粧紙事件］，大阪地判平14.7.25裁判所ウェブサイト［オートくん事件］，知財高判平18.3.15裁判所ウェブ

サイト［通勤大学法律事件］がある。

18) 著作権法に関わる事案ではないが，いわゆる「物のパブリシティ権」について「違法とされる行為の範囲，態様等が法令等により明確になっているとはいえない現時点において，これを肯定することはできない。」として否定した事例として，最判平 16.2.13 民集 58 巻 2 号 311 頁［ギャロップレーサー事件］がある。

19) 原審（知財高判平 20.12.24）は，本件映画は，著作権法 6 条 3 号に定める著作物ではないとしつつ，これを無断で放送する行為について一部不法行為の成立を認めていた。

20) 山田真紀・「判解［最判平成 23 年 12 月 8 日］」『最高裁判所判例解説民事篇〈平成 23 年度・上巻〉』727 頁

21) 著作権侵害の主位的主張に対する予備的主張として不法行為の該当性を主張し，否定された事例として，前掲釣りゲータウン事件，大阪地判平 25.4.18 裁判所ウェブサイト［星座板事件］，知財高判平 25.9.10 裁判所ウェブサイト［光の人事件］，知財高判平 25.12.17 裁判所ウェブサイト［シャトー勝沼事件］，大阪高判平 26.9.26 裁判所ウェブサイト［ディスプレイフォント事件］，知財高判平 27.6.24 裁判所ウェブサイト［プロ野球ドリームナイン事件］，知財高判平 27.11.10 裁判所ウェブサイト［キャッチフレーズ事件］，知財高判平 28.4.27 裁判所ウェブサイト［液滴法プログラム事件］，東京地判令 6.4.18 裁判所ウェブサイト［奨学金記事事件］ほか。

22) 前掲星座板事件，前掲ディスプレイフォント事件，知財高判平 26.1.22 裁判所ウェブサイト［シャトー勝沼 II 事件］，前掲キャッチフレーズ事件の原審（東京地判平 27.3.20 裁判所ウェブサイト）ほか。東京高判平 31.2.21（平 30（ネ）4611 号）［レシピ事件］では，原告が考案したレシピを模倣したとの主張に対し，裁判所は北朝鮮事件を挙げて，原告の主張は知的財産権とは異なる利益を主張するものではないとして退けた。

23) 特許法，意匠法，商標法，不競法を挙げて否定した事例として，東京地判平 29.11.16 裁判所ウェブサイト［消防支援車事件］，不競法（営業秘密）を挙げて否定した事例として知財高判平 30.7.3 裁判所ウェブサイト［サイレンサー事件］及び知財高判令元 9.20 裁判所ウェブサイト，不競法（商品形態模倣）を挙げて否定した事例として前掲ロイロノート事件，不競法（著名商品等表示）を挙げて否定した事例として知財高判平 30.12.6 裁判所ウェブサイト［SAPIX 事件］，著作権法，意匠法及び不競法を挙げて否定した事例として，大阪地判平 30.10.18 裁判所ウェブサイト［傘立て事件］がある。

24) プログラムに関する著作権侵害を主張したが，複製の事実が認められないとして退けつつ，別個の行為について不法行為を認めた事例（東京地判平 24.6.11 判タ 1404 号 323 頁［印刷用フィルム事件］）や，顧客名簿の営業秘密該当性を否定しつつも，被告の一連の行為について不法行為の成立を認めた事例（知財高判平 28.12.12 裁判所ウェブサイト［ワイン顧客名簿事件］）など，別個の行為を不法行為として認めた事例はあった。主位的に知的財産権の侵害を主張する場合，多くの事件では東京地裁又は大阪地裁に係属し，判決のほぼ全件が裁判所のウェブサイトにて公開されるが，本件のように主位的に知的財産権侵害の主張がなされない場合は，東京地裁又は大阪地裁以外の裁判所が管轄を有するため，公開されていない可能性はある。また，東京地裁又は大阪地裁に係属したとしても通常部で判決が出された場合は同じく公開されない可能性がある。そのため，北朝鮮事件後の下級審において知的財産権の侵害と類似する事案について一般不法行為の成立が認められた事例が存在する可能性はある。

25) 前掲・潮見『不法行為法 I［第 2 版］』92 頁。

26) 前掲・中山『著作権法［第 4 版］』307 頁。

27) 前掲・三村量一「一般不法行為」も同様の立場に立つと思われる。

28) 横山久芳・コピライト 523 号 37 頁

29) 不正競争防止法を例にとれば，規律対象とする領域について数度の改正を経てドメイン名（同法 2 条 1 項 19 号），限定提供データ（同項 11 号から 16 号）などに拡大している。

30) 前掲・山根「情報の不法行為を通じた保護」では，既存の知的財産法の態度が明確ではない「準則未形成類型」では不法行為を認める余地があるとする。

31) 自動車データベース事件，北朝鮮事件後に，不正競争防止法の改正にて限定提供データの保護が定められたこととの関係については，後述する。

32) 他方で，前掲通勤大学法律コース事件は，（創作性を欠く）類似する記述の模倣について不法行為を認めており，著作権法が保護する利益と同質の利益を保護しようとしていることから，北朝鮮事件後のもとでは不法行為は否定されると思われる。

33) 表現物に関する事案ではないが，本判決と近接する時期に出されたものとして，不競法 2 条 1 項 21 号に定める信用毀損行為には該当しないものの不法行為に該当するとした事例（札幌地判令 6.2.27 金商 1696 号 26 頁［ランキング表示事件］），不競法 2 条 1 項 1 号所定の周知商品等表示には該当しないが不法行為に該当するとした事例（大阪高判令 6.5.31 裁判所ウェブサイト［ワンスプーン事件］）がある。後者は控訴人の商品「ワンスプーン」を仕入れて販売していた被控訴人が，同種の商品に「ワンスプーンプレミアム」との名称を付して後継品であるかのように表示したという事案で，購入者に生じ得る誤認を利用して販売し，控訴人の顧客を奪うものであるとして不法行為に当たるとした。ただし，この事件では北朝鮮事件について言及しておらず明示的に「特段の事情」を認めたものとはいえない。また，前掲注 24) で挙げた印刷用フィルム事件，ワイン顧客名簿事件も参照。

34) 著作物の複製・翻案の立証段階においても，このように誤りが一致等の不自然な一致があることを理由に依拠を認める事例が存在する。東京地判平 4.10.30 判時 1460 号 132 頁［観光タクシー・タリフ事件］では，誤植がそのまま引き継がれていることから依拠を認めた。また，前掲知財高判平 28.4.27 裁判所ウェブサイト［液滴法プログラム事件］では，プログラムで使用される変数の中に非効率なメモリ消費をする変数型を用いていたことなどから創作性や，依拠性の判断の基礎とされたと考えられる。

35) 原判決では，Pitch ではなく Pich となっていたが，これはスコア中の誤記ではなく，判決文中の誤記であり，控訴審判決において訂正されているため，本文中でも正しい表記の Pitch としている。

36) 自動車データベース事件では，主に 2 段階目の労力等が重く評価されたと考えられる。

37) 自動車データベース事件で問題となった自動車のデータベースは，スーパーフロントマンというソフトウェアの構成要素としており，少なくとも 6 万件の車輌データが収録されていた。パスワード等による電磁的管理性の有無は明らかではないが，誰にでもアクセスできるものではないような制御がなされていたとすると，限定提供データに該当すると思われるため，現在であれば不正競争防止法に基づく救済を受けられた可能性がある。

38) 東京地判昭 54.3.9 判時 934 号 74 頁［ヤギ・ボールド事件］，大阪地判平元 3.8 判時 1307 号 137 頁［写植用書体事件］，東京地判平 31.2.28 判時 2429 号 66 頁［字幕用書体事件］など。前掲ディスプレイフォント事件では，タイプフェイスの模倣が問題となっているが，控訴審では著作権の主張がされていない。

39) 前掲・中山『著作権法［第 4 版］』233 頁。

40) 本件では，原告が書体 5500 字から 6000 字を一組とした統一性のある書体を製作するには，少なくとも 2 年を下らない年月を費やしているのに対し，被告の書体の製作期間が格段に短いなどの事実を認定したものの，そっくりそのまま流用したものではないことや創作性が明らかではないことなどを挙げて不法行為の成立を否定した。

41) 加戸守行『著作権法逐条講義［7 訂新版］』（著作権情報センター，2021）126 頁は，対局者

の共同著作物であるとするが，その他には著作物性を認める見解は見当たらない。

42）将棋連盟ウェブサイト（https://www.shogi.or.jp/kifuguideline/terms.html　2024年11月23日閲覧）にて棋譜利用の許諾条件，手続等を定めている。棋譜の利用に関して弁護士が行った公開質問に対し，2020年4月17日に，将棋連盟は棋譜に著作権が発生するか否かについて明言を避けつつも，棋戦の主催者との間で棋譜の優先掲載に関する契約を結んでいること等から法的に保護される利益であると述べている（https://www.shogi.or.jp/news/2020/04/post_1908.html）。ガイドラインの中には，棋譜の無断利用は不法行為に該当すると記載しているものもある。

43）被告が配信する将棋対局中継動画の棋譜を，原告が盤面と将棋AIの評価値と共に表示するという動画をYouTubeで配信していたところ，被告が，YouTubeに対して著作権侵害を理由に動画の削除依頼をし，実際に削除されたことから，原告が被告に対して，（著作権侵害であると通知したことが）「虚偽の事実の告知」（信用毀損行為。不競法2条1項21号）にあたるとして損害賠償を求めた事案である。

44）将棋の場合，これまで棋戦の主催者はほとんどが新聞社，テレビ局（ケーブルテレビ含む）で，媒体に棋譜を独占的に掲載できることが重要な要素を占めていたが，近時，新聞社等以外の事業会社が主催する棋戦も増えており，そもそも棋譜の利用に関するルールを定めていないものもある。

45）前掲大阪高判令6.5.31［ワンスプーン事件］。

46）著作物をネットにおいて無償で提供する行為についての損害額は，近時，知財高判令2.10.6裁判所ウェブサイト［同人誌事件］，東京地判令4.11.17裁判所ウェブサイト［ファスト映画事件］，知財高判令4.6.29裁判所ウェブサイト［漫画村広告事件］，東京地判令6.4.18［漫画村事件］で争われてきた。これらの事件を検討した松尾剛行「漫画村事件──著作物無償公開時の損害論にフォーカスして──」（WESTLAW判例コラム第330回　2024WLJCC024）も参照。

【惜　別】

斉藤博先生の死を悼んで

　2025 年（令和 7 年）1 月 26 日，斉藤博先生が亡くなられ，私たちに深い悲しみをもたらした。

　斉藤先生は，1958 年（昭和 33 年）に成蹊大学政治経済学部を卒業した後，日本グラモフォン株式会社に入社したが，その後同社を退職し，京都大学大学院法学研究科を経て，新潟大学人文学部・法文学部・法学部，筑波大学大学院経営・政策科学研究科および専修大学法学部・法科大学院において教育，研究に携わってきた。斉藤先生は，京都大学大学院修士課程以来，ドイツ法を中心に人格権法について深く研究をしていて，このテーマは，先生のライフワークともいうべき課題となったのである。その最初の研究成果である「人格権法の発達に関する一考察」法学論叢 78 巻 5 号（1966 年）は，修士論文を元にしたものである。そして，新潟大学に在籍中，1972 年（昭和 47 年）から 2 年間にわたって，ミュンヘンのマックスプランク研究所において在外研究をする機会を得たが，帰国後に「人格権法の研究」と題する一連の論文を「民商法雑誌」（有斐閣）に連載し，これらの研究をまとめ，『人格権法の研究』（一粒社，1979 年）を刊行した。同書は，人格権に関するドイツ法を中心に，人格権法の発展の経緯を探求したものであるが，ドイツ民法典の編纂過程，著作権に関する諸法の立法の経緯，ライヒ裁判所における人格権の保護，第二次大戦後のボン基本法の制定，1950 年代以降における人格権に関する立法の動向などについて，詳細に研究をしている。このような研究に対して，1981 年（昭和 56 年）に京都大学から法学博士の学位を授与されている。

　人格権は，著作権に限定されるものではなく，人間の尊厳，人格の自由な発展を目的とする権利として，広範な領域を取り扱うものである。たとえば，名誉毀損，プライバシーの侵害などの民法上の不法行為責任の根拠として，ある

いは環境被害の差止請求権の根拠として，人格権が論じられ，現代的にも人格権法は私法学における重要なテーマであり，多様な発展をしているものである。人格権法に関する斉藤先生の業績は，学界において高く評価されており，その後の多くの法分野の業績に多大な影響を与えている。たとえば，五十嵐清『人格権論』（一粒社，1989年），同『人格権法概説』（有斐閣，2003年）等においても，基本的な文献として引用されている。その後，斉藤先生は，日本の不法行為法について，人格権という視点から考察する研究として『人格価値の保護と民法』（一粒社，1986年）を公表している。さらに，斉藤先生は，人格権法の研究の集大成として，2021年（令和3年）に『人格権法の発展』（弘文堂）を刊行している。同書では，前著『人格権法の研究』以後のドイツ法の発展に重点を置きながら，民法・債務法において人格権保護に関する規定を定めていたスイス法にも考察の対象を広げ，さらに日本法の法発展についても言及している。

　蛾は他の昆虫と同様に，光源に対して一定の角度で飛ぶそうである。光源が無限の彼方にある月である場合には，ほぼ直線的に飛ぶことになるが，誘蛾灯のように近接した人工の光源に対しては，螺旋状に飛ぶことになり，光源との距離を縮めながら，最後に光源に達する結果になるという（蛾と光源をそれぞれ点と仮定すると，蛾は永久に光源に近づき続けるが，到達することはないことになるであろう）。日頃，このような蛾の飛び方は，我々研究者の研究のあり方を示しているのではないかと思っている。斉藤先生は，人格権法という中心に向かって，生涯をかけて，螺旋状に研究を深めていった研究者である。

　そして，斉藤先生は，人格権法の研究と密接に関連している分野である著作権法を中心に知的財産権法の分野で多くの研究業績をあげるとともに，多くの研究者および実務家の教育に寄与してきた。とくに，著作権法学会では，1996年（平成8年）5月から2006年（平成18年）5月までの11年間，会長として学会の運営に携わってきた。さらに，年数回の判例研究会を主宰してきた（会長を退任した後も最近までこの仕事を続けてきた）。研究会では，毎回，先生が出席者の間に活発な議論を引き出し，最後に見事にそれらをまとめあげるので，出席者はみな満ち足りた気持ちで帰路につくのが常であった。現職の裁判官が積

極的に発言することも多く，他の学会には見られない大きな特色であった。斉藤先生がこのような著作権法学会の活性化に大きく寄与してきたことは言うまでもない。また，ヴィクトル・ユーゴー（Victor HUGO）の後援のもとに 1878年にパリで創立された国際著作権法学会（Association littéraire et artistique internationale［略称 ALAI］）の日本支部（日本国際著作権法学会［ALAI Japan]）を1997 年（平成 9 年）5 月に組織し，その会長として，2023 年（令和 5 年）12 月まで活躍してきた。また，斉藤先生は，ALAI の副会長としても，重要な役割を果たしてきた。とくに，2012 年（平成 24 年）に行われた ALAI の京都大会では，外国からの参加者を招くという観点からは，福島第一原子力発電所の事故直後という困難な時期にもかかわらず，主催国の会長として，大会の運営を担い，大会を立派に成功させた。ALAI の活動のほか，公益法人（現在は，一般財団法人）ソフトウェア情報センターが開催してきた国際シンポジウムにおいても，実行委員会の委員長やセッションの司会を務めるなど，海外の著作権法研究者との交流にも力を注いできた。

また，著作権審議会およびその後身である文化審議会著作権分科会の委員，分科会長として，20 年以上の長きにわたって，著作権行政に深く関与してきた。その業績に対して，文部科学大臣および文化庁長官からの度重なる表彰を受けている（1999 年［平成 11 年］，2005 年［平成 17 年］，2018 年［平成 30 年]）。

なお，2013 年（平成 25 年）秋の叙勲で，瑞宝中綬章を受章している。

そして，当然のことであるが，斉藤先生は，著作権をはじめとして，知的財産権法に関して多くの論考を公表し，学界・実務界に大きな影響を与えてきた。とくに著作権法についての体系書を複数の出版社から刊行している。まず，『概説著作権法』（一粒社，初版［1980 年］，第 2 版［1992 年］，第 3 版［1994 年]）が刊行され，次いで，『著作権法』（有斐閣，初版［2000 年］，第 2 版［2004 年］，第 3 版［2007 年]）が刊行され，その後『著作権法概論』（勁草書房，2014 年）に至っている。著作権法に関する学問的研究のみならず，これまで深く関与してきた著作権行政の展開，国際的な動向を反映した体系書として，現在，最も優れたものの 1 つとして，定評のあるものといえよう。

著作権法についていえば，先生のご学風は，法制史的な研究を基礎とした学問的な知見に加えて，著作権の利用実態などを踏まえて，解釈論を展開するものであり，先生の書かれた論考は，著作権に関する問題を論じようとする研究者・実務家にとって，必須の文献となっている。

　私ごとになるが，民法の研究者でありながら，著作権審議会（後の文化審議会著作権分科会)，著作権法学会および ALAI Japan において，斉藤先生の後をずっと追いかけてきた（とくにそのことを意図していたわけではないが)。斉藤先生からは，折に触れて，「あなたも，今や，民法だけでなく著作権法の専門家であることも名乗った方がよいのではないか」という言葉をいただいてきた。自分の専門分野の研究に追われる日々であり，もはや，先生からご指導を受けることはかなわない。ただ，先生のご冥福を祈るばかりである。

野村　豊弘

学習院大学名誉教授

（著作権法学会前会長）

著作権法学会活動（2024）

1. 研 究 活 動

(1) 研 究 大 会

2024 年 6 月 8 日（土） 於：一橋記念講堂

[個別報告]

「著作物の原作品と著作者人格権：作者と作品との紐帯についての史的検討」

澤田悠紀（高崎経済大学教授）

「著作者人格権の再構成——侵害要件の実質的解釈の試み」

鈴木敬史（富山大学助教）

[シンポジウム]

生成 AI と著作権法の現在地

（司会）谷川和幸（関西学院大学教授）

「生成 AI をめぐる著作権法上の課題」　　　　谷川和幸（関西学院大学教授）

「機械学習段階の諸問題」　　　　　　　　　　柿沼太一（弁護士）

「生成 AI の生成・利用段階における著作権法上の諸問題」

髙野慧太（中京大学准教授）

「AI 生成物の著作物性」　　　　　　　　　平嶋竜太（青山学院大学教授）

「生成 AI をめぐる諸外国の動向」　　　　　張睿暎（獨協大学教授）

（討論）

(2) 判例研究会

第 174 回　2024 年 3 月 29 日（金）

スクショ引用ツイート事件（知財高判令和 5 年 4 月 13 日）

山根崇邦（同志社大学教授）

第 175 回　2024 年 9 月 24 日（火）

捜す人事件（知財高判令和 6 年 5 月 30 日）

小嶋崇弘（駒澤大学准教授）

第 176 回　2024 年 12 月 3 日（火）
　バンドスコア事件（東京高判令和 6 年 6 月 19 日）

伊藤雅浩（弁護士）

2.　学 会 運 営

（1）　総　　会

　2024 年 6 月 8 日に開催され，① 2023 年度の事業報告，決算報告の承認，② 2024 年度の事業計画，予算案の承認が行われ，③理事会の推薦により，野村豊弘（前会長・学習院大学名誉教授）および高林龍（前理事・早稲田大学名誉教授）が名誉会員として承認された。

（2）　理 事 会

　・2024 年度第 1 回理事会（2024 年 6 月 8 日）

　2023 年度の事業報告・決算報告，2024 年度の事業計画・予算案が承認された。野村豊弘（前会長・学習院大学名誉教授）および高林龍（前理事・早稲田大学名誉教授）を「本学会の目的達成のために功労があった者」（規約 5 条 3 号）として名誉会員に推薦することが承認された。

　・2024 年度第 2 回理事会（2024 年 7 月 30 日）オンライン開催

　2025 年度の研究大会は，2025 年 5 月 31 日（土）に日本工業所有権法学会創立 50 周年記念大会（同年 6 月 1 日）と同時開催として行う予定になっているところ，個別報告・シンポジウムについて，企画・運営委員会の提案を踏まえて，その方向性を承認した。

　・2024 年度第 3 回理事会（2024 年 9 月 27 日）オンライン開催

　2025 年度の研究大会の具体的な内容と運営について，企画・運営委員会の提案を踏まえて，その内容を承認した。

（3）　企画・運営委員会

　企画・運営委員会は，2024 年 7 月 23 日および 9 月 25 日にオンライン開催され，2025 年度研究大会の内容について議論した。

＊ 著作権法学会規約 ＊

第1章　総　則

（名　称）

第1条　本学会は、著作権法学会と称する。英文名は The Copyright Law Association of Japan とする。

（事務所）

第2条　本学会は、主たる事務所を東京都港区西新橋 3-16-11 愛宕イーストビル 14 階、一般財団法人ソフトウェア情報センターに置く。

2　本学会は、総会の議決を経て、従たる事務所を置くことができる。

第2章　目的及び事業

（目　的）

第3条　本学会は、内外の著作権法制の調査研究及び著作権思想の普及を図ることを目的とする。

（事　業）

第4条　本学会は、前条の目的を達成するため、次に掲げる事業を行う。

(1)　研究会及び講演会の開催

(2)　機関誌その他書籍の発行

(3)　研究者の連絡及び協力の促進

(4)　内外の学会との連絡及び協力

(5)　前各号に掲げるものの外、理事会が適当と認めた事項

第3章　会　員

（種　別）

第5条　本学会の会員は、次の3種とする。

(1)　正会員　本学会の目的に賛同して入会した個人又は団体

(2)　賛助会員　本学会の事業を賛助するため入会した個人又は団体

(3)　名誉会員　本学会の目的達成のために功労があった者で理事会が推薦した者

（入　会）

第6条　正会員及び賛助会員として入会しようとする者は、会員の紹介により理事会に申込書を提出し、その承諾を受けなければならない。

（会　費）

第7条　正会員は、総会の定めるところにより、会費を納めなければならない。会費を滞納した者は、理事会において、退会したものとみなすことができる。

2　賛助会員は、総会の定めるところにより、賛助会費を納入しなければならない。

第4章　役　員

（種類及び定数）

第8条　本学会に、次の役員を置く。

(1)　会長　1名

(2)　理事　15名以上30名以内

(3)　監事　2名

（選任等）

第9条　理事及び監事は、総会において正会員の中から選任する。

2　理事は互選により会長を選任する。

3　理事及び監事は、相互にこれを兼ねることができない。

（職　務）

第10条　会長は、本学会を代表し、会務を総理する。

2　会長に故障のあるときは、会長の指名した理事がその職務を代行する。

3　理事は、理事会を構成し、この規約及び総会の議決に基づき、本学会の業務を執行する。

4　監事は、次に掲げる業務を行う。

(1)　会計を監査すること。

(2)　会計及び業務の執行について不正の事実を発見したときは、これを総会に報告すること。

（任　期）

第11条　役員の任期は2年とする。ただし、再任を妨げない。

2　補欠又は増員により選任された役員の任期は、前任者又は現任者の残任期間とする。

3　役員は、辞任又は任期終了後においても、後任者が就任するまでは、その職務を行わなければならない。

第5章　総　会

（種　別）

第12条　本学会の総会は、通常総会及び臨時総会の2種とする。

（構　成）

第13条　総会は、正会員をもって構成する。

（権　能）

第14条　総会は、この規約で定めるもののほか、本学会の運営に関する重要な事項を議決するものとする。

（開　催）

第15条　通常総会は、毎年1回6月に開催することを例とし、会長が招集する。

2　会長は、必要と認めるときは、臨時総会を

招集することができる。

（議　長）

第16条　総会においては会長が議長となる。

（議　決）

第17条　総会の議決は、この規約に別段の定めがある場合を除き、出席した正会員の過半数をもって決する。可否同数のときは、会長がこれを決する。

2　総会に出席しない正会員は、書面により他の正会員にその議決権の行使を委任することができる。

3　前項の場合における第1項の規定の適用については、その正会員は出席したものとみなす。

第6章　理　事　会

（構　成）

第18条　理事会は理事をもって構成する。

（権　能）

第19条　理事会は、この規約で定めるもののほか、次の事項を議決する。

(1)　総会に付議すべき事項

(2)　総会の議決した事項の執行に関する事項

(3)　その他総会の議決を要しない会務の執行に関する事項

（種類及び開催）

第20条　理事会は、通常理事会及び臨時理事会の2種とする。

2　通常理事会は、毎年1回6月に開催すること

を例とし、会長が招集する。

3　会長は、必要と認めるときは臨時理事会を招集することができる。

（議　長）

第21条　理事会においては、会長が議長となる。

（議決等）

第22条　理事会には、第17条の規定を準用する。この場合において、第17条中「総会」及び「正会員」とあるのは、それぞれ「理事会」及び「理事」と読み替えるものとする。

第7章　規約の変更

（規約の変更）

第23条　本規約を改正するには総会において出席正会員の3分の2以上の賛成を得なければならない。

第8章　そ　の　他

（顧　問）

第24条　本学会に顧問を置くことができる。

2　顧問は、理事会の議を経て会長が委嘱する。

（幹　事）

第25条　本学会の事務を処理するため、幹事をおくことができる。

2　幹事は会長が任免する。

付　　則

この規約は、平成30年5月26日から施行する。